Schnittpunkt 1

Mathematik für Realschulen Baden-Württemberg

ServiceBand

Bernd-Jürgen Frey
Heidemarie Frey
Clemens Wittl

Ernst Klett Verlag
Stuttgart Düsseldorf Leipzig

Redaktion
Isabelle Hetzler
Elke Linzmaier

Umschlagfoto
Bildagentur Mauritius GmbH,
Mittenwald

Illustrationen
Petra Götz, Augsburg

DTP-Satz
imprint, Zusmarshausen

Druck
Gutmann, Heilbronn

Als Ergänzung zu diesem ServiceBand gibt es die ServiceCD ISBN 3-12-740354-2.
Das Lösungsheft ISBN 3-12-740353-4 beinhaltet den Lösungsteil des ServiceBandes.

1. Auflage　　1 5 4 3 2 1 | 2008 07 06 05 04

Alle Drucke dieser Auflage können im Unterricht nebeneinander benutzt werden; sie sind untereinander unverändert. Die letzte Zahl bezeichnet das Jahr dieses Druckes.

Internetadresse
http://www.klett.de

ISBN 3-12-740352-6

9 783127 403527

Das Fachwerk des Schnittpunkt

Mit dem neuen Bildungsplan ist der Mathematikunterricht vielfältigen neuen Anforderungen ausgesetzt. Um Sie im Umgang mit den neuen Aspekten des Unterrichts zu unterstützen und Ihnen die Unterrichtsvorbereitung und -durchführung zu erleichtern, bieten wir Ihnen neben dem neu entwickelten Schülerbuch ein umfangreiches und differenziertes Begleitmaterial. Das neue **Schülerbuch**, das nach wie vor die solide Grundlage des Unterrichts dargestellt, wird ergänzt durch den vorliegenden **ServiceBand**, eine **ServiceCD** und ein **Lösungsheft**. Alle vier Materialien sind passgenau aufeinander abgestimmt und bilden somit ein Gesamtgebäude, das **FachWerk**, für den modernen Mathematikunterricht in der Realschule.

Das Schülerbuch

In den letzten Jahren hat sich die Sicht auf den Erwerb von Wissen, Kenntnissen und Fähigkeiten verändert. Im Vordergrund stehen
- die Kompetenzen, die die Lernenden im Umgang mit exemplarischen Inhalten erwerben, statt der Inhalte an sich.
- die Vernetzung des Wissens und eine flexible Verfügbarkeit in unterschiedlichen Situationen, statt isolierter Kenntnisse im Detail.

Der Mathematikunterricht soll sich verändern. Dazu trägt der neue Schnittpunkt bei, indem er folgende Aspekte berücksichtigt:
- Die Grundlage der Vernetzung von Wissen ist eine klare Struktur und eine sichere Orientierung:
  Die Struktur des Bandes (Kapitel, Lerneinheiten, innermathematische Struktur) und der sorgfältig durchdachte Lehrgang sichern das Basiswissen und ermöglichen Querverbindungen.
- Sinnstiftendes, verständnisorientiertes Mathematiklernen rückt in den Vordergrund:
  Dazu werden größere thematische Einheiten (in Lerneinheiten und Themenblöcken) geschaffen und – wo sinnvoll – Kleinschrittigkeit (von der Lerneinheit bis in einzelne Aufgaben) aufgelöst.
- Der Erwerb von Kompetenzen und das Methodenlernen wird übergeordnetes Ziel:
  Die Schülerinnen und Schüler werden nicht mehr nur zum Algorithmen-Abarbeiten, sondern zur Einsicht, warum welcher Algorithmus und welche Methode sinnvoll eingesetzt werden kann, hingeführt (Methodenecken und Aufgabenstellungen).
- Die Eigenverantwortung der Lernenden wird gestärkt:
  Selbstständiges Lernen wird gefördert und unterstützt (schülergerechte Formulierung der Lernziele, Aufgaben mit Selbstkontrolle, Zusammenfassungsseiten, Rückspiegel in zwei Niveaus).
- Das Basiswissen wird gesichert:
  Grundfertigkeiten und -kenntnisse behalten einen hohen Stellenwert (vielfältige Aufgaben, Zusammenfassungsseiten, Rückspiegel).
- Das erworbene Wissen wird innermathematisch und außermathematisch vernetzt:
  Mathematische Inhalte knüpfen aneinander an und außermathematische Bezüge haben einen Platz im Standardlehrgang (Auftaktseiten, Üben. Anwenden. Nachdenken, Themenblöcke u. Ä., aber auch Standardaufgaben).

Die Elemente des Schülerbuchs

Die **Kapitel** arbeiten ein mathematisches Thema auf und sind in einzelne **Lerneinheiten** untergliedert.

Der doppelseitige **Kapitelauftakt** bietet vielfältige Anregungen und Angebote, die Schüler aktiv auf das neue Thema einzustimmen, das Vorwissen zu aktivieren und zu bündeln und einen Ausblick auf die Kapitelinhalte zu geben.

Die Einstiege in die **Lerneinheiten** beginnen mit einer **Einstiegsaufgabe**, die anhand verschiedener Fragen und Anregungen auf ein Problem hinführt und Möglichkeiten zum Mathematisieren bietet. **Lehrtext** und **Merkkasten** sowie wichtige Beispiele folgen.

Der Aufgabenteil ist entsprechend den Anforderungen der neuen Aufgabenkultur gestaltet und prinzipiell nach Schwierigkeitsgrad und Komplexität ansteigend geordnet. Eine Kennzeichnung schwieriger Aufgaben unterbleibt aus didaktischen Gründen.

In den Aufgabenteil der Lerneinheiten sind **Kästen** mit unterschiedlichen Angeboten integriert:

Thema

Ein Thema wird durch Texte, Bilder und Diagramme präsentiert, Aufgaben und Fragen zum Thema regen zum Modellieren an, insbesondere kumulative und komplexere Aufgaben finden hier Platz.

Schaufenster

Hier sind folgende Fenster zu finden:

Knobeln	Basteln
Spielen	Staunen
Information	Gedankenexperimente

Die Schaufenster können zur Differenzierung genutzt werden.

Zeitfenster

Sie bieten die Möglichkeit, historische Aspekte in den Mathematikunterricht zu integrieren.

Methode

Hier werden fachspezifische Methoden und Situationen, in denen sie sinnvoll genutzt werden können, vorgestellt. Die Methoden haben Werkzeugcharakter und vermitteln den Schülern Handlungskompetenz.
Methodenkästen des Schülerbuches
- Schätzen von großen Zahlen (Schülerbuchseite 17)
- Überschlag (Schülerbuchseite 35)
- Zählen mit Verstand (Schülerbuchseite 123)
- Überschlagsrechnungen (Schülerbuchseite 135)
- Systematisches Probieren (Schülerbuchseite 138)
- Schätzen (Schülerbuchseite 141)

Am Kapitelende greifen drei Elemente ineinander:
- Die **Zusammenfassung** stellt im Lexikonstil (Begriff, Erklärung, Beispiel) die neuen Inhalte des Kapitels dar. Die Seite ist farbig hervorgehoben, um das Nachschlagen zu erleichtern. So können die Schülerinnen und Schüler kleinere Wissenslücken jederzeit füllen.
- **Üben • Anwenden • Nachdenken** ist eine Sammlung von Aufgaben zur Sicherung von Basiswissen (Üben), zur Verknüpfung auch mit außermathematischen Inhalten (Anwenden) und zur weiterführenden Lösung von Problemen (Nachdenken).
- Der **Rückspiegel** fordert Schülerinnen und Schüler zu eigenverantwortlichem Lernen auf. Differenziert in zwei Niveaus können sie hier individuell Wissen, Fertigkeiten und Kompetenzen testen, sowie Lücken aufspüren und aufarbeiten. Die Lösungen finden sie zur Selbstkontrolle am Ende des Buches.

Der ServiceBand

Der ServiceBand möchte Ihnen mit seinen Kommentaren und Hinweisen, den 80 Kopiervorlagen und den Lösungen des Schülerbuches einen zuverlässigen und weitreichenden Service für Ihren Mathematikunterricht bieten und Sie sowohl bei Ihrer Unterrichtsvorbereitung als auch in der Durchführung eines zielgerichteten und den Bildungsstandards entsprechenden Unterrichts entlasten. Entsprechend der unterschiedlichen Nutzen für die Unterrichtsvorbereitung und -durchführung haben wir den ServiceBand in drei Teile gegliedert, die durch eine an der Seite sichtbare Griffmarke und eine differenzierte Seitennummerierung leicht zu finden sind.

Im ersten Abschnitt finden Sie den **Kommentarteil**, der Ihnen wertvolle Hinweise für Ihre Unterrichtsvorbereitung bieten möchte. Der zweite beinhaltet die 80 **Serviceblätter** mit Hinweisen und den zugehörigen Lösungen. Die Serviceblätter können im Unterricht als Kopiervorlage an die Schülerinnen und Schüler verteilt werden. Im dritten Abschnitt finden Sie zur schnellen Kontrolle im Unterricht die **Lösungen** des Schülerbuches.

Der **Übersichtstabelle** auf den Seiten VII bis IX können Sie jeweils die entsprechenden Kommentarseiten, Serviceblätter und Lösungsseiten zu der gerade im Unterricht behandelten Lerneinheit entnehmen.

Der Kommentarteil (Seite K1 bis K62)

Der Kommentarteil ist wie das Schülerbuch strukturiert. Sie finden zu jedem Kapitel Kommentare, die unterschiedlichen Rubriken zugeordnet sind und Antworten auf die folgenden Fragen geben können:

Kommentare zum Kapitel

- **Intention und Schwerpunkt des Kapitels**
  Welche Hauptintentionen verfolgt das Kapitel?
- **Bezug zu den Bildungsstandards**
  Welchen Leitideen und Kompetenzen können die Inhalte des Kapitels zugeordnet werden?
- **Vorwissen aus der Grundschule**
  Welche Vorerfahrungen und Kenntnisse bringen die Lernenden aus der Grundschule mit?
- **Weiterführende Hinweise**
  (nicht zwingend vorhanden) Wo finde ich passende Literatur, was kann ich bei der Bearbeitung des Kapitels beachten?

Kommentare zur Auftaktseite

- Was ist das Ziel der Auftaktseite? Wo wird an Vorwissen angeknüpft? Wie werden die Inhalte des Kapitels vorbereitet? Welches weiterführende Informationsmaterial kann ich mir anschauen? Auf welche Probleme könnten die Lernenden stoßen?

Kommentar zu den Lerneinheiten

- **Intention der Lerneinheit**
  Was sind die Hauptintentionen der Lerneinheit?
- **Einstiegsaufgabe**
  Wie bereitet die Einstiegsaufgabe die Inhalte der Lerneinheit vor? Was ist zu beachten, was zu fordern?
- **Alternativer Einstieg**
  (nicht zwingend vorhanden) Bietet sich für meine Schülerinnen und Schüler in dieser Lerneinheit ein anderer Einstieg als der im Schülerbuch vorgeschlagene an? Warum?
- **Tipps und Anregungen für den Unterricht**
  (nicht zwingend vorhanden) Gibt es weiterführende Literatur oder Internetadressen? Welche ► Serviceblätter finde ich wo mit welchem Inhalt?
- **Aufgabenkommentare**
  Hier finden Sie Kommentare zu ausgewählten Aufgaben, unter anderem weiterführende Fragestellungen, mögliche Lösungsstrategien, Hinweise auf potenzielle Fehlerquellen, Anregungen für besondere Unterrichtsformen und Verweise auf entsprechende ► Serviceblätter. Insbesondere finden Sie auch Hinweise auf die den Bildungsstandards zugrundeliegenden Leitideen, die neue Aufgabenkultur (offene, kumulative Aufgaben etc.) und die Niveaudifferenzierung.

Exemplarischer Kommentar

In den *Exemplarischen Kommentaren* finden Sie detaillierte Beschreibungen und Erläuterungen zu verschiedenen Themen des Bildungsplans und der Mathematikdidaktik. Auf die Inhalte dieser *Exemplarischen Kommentare* wird im weiteren Verlauf des Kommentarteils bei unterschiedlichen Aufgaben, die das Thema wieder aufgreifen oder ansprechen, häufiger verwiesen.
Damit Sie die *Exemplarischen Kommentare* im ServiceBand leichter finden, hier eine Übersicht über die behandelten Themen:

- Niveaustufen (Seite K 5)
- Runden und Überschlagen (Seite K 10)
- Offene Aufgaben (Seite K 12)
- Operative Prinzipien (Seite K 13)
- Textaufgaben (Seite K 21)
- Schriftliche Division (Seite K 23)
- Modellieren (Seite K 33)
- Darstellungsebenen (Seite K 39)
- Raumvorstellung (Seite K 41)
- Heuristik (Seite K 44)
- Einfaches Rechnen mit Flächeninhalten (Seite K 52)
- Bruchbegriff (Seite K 58)
- Erfassen der Dezimalbrüche (Seite K 61)

Neben diesem Sonderelement finden Sie im Kommentarteil auch einige Exkurse:

Exkurs

Zu einigen Aufgaben bieten wir mathematische Lösungen, die über die „schülergerechten" Lösungen des Lösungsteils hinausgehen. Außerdem finden Sie in einigen Exkursen weiterführende Sachinformationen zu den auf den Auftaktseiten oder in den Aufgaben angesprochenen außer- und innermathematischen Themen.

Der Serviceteil (Seite S 1 – S 98)

Zu Beginn des Serviceteils finden Sie einige Vorbemerkungen zu den verschiedenen Arten der Serviceblätter und zu ihrem möglichem Einsatzgebiet (vgl. Seite S 1 – S 3). Im mittleren Teil finden Sie die Serviceblätter selbst (Seite S 4 – S 84) und am Ende haben wir die Lösungen der Serviceblätter zusammengestellt (Seite S 85 – S 98).

Der Serviceteil beinhaltet 80 Serviceblätter, von denen 64 direkt den einzelnen Kapiteln des Schülerbuches zuzuordnen und auch in einer entsprechenden Abfolge zu finden sind. Die Serviceblätter wurden im Unterricht erprobt und sind als Erweiterung, Variation und Differenzierung der Inhalte des Schülerbuches zu verstehen. Sie finden hier weiterführende Übungen, Spiele, Knobeleien, Bastelanleitungen und viele Aufgaben zur Förderung der prozessbezogenen Kompetenzen Begründen und Argumentieren. Die meisten Serviceblätter sind selbsterklärend. Im Kommentarteil finden Sie jeweils einen Verweis auf das Serviceblatt (durch das ► Pfeil-Symbol leicht zu finden), der auch einen Hinweis auf den optimalen Einsatz der Kopiervorlage bietet.

Neben diesen kapitelbezogenen Serviceblättern finden Sie am Ende des Serviceteils auch 16 kapitelübergreifende Kopiervorlagen, die das vermittelte Basiswissen wachhalten. Die **Fitnesstests** und **Kopfrechenblätter** können immer wieder in den Unterricht integriert werden, um die bereits erlernten Inhalte und Fähigkeiten zu wiederholen und zu festigen. In den Vorbemerkungen des Serviceteils finden Sie eine genaue Aufstellung über den möglichen Einsatz dieser Serviceblätter (vgl. Seiten S 2/3).

Am Ende finden Sie die Lösungen derjenigen Serviceblätter, die keine Selbstkontrolle (etwa durch ein Lösungswort oder eine Partnerkontrolle) enthalten.

Der Lösungsteil (Seite L1 – L84)

Am Ende des ServiceBandes finden Sie gesammelt alle Lösungen des Schülerbuches. Die Reihenfolge ist die des Schülerbuches: Aufgaben der Auftaktseite, Einstiegsaufgaben der Lerneinheiten, Aufgaben, Sonderelemente wie Schaufenster und Methodenkästen, Aufgaben der Randspalte.

Bei offenen Aufgaben haben wir meist beispielhafte Fragen und/oder Lösungen angegeben, die keinen Anspruch auf Vollständigkeit erheben. Bei einigen Aufgaben, die individuelle Lösungen einfordern und ermöglichen, haben wir auf die Angabe einer Lösung verzichtet.

Der Lösungsteil des ServiceBandes ist identisch mit den Inhalten des Lösungsheftes.

Die ServiceCD

Der Einzug des Computers in den Unterricht und die Entwicklung grundlegender Fähigkeiten im Umgang mit neuen Medien ist nicht mehr allein Aufgabe eines speziellen Lehrgangs. Die informationstechnische Grundbildung soll im Zusammenspiel der verschiedenen Fächer und Fächerverbünde erworben werden. Diesem Ansatz will die ServiceCD als ein weiterer passgenau abgestimmter Baustein des FachWerks Rechnung tragen. Die CD bietet demzufolge eine Fülle von Materialien, die Sie in der Vorbereitung und Durchführung Ihres Unterrichts unterstützen können:

- **Die Serviceblätter**: Identisch mit den Serviceblättern, die auch im ServiceBand zu finden sind. Auf der CD finden Sie diese jedoch im praktikablen Word-Format, so dass Sie die angebotenen Inhalte nach Ihren Bedürfnissen verändern oder aus vorhandenen Aufgaben neue Kopiervorlagen zusammenstellen können.
- **Interaktive Arbeitsblätter** in den Datei-Formaten Word, Excel, html oder auf Basis der interaktiven Mathematiksoftware Geonext (im Lieferumfang enthalten). Diese Arbeitsblätter sind für den Einsatz im Unterricht konzipiert und technisch so auf der CD abgelegt, dass sie schnell und komfortabel auch ins Schulnetz überspielt werden können.
- **Werkzeuge**, die Ihnen beim Erstellen von **Vorlagen** behilflich sind. So können Sie beispielsweise einen Zahlenstrahl, verschiedene Koordinatensysteme oder Netzdarstellungen von Körpern einfach erstellen und als Kopiervorlagen ausdrucken.
- **Simulationen, Animationen** und **Fotos**, die Gesprächsanlass sein können, um komplexe Fragestellungen anschaulich aufzugreifen und erklärbar zu machen.

Bewusst wurde beim Erstellen der Medien auf Modularität einerseits und die Nutzung von Standardprogrammen andererseits geachtet, da dies den Einzug von IT-Bestandteilen in den Mathematikunterricht unterstützen soll.

Die ServiceCD ist so aufgebaut, dass Sie die Medien, die zu der momentanen Unterrichtssituation passen, problemlos und schnell finden können. Eine komfortable Suchfunktion, Vorschaugrafiken auf die Medien und die Nutzung der freigeschalteten Medien im Schulnetz runden das Konzept ab.

Das Lösungsheft

Im Sinne des eigenverantwortlichen und selbstständigen Lernens bieten wir für die Schülerinnen und Schüler und die Eltern ein Lösungsheft an, das ohne den Schulstempel im freien Verkauf erhältlich ist. Es ist identisch mit dem Lösungsteil des ServiceBandes.

Lerneinheit	Kommentar	Exemplarische Kommentare	Serviceblatt Lösung des Serviceblattes	Lösung der Serviceblätter	Lösungen Aufgaben
1 Natürliche Zahlen					
Unsere neue Klasse	K 2*				L 1*
1 Strichlisten und Diagramme	K 2				L 1
2 Zahlenstrahl und Anordnung	K 2		► Zahlen auf dem Zahlenstrahl, S 4*	S 85*	L 2
3 Das Zehnersystem	K 3				L 3
4 Große Zahlen	K 4		► Tandembogen – Große Zahlen, S 5 ► Zahlenbaukasten I, S 6	 S 85	L 4
5 Runden und Darstellen großer Zahlen	K 5	Niveaustufen	► Das Pyramiden-Spiel, S 7		L 5
6 Andere Stellenwertsysteme	K 6		► Zweier-Trimino, S 8	S 85	L 8
7 Römische Zahlzeichen	K 7		► Römisches Domino, S 9 / S 10 ► Die Suche nach dem Schatz von Cäsar, S 11		L 9
Üben • Anwenden • Nachdenken	K 7				L 10
2 Addieren und Subtrahieren					
Rechenhilfsmittel	K 9				L 13
1 Addieren	K 10	Runden und Überschlagen offene Aufgaben	► Rund um das Überschlagen – Partnerarbeitsblatt KLAUS, S 12 ► Rund um das Überschlagen – Partnerarbeitsblatt KLARA, S 13 ► Rechennetze I, S 14	 S 86 S 86 S 86	L 13
2 Subtrahieren	K 13		► Rechennetze II, S 15	S 86	L 16
3 Summen und Differenzen. Klammern	K 15		► Rund um das Addieren und Subtrahieren, S 16 ► Klammerregeln, S 17 ► Zahlenbaukasten II, S 18	 S 86 S 87	L 19
Üben • Anwenden • Nachdenken	K 16		► Zahlenbaukasten III, S 19	S 87	L 21
3 Multiplizieren und Dividieren					
Multiplizieren einmal anders	K 18		► Nepersche Rechenstäbe, S 20		
1 Multiplizieren	K 19		► Rechennetze III, S 23		L 25
2 Potenzieren	K 21		► Potenzen-Domino, S 21 ► Potenzen und Produkte, S 22	 S 87	L 27
3 Dividieren	K 22				L 28
4 Punkt vor Strich. Klammern	K 24		► Verbindung der Rechenarten, S 24 ► Tandembogen – Rechenausdrücke, S 25	S 87	L 30
5 Ausklammern. Ausmultiplizieren	K 25		► Distributiv-Domino, S 26 ► Rechenlotto, S 27		L 32
Üben • Anwenden • Nachdenken	K 26				L 32
4 Geometrie					
Die Geometrie fängt an!	K 28				L 36
1 Strecken und Geraden	K 28		► Gerade, Halbgerade und Strecke I, S 28 ► Gerade, Halbgerade und Strecke II, S 29 ► Strecken und Geraden, S 30 ► Wie viele Strecken? S 31	 S 87 S 88 S 88 S 89	L 36
2 Zueinander senkrecht	K 30		► Bauanleitung für ein Nagelbrett, S 32		L 38

Lerneinheit	Kommentar	Exemplarische Kommentare	Serviceblatt Lösung des Serviceblattes	Lösung der Serviceblätter	Lösungen Aufgaben
3 Parallel	K 31		► Senkrecht und Parallel: Übungen mit dem Nagelbrett, S 33 ► Senkrechte und Parallele: Eine Zeichenübung, S 34 ► Tandembogen – Geometriediktat, S 35	S 89	L 39
4 Quadratgitter	K 31		► Lagebeschreibung – Partnerarbeitsblatt 1, S 36 ► Lagebeschreibung – Partnerarbeitsblatt 2, S 37		L 40
5 Entfernung und Abstand	K 32	Modellieren	► Senkrechte, Parallele und Abstand, S 38 ► Die Insel „El Grande Largos", S 39 ► Entfernung und Abstand, S 40	S 90 S 90	L 42
6 Symmetrische Figuren	K 33				L 44
Üben • Anwenden • Nachdenken	K 34				L 45
5 Flächen und Körper					
Sechs Quadrate – ein Würfel	K 36				L 49
1 Rechteck und Quadrat	K 36				L 49
2 Parellelogramm und Raute	K 37				L 50
3 Noch mehr Vierecke	K 38	Darstellungsebenen	► Viereck-Domino, S 41 ► Tandembogen – Besondere Vierecke, S 42		L 51
4 Würfel	K 40		► Würfel-Domino, S 43		L 52
5 Quader	K 40	Raumvorstellung	► Quadernetze, S 44 ► Das Quaderspiel, S 45	S 91 S 91	L 53
6 Würfel und Quader im Schrägbild	K 42		► Dreieckspapier, S 46		L 54
Üben • Anwenden • Nachdenken	K 42				L 56
6 Sachrechnen		Heuristik			
Pakete, Gebühren, Kosten	K 45		Lernzirkel zu den ersten vier Lerneinheiten: ► Lernzirkel zu den Größen, S 47 ► Rechnen mit Geld, S 48 ► Zeitangaben, S 49 ► Gewichtsangaben, S 50 Längenangaben, S 51 ► Warum gibt es verschiedene Maßeinheiten?, S 52 ► Größenangaben mit Komma, S 53 ► Schätzen und Messen, S 54 ► Der Euro, S 55	S 91 bis S 93	L 59
1 Geld	K 45				L 59
2 Zeit	K 46				L 60
3 Gewicht	K 47				L 62
4 Länge	K 47				L 63
5 Maßstab	K 48				L 64
6 Sachaufgaben	K 48				L 65
Üben • Anwenden • Nachdenken	K 49				L 66
7 Flächeninhalt und Rauminhalt					
Zusammengewürfelt	K 50				L 70
1 Flächen vergleichen	K 50		► Umfang und Fläche, S 56	S 93	L 70
2 Flächeneinheiten	K 51	Einfaches Rechnen mit Flächeninhalten	► Tandembogen – Flächeneinheiten, S 57		L 71
3 Berechnungen am Rechteck	K 52		► Der Kaninchenkäfig – Übungen zu Umfang und Flächeninhalt, S 58	S 93	L 72
4 Rauminhalte vergleichen	K 53				L 74

Lerneinheit	Kommentar	Exemplarische Kommentare	Serviceblatt Lösung des Serviceblattes	Lösung der Serviceblätter	Lösungen Aufgaben
5 Raumeinheiten	K 53		► Einheiten – Domino, S 59		L 74
6 Berechnungen am Quader	K 54		► Der Quader – Aufgaben zum Überlegen und Begründen, S 60 ► Erinnere dich! Ein Basiswissen-Test, S 61	S 94	L 75
Üben • Anwenden • Nachdenken	K 55				L 76
8 Brüche					
Brüche im Alltag	K 57	Bruchbegriff			L 78
1 Bruchteile erkennen und darstellen	K 59		► Bruch-Domino, S 62 / S 63 ► Übungen zur Bruchschreibweise, S 64	S 94	L 78
2 Bruchteile von Größen	K 60		► Bruchteile von Größen, S 65 ► Übungen zur gemischten Schreibweise, S 66 ► Tandembogen – Bruchteile von Größen, S 67	S 94 S 94	L 80
3 Dezimalbrüche	K 61	Erfassen der Dezimalbrüche	► Beim Sportfest – Die Dezimalschreibweise, S 68	S 95	L 82
Üben • Anwenden • Nachdenken	K 61				L 83
Kapitelübergreifendes					
			► Kopfrechenblätter 1–8, S 69 bis S 76	ab S 95	
			► Fitnesstest 1–8, S 77 bis S 84	ab S 97	

* Die mit K bezeichneten Seiten beziehen sich auf den Kommentarteil, die mit L bezeichneten Seiten verweisen auf den Lösungsteil am Ende des ServiceBandes. Alle mit S bezeichneten Seiten befinden sich im ServiceTeil in der Mitte des Buches.

1 Natürliche Zahlen

Kommentare zum Kapitel

Intention und Schwerpunkt des Kapitels

Zahlen bilden die Grundlage der Mathematik. Vom einfachen Abzählen alltäglicher Dinge über die verschiedenen Arten der Darstellungen von Zahlen bis hin zu den unterschiedlichen Stellenwertsystemen spannt das Kapitel einen großen Bogen, in dem viel von der Faszination der Mathematik deutlich werden kann. Das Stellenwertsystem und seine Bedeutung für die Arithmetik bilden den Schwerpunkt dieses Kapitels. Die Schülerinnen und Schüler lernen in einem ersten Zugang Werkzeuge der Mathematik wie das Zeichnen und Interpretieren von Diagrammen, das Erfassen und Darstellen von Daten und das Runden von Zahlen kennen. Sie entwickeln vor allem ihre Zahlvorstellung im Bereich der großen Zahlen weiter.

Vorwissen aus der Grundschule

In der Grundschule wurden unter der *Leitidee Zahl* folgende Kompetenzen vermittelt:
- Zahlen bis eine Million lesen und sprechen,
- Funktion der Zahlen kennen und anwenden (Zählzahl, Ordnungszahl, Maßzahl, Rechenzahl, Bruchzahl),
- Ordnen und Vergleichen von Zahlen,
- verschiedene Formen der Darstellung in mathematischen Situationen anwenden, interpretieren und unterscheiden.

Bezug zu den Bildungsstandards

Das Ziel der diesem Kapitel zugrunde liegenden *Leitidee Zahl* ist die Entwicklung einer sinntragenden Vorstellung der natürlichen Zahlen und der Einsicht in den Aufbau unseres Stellenwertsystems. Die *Leitidee Modellieren* ist in diesem Kapitel verankert in der Lerneinheit *1 Strichlisten und Diagramme* und in *Üben • Anwenden • Nachdenken*. Die aus der Alltagswelt erhobenen Daten werden in ein mathematisches Modell übersetzt. Die kritische Überprüfung, ob ein Diagramm die Zusammenhänge der dargestellten Daten richtig und unverfälscht wiedergibt, bildet die Rückkoppelung zur realen Ausgangssituation. Zwar werden dabei die in der *Leitidee Daten* geforderten Kompetenzen bereits erstmals angesprochen, den Schwerpunkt des Kapitels bilden jedoch die Kompetenzen der *Leitidee Zahl*.

Weiterführende Hinweise

- Die Orientierung des Lernprozesses an der tatsächlichen historischen Entwicklung entspricht dem genetischen Unterrichtsprinzip. Beim Lernen des Zahlbegriffs und der Zahldarstellungen zeigen sich oftmals Probleme, die in gleicher Weise in der historischen Entwicklung auftraten. Deshalb ist die Anknüpfung an die Geschichte der Zahlen nicht nur interessant, sondern auch methodisch-didaktisch lehrreich und nützlich. Vielseitige Informationen und Anregungen dazu bietet das Heft mathematik lehren Nr. 87 (1998): Zahlen, Erhard Friedrich Verlag, Seelze.
- Das folgende Buch bietet in altersgemäßer Sprache und Aufmachung einen Zugang zum Aufbau unseres Zahlsystems, zur Unendlichkeit der Zahlenmenge und zu den römischen Zahlen: Enzensberger, Hans Magnus (1997): Der Zahlenteufel, Carl Hanser Verlag, München.

Exkurs Geschichte der arabischen Zahlen

Die arabischen Zahlen sind eigentlich indische Zahlen, was sich an der Schreibweise von links nach rechts (auch in arabischen Texten) zeigt. Bereits im 9. Jahrhundert nach Chr. kannten die Araber dieses Stellenwertsystem einschließlich der Ziffer Null. Das früheste Beispiel für das Vorkommen dieser Ziffern in Mitteleuropa ist eine Salzburger Handschrift aus dem Jahr 1143 n. Chr. Die bei uns verwendete Ziffernschreibweise unterscheidet sich allerdings erheblich von der in den arabischen Ländern.

Unsere Ziffern	Arabische Ziffern
1	١
2	٢
3	٣
4	٤
5	٥
6	٦
7	٧
8	٨
9	٩
0	٠

Ein Grund dafür ist in der Entwicklungsgeschichte zu finden. Das arabische Reich teilte sich im 13. Jahrhundert in den west- und ostarabischen Teil. So nahmen auch die Zahlen zwei unterschiedliche Entwicklungen.

Auftaktseite: Unsere neue Klasse

Die Schülerinnen und Schüler kommen voller Erwartungen und Neugier an die neue Schule. Der neue Schulort, neue Lehrerinnen und Lehrer und neue Klassenkameraden sind für die Kinder spannend und beängstigend zugleich. Deshalb ist in den ersten Wochen neben den fachlichen Inhalten die Eingliederung in die neue Schul- und Klassengemeinschaft von großer Bedeutung. Für diesen Integrationsprozess bietet die Auftaktseite Ideen, die zu einem persönlichen Miteinander und zu einer aktiven Auseinandersetzung mit den neuen Klassenkameraden hilfreich sind. Sie lernen dabei die Mathematik als nützliches Werkzeug kennen. Das Sammeln von Daten und das Präsentieren dieser Informationen sind eng mit den persönlichen Interessen verknüpft. Die Schülerinnen und Schüler erstellen selbst einen Fragebogen und erheben die Daten in der eigenen Klasse. Daraus entwickeln sich zweck- und adressatengebundene Darstellungen für das Klassenzimmer oder für den Elternabend. Durch die persönliche Beteiligung ist eine sehr hohe Motivation zu erwarten.
Eine Kooperation mit dem Klassenlehrer und/oder den Fachlehrerinnen für Deutsch und Bildende Kunst bietet sich an.

1 Strichlisten und Diagramme

Intention der Lerneinheit

- Erheben und Aufbereiten von Daten
- Daten auf unterschiedliche Weise darstellen (Strichlisten, Bilddiagramme, Säulen- und Stabdiagramme)
- Einsicht in die Vorteile dieser Zahldarstellung gewinnen
- Diagramme vergleichen und deren Aussage kritisch reflektieren, dabei dienen die Diagramme immer der Zahldarstellung und werden nicht vorrangig unter statistischen Aspekten betrachtet.

Tipps und Anregungen für den Unterricht

Kopiervorlagen für einen Fragebogen zum Einstiegsprojekt, sowie Hinweise zur Durchführung werden in folgendem Heft angeboten:
Schnittpunkt aktuell, Berichte aus der Praxis - Berichte für die Praxis, ISBN 3-12-747401-6, Ernst Klett Verlag, Stuttgart 2002.

Einstiegsaufgabe

Die Einstiegsfrage spiegelt die aktuelle Situation der Schülerinnen und Schüler wider. Den Lernenden wird einsichtig, dass die beiden dargestellten Listen adressatenbezogen sind.

In den Beispielen werden durch die Gegenüberstellung der drei am häufigsten verwendeten Diagramme Sprechanlässe angeboten. Die Darstellungen werden im Unterrichtsgespräch verglichen und ihre Anwendbarkeit wird hinterfragt.

Aufgabenkommentare

1 Bietet eine Veranschaulichung von Zahlenfolgen. Die Fortsetzung der Reihe kann auf ikonischer Stufe, d.h. durch das Zeichnen der nächsten Zahlbilder, oder auf formaler Stufe durch das Erfassen der Gesetzmäßigkeit erfolgen.

4 Hier werden Sprechanlässe geschaffen. Thema ist sowohl der inhaltliche Aspekt der Aufgabe als auch die Form der Darstellung.
Im Unterrichtsgespräch haben nur wenige Schülerinnen und Schüler die Gelegenheit ihre Meinung vorzutragen. Eine „Murmelrunde" bietet jedem Lernenden die Chance sich frei zu äußern. „Murmelrunde" bedeutet, dass jeder mit seiner Patnerin oder seinem Partner wenige Minuten (aufgabenabhängig) über das Thema der Aufgabe spricht. Nach dieser intensiven und individuelleren Auseinandersetzung mit dem Lerngegenstand ist die Beteiligung am Unterrichtsgespräch erfahrungsgemäß meist höher, vielseitiger und qualitativ besser.

6 Die Teilaufgaben a) bis c) erfordern eine genaue Textanalyse und fördern damit sinnerfassendes Lesen.

7 Hier bietet sich wie in Aufgabe 4 eine „Murmelrunde" an.

Strichlisten - ganz neu i

Die Schülerinnen und Schüler erhalten einen Einblick in eine neue Art, Daten übersichtlich darzustellen. Dadurch werden die geistige Beweglichkeit und die kritische Reflektionsfähigkeit gefördert.

2 Zahlenstrahl und Anordnung

Intention der Lerneinheit

- den Zahlenstrahl als Skala kennen lernen, auf der die natürlichen Zahlen von links nach rechts gleichmäßig angeordnet sind
- natürlichen Zahlen Punkte auf dem Zahlenstrahl zuordnen und umgekehrt ablesen
- geeignete Ausschnitte des Zahlenstrahls für die Darstellung von natürlichen Zahlen finden

Einstiegsaufgabe

Die hier abgebildeten Beispiele für Skalen sind den Schülerinnen und Schülern aus ihrem Lebensumfeld bekannt, auch wenn inzwischen viele durch digitale Darstellungen verdrängt wurden. Sie dienen als Anregung für mögliche Gegenstände, die zur Anschauung in den Unterricht mitgebracht werden können. Gemeinsam ist allen dargestellten Skalen die gleichmäßige Einteilung, wie sie auch beim Zahlenstrahl zu finden ist. Nur die Uhr stellt eine Besonderheit dar. Die Anordnung der Stunden ist begrenzt und kann auch nicht potenziell fortgesetzt werden, wie etwa beim Lineal oder der Waage. Die Zählweise folgt nicht dem Dezimalsystem und mit den Teilstrichen werden sowohl Stunden als auch Minuten dargestellt. Bei der Uhr sind eigentlich zwei Skalen übereinander gelegt.
Beim Fieberthermometer werden die Gradangaben als Dezimalzahlen dargestellt (z. B. 39,4 °C). Diese werden zwar erst in Kapitel 8 des Schülerbuches thematisiert, jedoch hat dies keine Auswirkungen auf die Betrachtung der Skalen. Außerdem sind den Kindern die Gradangaben sicher aus dem Alltag bekannt.
Mit den nachfolgenden Beispielen wird deutlich, dass bei der Beschriftung des Zahlenstrahls nicht immer der unmittelbare Nachfolger der Zahl eingetragen werden muss.

Randspalte Seite 11

Die natürlichen Zahlen sind die Zahlen, mit denen wir zählen: 1; 2; 3; … Mitunter ist es sinnvoll, die Null hinzuzufügen. So findet man in verschiedenen Publikationen die Unterscheidung $\mathbb{N} = \{1; 2; 3; \dots\}$ und $\mathbb{N}_0 = \{0; 1; 2; 3; \dots\}$. Nach DIN 5473 ist Folgendes festgelegt: $\mathbb{N} = \{0; 1; 2; 3; \dots\}$ und $\mathbb{N}^* = \{1; 2; 3; \dots\}$. An dieser Regelung orientiert sich der Schnittpunkt.

Aufgabenkommentare

3 und **5** Bei den Teilaufgaben c) und d) müssen die Schülerinnen und Schüler zunächst ermitteln, welche Zahlen durch die Teilstriche dargestellt sind. Als Vorbereitung für Aufgabe 5 kann man an dieser Stelle mit den Schülerinnen und Schülern diskutieren, wie auf den beiden Zahlenstrahlausschnitten z. B. die Zahlen 222 oder 245 markiert werden können. Es ist auch sinnvoll zu überlegen, wie die Zahlenstrahlausschnitte verändert werden müssten, damit man auch solche Zahlen markieren kann. Weitere Übungen vgl. ► Serviceblatt „Zahlen auf dem Zahlenstrahl“, (Seite S 4).

11 Die Anordnung von Geburtstagen (u. U. auch auf einer Zeitleiste) bildet einen Kontrast zum Zahlenstrahl, der mit den Schülerinnen und Schülern diskutiert werden kann. Mögliche Ergebnisse: Die Monatsziffern dienen als erstes Sortierkriterium, stehen aber an zweiter Stelle (Unterschied zur angelsächsischen Schreibweise). Außerdem ist mit der Geburtstagsliste keine eigentliche Größer-kleiner-Beziehung verbunden, auch wenn in Tabellenkalkulationsprogrammen in dieser Weise damit operiert wird.

12 und **13** Diese beiden Aufgaben greifen das Thema Zahlenfolgen der Aufgabe 1 der vorhergehenden Lerneinheit nochmals auf und fördern damit das nachhaltige Lernen. Hier steht aber mehr die geeignete Darstellung am Zahlenstrahl im Mittelpunkt der Überlegungen.

3 Das Zehnersystem

Intention der Lerneinheit

- vertiefte Einsicht in das Zehnersystem als ein Stellenwertsystem gewinnen

Einstiegsaufgabe

Die Einstiegsfragen motivieren durch ihren Rätselcharakter und führen zum Zusammenhang zwischen dem Wert der Ziffer, dem Zahlen- und dem Stellenwert. Die Schülerinnen und Schüler sollten die Aufgaben tatsächlich mit Streichhölzchen legen. Die Lösungsideen lassen sich dann gut auf dem Tageslichtprojektor darstellen und bei den Begründungen werden die Lernenden implizit mit Merkmalen des Zehnersystems (als ein Stellenwertsystem) argumentieren.

Aufgabenkommentare

8, **9**, **11**, **12** und **14** Entscheidend für diese Aufgaben ist es, die Schülerinnen und Schüler dazu anzuhalten, ihre Ergebnisse zu begründen und dabei mit den Merkmalen des Stellenwertsystems zu argumentieren.

9 Hier erkennen die Schülerinnen und Schüler, dass gegen Grundsätze von Stellenwertsystemen verstoßen wurde und müssen neu „übersetzen“.

Zahlen auf Englisch i

Der Vergleich mit dem Englischen macht den Schülerinnen und Schülern den Unterschied zwischen der Schreib- und Sprechweise im Deutschen im Bereich der Einer und der Zehnerziffer deutlich. Gerade Lernende mit einem anderen Sprachhintergrund haben damit häufig Schwierigkeiten.

11 Anders als bei Aufgabe 10 wird nicht nur der Wert der einzelnen Zahlenkarte, sondern auch die Stelle der einzelnen Ziffern in der neu entstehenden Zahl ins Blickfeld gerückt. Die Lösung fördert die Einsicht in die Struktur des Zehnersystems. Ein typischer Schülerfehler ist es, die größte Zahl und nicht die größte Ziffer nach vorne zu stellen.

12 Da die Ziffernsumme 20 auf sehr unterschiedliche Weise erreicht werden kann, vor allem wenn man zulässt, dass einzelne Ziffern mehrmals vorkommen, wird es hier zu einer lebhaften und gewinnbringenden Diskussion kommen.

Hohe Hausnummern

Das Spiel enthält nicht nur ein Glückselement, sondern fördert auch strategisches Vorgehen, wenn man die Eigenschaften des Zehnersystems ausnutzt. Da der Materialaufwand sehr gering ist, kann es kurzfristig eingesetzt werden.
Bei Verlagen für Spielmaterialien erhält man 8-, 10-, 12- und 20-seitige Würfel. Insbesondere die 12- und 20-seitigen Würfel erhöhen den Spielanreiz (Bezug zu Aufgabe 9).

Randspalte Seite 15

Wenn die Schülerinnen und Schüler die Anordnung der Ziffern fortsetzen, kommt es mit 34:56 bei der vierten Uhr zu einem Widerspruch. Dieser lässt sich auflösen, wenn man diese Uhrzeit als 10:56 interpretiert. Der Vergleich mit dem Zehnersystem stellt dessen Eigenschaften nochmals besonders heraus.

4 Große Zahlen

Intention der Lerneinheit

- große Zahlen bis Billionen lesen und schreiben
- Einsicht in den Aufbau des Zehnersystems vertiefen
- Zahlvorstellungsvermögen erweitern

Tipps und Anregungen für den Unterricht

- Im „Zahlenteufel“ (vgl. weiterführende Hinweise, Seite K1) beschäftigt sich ein Traum des Protagonisten Robert mit der Unendlichkeit der natürlichen Zahlen.
- Mit dem Tandembogen (► Serviceblatt „Tandembogen Große Zahlen“, Seite S5) üben die Schülerinnen und Schüler das Erkennen und Lesen großer Zahlen.
- Das Mathe-Welt-Heft „Unendlich oder darf es etwas mehr sein?“ mathematik lehren Nr. 104 (2001): Anders unterrichten – aber wie?, Erhard Friedrich Verlag, Seelze, greift das Thema Zählen und Unendlichkeit auf.
- Das Mathe-Welt-Heft „Wie groß? Wie hoch? Wie schwer? Wie viele?“ mathematik lehren Nr. 101 (2000): Ganzheitlich unterrichten, Erhard Friedrich Verlag, Seelze, behandelt in ansprechender und altersgemäßer Form das Thema Schätzmethoden anhand von Fermi-Fragen wie z. B.: Wie viele Erbsen sind in einem Erbsenglas? Wie viele Reiskörner sind in einer Packung?

Einstiegsaufgabe

In der Grundschule werden große Zahlen nur bis zu einer Million behandelt. Die weitaus größere Zahl im Zeitungstext initiiert eine Diskussion über die Bedeutung und Bezeichnung dieser Zahl und regt so eine Erweiterung der aus der Grundschule bekannten Stellenwerttafel an. Der regelmäßige Aufbau und die in Lerneinheit *3 Das Zehnersystem* reaktivierten Einsichten erleichtern dabei selbsttätiges Vorgehen. Durch den visuellen Vergleich wird schon bei der Einführung das Vorstellungsvermögen geschult.

Exkurs Große Zahlen

Die Römer hatten eigene Zahlzeichen nur für Zahlen bis 1000 (vgl. Exkurs *Römische Zahlen*, Seite K7). Erst nach der Einführung des Stellenwertsystems konnten sehr große Zahlen problemlos geschrieben werden. Die entsprechenden Zahlennamen wurden sogar erst im 19. Jahrhundert eingeführt. Im deutschsprachigen Raum werden heute lateinische Zahlwörter verwendet (Ausnahme: Million bis Billiarde; hier werden die griechischen Silben „mi“ und „bi“ genutzt). Im Englischen wird das Suffix „illiarde“ nicht verwendet. One Billion = Eine Milliarde.
Kinder lieben das Außergewöhnliche. Sie sind von großen Zahlen und Rekorden fasziniert. Trotzdem haben sie Mühe, sich große Zahlen vorzustellen. Im Unterricht ist es deshalb erforderlich, große Zahlen zu strukturieren und somit Einsicht in den Aufbau des Stellenwertsystems zu vermitteln. Um mit solchen Zahlen überhaupt noch etwas verbinden zu können, müssen schrittweise Vorstellungen in den verschiedenen Größenbereichen entwickelt, Verhältnisse klar gemacht und Stützgrößen erworben werden. Zusätzlich sollten große Zahlen auch durch visuelle Vergleiche verdeutlicht werden. Ein gutes Beispiel sind die Größenverhältnisse der Planetenumlaufbahnen. Hier kann die Skizze auf Schülerbuchseite 156 als Ausgangspunkt für eine Diskussion dienen.

Aufgabenkommentare

6 Im Sinne des nachhaltigen und vernetzenden Lernens greift diese Aufgabe Fragestellungen der vorangegangenen Lerneinheit auf und vertieft sie. Die Aufgabe wird als Kopiervorlage angeboten (► Serviceblatt „Zahlenbaukasten I", Seite S 6). Die Schülerinnen und Schüler schneiden die Kärtchen aus und können damit die gesuchten Zahlen tatsächlich legen. Das erleichtert vielen Lernenden das Lösen der Aufgabe.

Schätzen von großen Zahlen

Schätzen fördert das Vorstellungsvermögen. Die Anzahl großer Mengen, wie beispielsweise die der Flamingos, kann nicht gezählt oder berechnet, sie muss geschätzt werden. Die angebotene Methode ist bei vielen Schätzaufgaben hilfreich.

5 Runden und Darstellen großer Zahlen

Intention der Lerneinheit

- Vernetzung von großen Zahlen mit dem Runden (Runden meist bereits aus der Grundschule bekannt)
- sinnvolles Runden erkennen und ausführen

Tipps und Anregungen für den Unterricht

- Mit dem Tabellenkalkulationsprogramm MS Excel können Diagramme schnell erstellt werden. Die Runden-Funktion greift die gelernten Regeln auf und vermittelt deren praktische Bedeutung.
- Das ► Serviceblatt „Das Pyramidenspiel" (Seite S7) ist ein Legespiel mit Selbstkontrolle zum Thema Runden.

Einstiegsaufgabe

Die Impulse greifen Alltagserfahrungen und das Vorwissen aus der Grundschule auf und regen eine Diskussion an. Rundungsregeln und eine erste Sinnüberprüfung (im Hinblick auf die Volkszählung in Stuttgart) ergeben sich.

Alternativer Einstieg

Ein Einstieg, der die Rundungsregel stärker betont und herausarbeitet, ist über ein Bilddiagramm möglich. Jede Figur steht für 100 000 Einwohner.

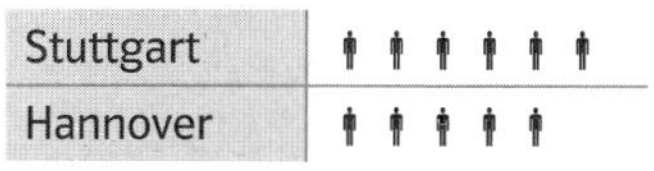

Das Bilddiagramm wird als Impuls eingesetzt. Im Unterrichtsgespräch wird Folgendes erarbeitet:
- Es geht um die ungefähre Einwohnerzahl.
- Die Werte wurden gerundet.
- Was sind mögliche Einwohnerzahlen?
- Was ist die höchste bzw. niedrigste mögliche Einwohnerzahl?
- Wie lautet die Begründung?

Die Bearbeitung ähnlicher Aufgaben und die Begründung für die höchste bzw. niedrigste mögliche Einwohnerzahl führt zu den Rundungsregeln.

Aufgabenkommentare
Randspalte Seite 19

Hier wird ein typischer Schülerfehler thematisiert. Das richtige Ergebnis sollte damit begründet werden, dass 8445 näher bei 8000 als bei 9000 liegt.

Exemplarischer Kommentar

Niveaustufen

Zum Lösen mathematischer Aufgaben werden die mathematischen Kompetenzen in unterschiedlicher Ausprägung benötigt. In den drei Niveaus A, B und C nimmt die Komplexität und die Abstraktion zu. Dabei sind aber die Fähigkeiten von Niveau B beispielsweise nicht Voraussetzung für jede Fähigkeit aus Niveau C. Die Niveaustufen können wie folgt beschrieben werden:
Niveau A: Dieser Anforderungsbereich umfasst die Verfügbarkeit von Daten, Fakten, Wissen und die Anwendbarkeit von Regeln, Formeln und mathematischen Sätzen aus einem begrenzten Gebiet in dem gelernten Zusammenhang. Dabei werden die geübten Arbeitstechniken und Verfahrensweisen in wiederholendem Zusammenhang angewendet und beschrieben.
Niveau B: Dieser Anforderungsbereich umfasst selbstständiges Anordnen, Verarbeiten und Darstellen bekannter Sachzusammenhänge unter vorgegebenen Gesichtspunkten in einem durch Übung bekannten Zusammenhang.
Dazu gehört das selbstständige Übertragen des Gelernten auf vergleichbare neue Situationen. Dabei kann es entweder um einen veränderten Sachzusammenhang oder um eine abgewandelte Verfahrensweise gehen.
Niveau C: Dieser Anforderungsbereich umfasst planmäßiges und kreatives Bearbeiten komplexer Problemstellungen. Ziel ist eine selbstständige Problemlösung und Begründung mit anschließender Interpretation und Bewertung. Bewusstes Auswählen und Anpassen geeigneter gelernter Methoden und Verfahren auf eine neue Situation sind hier die erwarteten Fähigkeiten.
Im weiteren Verlauf des ServiceBandes wird bei den Aufgabenkommentaren immer wieder auf die unterschiedlichen Niveaus eingegangen.

5 Das Hinterfragen in Teilaufgabe b) und das Auswählen geeigneter Daten in c) bilden die Grundlage für das Erreichen der höheren Niveaus.

8 Diagramme interpretieren und auswerten und Vorhersagemöglichkeiten kritisch hinterfragen zu können, gehört zu den neu geforderten Kernkompetenzen des Bildungsplans.

Tabellenkalkulation

Informationstechnische Grundbildung (IT) soll in die Fachbereiche integriert werden. Tabellenkalkulation ist als ein Inhalt der *Leitidee Modellieren* bereits für Klasse 5/6 gefordert. Mit diesem Werkzeug können die Schülerinnen und Schüler entdecken, wie die Aussagen von Diagrammen durch entsprechende Darstellung manipuliert werden können. Diese Erfahrung bietet eine solide Grundlage für die kritische Betrachtung von Schaubildern.

Wachstum der Menschheit

Im Vordergrund dieses Themenfensters steht die *Leitidee Daten*. In dieser wird das Erreichen folgender Kompetenzen angestrebt:
- gängige Darstellungsformen lesen und Informationen entnehmen,
- Tabellen lesen und auswerten,
- Daten sammeln und in Tabellen erfassen.

Die Wachstumsdarstellungen machen nachdenklich und zeigen die Bedeutung und Aussagekraft solcher Grafiken auf. Ein Vergleich der Vorhersagemöglichkeiten mit den Ergebnissen aus Aufgabe 8 (Schülerbuchseite 20) ermöglicht tiefere Einsichten.
Die besondere Situation in Deutschland kann erkundet und grafisch dargestellt werden.

6 Andere Stellenwertsysteme

Intention der Lerneinheit

- Dualsystem als weiteres Stellenwertsystem kennen
- Zahlen vom Dualsystem ins Dezimalsystem übersetzen können und umgekehrt
- allgemeine Eigenschaften von Stellenwertsystemen kennen

Die Inhalte dieser Lerneinheit sind in den Bildungsstandards nicht verbindlich vorgesehen. Es geht hier deshalb nicht darum, die anderen Stellenwertsysteme vertieft zu bearbeiten. Wichtig ist lediglich die Kontrastierung zum Zehnersystem, um die allgemeinen Eigenschaften von Stellenwertsystemen herauszuarbeiten.

Tipps und Anregungen für den Unterricht

- Im Mathe-Welt-Heft „Reise in die Welt der Zahldarstellungen“, mathematik lehren Nr. 91 (1998): Mathematik historisch verstehen, Erhard Friedrich Verlag, Seelze, finden Sie Hinweise zu Zahldarstellungen der Babylonier, die einzelne Schülerinnen und Schüler auch selbstständig bearbeiten können.
- Weitere Informationen bietet [www.christoph-grandt.com/sexagesimalsystem_babylonier.html].
- Unter [www.eduvinet.de/mallig/UntMat/M5/stelwert/stelwert1.htm] wird ein Gruppenpuzzle für Klasse 5 zum Thema Stellenwertsysteme vorgestellt.

Das ► Serviceblatt „Zweiertrimino“ bietet eine spielerische Übung zum Zweiersystem (Seite S 8).

Einstiegsaufgabe

➔ Die Schatzsuche ist zunächst ein Beispiel für einen binären Code. I wird als rechts, 0 als links übersetzt. Erst der Hinweis, dass es sich bei I0II0I usw. um geheimnisvolle Zahlen handelt, stellt den Bezug zum Dualsystem her.
➔ Die Fragestellung kann wie folgt erweitert werden: „Welche Zahl führt zum Krokodil?“ oder: „Bei welcher Zahl würde man wieder am Eingang des Labyrinths landen?“ usw.

Aufgabenkommentare

5 bis **8** Diese Aufgaben dienen der Herausarbeitung der Eigenschaften des Dualsystems. Durch den Vergleich mit dem Zehnersystem (Aufgaben 7 und 8) werden die Überlegungen verallgemeinert.

9 bis **11** Im Sinne der Verallgemeinerung wird ein weiteres Stellenwertsystem eingeführt, um einen Transfer des bisher Gelernten zu initiieren. Die Aufgaben eignen sich als differenzierendes Material für die Schülerinnen und Schüler, die sich im Zweiersystem sicher bewegen.

Zahlzeichen im alten Babylon

Viele Schülerinnen und Schüler dieser Klassenstufe zeigen ein großes geschichtliches Interesse. Die ungewöhnlichen Zahlzeichen motivieren für eine weitere Beschäftigung. Der ästhetische Reiz der Zeichen und Tontafeln ist nicht zu unterschätzen, sodass man die Schülerinnen und Schüler mit den babylonischen Zahlzeichen schöne Plakate gestalten lassen könnte.

7 Römische Zahlzeichen

Intention der Lerneinheit

- römische Zahlen lesen und in arabische Zahlen übersetzen und umgekehrt
- Einblick in ein völlig anderes Zahlensystem erhalten
- Unterschiede zur arabischen Zahlschreibweise erkennen und die Vorteile dieser Schreibweise einsehen

Die Inhalte dieser Lerneinheit sind in den Bildungsstandards nicht verbindlich vorgesehen. Es wird hier deshalb keine perfekte Beherrschung der Regeln mit allen Details angestrebt. Insbesondere die Notation dieser Regeln würde das Abstraktionsvermögen der meisten Schülerinnen und Schüler übersteigen. Der Merkteil ist darum stark beispielorientiert, es werden nur die beiden zentralen Regeln formuliert.

Tipps und Anregungen für den Unterricht

- Diese Lerneinheit kann auch zu Beginn des Kapitels behandelt werden. Dies hat den Vorteil, dass den Schülerinnen und Schülern der Aufbau unseres Zehnersystems dann nicht mehr selbstverständlich vorkommt.
- Das Mathe-Welt-Heft „Reise in die Welt der Zahldarstellungen" mathematik lehren Nr. 91, a. a. O., gibt einen historischen Überblick über alte Schreibweisen für Zahlen aus verschiedenen Regionen der Erde.
- Die ► Serviceblätter „Römisches Domino" (Seiten S 9 und S 10) bieten ein Legespiel, das in vielfältiger Weise in Übungsphasen eingesetzt werden kann.
- Zur selbstständigen Bearbeitung in einer Hausaufgabe motiviert das ► Serviceblatt „Die Suche nach dem Schatz von Cäsar" (Seite S 11).

Einstiegsaufgabe

Durch die Grafiken wird das Vorwissen der Lernenden angesprochen. Die wichtigsten Regeln können anhand des konkreten Zahlenmaterials erarbeitet werden.

Exkurs Römische Zahlen

Das Zahlensystem entstand im antiken Römischen Reich. Es kennt nur positive ganze Zahlen. Die Null war unbekannt. Im Laufe der Zeit veränderte sich die Schreibweise. So hat sich die „Subtraktionsschreibweise" erst im Mittelalter durchgesetzt. Römische Zahlzeichen wurden bis über das 12. Jahrhundert hinaus in Europa verwendet. Das Kennzeichen des römischen Zahlensystems ist die Fünferstruktur. Dabei ist der Wert eines Zahlzeichens unabhängig von seiner Stellung. Große Zahlen wurden mithilfe zusätzlicher Zeichen geschrieben, die eine Multiplikation mit 1000 (Querstrich oberhalb) bzw. 100 000 (Querstrich oberhalb und zwei seitliche Striche) bedeuteten. Beispiel: $\overline{\text{IV}} = 6000$ $\left|\overline{\text{CX}}\right| = 11\,000\,000$

Regeln:

a) Die Zahlzeichen sind nach der Größe geordnet. Dabei steht links das größte Zahlzeichen.
b) Der Wert der einzelnen Zahlzeichen wird addiert: XXVII = 10 + 10 + 5 + 1 + 1 = 27.
c) Es dürfen nie mehr als drei gleiche Ziffern nebeneinander stehen (in Bezug auf diese Regel finden sich in der Literatur unterschiedliche Angaben).
d) Eine kleinere Ziffer, die links von einer größeren Ziffer steht, wird subtrahiert („Subtraktionsschreibweise").
e) Die Zeichen V, L und D dürfen nicht vorangestellt werden: XLV und nicht VL (auch hier sind in der Literatur Ausnahmen zu finden).
f) Sind nach diesen Regeln mehrere Schreibweisen möglich, so ist der kürzesten der Vorzug zu geben: IM und nicht XMIX oder gar CMXCIX.

Aufgabenkommentare

10 Diese Aufgabe ist nicht mehr Niveau A zuzuordnen. Die Lösung macht den Unterschied der Zahlensysteme deutlich. Insbesondere das Vergleichen und Beschreiben erfordert Einsicht in den Aufbau der beiden Zahlensysteme.

Üben • Anwenden • Nachdenken

Aufgabenkommentare

10 Kompetenzzuwachs im Sinne der *Leitidee Modellieren*: Der Vergleich der tatsächlichen Daten mit der abgebildeten Darstellung soll die Schülerinnen und Schüler zu einer kritischen und genauen Betrachtung solcher Schaubilder bringen. Sie erkennen, dass ein mathematisch korrektes Modell durch eine veränderte Darstellung zu falschen Interpretationen führen kann.

Randspalte Seite 29

Mögliche Aufgabenstellung: „Wie viele Schafe sind auf dem Ausschnitt etwa zu sehen?"
Für den Aufbau des Zahlbegriffs sind Schätzaufgaben dieser Art sehr hilfreich. Sie sollten immer wieder eingebaut werden, vor allem aus solchen Bereichen, die in der Lebenswelt der Schülerinnen und Schüler eine Rolle spielen.

12 Die Aufgabe beinhaltet dieselbe Intention wie Aufgabe 9: Vertiefte Einsicht in den Aufbau unseres Zahlsystem gewinnen. Die Bedingung für die verwendeten Ziffern ist jetzt an die Anzahl der Streichhölzer geknüpft. Eine Verbalisierung und Begründung der gefundenen Lösungen fördert das Verständnis deutlich stärker.
Das Knobeln dient der Förderung prozessbezogener Kompetenzen. Wie beim Problemlösen ist dabei ein unmittelbarer Lösungsweg nach einer vorher gelernten Vorschrift nicht möglich. Die Schülerinnen und Schüler müssen andere Strategien anwenden wie etwa systematisches Probieren, Erkunden von Beziehungen, Vermutungen aufstellen und überprüfen.

Groß und klein in Europa

Das Ordnen von Zahlenreihen wird mit den Inhalten aus dem Fach Erdkunde verknüpft. Die Schülerinnen und Schüler erkennen, dass bei der Darstellung von Zahlen mithilfe von Schaubildern viel schneller ein Überblick gewonnen werden kann. Vergleichende Aussagen können leichter gemacht werden als mit einer ungeordneten Tabelle.
Das Wissen über die europäischen Staaten hinsichtlich Größe und Bevölkerungsdichte wird durch die Bearbeitung des Datenmaterials besser vernetzt.

2 Addieren und Subtrahieren

Kommentare zum Kapitel

Intention und Schwerpunkt des Kapitels

Sicher und mühelos rechnen können – damit verbinden nach wie vor viele Menschen das Hauptziel des Mathematikunterrichts und machen daran fest, wie erfolgreich er ist. Durch die ständige Verfügbarkeit des Taschenrechners verändert sich aber diese Zielsetzung. Der Unterricht entwickelt sich immer mehr weg vom reinen Training der schriftlichen und mündlichen Rechenverfahren hin zum Verstehen und Durchdringen der dahinter stehenden Operationen und Gesetzmäßigkeiten, zum sicheren Überschlagen und Runden und zum Nutzen von Rechenvorteilen. So müssen beispielsweise die Klammerregeln grundlegend verstanden werden, damit später beim Eingeben von entsprechenden Termen in den Taschenrechner keine Fehler entstehen. Daher wurde in diesem Kapitel die kleinschrittige Vorgehensweise so weit wie möglich zurückgefahren (keine getrennte Behandlung mehr von mündlichen und schriftlichen Rechenverfahren), um die organischen Zusammenhänge zu betonen.
Dies alles soll jedoch nicht bedeuten, dass die Rechenfertigkeiten gänzlich vernachlässigt werden.

Vorwissen aus der Grundschule

Aus der Grundschule bringen die Lernenden die Kompetenzen zum Durchführen der Algorithmen des schriftlichen Addierens und Subtrahierens mit. Sie haben gelernt, Ergebnisse durch Überschlagen zu prüfen und sie haben Strategien zum vorteilhaften Rechnen für unterschiedliche Lösungswege genutzt. Diese Kompetenzen gilt es zu reaktivieren und zu vertiefen. Noch nicht explizit benannt und reflektiert wurden die Rechengesetze in $\mathbb{N}$.

Bezug zu den Bildungsstandards

Die Kompetenzen, die diesem Kapitel in erster Linie zugeordnet sind, findet man unter der *Leitidee Zahl*. Es geht darum, „Rechenoperationen (...) sicher auszuführen, einschließlich der notwendigen Überschlagsrechnungen", „Rechengesetze auch zum vorteilhaften Rechnen zu nutzen" und „die erhaltenen Ergebnisse entsprechend dem Sachverhalt sinnvoll zu runden". Schließlich sollen die „Algorithmen und Kalküle zum Lösen von Standardaufgaben reflektiert eingesetzt werden".
In den Aufgaben, in denen Daten aus Tabellen und Diagrammen zum Rechnen abgelesen oder Sachaufgaben mithilfe von Rechenkalkülen bearbeitet werden, werden auch die *Leitideen Daten* und *Modellieren* angesprochen.

Auftaktseite: Rechenhilfsmittel

Die Auftaktseite „Rechenhilfsmittel" schlägt einen historischen Bogen vom Linienbrett, das vor allem mit dem Namen Adam Ries verbunden ist, hin zu den ersten Rechenmaschinen.
Für die Schülerinnen und Schüler der Klasse 5 bietet vor allem das Linienbrett die Möglichkeit, ein bereits bekanntes Thema – Addieren und Subtrahieren – unter einem neuen Aspekt zu betrachten und beim Rechnen auf dem Linienbrett das schriftliche Addieren und Subtrahieren „neu" zu entdecken (vgl. dazu auch Biermann, Heike; Rechner am Tisch; Eine Zeitreise zu Adam Ries; aus mathematik lehren Nr. 91 (1998) a.a.O., Seiten 9 bis 11). Der historische Bezug verdeutlicht den Lernenden die Entwicklung der Kulturtechnik des Rechnens, die im Mittelalter eine Domäne der Rechenmeister und Kaufleute war. Der handelnde Umgang mit dem Rechenbrett rückt nochmals den Übertrag ins Blickfeld der Schülerinnen und Schüler und macht ihnen die Regeln des schriftlichen Addierens und Subtrahierens bewusst.

Das Linienbrett

Anhand der ersten Darstellung lernen die Schülerinnen und Schüler zunächst die Notation von Zahlen auf dem Rechenbrett kennen. Dabei kann thematisiert werden, dass durch die Rechenpfennige zwischen den Linien die benötigte Anzahl der Pfennige reduziert und so auch eine bessere Übersichtlichkeit erreicht wurde.
Die ersten beiden Zahlen der Übung kommen noch ohne Zwischenlinien aus. Bei den anderen ist es sinnvoll, die Anzahl der Rechenpfennige zunächst auf die Linien zu legen und anschließend entsprechend der Regeln zu bündeln. (Fünf Rechenpfennige auf einer Linie werden ersetzt durch einen Rechenpfennig in der darüber liegenden Zwischenlinie; zwei Rechenpfennige in einer Zwischenlinie werden zusammengefasst zu einem Rechenpfennig auf der Linie darüber.) Ries nannte dies in seinem Werk „Elevation".
Die beiden unteren Fotos zeigen links eine noch nicht ausgeführte Addition, rechts eine vollständig ausgeführte Subtraktion.
Das Vorgehen beim Addieren liegt nahe und die Schülerinnen und Schüler können die Addition selbstständig durchführen, indem die Rechenpfennige linienweise auf das leere Feld zusammengeschoben und dann gebündelt werden. Es wird deutlich, dass die Aufgabe zunächst notiert werden muss, da sie danach nicht mehr rekonstruierbar ist. Lässt man die ursprünglichen Zahlen der Aufgabe

in ihren Feldern liegen, braucht man eine größere Zahl an Rechenpfennigen (oder Bonbons), um die zusammengefassten Zahlen im dritten Feld zu legen. Aus der dargestellten Subtraktion lässt sich das Vorgehen nicht ganz so leicht erklären. Die Schülerinnen und Schüler können zunächst nachweisen, dass richtig gerechnet wurde. Durch die Idee des Bündelns wird der Vorgang dann klar („Prinzip der Resolvation“: Ist der Minuend kleiner als der Subtrahend, dann wird beim Minuenden von der darüber liegenden Linie bzw. Zwischenlinie ein Rechenpfennig genommen und durch zwei oder fünf Rechenpfennige auf der Zwischenlinie bzw. Linie ersetzt, sodass die Subtraktion durchgeführt werden kann.) Sollten die Schülerinnen und Schüler Schwierigkeiten haben, selbstständig die Regeln für das Subtrahieren am Linienbrett zu finden, kann man als Zwischenschritt eine einfachere Rechnung anbieten, bei der das Entbündeln noch nicht notwendig wird.

Die ersten Rechenmaschinen

Die Darstellungen von historischen Rechenmaschinen lassen die komplizierte und umfangreiche Mechanik erahnen. Ein tieferes Eindringen in die Materie bietet sich jedoch nicht an, auch wenn die Schülerinnen und Schüler dieser Altersstufe mit Sicherheit viele Fragen dazu haben.
Sehr ausführliche Informationen zu Rechenmaschinen, ihrer Funktionsweise und ihren Konstrukteuren bietet [www.ph-ludwigsburg.de/mathematik/mmm].

Tipps und Anregungen für den Unterricht

- Der oben angegebenen Aufsatz von Biermann bietet historische Abbildungen u.a. von einer Rechenschule. Als Folie vergrößert können diese neben der Abbildung des Titelblatts von Ries Standardwerk „Rechnung auff der Linihen und Federn“ für zusätzliche Veranschaulichungen und Gesprächsanlässe genutzt werden.
- Bei [www.adam-ries-bund.de] findet man weitere Hinweise zum „Rechnen auff der Linihen“. Unter anderem finden sich dort auch Regeln und animierte Beispiele sowohl für das Addieren als auch für das Subtrahieren, Multiplizieren und Dividieren. Außerdem gibt es Hinweise auf weiterführende Literatur und Schülerhefte.
- Weitere und zum Teil ausführlichere Beschreibungen zum Rechnen liefert [www.tinohempel.de/info/mathe/ries/ries.htm].
- Beim Aufbündeln können bis zu acht Rechenpfennige auf einer Linie zu liegen kommen. Auf DIN A3 kopierte und folierte „Linienbretter“ bieten genügend Platz für das Durchführen der Rechnungen. Die Rechenpfennige können wie dargestellt kleine Steine oder Spielchips sein, aber auch 1-Cent-Stücke, die an die historischen Vorbilder erinnern. Zur leichteren Orientierung wird die Tausenderlinie üblicherweise mit einem Kreuz gekennzeichnet. Darüber hinaus kann es sinnvoll sein, die Einheiten der Linien auf dem Linienbrett zu bezeichnen, da der Umgang mit dem historischen Medium für die Schülerinnen und Schüler neu ist. Entsprechend kann man auch die Werte der Zwischenlinien („Spacien“) auf das folierte Blatt schreiben.

1 Addieren

Intention der Lerneinheit

- die Fachbegriffe *Summand, Summe, Addition* und *addieren* kennen und richtig anwenden können
- Regeln zur schriftlichen Addition beherrschen, Rechenfertigkeit verbessern
- Addition und Subtraktion als Umkehroperationen erkennen

Die Menge an reinen Rechenübungen wurde in den Lerneinheiten *1 Addieren* und *2 Subtrahieren* dem Übungsbedarf der Schülerinnen und Schüler angepasst (sie beherrschen die Addition meist sicherer als die Subtraktion).

Einstiegsaufgabe

➔ Die Zahlen sind so gewählt, dass die meisten Schülerinnen und Schüler den Rundweg im Kopf berechnen können.
➔ Die Lernenden können das schriftliche Rechenverfahren anwenden und erläutern, wie sie es in der Grundschule gelernt haben.
➔ Diese Einstiegsfrage ist offen formuliert und ermöglicht unterschiedliche Lösungen und Lösungsstrategien. Die Schülerinnen und Schüler werden durch die ungenaue Vorgabe von „etwa 200 km“ ermutigt, hier ebenfalls die Routenlängen zu runden und das Ergebnis abzuschätzen.

Exemplarischer Kommentar

Runden und Überschlagen

Üblicherweise wird im Mathematikunterricht „kaufmännisch“ gerundet. Dies ist jedoch nicht immer sinnvoll. So ist eine enge Koppelung zwischen diesem kaufmännischen Runden und der Überschlagsrechnung problematisch, wie die folgenden Beispiele aufzeigen:

- $454 \cdot 56 \approx 500 \cdot 60 = 30\,000$. Da beide Male aufgerundet wird, liefert der Überschlag $500 \cdot 50$ ein genaueres Ergebnis.
- Dasselbe gilt beim Addieren der Zahlen 251 und 353 (= 604). Das formale Runden $300 + 400 = 700$ ergibt keinen guten Überschlag.

Hier ist „gegenläufiges Runden" (ein Summand wird „aufgerundet" und der andere „abgerundet", also: 300 + 300 = 600) sinnvoller.
- Beim Dividieren erhält man durch Runden meist keine günstige Überschlagsrechnung. Hier ist es vorteilhaft, den Dividenden so zu verändern, dass eine Kopfrechenaufgabe entsteht. Dabei bleibt der Divisor meist unverändert: 8163 : 9 ≈ 8100 : 9 = 900. Auch bei dieser Aufgabe liefert das kaufmännische Runden (8200 : 10 = 820) einen ungenaueren Wert (genaues Ergebnis: 907).

Beim Überschlagen dürfen die Rundungsregeln nicht blind angewendet werden, sondern das Runden muss ein aufgabenadäquates Vereinfachen sein. Diese Fähigkeit wird sicher nicht in einer Lerneinheit erworben, sondern muss immer wieder trainiert werden. In den nächsten Lerneinheiten sollte deshalb so oft wie möglich ein Überschlag zur Kontrolle der schriftlichen Rechnungen erfolgen. Dazu bietet sich die Bearbeitung der ► Serviceblätter „Rund um das Überschlagen – Partnerarbeitsblatt Klaus" und „Rund um das Überschlagen – Partnerarbeitsblatt Klara" Seiten S 12 und S 13) an.

Aufgabenkommentare

Überschlag

Eine wesentliche Aufgabe des Mathematikunterrichts ist der Aufbau einer Zahlvorstellung. Die Fähigkeit, Zahlen mit adäquaten Vorstellungen aus der Umwelt zu verbinden wird durch den Bezug zu Größen aus der Umwelt gebildet.
Dabei ist das Wissen um Repräsentanten entscheidend; zum Beispiel die Breite eines Daumennagels, die Länge eines Fußballfeldes oder das Gewicht einer Tafel Schokolade (vgl. Kapitel 6 *Sachrechnen*). Darüber hinaus benötigt man auch Vorstellungen von sehr großen oder sehr kleinen Zahlen, für die entsprechende Repräsentanten verwendet werden. Die adäquaten Größenvorstellungen sind zum Abschätzen und sinnvollen Runden von Zahlenwerten unerlässlich. Die Entwicklung dieser Vorstellungen sollte bewusst gefördert werden. Die drei im Schaufenster angebotenen Anwendungsbereiche einer Überschlagsrechnung vermitteln den Lernenden,
- wann Überschlagsrechnungen sinnvoll und notwendig sind.
- dass sich der Überschlag nicht immer an den Rundungsregeln orientiert (vgl. Exemplarischer Kommentar: *Runden und Überschlagen*, Seite K 10).
- dass bei bestimmten Fragestellungen eine Überschlagsrechnung keine ausreichenden Erkenntnisse liefert.

5 bis **20** Diese Aufgaben sind Fertigkeitsübungen, die durch die Art der Präsentation besonders motivierend sind:
- 10, 11, 13 und 14 wecken die Neugier auf das Ergebnis.
- 5, 8 und 15 sind produktorientierte Aufgaben (Motiv, etwas fertig zu stellen).
- 16, 17 und 20 aktivieren erneut das Wissen über die Stellenwerte und greifen dabei bereits bekannte Übungsformen auf.

17 und **20** Setzen ein gutes Zahlverständnis und die Beherrschung des schriftlichen Rechenverfahrens voraus. Zur Lösung sind Strategien notwendig, die über reines Probieren hinausgehen.
Soll Aufgabe 20 mithilfe ausgeschnittener Zahlenkärtchen gelöst werden, können die Karten des ► Serviceblattes „Zahlenbaukasten III" (Seite S 19) benutzt werden. Die Aufgaben und die nicht notwendigen Rechenzeichen sollten jedoch nicht mitkopiert werden. Bitte beachten Sie auch, dass die Ziffern 0 und 2 nicht verwendet werden dürfen.

Rechennetze

Neben der Anwendung der Regel steht hier das Erkennen von Strukturen und Zusammenhängen im Vordergrund. Die Variation der Aufgabenstellung verhindert ein stures Einüben.
Die ersten beiden Beispiele können alle Lernenden bewältigen. Sie lernen das Prinzip der Rechennetze kennen.
Die dritte Aufgabe ist offener gestellt. Die Lernenden dürfen ihre eigenen Zahlen auswählen, jedoch unter Berücksichtigung der angegebenen Bedingung. Der Reiz der Aufgabe liegt in der eigenen Zahlenwahl und im Fertigstellen des Produktes (Netz). Die vielen dazu notwendigen Übungen im Bereich der Rechenfertigkeit treten in den Hintergrund.
Das letzte Netz bietet eine kombinatorische Knobelaufgabe, bei der das angebotene einfache Zahlenmaterial zum Probieren motiviert und zum „Dranbleiben" ermutigt.
Das ► Serviceblatt „Rechennetze I" (Seite S 14) bietet eine Kopiervorlage für die vier Rechennetze, um Schreibarbeit einzusparen.

19 Die Aufgabe thematisiert die typischen Schülerfehler und trainiert dadurch die Verbalisierung von Begründungen. Bei der schriftlichen Erklärung lernen die Schülerinnen und Schüler die Anwendung der Fachsprache für eine eindeutige und klare Darstellung schätzen.

21 Ein Ausschnitt einer solchen Zahlenfolge beginnt immer bei einer Quadratzahl n^2 und endet genau vor der nächsten Quadratzahl $(n + 1)^2$. Der Ausschnitt besteht immer aus $n + (n + 1) = 2n + 1$ Summanden. Nach $(n + 1)$ Summenden wird er auseinander gerissen.

22 Niveau A: Teilaufgabe a) dient neben der Übung der Rechenfertigkeit als Grundlage für die funktionalen Betrachtungen in Teilaufgabe b).
Niveau B: Teilaufgabe b): Hier werden die meisten Lernenden den neuen Wert berechnen und dann in Beziehung setzen zum Wert in der ersten Pyramide.
Niveau C: Teilaufgabe c) kann über die Berechnung des neuen Werts oder durch systematisches Begründen gelöst werden. Letzteres zeigt, dass der Zusammenhang zwischen der Erhöhung der einzelnen Summanden und dem Wert der Summe erfasst und zur Lösung der Aufgabe angewendet wurde.

Exemplarischer Kommentar

Offene Aufgaben

Im Unterricht und den Schulbüchern fanden sich bisher häufig Aufgaben, die die Denk- und Arbeitsprozesse der Lernenden mit meist mehreren gezielten, an den Stufen des Lösungsprozesses orientierten Fragen bzw. Arbeitsaufträgen eng lenkten. Eine aktive individuelle Auseinandersetzung mit den der Aufgabe zu Grunde liegenden Problemen wurde dadurch erschwert.
Der Verzicht auf lenkende Fragen bei offenen Aufgabenstellungen fordert von den Lernenden, selbst Fragen zu stellen und selbstständig Lösungswege zu erarbeiten. Er erfordert ebenso ein sinnerfassendes Lesen der Aufgabe und eine eigenständige kritische Betrachtung und Interpretation der in der Aufgabe angegebenen Daten. Dadurch führen offene Aufgabenstellungen zu einer intensiven Auseinandersetzung mit dem Problem. Sie fördern Kreativität und Problemlösefähigkeit und vertiefen das mathematische Verständnis. Im personalen Bereich werden Bereitschaft zur Initiative, Selbstständigkeit und Selbstverantwortung angeregt. Das Spektrum reicht von Aufgaben mit offenem Arbeitsauftrag (bei dem bestimmt wird, was zu tun ist, aber der der Weg offen bleibt) über Aufgaben ohne Fragen und Arbeitsaufträge (bei denen beides zu klären ist) bis hin zu Aufgaben, die projektartigen Charakter besitzen (nicht im Sinne von Projektunterricht). Letztere thematisieren häufig außermathematische Aufgaben/Situationen, die zunächst nichtmathematische Entscheidungen erfordern.
Eine besondere Form offener Aufgaben sind solche Aufgaben, bei denen zu einem bestimmten Themengebiet oder zu einem vorgegebenen Ergebnis eigene Aufgabenstellungen und Fragen entwickelt werden müssen.

24 bis **27** Diese Textaufgaben sind keine „eingekleideten Rechenübungen", sondern erfordern durch die offene Aufgabenstellung andere Lösungs- und Denkstrategien.

24 Das Fehlen der Frage lässt den Lernenden kreative Freiräume. Sie können eigene Fragen zu dem angebotenen Datenmaterial stellen und diese beantworten. Sie können entscheiden, ob sie mit gerundeten Werten arbeiten oder genaue Ergebnisse ermitteln.

25 Die Fragestellung muss nicht zwingend zu einer Rechenaufgabe führen. Mögliche Antworten wären auch:
- „Ich könnte berechnen, wie hoch die Einnahmen in der ersten Februarwoche sind."
- „Welche Einnahmen hat die Filiale am Bahnhof erwirtschaftet?"
- „Um welchen Betrag unterscheiden sich die Einnahmen vom Bahnhof von denen in der Stadtmitte?"

Die Aufgabe, aus gegebenen Daten unterschiedliche Fragen zu entwickeln, fördert das Verstehen und Durchdringen von Textaufgaben.

26 Das Fehlen einer Frage oder Arbeitsanweisung führt zu individuellen und unterschiedlichen Lösungen. Die Lernenden können verschiedene Fragen und Aufgaben zu diesen Daten stellen und sie beantworten.

27 Es gibt nicht nur eine Möglichkeit, die gestellte Frage zu beantworten. Im Unterricht sollte Zeit sein, die unterschiedlichen Lösungen der Lernenden vorzustellen und die Lösungsstrategien beschreiben zu lassen.

29 Die Zeichnung bietet eine Hilfestellung zur Lösung. In der komplexeren Teilaufgabe b) bietet sich eine Skizze zur Verdeutlichung der Zusammenhänge an. Die Schülerinnen und Schüler erfahren an diesem Beispiel, wie hilfreich diese heuristische Strategie sein kann.

2 Subtrahieren

Intention der Lerneinheit

- Wiederholung und Festigung des Grundschulwissens (Begriffe, Rechenfertigkeit)
- Addition und Subtraktion als Umkehroperationen erkennen
- Strategien für vorteilhaftes Rechnen anwenden

Tipps und Anregungen für den Unterricht

- Unter der *Leitidee Zahl* ist im Bildungsplan der Grundschule eine Beherrschung der schriftlichen Rechenverfahren gefordert. Eine erneute Einführung ist in der Regel nicht zwingend notwendig. Oftmals genügt es, die Schülerinnen und Schüler unterschiedlicher Grundschulen ihre Verfahren vorstellen zu lassen, die Unterschiede zu thematisieren und auszuwerten.
- Das Sammeln von Strategien für vorteilhaftes Kopfrechnen („Kopfrechentricks") lohnt sich vor allem in aus unterschiedlichen Grundschulen zusammengesetzten Klassen.

Einstiegsaufgabe

Die Sachsituation ist in Form von Punktekarten dargestellt. Der Impuls „Für eine Ehrenurkunde im Dreikampf benötigt sie 900 Punkte" initiiert eine Interpretation dieser Tabelle (*Leitidee Daten*) mit anschließender Berechnung der notwendigen Punktezahl. Stellt man die Frage nach der Kontrolle des Ergebnisses, lässt sich der Zusammenhang zwischen Subtraktion und Addition aufzeigen.

Aufgabenkommentare

Exemplarischer Kommentar

Operative Prinzipien

Für einsichtiges Lernen ist es wichtig, dass aus tatsächlichen oder vorgestellten Handlungen Operationen werden. Operationen sind vorgestellte Handlungen mit den Eigenschaften Reversibilität (Umkehrbarkeit), Variabilität und Kompositionsfähigkeit (Zusammensetzbarkeit).
Der Begriff der Operation basiert auf der Intelligenztheorie von Piaget, nach der das Denken verinnerlichtes Handeln ist. Ziel eines operativen Unterrichts ist das Durchdringen und Erkennen von Strukturen und die Schaffung von Beziehungsnetzen. Operatives Üben fördert die Beweglichkeit des Denkens und vermittelt vertiefte Einsichten in die Rechenoperation.
Die folgenden Übungen dieser Lerneinheit berücksichtigen die Prinzipien:

4 Reversibilität: Addition als Kontrolle der Subtraktion

5, **14** und **18** Training der Kompositionsfähigkeit: Das Beziehungsnetz zwischen den Begriffen *Minuend*, *Subtrahend* und *Wert der Differenz* wird geknüpft.

6, **7** und **17** Reversibilität in Form von Lückenaufgaben

9 und **16** Im Schülerbuch erfolgt eine Zunahme der Anzahl an Subtrahenden, die Schülerinnen und Schüler müssen das Lösungsprinzip von zwei auf sechs Subtrahenden übertragen: Variation der Daten (Variabilität) und Transitivität (Übertragbarkeit von Lösungsprinzipien).

11 Kumulative Aufgabe: wichtige Grundbegriffe müssen bekannt sein, operative Prinzipien werden berücksichtigt. In Teilaufgabe f) sollen eigene adäquate Aufgaben gefunden werden. Dazu müssen die Strukturen und Zusammenhänge in die Fachsprache übersetzt werden (Niveau B).

15 Die Aufgabe greift Standards der Grundschule auf (*Leitidee Zahl*: „können durch Schätzen und Kopfrechnen Ergebnisse prüfen"). Deshalb müssen nicht unbedingt alle Aufgaben berechnet werden, nur im Zweifelsfall sollte die Kontrollrechnung erfolgen.

Rechennetze

Vgl. Kommentar auf Seite K11. Das ► Serviceblatt „Rechennetze II" (Seite S15) dient als Kopiervorlage, um Schreibarbeit einzusparen.

20 Erstaunliche Ergebnisse regen zu weiteren Fragen an und verlangen nach Erklärungen.
- Gilt die Gesetzmäßigkeit bei vierstelligen Zahlen mit zwei gleichen Ziffern? (Lösung: ja)
- Gilt sie bei dreistelligen Zahlen? (Lösung: ja)

Der folgende Exkurs beitet eine beispielhafte Erklärung des Phänomens für dreistellige Zahlen.

Exkurs Differenzwerte

Untersuchung des Phänomens bei dreistelligen Zahlen:

Beispiel 1:	Beispiel 2:
721 – 127 = 594	811 – 118 = 693
954 – 459 = 495	963 – 369 = 594
954 – 459 = 495	954 – 459 = 495

Ergebnis: Die Rechnung führt (außer bei drei gleichen Ziffern) immer zu 495.
Begründung: Bei „Kehrzahlen" steht bei Minuend und Subtrahend an der Zehnerstelle die gleiche Ziffer. Die Hunderterziffer und die Einerziffer sind dieselben, jedoch umgekehrt. Da an der Einer-

stelle die größere Ziffer im Subtrahenden steht, erhält man einen Übertrag von 1. Als Zehnerziffer erhält man deshalb im Ergebnis eine 9.
An der Hunderterstelle steht die größere Ziffer im Minuenden. Da diese aber ebenso groß ist wie die Einerziffer des Subtrahenden, ergänzt das Ergebnis an der Hunderterstelle das Ergebnis der Einerstelle zu 10. Weil aber an der Zehnerstelle immer ein Übertrag entsteht, ergänzen sich die Ergebnisziffern an Hunderter- und Einerstelle zu 9. Somit ergibt sich als Ergebnis immer eine Zahl, bei der an der Zehnerstelle eine 9 steht und rechts und links davon Ziffern, die sich zu 9 ergänzen (495; 396; 891 usw.).
Wegen des Übertrags von der Zehnerstelle auf die Hunderterstelle führt jede neue Rechnung zu einer um 1 kleineren Ergänzungszahl, das heißt die Ergebnisziffer an der Hunderterstelle wird um eins kleiner (792, 693, 594), die Ergebnisziffer an der Einerstelle wird entsprechend immer um eins größer.
Bei 594 ist das Ende erreicht (954 – 459 = 495).

23 und **24** In diesen Aufgabe müssen die Lernenden zwischen verschiedenen Darstellungsformen (Tabellen und Diagramme) wechseln und mit ihnen operieren (Daten aus Tabellen und Diagrammen entnehmen, Werte interpretieren, Ergebnisse erneut darstellen). Dabei erkennen sie die Wechselbeziehungen zwischen den Darstellungsformen. Eine anschließende Bewertung kann die Unterschiede verdeutlichen (Niveau B). Werden die Darstellungen und die entsprechenden Vorhersagemöglichkeiten zusätzlich kritisch hinterfragt, kann Niveau C erreicht werden.

Magische Quadrate ...

Das von Dürer dargestellte magische Quadrat zeichnet sich durch einen besonderen Beziehungsreichtum aus. So ergeben nicht nur die Zeilen, Spalten und Diagonalen die Zahl 34.
Auch die Blöcke in den vier Ecken summieren sich zur magischen Zahl, genauso der Block in der Mitte. Weitere Möglichkeiten (immer die Eckzahlen der eingezeichneten Vierecke ergeben die Summe 34, vgl. [www.informatik.uni-hamburg.de/bib/archiv/aus_moeller/Tafel01.html]):

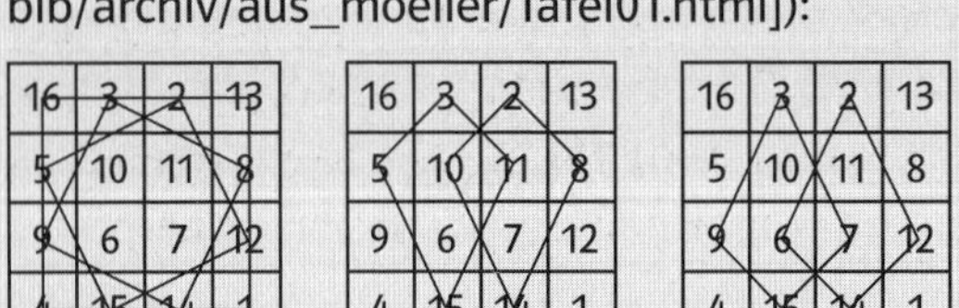

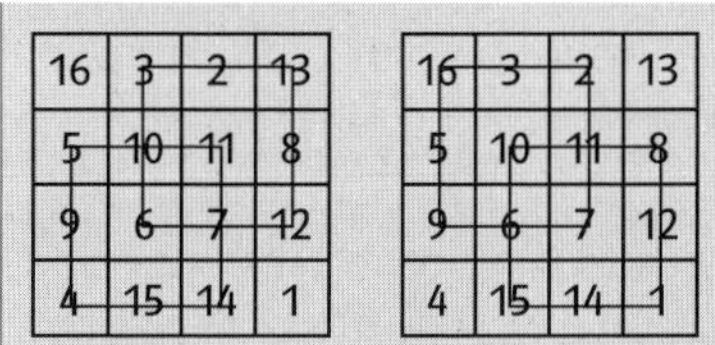

Diese Vielfalt weckt die Neugierde und Kreativität der Schülerinnen und Schüler. Die Suche nach möglichst vielen Beziehungen bietet eine reizvolle und offen gestellte Hausaufgabe. Beim Vergleich könnte dann auch das Ausnutzen von Rechenvorteilen thematisiert werden.

Randspalte
Mit diesem magischen Quadrat setzte sich schon Adam Ries auseinander. In seinem Rechenbuch findet sich ein „Rezept", wie man den Grundtyp findet. Die magische Zahl 15 dividiert durch 3 ergibt die Zahl für die Mitte. Die anderen Zahlen werden – wie in der linken Skizze dargestellt – der Reihe nach angeordnet.

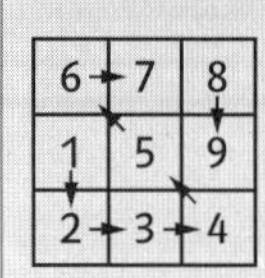

6	7	2
1	5	9
8	3	4

Zum Schluss muss man nur noch die 2 und die 8 vertauschen. Es gibt acht Möglichkeiten, die Zahlen von 1 bis 9 als magisches Quadrat anzuordnen. Aus einer Variante ergeben sich die anderen sieben durch Drehung und Spiegelung.
Es könnte auch eine interessante Hausaufgabe sein, die acht Möglichkeiten zu finden und deren Gemeinsamkeiten zu entdecken.

Ein magisches Dreieck
Die Aufgabe ist offen gestellt im Hinblick auf die Lösungswege.
Sie kann durch bloßes Probieren gelöst werden. Es ist aber auch möglich, strategisches Vorgehen zu initiieren. Die Summen der Ecken (1 + 2; 1 + 3; 2 + 3) unterscheiden sich aufsteigend um 1.
Beim Verteilen der Zahlen 4 bis 9 müssen die Unterschiede ausgeglichen werden (8 + 4 = 12; 6 + 7 = 13; 5 + 9 = 14).
Diese Überlegungen lassen sich dann leicht auf die beiden nachfolgenden Aufgaben übertragen.

Tipps und Anregungen für den Unterricht
Die Anzahl der Internetseiten zu magischen Quadraten ist sehr groß. Hier eine kleine Auswahl:
- [www.informatik.uni-hamburg.de/bib/archiv/aus_moeller/Ausstellung.html]
- [www.magic-squares.de]
- [www.math.tu-freiberg.de/~hebisch/cafe/magisch.html]
- [homepages.uni-tuebingen.de/student/thomas.rasch]
- [www.mathe-spass.de/dm199x/dm99_so.htm

Es bietet sich an, das Thema zu einem kleinen Projekt auszubauen, das sich über einen längeren Zeitraum hinzieht.
Dabei können die Schülerinnen und Schüler nach magischen Quadraten unterschiedlicher Ordnung suchen und Regeln finden, wie man aus bekannten Quadraten neue erstellt.
Sie können eigene Aufgaben wie die des Schülerbuches erstellen und die Besonderheiten der beiden Quadrate der Randspalte entdecken und darstellen. Die Ergebnisse könnten als kleines „Buch" zusammengetragen und illustriert werden.

3 Summen und Differenzen. Klammern

Intention der Lerneinheit

- Vertauschungs- und Verbindungsgesetz kennen und zum vorteilhaften Rechnen nutzen
- Regeln „von links nach rechts" und „Klammer zuerst" kennen und anwenden
- wissen, dass man mehrere Subtrahenden zusammenfassen und dann diese Summe subtrahieren darf

Tipps und Anregungen für den Unterricht

- Das ► Serviceblatt „Rund um das Addieren und Subtrahieren" (Seite S 16) bietet einfache Übungen zu den ersten drei Lerneinheiten dieses Kapitels.
- Beim Berechnen von Termen ist die Darstellung in Form einer schrittweisen Lösung unter Beachtung des Gleichheitszeichens (vgl. *Leitidee Modellieren*: „mit dem Gleichheitszeichen korrekt umgehen") für die Schülerinnen und Schüler häufig ungewohnt. Kurze und einfache Terme zum Trainieren dieser Fertigkeit bietet das ► Serviceblatt „Klammerregeln" (Seite S 17).

Einstiegsaufgabe

Die Einstiegsfrage kann in Partner- oder Einzelarbeit gelöst werden. Dabei führt die offene Aufgabenstellung zu mehreren Fragestellungen:
- Anzahl der Personen, die zusteigen:
  $12 + 4 + 7 = 23$
- Anzahl der Personen, die aussteigen:
  $5 + 17 + 14 = 36$
- Anzahl der Personen nach der Haltestelle Lerchenstraße: $24 - 5 + 12 + 4 - 17 - 14 + 7 = 11$
- Anzahl der Personen nach jeder Haltestelle

usw.
Für die Lernziele dieser Lerneinheit sind die ersten drei Lösungen von Bedeutung. Die Zusatzfrage (Gibt es mehrere Möglichkeiten?) regt zum Vertauschen und Verbinden an. Durch eigene Versuche können die Lernenden feststellen, welche Möglichkeiten zum richtigen Ergebnis führen. Dabei sind die Terme mit einer realen Situation verknüpft. Durch diese Verbindung wird ein Verständnis für die durchgeführten Umformungen ermöglicht.
In der anschließenden Besprechung muss auf das Setzen von Klammern eingegangen werden. Klammern sind kein verbindlicher Fachbegriff im Bildungsplan der Grundschule und sollten somit an dieser Stelle eingeführt werden.

Aufgabenkommentare

Die beiden Bereiche der Rechenregeln und der Rechengesetze werden in den Aufgaben isoliert geübt, um eine Überforderung zu vermeiden. Die Aufgaben 1 bis 13 behandeln den Bereich der Rechenregeln, ab Aufgabe 14 werden die Rechengesetze thematisiert. Diese werden im Schaufenster auf Schülerbuchseite 48 vorgestellt und können als Gesetze oder schlicht als Rechenvorteile behandelt werden.

9 Gerade durch die Verwendung gleicher Zahlen vertieft die Aufgabe die Einsicht in die Wirkungsweise von Klammern. Der Unterschied zwischen Plus- und Minusklammern wird offensichtlich. Dass bei Plusklammern die Klammer weggelassen werden kann, ist selbst in den höheren Klassen kein gesichertes Wissen und sollte deshalb immer wieder thematisiert werden.
Um die Unterschiede erklären zu können, muss der mathematische Kern erfasst worden sein. Argumentieren und Begründen sind wichtige Bestandteile der mathematischen Verständnisbildung und gehören zu den Kernkompetenzen des neuen Bildungsplanes.
Die Aufgabe spricht zwei Niveaus an:
- Das Ausrechnen ist ein Reproduzieren einer gelernten Fertigkeit und fällt somit unter Niveau A.
- Zum Erklären müssen Kenntnisse und Fertigkeiten, die im einführenden Unterricht erworben wurden, verknüpft und auf diese Situation angewendet werden. Dies entspricht Niveau B.

10 Das Reflektieren der Lösungen führt zu einem vertieften Zahlenverständnis. Der Umfang der Aufgabenstellung fördert Kompetenzen wie Durchhaltevermögen, Ausdauer und Eigenverantwortlichkeit. Das ► Serviceblatt „Zahlenbaukasten II" (Seite S 18) bietet konkretes Handeln mit ausgeschnittenen Zahlen-, Rechenzeichen und Klammerkarten.

13 Mit Aufgaben dieser Art können unterschiedliche Niveaus erreicht werden:

- Niveau A: Die Lösung wird durch reines Probieren gefunden.
- Niveau B: Die Zeichen werden aufgrund gezielter Überlegungen eingesetzt. Planloses Rechnen wird vermieden. Dieses Vorgehen muss meist durch einen Lehrerimpuls initiiert werden.
- Niveau C wird nur dann erreicht, wenn das Vorgehen auch begründet werden kann.

19 Hier sollte auf vorteilhaftes Rechnen geachtet werden.

24 Fünftklässler werden von Extremen fasziniert und dadurch motiviert, ihr Wissen zu testen. Die Aufgabenstellung fordert zum vorteilhaften Rechnen und Überschlagen auf und unterstützt dadurch den Aufbau des Zahlenverständnisses.

25 In der Aufgabe werden vielfältige Kompetenzen angesprochen:
- Tabellen auswerten und Daten in Schaubildern darstellen (*Leitidee Daten*)
- Schaubilder zeichnen, Arbeit mit einem Tabellenkalkulationsprogramm (kumulatives Lernen)
- Erkennen von Besonderheiten (in Teilaufgabe c)

Dabei verlangt der Umfang der Aufgabe die Kompetenzen Ausdauer, Sorgfalt und Genauigkeit.

Rechnen in England und Amerika i

Der Vergleich mit England und den USA ist nicht nur ein Blick über den eigenen „Tellerrand", sondern erfordert einen Vergleich mit unseren Begriffen und Rechenverfahren und somit eine erneute Bewusstmachung und Vertiefung des Gelernten.

Üben • Anwenden • Nachdenken

Aufgabenkommentare

7 Die Aufgabe erfordert das Verbinden der erlernten Kenntnisse und Fertigkeiten. Dazu muss die Struktur der Terme erfasst und mit den Inhalten der einzelnen Lerneinheiten verknüpft werden. Die Aufgabe sollte wenn möglich im Kopf gelöst werden. Zusätzlich kann mathematisches Argumentieren durch Begründung des gewählten Lösungsweges geübt werden.

16 Die Aufgabe ist kumulativ, weil ein enger Zusammenhang zum Stellenwertsystem besteht. Durch Nachdenken kann viel Rechenarbeit eingespart werden (Hinweis vor der Bearbeitung!). Ein Vergleich der Teilaufgaben a) und b) vertieft die Einsicht in unser Zehnersystem.

Tipp: Durch Ausschneiden und Legen der entsprechenden Kärtchen wird für schwächere Schülerinnen und Schüler die Erkenntnisgewinnung erleichtert. Das ► Serviceblatt „Zahlenbaukasten III" (Seite S19) bietet eine entsprechende Kopiervorlage.

Summen

Im Schaufenster werden Aufgaben zum Knobeln angeboten, die die Problemlösefähigkeit und Kompetenzen wie Durchhaltevermögen, Ausdauer und Sorgfalt trainieren. Dabei schulen die Aufgaben das mathematische Denken. Zusammenhänge und Strukturen müssen erkannt und durch logisches Schließen auf die folgenden Teilaufgaben übertragen werden. Eine Begründung des Lösungsweges trainiert die Argumentationsfähigkeit. Die Lösung der ersten Teilaufgabe durch Vorstellen der weiteren Zahlenpaare erfordert Abstraktionsvermögen. Die Lernenden sind jedoch noch auf einer konkret-anschaulichen Stufe. Zum Verständnis ist deshalb ein Aufschreiben aller Zahlenpaare notwendig. Nachdem die Struktur erfasst wurde, ist ein selbstständiges Übertragen auf die nächsten zwei Aufgaben möglich.
Die letzte Aufgabe (Umkehraufgabe) stellt hohe Anforderungen, wenn sie nur durch Überlegung gelöst werden soll (Niveau C). Zur Lösung ist ein neuer Gedanke notwendig: „Welche Zahl (Summand) ergibt multipliziert mit einer ungeraden (!) Zahl (Anzahl der Summanden) 1000?" Diese Abstraktion ist für Kinder dieser Entwicklungsstufe schwer leistbar. Die Lösung durch systematisches Probieren ist eher den Fähigkeiten der Altersstufe (Niveau B) angemessen, erfordert jedoch viel Ausdauer.
Das damalige Alter des Mathematikers lässt die wesentlich älteren Kinder staunen und kann zu der Lösung der Aufgabe motivieren.

18 Kumulative Aufgabe: Die Verbindung zu unserem Zehnersystem ist für eine schnelle Lösung entscheidend.
Die Aufgabe lässt sich durch folgenden Zusätze leicht auf ein höheres Niveau heben:
- Entscheide, ohne zu rechnen. (Du hast nur einen Versuch!)
- Begründe deine Lösung.

Zahlenfolgen

Die Intention des Schaufensters ist die Schulung der mathematischen Denkweise. Vorgegebene Strukturen und Ordnungen müssen erkannt und mithilfe der Fachsprache dargestellt werden. Nach den einfachen Beispielen in der ersten

Aufgabe muss in der nächsten eine zeichnerische Darstellung logisch fortgesetzt und in eine Zahldarstellung übersetzt werden. Der Begriff „Quadratzahl" ist in der Grundschule kein verbindlicher Grundbegriff und kann gegebenenfalls thematisiert werden. Die Aufgabenstellung bereitet den Potenzbegriff (vgl. Kapitel *3 Multiplizieren und Dividieren*) auf einer anschaulichen Ebene vor. Die Zusatzfrage nach der Differenz verlangt selbstständiges Aufstellen einer einfachen Zahlenfolge.
Im dritten Beispiel muss erneut aus einer Zeichnung auf die passende Zahlenfolge geschlossen werden. Zusätzlich muss jetzt ein weit entferntes Glied der Kette berechnet werden. Dabei kann die erste Rechnung (zehnte Figur) noch anhand der Zeichnungen überprüft werden.
Die Einbeziehung der ikonischen Ebene ist altersgemäß und erleichtert das Auffinden der Gesetzmäßigkeit. Durch das ständige Wechseln zwischen den beiden Darstellungsebenen wird die Beweglichkeit des Denkens erhöht.
Die letzte Aufgabe verlangt das Verknüpfen zweier Zahlen, um die Folgezahl zu erhalten (Fibonacci-Zahlen). Für die Schülerinnen und Schüler ist das ein neuer Gedanke. Das korrekte Verbalisieren mithilfe der Fachsprache (Summe) stellt höhere Anforderungen als das reine Fortsetzen einer Zahlenfolge.

24 Noch motivierender als die Verwendung der in Teilaufgabe a) gegebenen Daten sind authentische Daten wie sie in Teilaufgabe d) gefordert werden. Dazu arbeiten die Schülerinnen und Schüler in Kleingruppen von vier bis sechs Personen zusammen. Die in der Gruppe erhobenen Daten werden zur Erstellung der in den Teilaufgaben b) und c) geforderten Diagramme verwendet. Die offene Aufgabenstellung lässt Freiraum für die Wahl eines geeigneten Schaubilds.
Die Präsentation und Diskussion der Lösungen führt zu einer Reflexion und kann Anlass für eine kritische Beurteilung der gewählten Darstellungen sein. Die Intention der Aufgabe ist u. A. die in der *Leitidee Daten* geforderte Kompetenz „Sammeln und Aufbereiten von Daten aus der eigenen Erfahrungswelt". Dazu gehört auch eine der Fragestellung entsprechende Planung und Durchführung.

3 Multiplizieren und Dividieren

Kommentare zum Kapitel

Intention und Schwerpunkt des Kapitels

In diesem Kapitel werden die den Schülerinnen und Schülern meist schon bekannten Rechenalgorithmen für die schriftliche Multiplikation und Division vertieft und automatisiert. Außerdem werden die bereits aus Kapitel *2 Addieren und Subtrahieren* bekannten Rechenregeln und Rechengesetze übertragen und mit neuen Regeln und Gesetzen (Punkt vor Strich, Distributivgesetz) vernetzt. Auch hier steht der Nutzen der Regeln und Gesetze für vorteilhaftes Rechnen im Vordergrund.
Der Fachbegriff *Potenz* wird eingeführt und gegenüber dem Begriff der *Summe* abgegrenzt.
Wie schon in Kapitel *2 Addieren und Subtrahieren* wurde auch in diesem Kapitel die kleinschrittige Vorgehensweise so weit wie möglich zurückgefahren, um die organischen Zusammenhänge stärker betonen zu können (keine getrennte Behandlung mehr von mündlichen und schriftlichen Rechenverfahren).

Bezug zu den Bildungsstandards

Die hier auszubildenden Kompetenzen sind unter der *Leitidee Zahl* zu finden:
Die Schülerinnen und Schüler können
- Rechengesetze auch zum vorteilhaften Rechnen nutzen,
- Algorithmen und Kalküle zum Lösen von Standardaufgaben reflektiert einsetzen,
- Rechenoperationen sicher durchführen, einschließlich der dafür notwendigen Überschlagsrechnungen.

Vorwissen aus der Grundschule

Die schriftlichen Rechenverfahren zur Multiplikation und Division sind bekannt und eingeübt. Allerdings wurden bei der Division nur leichte Fälle (einstellige und zehnernahe Divisoren) behandelt. Hier sind teilweise noch einige Schwierigkeiten zu überwinden (vgl. Exemplarischer Kommentar: *Schriftliche Division*, Seite K23).

Weiterführende Hinweise

- Für eine sichere Beherrschung der Grundrechenarten müssen nicht mehr alle in der Grundschule durchlaufenen Stufen erneut wiederholt werden. Es genügt jetzt, eine zusammenfassende Rückschau, in der die einzelnen Verfahren aus der Metaebene betrachtet werden und so ein Überblick und Verständnis für die Zusammenhänge geschaffen wird.
- Durch vielfältige Übungen sollte eine Steigerung der notwendigen Rechenfertigkeiten erfolgen. Dazu sind auch wiederholende Übungen zur Addition und Subtraktion, sowie kumulative Aufgabenstellungen notwendig. Als zusätzliches Material bieten sich einige der im Serviceteil angebotenen ► Kopfrechenblätter (Seiten S70 bis S73) und Fitnesstest (Seiten S77 und S78) an.
- Es sollte bei der Bearbeitung der Aufgaben vor einer schriftlichen Berechnung immer wieder ein Überschlag eingefordert werden. Um das Zahlverständnis zu trainieren, sollte er für die Lernenden zu einer Selbstverständlichkeit werden.

Auftaktseite: Multiplizieren einmal anders

Auch diese Auftaktseite stellt wie die des vorherigen Kapitels geschichtliche Bezüge her. Ein aus der Grundschule schon bekanntes Thema wird für die Lernenden so wieder interessant.
Bei den „Neperschen Rechenstäben" können die Schülerinnen und Schüler Bezüge zum gebräuchlichen Verfahren der schriftlichen Multiplikation herstellen. Auch hier werden die Ziffern schräg angeordnet und stellengenau addiert. Dabei kann es auch zu Überträgen kommen. Insofern unterstützt der Umgang mit den Rechenstäben das Verständnis für die schriftliche Multiplikation. Das ► Serviceblatt „Nepersche Rechenstäbe" (Seite S20) bietet eine Kopiervorlage der Stäbe zum praktischen Arbeiten für die Schülerinnen und Schüler an.
Das altägyptische Multiplikationsverfahren hingegen hat für die Schülerinnen und Schüler tatsächlich nur einen historischen Reiz. Als Nebenprodukt liefert es noch weitere Übungen zur Addition.

Das ägyptische Verfahren

Zunächst werden die Lernenden verblüfft sein, dass dieses einfache Verfahren tatsächlich immer funktioniert. Manche wollen vielleicht das Verfahren nicht nur blind anwenden, sondern auch „verstehen".
Eine geometrische, anschauliche Darstellung kann zwar die Hintergründe aufhellen, hat aber für die Schülerinnen und Schüler das Problem, dass sie zu diesem Zeitpunkt üblicherweise den Flächeninhalt von Rechtecken noch nicht behandelt haben (vgl. Ostermann/Rehlich, siehe *Tipps und Anregungen für den Unterricht*).
Beispiel: 9 · 3, dargestellt als Rechteckfläche

Eine Halbierung ist im Bereich der natürlichen Zahlen nicht ohne weiteres möglich. Also muss das Rechteck aufgeteilt werden. Die beiden 4 · 3-Rechtecke werden neu angeordnet.

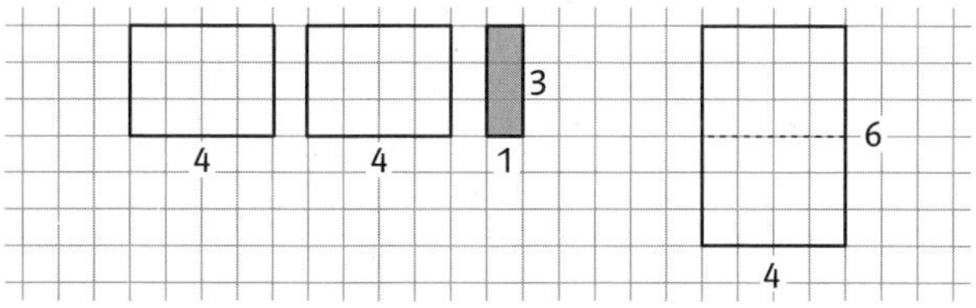

Hier ist eine Halbierung leicht möglich.
Das gilt auch für die neue Anordnung:

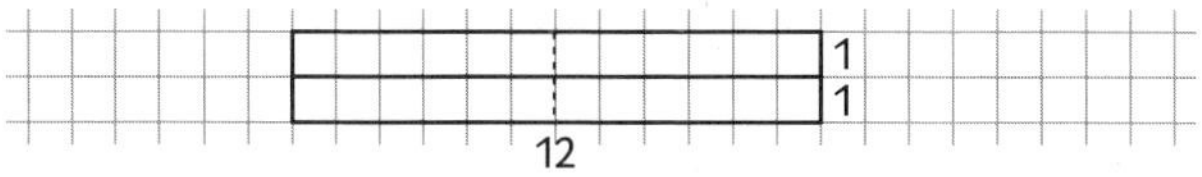

Zum Schluss entsteht dieses Rechteck:

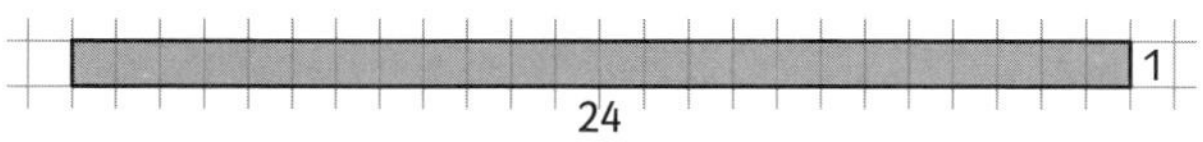

Addiert werden das zuletzt entstandene Rechteck und der (die) abgeschnittene(n) Rest(e):
24 + 3 = 27
Für manche Schülerinnen und Schüler lässt sich auch der Bezug zum Zweiersystem herstellen, und zwar durch eine entsprechende Darstellung der Halbierungs- und der Verdopplungsspalte (vgl. Ostermann/Rehlich, s. o.).

z. B. 18 · 12

Halbierung		Verdopplung	
18 = 2 · 9 + 0	18	12	1 · 12
9 = 2 · 4 + **1**	9	24	24 = **2** · 12
4 = 2 · 2 + 0	4	48	4 · 12
2 = 2 · 1 + 0	2	96	8 · 12
1 = 2 · 0 + **1**	1	192	192 = **16** · 12
18 = IOOOI$_{(2)}$			216 = 18 · 12

Berücksichtigt werden nur die „Stellen“, bei denen beim Zweiersystem die Ziffer I steht, und das ist nur bei ungeraden „Halbierungs“-Zahlen der Fall.

Die erste „Rechenmaschine“ der Welt

Die Neperschen Rechenstäbe bildeten u. a. für Schickhardt die Grundlage zu seiner Rechnenmaschine. John Neper (in einigen Büchern auch als John Napier zu finden) bezog sich auf die Pythagoreischen Rechentafeln und wandelte sie ab, indem er die Zehner- und Einerstellen durch Diagonalen abtrennte. Die Rechentafel wurden dann in senkrechte Streifen zerschnitten und auf Holzstäbe geklebt. Zur Erleichterung gibt es noch einen Stab mit den Faktoren 1 bis 9, damit man weiß, welche Reihen man auswählen muss
(vgl. [www.mathematik.uni-wuerzburg.de/History/rechner/schott/multipli.html]).

Die jeweiligen Stellen sind dann diagonal angeordnet und werden entsprechend addiert. Das entspricht unserem schriftlichen Multiplikationsalgorithmus.

Tipps und Anregungen für den Unterricht

Folgende Literatur und Internetseiten bieten weitere Informationen zum Thema:
- Ostermann, Herbert/Rehlich, Hartmut (1990): Wussten schon die alten Ägypter, wie Computer rechnen? Aus: mathematik lehren, Nr. 40 (1990), Erhard Friedrich Verlag, Seelze, Seiten 39 bis 40. Dieser Aufsatz behandelt ausführlich die altägyptische Multiplikationsmethode.
- Barthel, Hannelore (1990): Erkenntnisse über alles Geheimnisvolle. Grundrechenarten in der ägyptischen Mathematik. Aus: mathematik lehren, Nr. 38 (1989), Erhard Friedrich Verlag, Seelze, Seiten 23 bis 30.
- Mathe-Welt-Heft „Wie rechnete man früher“. mathematik lehren, Nr. 100 (2000): Aufgaben öffnen, Erhard Friedrich Verlag, Seelze, Seiten 17ff findet man einige Hinweise zu den Rechenstäben.
- [www.mathematik.uni-wuerzburg.de/History/rechner/schott/multipli.html]
  Diese Site liefert einige Informationen zu den „Neperschen Rechenstäben“.
- Bei [www.mechrech.de/publikat/neper2001.pdf] findet man weitere mathematische Hintergründe.

1 Multiplizieren

Intention der Lerneinheit

- Multiplikation als eine verkürzte Addition gleicher Summanden kennen
- Begriffe *Faktor* und *Produkt* kennen
- Wissen, dass Vertauschungs- und Verbindungsgesetz gelten
- die Gesetze und andere Strategien für vorteilhaftes Rechnen nutzen
- durch Schätzen Ergebnisse kontrollieren

Tipps und Anregungen für den Unterricht

- Unter der *Leitidee Zahl* ist im Bildungsplan der Grundschule eine Beherrschung der schriftlichen Rechenverfahren gefordert. Eine erneute Einführung ist meist nicht nötig. Es genügt, die Lernenden unterschiedlicher Grundschulen ihre Verfahren vorstellen zu lassen, die Unterschiede zu thematisieren und auszuwerten.
- Die schriftliche Multiplikation wurde für viele Lernenden bereits zu einem Automatismus. Das Hinterfragen macht den Vorgang wieder einsichtig. Der Hinweis auf das entsprechende und bei

den Lernenden bekanntere Kopfrechenverfahren führt zu einer Vernetzung.
- Das Ausklammern, auf dem die schriftliche Multiplikation und das Kopfrechenverfahren basieren, wird in Lerneinheit *5 Ausklammern. Ausmultiplizieren* behandelt.
- Das Sammeln von Strategien für vorteilhaftes Kopfrechnen (Kopfrechentricks) lohnt sich vor allem in Klassen, deren Schülerinnen und Schüler aus unterschiedlichen Grundschulen kommen.

Einstiegsaufgabe

Die Aufgabe erinnert die Lernenden an den aus der Grundschule bekannten Zusammenhang zwischen dem Multiplizieren und dem Addieren gleicher Summanden.

Aufgabenkommentare

6 Operative Aufgabe (Umkehraufgabe vgl. Exemplarischer Kommentar: *Operative Prinzipien*, Seite K 13); durch die ungewohnte Formulierung ergibt sich ein hoher Aufforderungsimpuls zur Lösung.

12 und **15** Zum sinnvollen Überschlagen vgl. Exemplarischer Kommentar: *Runden und Überschlagen*, Seite K 10. Die Lernenden lösen erfahrungsgemäß solche Aufgaben zuerst schriftlich und fügen dann den Überschlag an. Dies entspricht aber nicht der Intention. Um das zu umgehen, kann zunächst nur die Überschlagsrechnung verlangt werden.

13 Hier sind die Kompetenzen *mathematisch Denken* und *Argumentieren* gefordert (Niveau B). Die Besonderheit des ersten Ergebnisses (111 111 111) ermöglicht die Angabe des zweiten Ergebnisses. Dazu muss der Zusammenhang zum Ergebnis (Multiplikation mit 7) erkannt werden.

14 Operative und kumulative Aufgabe
a) Vorbereitung auf die Kombinatorik
b) und c) Zum Auffinden der Lösung ohne viel Probieren ist die Einsicht in unser Stellenwertsystem und den Multiplikations-Algorithmus notwendig.
d) und e) Zur Beantwortung müssen Kenntnisse und Fähigkeiten, die im bisherigen Mathematikunterricht erworben wurden, verbunden und zur Begründung verwendet werden (Niveau B).
f) Die Frage fordert zu systematischem Probieren auf.

22 Die operative Aufgabenstellung führt zu vertiefter Einsicht in den Multiplikations-Algorithmus.

23 Auf dem ► Serviceblatt „Rechennetze III" (Seite S 23) finden Sie Blanko-Rechennetze zum Ausfüllen.

Rechengesetze

Wie auch schon im vorigen Kapitel werden die Rechengesetze in einem Schaufenster behandelt. Dabei werden die aus dem vorigen Kapitel bekannten Gesetze erneut aufgegriffen und auf die Multiplikation übertragen. Dabei bietet sich ein eigenständiges Vorgehen der Lernenden an. Dadurch werden Fähigkeiten auf Niveau B geübt:
- Kenntnisse, Fertigkeiten und Fähigkeiten, die im Kapitel *1 Addieren und Subtrahieren* erworben wurden, müssen mit der neuen Problemstellung verknüpft und zur Lösungsfindung verwendet werden.
- Vermutungen sollten begründet geäußert werden.
- Beispielzahlen werden sinnvoll ausgewählt.
- Ein vorgegebenes Problem muss selbstständig bearbeitet werden.

Die Gleichheit der Gesetze für die Addition und Multiplikation kann Anlass für eine neue Problemformulierung mit entsprechenden Vermutungen und Begründungen sein. Erfolgt dies selbsttätig, werden Kompetenzen auf Niveau C erreicht.

Knobelei und Zauberei

Die Darstellung der Aufgaben hat für die meisten Lernenden sehr motivierenden Charakter. Zur weiteren Steigerung der Motivation bietet es sich an, einige der Aufgaben mit den Schülern gemeinsam so aufzubereiten, dass tatsächlich Zaubertricks vorgeführt werden können. Man könnte zum Beispiel die zweite Aufgabe in einen Trick verpacken, indem man dem Zuschauer die Aufgabe gibt, 12345679 zunächst mit 9 und dann mit einer weiteren einstelligen Zahl zu multiplizieren. Der Zuschauer muss lange und aufwändig rechnen – aber der Zauberer (eine Schülerin oder ein Schüler) kennt die Lösung schneller!
Um die sprachliche Kompetenz und die Kreativität zu fördern, könnte man die Lernenden passend zum Trick eigene Zaubersprüche formulieren lassen.
Ein Beispiel:
„Du rechnest und grübelst, brauchst sehr lange,
da wird dem Publikum langsam bange,
doch ich – der Zauberer – weiß Bescheid,
ich kenne dein Ergebnis schon lange Zeit."

24 Durch das Lösen der Zusatzfragen ohne Rechnung, sondern nur durch bloßes Argumentieren können höhere Niveaustufen erreicht werden.
Niveau B: Erkennen der Rechenstruktur und entsprechende Anordnung der Zahlen.

Niveau C: Logische Schlussfolgerungen aufstellen und mit der Fachsprache begründen.

26 Kumulative Aufgabe: Das Übersetzen der Fachsprache in entsprechende Terme erfordert präzises Lesen und die korrekte Zuordnung von Gesetzen (Klammer, Punkt vor Strich). Die Lernenden gehen mit Ausdrücken und Termen um, die bekannte mathematische Symbole enthalten (Niveau A).

27 Hier können höhere Niveaus erreicht werden:
Niveau B: Aufgrund der Rechnungen werden die Gesetzmäßigkeiten erkannt und formuliert.
Niveau C: Ohne Rechnung wird die Lösung durch logisches Schließen ermittelt und begründet.

Hamburger Hafen

Dieses Themenfenster schult viele Kompetenzen der *Leitidee Zahl*: mathematische Beziehungen und Zusammenhänge erkennen; vernetzt denken und in offenen Aufgaben das Wissen kumulativ anwenden können; die Erweiterung der eigenen Fähigkeiten und Fertigkeiten erfahren etc.
In den Aufgaben werden die folgenden Fertigkeiten trainiert:
- Addition/Subtraktion und Multiplikation/Division
- Überschlagsrechnungen
- Schaubilder zeichnen
- Daten aus Tabellen entnehmen

Die Division wird zwar erst in der übernächsten Lerneinheit behandelt, der Algorithmus ist jedoch aus der Grundschule bekannt. Gewöhnlich wird das Verfahren aber nur bis zu zweistelligen Divisoren geübt. Wem die in der dritten Teilaufgabe geforderte Division durch 250 an dieser Stelle zu schwierig scheint, sollte das Themenfenster erst nach der Lerneinheit *3 Dividieren* behandeln.
Die Aufgaben rund um den Hamburger Hafen haben unterschiedliche Schwierigkeitsgrade. Wichtig für eine Einschätzung sind die im folgenden Exemplarischen Kommentar *Textaufgaben* aufgeführten Parameter.

Exemplarischer Kommentar

Textaufgaben

Der Schwierigkeitsgrad von Textaufgaben hängt von den folgenden Parametern ab:
Umfang:
- Je länger ein Text ist, um so schwerer fällt es den Lernenden, die notwendigen Angaben zu entnehmen.
- Je mehr Angaben der Text enthält , die für die Lösung nicht zwingend notwendig sind, desto schwieriger wird die Lösung.

Bekanntheitsgrad:
- Je vertrauter der Sachverhalt ist, desto leichter wird die Lösung.

Komplexität:
- Je mehr Denkschritte notwendig sind, um so schwerer ist die Aufgabe.
- Je versteckter die zur Lösung notwendige mathematische Operation ist, desto schwieriger ist die Aufgabe.

Übersichtlichkeit:
- Je anschaulicher der Sachverhalt dargestellt wurde (eventuell mit Skizzen, Tabellen o. Ä.), um so leichter fällt die Lösung.

Zahlenmaterial:
- Sehr große Zahlenwerte erhöhen meist den Schwierigkeitsgrad.
- Eine große Datenfülle erschwert das Erkennen von Zusammenhängen und das Auffinden der notwendigen Daten.

Fragestellung:
- Aufgaben mit einer konkreten Fragestellung fallen viel leichter als offene Aufgaben, bei denen die Lernenden selbst sinnvolle Fragen aus dem Aufgabenkontext entwickeln müssen.

2 Potenzieren

Intention der Lerneinheit

- die Potenz als abgekürzte Schreibweise für ein Produkt aus gleichen Faktoren erkennen
- Begriffe *Potenz, Grundzahl, Hochzahl* und *Quadratzahlen* und *Zehnerpotenz* kennen und richtig zuordnen
- einfache Potenzen und Terme mit Potenzen berechnen können

Tipps und Anregungen für den Unterricht

- Das ► Serviceblatt „Potenzen-Domino“ (Seite S 21) bietet einen motivierenden Einstieg in eine Übungsstunde, eignet sich aber auch als Übung zu einem späterem Zeitpunkt, um das Wissen über das Potenzieren zu wiederholen und aufzufrischen.
- Das ► Serviceblatt „Potenzen und Produkte“ (Seite S 22) bietet weitere vertiefende Aufgaben zur Multiplikation und zum Potenzieren und übt nochmals den Überschlag.

Einstiegsaufgabe

Die Forschungsaufgabe, möglichst alle Kombinationen herauszufinden, macht den Lernenden meist viel Freude – besonders dann, wenn sie als Hilfsmittel die neun Kärtchen vor sich liegen haben. Dazu eignen sich Tierkarten, die foliert jedes Schuljahr

wieder eingesetzt werden können. Nach den ersten Legeversuchen werden Vermutungen über die Anzahl der Möglichkeiten geäußert.
Jeder Lernende entscheidet individuell, wie viele Kombinationen er legt, bis er die Anzahl aller Möglichkeiten herausfindet oder eine Strategie zum Berechnen der Anzahl findet. Die Lernenden begründen ihre Überlegungen eventuell so: „Jeden Tierkopf kann man an drei verschiedene Stellen legen, jeden Bauch ebenso, das bedeutet 3 mal 3 Varianten. Auch die Füße werden an drei Plätze gelegt, d.h. noch einmal drei Möglichkeiten. Es ergibt sich ein Produkt aus gleichen Faktoren." In Anlehnung an die Zusammenfassung von gleichen Summanden zu einem Produkt lässt sich hier die neue Potenzschreibweise erklären und begründen.

Alternativer Einstieg

Der folgende vorgeschlagene Einstieg berücksichtigt stärker die Vorerfahrungen der Schülerinnen und Schüler. Allerdings ist er weniger handlungsorientiert und auf einem abstrakteren Niveau, weil die Anbindung an einen realen Sachzusammenhang fehlt.
Ausgangspunkt ist die Verkürzung der Schreibweise einer Summe aus gleichen Summanden. Dieser Vorgang wird im Unterrichtsgespräch übertragen auf die Verkürzung von Produkten aus lauter gleichen Faktoren.
Das Buch der „Zahlenteufel" von Hans Magnus Enzensberger (vgl. weiterführende Hinweise auf Seite K1) enthält einen Traum zum Potenzieren, der sich ebenfalls gut als Einstieg eignet, insbesondere dann, wenn in vorausgegangenen Kapiteln der Zahlenteufel bereits eingesetzt wurde. Im Traum erklärt der Zahlenteufel seinem Freund Robert das „Hopsen" der Zahlen sehr eindrücklich (Seite 38).

Aufgabenkommentare

2 Der Einstieg in die Lösung der Aufgabe ist sehr handlungsorientiert, so dass auch leistungsschwächere Schülerinnen und Schüler eine Lösungsidee verfolgen können. Um Teilaufgabe c) zu beantworten, ist die Anwendung einer heuristischen Strategie (Tabelle) sinnvoll.

3 und **10** bieten Probleme aus dem Erfahrungsbereich der Lernenden an, die mithilfe von Potenzen zu lösen sind.

7 Diese operative Übung fördert das Verständnis für das Potenzieren und sichert damit eine bessere Verankerung im Gedächtnis.

8 und **9** sind als Grundlage für die in Klasse 9 eingeführte wissenschaftliche Notation von sehr großen bzw. sehr kleinen Zahlen zu sehen.

Zahlenzauber

Die Schülerinnen und Schüler dieser Altersstufe lassen sich durch solche selbstständig durchzuführenden Untersuchungen meist sehr motivieren. Sie lernen dabei, einfache Kalküle oder Rechen-Algorithmen fortzusetzen, um dabei Gesetzmäßigkeiten zu entdecken und zu formulieren.

3 Dividieren

Intention der Lerneinheit

- Begriffe *Dividend*, *Divisor* und *Quotient* kennen
- Beherrschung des schriftlichen Divisionsverfahrens
- Überschlagsrechnungen durchführen
- Wissen, dass die Multiplikation eine Probe ermöglicht

Tipps und Anregungen für den Unterricht

- Unter der *Leitidee Zahl* ist im Bildungsplan der Grundschule die Beherrschung der schriftlichen Rechenverfahren gefordert. Die erneute Einführung des Divisions-Algorithmus ist in der Regel nicht nötig. Es genügt auch hier, die Lernenden unterschiedlicher Grundschulen ihre Verfahren am Beispiel von einstelligen Divisoren vorstellen zu lassen, die Unterschiede zu thematisieren und auszuwerten.
- Die Division durch dreistellige oder nicht nahe bei Zehnerzahlen gelegene zweistellige Divisoren macht den Schülern häufig Probleme. Hilfen zur Fehleranalyse und Anregungen enthält der Exemplarische Kommentar auf der folgenden Seite.

Einstiegsaufgabe

Die Einstiegsaufgabe macht die Vorstellungen, die die Lernenden seit der Grundschule mit der Division verbinden, bewusst. Die offene Aufgabenstellung ermöglicht eine Vielzahl weiterführender Fragestellungen. Beispiele:
- Wie viele Möglichkeiten der Gruppeneinteilung gibt es?
- Darf ein Rest bleiben?
- Lässt sich 29 durch eine natürliche Zahl ohne Rest teilen? (Primzahl!)
- Bei welcher Klassengröße gibt es die größtmögliche Anzahl gleich großer Gruppen?

Exemplarischer Kommentar

Schriftliche Division

Die schriftliche Division wurde zwar in der Grundschule behandelt, blieb dort aber häufig auf der Stufe einstelliger und zehnernaher Divisoren stehen. Das Dividieren durch mehrstellige Zahlen verläuft zwar nach demselben Algorithmus, stellt jedoch weit höhere rechentechnische Anforderungen.

Damit auch Schwächere die im Bildungsplan geforderte sichere Beherrschung erreichen, kann eine stufenförmige Behandlung sinnvoll sein:

1. Division durch einstellige Divisoren (Anknüpfung an das Grundschulwissen)
2. Division durch reine Zehner- und Hunderterzahlen
3. Division durch zehnernahe zweistellige Divisoren (z. B. 21 oder 49)
4. Division durch (schwierige) zweistellige Divisoren (z. B. 86 oder 77)
5. Division durch hunderternahe Zahlen (z. B. 201 oder 399)
6. Division durch (schwierige) dreistellige Zahlen (z. B. 478 oder 846)

Wo für die Schüler Probleme auftreten können, macht die folgende ausführliche Analyse des Rechen-Algorithmus deutlich:

1. Ermittlung des ersten Teildividenden. Er hat gleich viele oder eine Stelle mehr als der Divisor. Hier treten meist keine Probleme auf, da nur ein Größenvergleich notwendig ist.
2. Die erste Ergebnisziffer wird durch Überschlagsrechnung bestimmt.
3. Diese Ziffer wird mit dem Divisor multipliziert und unter den Teildividenden geschrieben. Ist das Produkt größer als der Teildividend, muss die Ergebnisziffer um 1 verringert werden. Das Multiplizieren muss inzwischen sicher beherrscht werden. Die Verringerung um 1 ist einsichtig.
4. Subtraktion. Ist der Wert der Differenz größer als der Divisor, muss die Ergebnisziffer um 1 erhöht werden. Auch die Subtraktion und die Erhöhung um 1 bereiten an dieser Stelle keine Probleme.
5. Die nachfolgende Ziffer des Dividenden wird heruntergeholt.
6. Weiter entsprechend bei Schritt 1.

Von den ersten fünf Schritten bereitet der zweite die meisten Schwierigkeiten. Den Lernenden fehlt oftmals das für ein sicheres Überschlagen notwendige Zahlgefühl.

Selbst bei korrektem (kaufmännischem) Runden kann das Teilergebnis zu hoch oder zu niedrig sein. Geeignete Übungen für eine höhere „Trefferquote" sind:

- Training des kleinen und großen Einmaleins
- Multiplikation von einstelligen mit zweistelligen Zahlen (6 mal 32) mithilfe des Verteilungsgesetzes.
- Überschlagsrechnungen.

Der zweite Rechenschritt kann auch durch das folgende Verfahren entschärft werden:

1. Die Lernenden addieren den Divisor 9-mal und erhalten so alle notwendigen Ergebnisse.
2. Beim zweiten Rechenschritt wird aus dieser Tabelle das passende Ergebnis und der entsprechende Faktor abgelesen.

Interessant ist ein Schnelligkeits- und Sicherheitswettbewerb zwischen Schülerinnen und Schülern, die unterschiedliche Verfahren anwenden. Eine anschließende Diskussion macht die jeweiligen Vor- und Nachteile deutlich.

Ziel eines realschulgemäßen Mathematikunterrichts sollte aber vor allem die Beherrschung des „Überschlagsverfahrens" sein.

Aufgabenkommentare

1 bis **7** Die Aufgaben bereiten den schwierigsten Schritt bei der schriftlichen Division vor (vgl. Exemplarischer Kommentar: *Schriftliche Division*).

8 Aufgaben gemäß den ersten drei Stufen (vgl. Exemplarischer Kommentar: *Schriftliche Division*).

9 Aufgaben der vierten Stufe (vgl. Exemplarischer Kommentar: *Schriftliche Division*).

12 Die Aufgaben können auch durch Überschlagen gelöst werden.

13 Durch die operative Aufgabenstellung wird die Einsicht in den Divisions-Algorithmus vertieft und gefestigt.

15 Hier müssen Zusammenhänge, Ordnungen und Strukturen erkannt und begründet werden (Niveau B).

16 Durch das Überschlagen entwickeln die Schülerinnen und Schüler ein „Gefühl" für Zahlen, Größenordnungen und Zusammenhänge.

Rechennetze

Im Serviceteil finden Sie das ► Serviceblatt „Rechennetze III" (Seite S 23), das Blanko-Rechennetze anbietet, um für die Schülerinnen und Schülern die Schreib- und Zeichenarbeit zu minimieren. So können sie sich ganz auf das Lösen der Aufgaben konzentrieren.

17 Vertieft das Zahlverständnis und bereitet die Teilbarkeitsregeln (Band 2) vor.

18 In den Teilaufgaben e) und f) sind zur korrekten Termaufstellung Klammern und die Kenntnis der Regel „Punkt vor Strich" erforderlich. Sie eignen sich deshalb zur Vorbereitung des Einsatzes von Klammern.

19 Die funktionale Betrachtung präzisiert die bisher intuitiv gewonnenen Einsichten in die Zusammenhänge zwischen der Größe von Dividend, Divisors und Wert des Quotienten (Niveau B).

4 Punkt vor Strich. Klammern

Intention der Lerneinheit

Das Thema Klammern wird erneut aufgegriffen und durch die Klammereinsparungsregel „Punkt vor Strich" ergänzt.

- Wissen, dass in Termen ohne Klammer die Punktrechnung zuerst durchgeführt werden muss
- Wissen, dass auch bei Termen mit Produkten und Quotienten die Regel „Klammer zuerst" gilt
- Terme schrittweise unter Beachtung einer sauberen Darstellung berechnen
- Regel „innere Klammer zuerst" kennen

Tipps und Anregungen für den Unterricht

- Selbstständige Lösungsversuche der Lernenden liefern häufig unterschiedliche Ergebnisse (z.B.: 20 − 10 : 2 = 5 bzw. 20 − 10 : 2 = 15) und regen so eine Diskussion an.
- Zur Fehlervermeidung bei schwierigeren Termen (und in höheren Klassen) sollte von Beginn an auf die saubere Darstellung größten Wert gelegt werden. Eine schrittweise Lösung entsprechend der Rechenregeln hat sich bewährt.
- Das ► Serviceblatt „Verbindung der Rechenarten" (Seite S 24) enthält Übungsaufgaben mit Selbstkontroll-Möglichkeit. Die erste Aufgabe thematisiert nochmals das schrittweise Berechnen von Termen.
- Das ► Serviceblatt „Tandembogen – Rechenausdrücke" (Seite S 25) bietet sich für erste Übungen in Partnerarbeit an.

Einstiegsaufgabe

Durch die Rechenbäume wird deutlich, dass durch die Regel „Punkt vor Strich" das Setzen von Klammern um ein Produkt überflüssig gemacht wird.

Aufgabenkommentare

8 Soll die Aufgabe mithilfe ausgeschnittener Zahlenkärtchen gelöst werden, lassen sich aus dem ► Serviceblatt „Zahlenbaukasten III" (Seite S 19) die entsprechenden Ziffern und Rechenzeichen schnell herauskopieren. Die fehlenden Klammern und Rechenzeichen müsste man ergänzen.

Drei Würfel, zwei Spiele

Solche Spiele sind motivierend und mathematisch wertvoll, da sie vertiefte Einsichten in die Rechenoperationen vermitteln können. Die Spiele müssen nicht unbedingt in Einzelgruppen gespielt werden, und es sind auch nicht zwingend Würfel notwendig. Als Variante können die „Würfelzahlen" auch vom Lehrer an die Tafel geschrieben werden. Alle rechnen dann mit denselben Zahlen.

13 Hier sind höherwertige Kompetenzen gefordert (Niveau B). Die Lernenden müssen
- verschiedene Regeln unterscheiden und miteinander in Beziehung setzen,
- Vermutungen begründet äußern,
- Überlegung verständlich und mathematisch korrekt darstellen,
- auf Äußerungen von anderen zu mathematischen Inhalten eingehen,
- Inhalte eines Themenbereichs verknüpfen.

Die Übung ist vor allem auch im Hinblick auf höhere Klassenstufen wichtig. Auch dort ist oft noch unklar, welche Klammern überflüssig bzw. welche zwingend notwendig sind.

15 bis **19** Die Aufgaben (Niveau A) trainieren die folgenden Kompetenzen:
- einfache Texte mathematisieren,
- einfache mathematische Sachverhalte schriftlich ausdrücken,
- Standardaufgaben lösen und Standardalgorithmen anwenden.

Randspalte Seite 76

Ohne Begründung entspricht die Aufgabe Niveau A. Zur Überprüfung müssen nur Standardaufgaben gelöst werden. Folgende weiterführenden Aufgaben könnten sich anschließen:
Gilt die Behauptung auch
- dann, wenn sich die Zahlen um 2 unterscheiden?
- dann, wenn es mit der 2 beginnt?
- bei anderen Hochzahlen?

Der folgende Beweis im Exkurs vertieft den mathematischen Inhalt der Randspalten-Aufgabe.

Exkurs Beweis durch vollständige Induktion

Zu zeigen: $\sum_{i=1}^{n} i^3 = \left(\sum_{i=1}^{n} i\right)^2$

Induktionsanfang: n = 1

$1^3 = 1^2$ ist wahr.

Induktionsannahme: $\sum_{i=1}^{n} i^3 = \left(\sum_{i=1}^{n} i\right)^2$ sei wahr.

Induktionsschritt: Zu zeigen ist, dass die Behauptung auch für (n + 1) gilt, also:

$\sum_{i=1}^{n+1} i^3 = \left(\sum_{i=1}^{n+1} i\right)^2$ bzw.

$\sum_{i=1}^{n} i^3 + (n+1)^3 = \left[\left(\sum_{i=1}^{n} i\right) + (n+1)\right]^2$

Durch Umformung und die Anwendung der Induktionsannahme folgt:

$\left(\sum_{i=1}^{n} i\right)^2 + (n+1)^3 = \left(\sum_{i=1}^{n} i\right)^2 + 2 \cdot (n+1) \cdot \sum_{i=1}^{n} i + (n+1)^2$

$(n+1)^3 = 2 \cdot (n+1) \cdot \sum_{i=1}^{n} i + (n+1)^2$

Durch Umformung und die Anwendung von Gauß' Summenformel folgt:

$n^3 + 3n^2 + 3n + 1 = 2 \cdot (n+1) \cdot \left(\frac{n(n+1)}{2}\right) + (n+1)^2$

$n^3 + 3n^2 + 3n + 1 = n^3 + 3n^2 + 3n + 1$

Diese Aussage ist wahr und so folgt, dass die Behauptung für alle n gilt.

22, **24**, **26** Die Aufgaben entsprechen Niveau B. Die Lernenden müssen:
- Zusammenhänge, Ordnungen und Strukturen erkennen,
- Inhalte aus verschiedenen mathematischen Themenbereichen verknüpfen,
- Vermutungen mit einer Standardrechnung überprüfen.

5 Ausklammern, Ausmultiplizieren

Intention der Lerneinheit

- Begriffe *Ausmultiplizieren* und *Ausklammern* richtig anwenden
- bei Termen entscheiden können, ob das Verteilungsgesetz anwendbar ist
- Verteilungsgesetz zum vorteilhaften Rechnen nutzen

Einstiegsaufgabe

Diese Alltagssituation ist für die Lernenden überschaubar. Sie werden beide Lösungsmöglichkeiten finden und auf dem Hintergrund der realen Situation erläutern können. Das ist für das Verständnis des Distributivgesetzes entscheidend. Die grafische Darstellung der beiden Vorgänge unterstützt den Lernprozess wesentlich.

Die Ausweitung der Regel auf Differenzen und Quotienten (siehe Bemerkung auf derselben Schülerbuchseite) sollte ebenfalls mit einer entsprechenden realen Situation vorbereitet werden.
Die Vorkenntnisse der Lernenden über Terme und Regeln erlauben es, die Einstiegsaufgabe selbstständig lösen zu lassen.
Der Arbeitsauftrag könnte lauten: „Berechne, wie viele Gummibärchen die beiden insgesamt haben. Stelle zu deiner Lösung einen Rechenausdruck auf. Findest du eine zweite Möglichkeit die Gesamtzahl zu berechnen? Wie sieht dazu der Rechenausdruck aus?" Der Forderung nach einem zweiten Lösungsweg sind die meisten der Schülerinnen und Schüler gewachsen. Das Aufstellen eines Terms für die beiden Lösungen schaffen die leistungsschwächeren Schüler meist nicht mehr. Dafür können sie im anschließenden Unterrichtsgespräch die beiden Terme interpretieren und dem eigenen Lösungsweg zuordnen.

Tipps und Anregungen für den Unterricht

- Durch das operative Bearbeiten des Verteilungsgesetzes auf dem Hintergrund sinnstiftender Beispiele wird ein besseres Verständnis und eine sicherere Anwendung erreicht. Das heißt ganz praktisch: Mehr Beispiele aus einer realen Situation in beide Terme fassen und situationsgemäß beschreiben lassen; formulieren lassen von Aufgaben bzw. von Alltagssituationen zu vorgegebenen Termen; erst nach dem Verständnisaufbau ist das Anwenden des Gesetzes, das vorteilhafte Rechnen, sinnvoll. Und dann sollte auch hier ein Schwerpunkt auf der Begründung des Rechenweges liegen. Das Vergleichen und Begründen der unterschiedlichen Lösungsmöglichkeiten erweitert die Anwendungskompetenz mehr als die reine Berechnung der Terme.
- Ein Verständnis für das Auflösen von Klammern mithilfe des Verteilungsgesetzes ist eine Voraussetzung für die Algebra. Hier können Klammern mit verschiedenen Variablen nicht mehr mit der Regel „Klammer zuerst" aufgelöst werden.
- Das ► Serviceblatt „Distributiv-Domino" (Seite S 26) bietet eine spielerische Übung des Distributivgesetzes.

Aufgabenkommentare

1 bis **3** Vor allem bei Aufgaben, bei denen beide Faktoren aus zwei Ziffern bestehen, ist die Entscheidung, welche Zahl zerlegt werden soll, sehr individuell. Ein Beispiel:
$12 \cdot 29 = (10 + 2) \cdot 29 = 290 + 58 = 348$ wählen Schüler, denen die Addition leichter fällt. Die Möglichkeit $12 \cdot 29 = 12 \cdot (30 - 1) = 360 - 12 = 348$ wählen diejenigen, die leicht subtrahieren können.

Im Unterrichtsgespräch werden beide Lösungswege betrachtet. Welcher der für ihn geschickteste ist, muss jeder Lernende selbst entscheiden.

5 Auch bei dieser Aufgabe ist eine Begründung der Entscheidung wichtig, um die Einsicht und das Verständnis zu fördern.

6 und **7** In beiden Aufgaben werden die Fachbegriffe zur Beschreibung der Rechenausdrücke wiederholt. Die Aufgaben sollten in engem Zusammenhang bearbeitet werden.

9 und **10** Beide Aufgaben können im Kopf gelöst werden. Fordert man von den Lernenden die Beschreibung des Lösungsweges und die Zuordnung eines entsprechenden Terms, wird das Verständnis gefördert.

Üben • Anwenden • Nachdenken

Aufgabenkommentare

6 Die Aufgabe lässt sich durch folgende Fragen erweitern:
- Wann entsteht das größte (kleinste) Ergebnis?
- Gilt dies auch noch bei anderen Zahlenfolgen (z.B. 1, 2, 3, 4, 5)?
- Können Klammern so gesetzt werden, dass sich ein anderes Ergebnis ergibt?

9 Das Übersetzen von Sprache in die Symbolsprache der Mathematik verdeutlicht die Notwendigkeit von Rechenregeln. Die Diskussion über das Einfügen oder Weglassen von Klammern fördert Einsichten in die Termstruktur und in den Lösungs-Algorithmus.
Die Umkehraufgabe (Terme versprachlichen) ist eine sinnvolle Erweiterung der Aufgabe. Die Schülerinnen und Schüler trainieren nicht nur die korrekte Anwendung der Fachbegriffe, sondern entwickeln ein besseres Verständnis für die Formulierungen.

Rechennetze

Diese Rechennetze dienen dem Üben der vier Grundrechenarten. Im Serviceteil finden Sie das ► Serviceblatt „Rechennetze III" (Seite S 23), das Blanko-Rechennetze anbietet, um für die Schülerinnen und Schülern die Schreib- und Zeichenarbeit zu minimieren. So können sie sich ganz auf das Lösen der Aufgaben konzentrieren.

11 und **12** Die Aufgaben sind zunächst als Kopfrechenübungen gut einsetzbar. Dabei wird der Blick der Lernenden für das Erkennen einer Termstruktur geschult.
Mit diesen Aufgaben kann auch in immer größer werdenden Zeitabständen das Distributivgesetz rasch wiederholt und aufgefrischt werden.

15 und **16** Beide Aufgaben gehen auf eine Erweiterung der bisher kennen gelernten Rechenregeln für Terme ein. Den Vorrang der Potenzrechnung übersehen die Lernenden besonders bei Aufgabenstellungen wie in 15 a).

16 Die Aufgabe unterstützt die Fehlervermeidung. Durch die Nähe der für die Lernenden ähnlich wirkenden Aufgaben wird die Aufmerksamkeit erhöht.

17 bis **19** Die Lernenden stellen nach Vorgabe des Zahlenmaterials eigene Terme auf. Das übergeordnete Problem in den Aufgaben 17 und 18 ist für alle Schülerinnen und Schüler leistbar. Wichtig bei der Besprechung der Lösung ist die Diskussion über Terme mit gleicher Lösung. Dabei können die Lernenden das Begründen und die Anwendung der Rechengesetze üben.
Die Knobelaufgabe 19, bei der als Ergebnis alle Zahlen von 1 bis 10 gefunden werden sollen, eignet sich zur Differenzierung. Das ► Serviceblatt „Rechenlotto" (Seite S 27) bietet ein Spiel, bei dem aus den mit drei Würfeln gewürfelten Zahlen alle Zahlen von 1 bis 30 dargestellt werden sollen. Es ist damit als eine handlungsorientierte Erweiterung von Aufgabe 19 zu sehen.

20 Mit dieser Aufgabe können die Lernenden an eine kritische und analysierende Betrachtung der Terme herangeführt werden. Gibt man den Hinweis, die Aufgabe im Kopf zu lösen, kann das planlose Abarbeiten verhindert und das Erkennen und Nutzen von Gesetzen und Regeln gefördert werden.

21 und **23** Hier gilt es, Gesetzmäßigkeiten zu entdecken und zu beschreiben. Die Aufgabenstellung macht neugierig und motiviert. Das anschließende Erproben und Anwenden der entdeckten Regel vermittelt Erfolgserlebnisse, die die Übungsbereitschaft fördern.

Triff die Ikosaederzahl

Die Lernenden üben das Aufstellen von Termen, das Anwenden der Rechenregeln und das Kopfrechnen in der entspannten, angenehmen Lernatmosphäre eines Spiels.
Das Spiel sollte in Kleingruppen (max. 4 Spieler) gespielt werden. Der Spielreiz wird erhöht, wenn man gestufte Zeitlimits setzt (zum Beispiel: Pro Spielzug in der 1. Runde 60 Sekunden in der 2. Runde 50 Sekunden usw.)

Der Bodensee – unser Trinkwasserspeicher

Das Thema bietet neben der Möglichkeit zum Einüben aller Rechenverfahren viele interessante Informationen über den Bodensee und die Trinkwasserversorgung. Dabei werden Vergleichsgrößen angeboten, sodass die Lernenden die zu berechnenden großen Zahlen mit Inhalt füllen können. Anhand der Aufgabe können viele Kompetenzen vertieft werden:
- Algorithmen und Kalküle zum Lösen von Standardaufgaben einsetzen,
- bereits erworbenes Wissen in kumulativen Aufgaben anwenden,
- Zahlen vergleichen und ordnen,
- ein Gefühl für Zahlen, Größenordnungen und Zusammenhänge entwickeln,
- Tabellen lesen und auswerten,
- Fragestellungen die passende Mathematik zuordnen,
- Schätzen und Überschlagen.

4 Geometrie

Kommentare zum Kapitel

Intention und Schwerpunkt des Kapitels

Ausgehend von konkreten Handlungen (Faltungen) werden in diesem Kapitel die wesentlichen Merkmale der geometrischen Grundbegriffe *Strecke, Gerade, senkrecht, parallel, Abstand* und *Entfernung* herausgearbeitet. Die Schülerinnen und Schüler sollen mit den Begriffen bildliche Vorstellungen verbinden. Außerdem werden das *Quadratgitter* und das Ablesen und Einzeichnen von Punkten im ersten Quadranten eingeführt.
Daneben sollen die Schülerinnen und Schüler in diesem Kapitel eine zeichnerische Genauigkeit und Sicherheit entwickeln.
Um die Grundbegriffe der Geometrie sauber herausarbeiten zu können, ist einerseits der korrekte Gebrauch der Fachsprache in Abgrenzung zur Alltagssprache wichtig (vgl. Schülerbuchseite 88 und 95). Andererseits sollte der Begriff immer wieder mit seinen definierten Merkmalen in Verbindung gebracht und von den irrelevanten Merkmalen abgegrenzt werden. So gehört zu den definitorischen Merkmalen einer Strecke die Existenz zweier Eckpunkte, die Bezeichnung dieser Eckpunkte mit A und B oder deren Lage sind dagegen irrelevant.

Vorwissen aus der Grundschule

Die Schülerinnen und Schüler können Skizzen und Pläne freihändig zeichnen und sie haben gelernt, einfache geometrische Werkzeuge zum planvollen Zeichnen anzuwenden. Die Begriffsbildung zu *zueinander senkrecht* und *parallel* ist propädeutisch angelegt aber nicht gefestigt und stabil verankert.

Bezug zu den Bildungsstandards

Dieses Kapitel ist vor allem der *Leitidee Raum und Form* zuzuordnen. Ziel sind die folgenden Kompetenzen: Die Schülerinnen und Schüler
- erkennen und begründen Eigenschaften geometrischer Objekte und ihre Beziehungen untereinander.
- können geometrische Figuren auch im Koordinatensystem zeichnen unter Verwendung angemessener Hilfsmittel.
- können Eigenschaften und Beziehungen geometrischer Objekte anhand definierender Merkmale beschreiben und begründen.

Intention dabei ist nicht nur ein Umgang auf der reinen Wissensebene (Kenntnisse der Begriffe und Erkennen der Objekte), sondern vor allem auch ein flexibler Umgang und ein vielseitiges Anwenden der neuen Begriffe.

Weiterführende Hinweise

- Im Schülerbuch wurde bei den Aufgabentexten grundsätzlich auf den Hinweis verzichtet, dass die Aufgaben nicht im Buch gelöst werden, sondern vorher ins Heft abgezeichnet werden sollen.
- Bei den unterschiedlichen Aufgaben zum Falten sollten Ausrisse statt rechteckiger Blätter verwendet werden. Dadurch wird das Entstehen von Sonderfällen (Rechtecke, rechte Winkel) verhindert.
- In dieses Kapitel können beim Messen von Strecken bereits Längeneinheiten und einfache Umwandlungsaufgaben integriert werden. Beides ist aus der Grundschule und dem Alltag bekannt und muss erfahrungsgemäß nicht gesondert eingeführt werden. Durch eine frühzeitige Wiederholung wird das Grundschulwissen gefestigt, bevor die Behandlung der Flächen- und Volumeneinheiten (vgl. Kapitel *7 Flächeninhalt und Rauminhalt*) eine klare Herausarbeitung der Umwandlungsregeln erfordert.

Auftaktseite: Die Geometrie fängt an!

Die Begriffsbildung wird durch einen ersten Zugang ohne den Ballast der mathematischen Begrifflichkeiten vorbereitet. Dabei machen die Schülerinnen und Schüler die für eine saubere Begriffsbildung notwendigen Grunderfahrungen. Faltlinien und Kreuzungen werden erzeugt, die mögliche Lage mehrerer Faltlinien vorhergesagt. Das Erzeugen von Geraden, Geradenkreuzungen und Schnittpunkten durch Falten bietet einen für diese Altersstufe angemessenen Zugang auf der konkret-operationalen Stufe. Außerdem ermöglicht diese Tätigkeit durch die hohe Schüleraktivität einen individuellen Lernprozess, wenn darauf geachtet wird, dass jede Schülerin und jeder Schüler die Gelegenheit erhält, seine eigenen Faltlinien zu erzeugen, zu betrachten und zu interpretieren. Im Anschluss daran kann dann die Diskussion über die Ergebnisse erfolgen. Denkbar wäre eine Gruppenarbeit, bei der zunächst jeder die eigenen Beobachtungen notiert und anschließend in der Gruppe diskutiert.

1 Strecken und Geraden

Intention der Lerneinheit

- die Grundbegriffe *Strecke* und *Gerade* kennen und gegeneinander abgrenzen
- Strecken und Geraden zeichnen und bezeichnen

Beide Begriffe sind aus der Grundschule bekannt, die Unterschiede werden jedoch häufig noch nicht erfasst. Insbesondere die Gerade als unendlich fortgesetzte Linie ist recht abstrakt. Eine spezielle Übung dazu wird unter *Tipps und Anregungen für den Unterricht* vorgeschlagen.
Um die Menge der Begriffe einzuschränken wird auf den Begriff der *Halbgeraden* verzichtet. Dieser Fachbegriff wird erst in Band 2 eingeführt und verwendet.
In dieser Lerneinheit wird ein enger Bezug zum Kapitel *1 Natürliche Zahlen* hergestellt, um Wissensvernetzung und nachhaltiges Lernen zu ermöglichen.

Tipps und Anregungen für den Unterricht

- Die ► Serviceblätter „Gerade, Halbgerade und Strecke I" und „Gerade, Halbgerade und Strecke II" (Seiten S 28 und S 29) bieten Aufgaben zur Vertiefung und Abgrenzung der Begriffe sowie zum Training der Kompetenzen *Argumentieren* und *Problemlösen*. Sie nehmen mit der Nennung des Begriffes der *Halbgerade* Bezug zum unten genannten *Alternativen Einstieg* und sollten nicht isoliert behandelt werden.
- Der abstrakte Charakter einer unendlich fortgesetzten Linie kann über die folgende Übung zur Schnittpunktproblematik verdeutlicht werden. Frage: Welche Geraden schneiden einander?

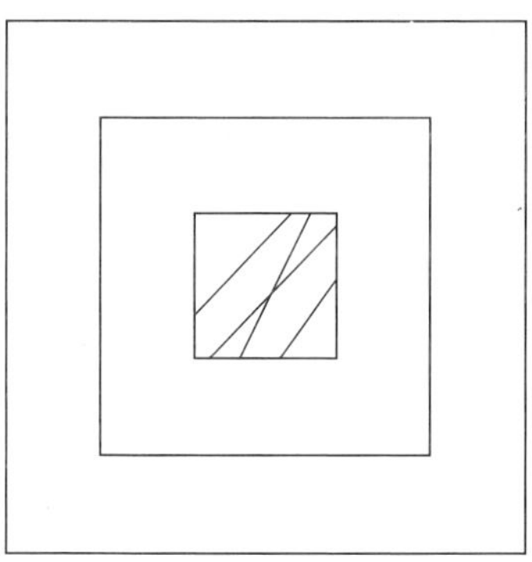

Hilfestellung: Denke dir die Geraden bis zum zweiten (dritten) Kasten fortgesetzt.

Einstiegsaufgabe

Die beiden Grundbegriffe *Strecke* und *Gerade* werden über das Vorwissen anhand einer Zeichnung erarbeitet und sauber voneinander getrennt.

Alternativer Einstieg

Mit den folgenden Aufgaben wird eine Erarbeitung der Begriffe *Gerade, Strecke* und *Halbgerade* vorgeschlagen, die unmittelbar an die einführenden Faltübungen der Auftaktseite anknüpft. Es sollte ein DIN-A4-Blatt verwendet und eine Folie mit den Aufgaben präsentiert werden.

Aufgabe 1
a) Falte das Blatt so, dass eine gerade Faltlinie von einer Blattseite zur anderen entsteht.
b) Falte ein zweites Mal so, dass die beiden Faltlinien einander kreuzen.
c) Markiere diese Kreuzung rot und benenne sie mit dem Großbuchstaben A.
d) Erzeuge eine dritte Faltlinie so, dass zwei weitere Kreuzungen entstehen. Benenne diese mit B und C.
e) Falte ein viertes Mal so, dass diese Faltlinie sich mit keiner anderen kreuzt.
f) Zeichne alle Faltlinien mit Filzstift nach.
Aufgabe 2
a) Falte drei Blätter so, dass drei Geraden und
- drei Schnittpunkte,
- zwei Schnittpunkte,
- ein Schnittpunkt entstehen.

b) Benenne die Schnittpunkte mit Großbuchstaben.
c) Wie viele Strecken erkennst du? Bezeichne die Strecken.
Vorgehen
Die Schülerinnen und Schüler bearbeiten die Aufgabe 1 in Partnerarbeit und präsentieren anschließend ihre Ergebnisse im Stuhlkreis oder an der Tafel. Aus dieser Präsentation ergeben sich Gemeinsamkeiten, die erarbeitet und dann mit den Fachbegriffen bezeichnet werden. Es entstehen immer
- drei Schnittpunkte,
- drei Strecken,
- acht Gebiete,
- gleich viele Faltlinien (Geraden),
- gleich viele Halbgeraden.

Aufgabe 2 ist eine erste Übung der neuen Begriffe. Sinnvoll ist deshalb zunächst Einzelarbeit und anschließender Übergang in Partnerarbeit, in der eine erste Ergebniskontrolle und Diskussion erfolgt.

Aufgabenkommentare

1 bis **4** Da das Abzeichnen ins Heft mit einem großen Zeitaufwand verbunden wäre, findet sich zu diesen Aufgaben das ► Serviceblatt „Strecken und Geraden" (Seite S 30).

5 bis **8** Die Aufgaben sind in engem Zusammenhang mit Kapitel *1 Natürliche Zahlen* zu sehen (*Leitidee Zahl*). Ausgehend von sehr einfachen Figuren wird das Abzählen immer schwieriger und ohne Systematik fast nicht mehr leistbar. Die immer größer werdende Komplexität der Figuren erfordert eine Zähl-Strategie. Die Aufgaben sind deshalb auch gut zur Differenzierung im Hinblick auf die drei Niveaustufen geeignet (vgl. Kommentar zu Aufgabe 7).

6 Führt die Aufgabe 5 weiter. Das ► Serviceblatt „Wie viele Strecken? (Seite S 31) kann als Vorübung zum systematischen Abzählen der Strecken in diesen Figuren dienen.

7 a) Alle Lernenden können durch das Anwenden eines einfachen, bekannten Verfahrens (Abzählen) zur Lösung kommen (Niveau A).
b) Der Lernende muss die Struktur durchdringen und auf eine ähnliche Situation übertragen (Niveau B).
c) Der Lernende muss die erkannte Struktur verallgemeinern und verbalisieren (Niveau C).

8 Es gibt mehrere individuelle Lösungen, der Lösungsweg bleibt offen. Man kann durch Probieren oder durch systematisches Vorgehen zum Ziel gelangen.

9 Förderung der Problemlösefähigkeit, weil eine Lösung über Routineverfahren nicht möglich ist. Der Lernende muss durch systematisches Probieren und mit Kreativität zur Lösung gelangen.

2 Zueinander senkrecht

Intention der Lerneinheit

- Auffrischung des Grundschulwissens und Vorbereitung einer mathematisch korrekten Begriffsbildung
- Abgrenzung zu den umgangssprachlichen Begriffen *lotrecht*, *waagerecht* und auch zum Begriff *parallel* (alles auch im Hinblick auf die Raumvorstellung)

Einstiegsaufgabe

Der Einstieg geht vom Herstellen senkrechter Faltlinien über zum Vergleich dieser besonderen Lage mit den bisher kennen gelernten Geradenkreuzungen. Das Herstellen von Faltlinien ist den Schülerinnen und Schülern bereits vertraut. Es bietet sich deshalb an, auch die weiteren Begriffe, die mit der Lage von Geraden im Zusammenhang stehen, über dieses Medium einzuführen.
Die Bearbeitung der Einstiegsimpulse ist in zwei Abschnitten sinnvoll zu bewältigen:
Zuerst bearbeiten die Lernenden die ersten beiden Impulse in Partnerarbeit. Sie erzeugen durch Falten eine in Lerneinheit 1 betrachtete Kreuzung und mit einem zweiten Blatt den Sonderfall der senkrechten Geraden. Das Sammeln und Ordnen dieser Beispiele führt zu einer ersten Begriffsvorstellung. Der Vergleich zeigt das gemeinsame relevante Merkmal (rechter Winkel) und die irrelevanten Merkmale (Lage der Geraden auf den Papierabrissen). Die Schülerinnen und Schüler können jetzt ihre Vorkenntnisse aus der Grundschule einbringen und diese besondere Lage mit *zueinander senkrecht* benennen.
In den folgenden beiden Impulsen werden weitere positive Beispiele erzeugt. Dabei müssen die Schülerinnen und Schüler den in der mathematischen Fachsprache dargebotenen Arbeitsanweisungen genau folgen. Bevor dann stärker in die fachspezifische Struktur und Benennung eingestiegen wird, ist eine Verknüpfung mit der Alltagswelt für die Verankerung des neuen Begriffs sinnvoll. Bei der Auswahl der Beispiele ist es wichtig, gerade auch solche zu betrachten, die vom umgangssprachlichen *senkrecht* und *waagerecht* abweichen. Ein gutes Beispiel wäre hier das Herstellen zueinander senkrechter Linien durch das Öffnen einer Tür, eines Fächers, einer Schere usw.
Vor dem Lesen des Beispiels sollten die Lernenden dann die Möglichkeit erhalten, selbstständig die Anwendung des Geodreiecks zu entdecken und zu nutzen.

Aufgabenkommentare

4 bis **6** Das ► Serviceblatt „Strecken und Geraden" (Seite S 30) bietet Vorlagen für diese Aufgaben.

6 Umkehraufgabe, die die Begriffsbildung vorantreibt und die geistige Beweglichkeit in diesem Gebiet fördert. Die Schülerinnen und Schüler machen hier erste Erfahrungen mit Diagonalen, die jedoch an dieser Stelle noch nicht vertieft werden müssen.

5 x 5 Nagelbrett

Das Nagelbrett bietet viele Möglichkeiten für eine offene Aufgabenstellung. Die Schülerinnen und Schüler können hier durch Probieren zu einer Lösung gelangen (Niveau A) oder durch Abzählen der Nägel die Lage der Senkrechten ermitteln (Niveau B). Die Fragestellung, wie man bei einer gespannten Geraden die dazu senkrechte Lage ermitteln kann, ist propädeutisch zu sehen für die Regel $m_1 \cdot m_2 = -1$, die in Klasse 8 von Bedeutung sein wird.
Das ► Serviceblatt „Bauanleitung für ein Nagelbrett" (Seite S 32) dient als Hilfestellung zur Herstellung besonders haltbarer Nagelbretter. Die Nagelbretter sind so gestaltet, dass beim Aneinanderlegen von vier Nagelbrettern überall gleiche Abstände entstehen. Auf Seite 187 des Schülerbuches finden Sie eine Bauanleitung für schlichtere Nagelbretter.

3 Parallel

Intention der Lerneinheit

- Vertiefung und Vernetzung des Begriffs *parallel*
- Bezug und Abgrenzung zu den Begriffen aus der Alltagserfahrung

Tipps und Anregungen für den Unterricht

Das ► Serviceblatt „Senkrechte und Parallele: Übungen mit dem Nagelbrett" (Seite S 33) bietet Übungen am Nagelbrett. Die letzte Aufgabe thematisiert bereits Vierecke, ohne dass diese explizit benannt oder beschrieben werden müssen (werden erst in Kapitel *5 Flächen und Körper* behandelt).
Eine Übung zum genauen Zeichnen mit Selbstkontrolle bietet das ► Serviceblatt „Senkrechte und Parallele: Eine Zeichenübung" (Seite S 34). Das ► Serviceblatt „Tandembogen – Geometriediktat" dient als Partnerübung zum Zeichnen und Erkennen von Parallelen und Senkrechten (Seite S 35).

Einstiegsaufgabe

Die Schülerinnen und Schüler haben nun schon Übung im Herstellen und Interpretieren solcher Faltbilder. Die entstandene Figur reaktiviert das Grundschulwissen und regt zur Diskussion an. Hier würde sich Partnerarbeit mit anschließendem Kurzvortrag anbieten.

Alternativer Einstieg

Der Einstieg ist die konsequente Fortsetzung der handlungsorientierten Auftaktseite. Der alternative Einstieg knüpft eng an die vorangegangene Lerneinheit *zueinander senkrecht* an. Bei Klassen, die offene Unterrichtsformen und selbstständige Bearbeitung von Aufgaben noch nicht ausreichend trainiert haben, ist die hier angebotene engere Führung leichter umzusetzen.
Die folgenden Aufgabenstellungen werden von den Lernenden in individuellen Tempo abgearbeitet.

1. Falte dein Blatt so, dass eine Faltlinie entsteht. Bezeichne sie mit g
2. Falte jetzt weiter so, dass du noch drei weitere Faltlinien erhältst, die zu g senkrecht sind. Nenne sie h, i und k.
3. Betrachtet gemeinsam euer Ergebnis. Was lässt sich über die drei Linien h, i und k aussagen?
4. Findet ihr im Klassenzimmer Linien, die genauso verlaufen? Notiere mindestens drei Beispiele.
5. Zeichne dein Faltbild ins Heft, ohne dabei die Kästchen zu benutzen. Verwende dazu die Idee aus den Aufgaben 1 und 2.

Nach dem Vorstellen der Ergebnisse werden der Begriff *parallel* wiederholt, die relevanten Merkmale genannt und die Kurzschreibweise eingeführt.

Aufgabenkommentare

5 Die Ergebnisse der beiden Buchbeispiele lassen die Schülerinnen und Schüler staunen. Dieser Effekt erhöht die Neugier und die Motivation der Lernenden, weitere Untersuchungen anzustellen und die entdeckte Gesetzmäßigkeit zu überprüfen. Anhand dieser Aufgabe durchlaufen die Schülerinnen und Schüler einen typisch mathematischen Erkenntnisprozess: Beobachtung – Vermutung einer Gesetzmäßigkeit – Verallgemeinerung (an mehreren Beispielen) – Erklärungsversuche (Plausibilitätserklärungen oder Beweis).

6 Gehört zu den produktorientierten Übungen. Die Lernenden üben das saubere und genaue Zeichnen von Parallelen und stellen dabei ein ästhetisches Produkt her. Wenn alle statt ins Heft das eigene Dreieck auf ein unliniertes Blatt zeichnen und farbig gestalten, lässt sich damit ein Wandschmuck fürs Klassenzimmer herstellen (entweder als Bandornament oder auf ein Plakat geklebt).

Senkrecht, lotrecht, waagerecht ... i

Der Vergleich der umgangssprachlichen und der mathematischen Bedeutung wird hier anhand der Alltagsbezüge noch einmal deutlich aufgezeigt. Dadurch wird eine größere Vernetzung möglich. Einer Übergeneralisierung der Umgangssprache wird durch die Beispiele im Schaufenster entgegengesteuert.

4 Quadratgitter

Intention der Lerneinheit

- Ort im Quadratgitter mithilfe der ersten und zweiten Koordinate beschreiben können
- Vorteil der mathematischen Lagebeschreibung erkennen
- Vertiefung und Anwendung der Begriffe *zueinander senkrecht* und *parallel* (kumulatives Lernen)

Die Bezeichnung der beiden Achsen und der Begriff *Koordinatensystem* werden erst im Zusammenhang mit dem Funktionsbegriff in Klasse 7 eingeführt.

Einstiegsaufgabe

Ziel des Einstiegs ist die Erkenntnis, dass alle kürzesten Wege von A nach B vier Häuserblocks nach rechts und fünf nach oben gehen. Diese Entdeckung erfolgt selbsttätig und handlungsorientiert. Sie führt direkt zu den Koordinaten von B. Die zweite Frage initiiert eine Diskussion der Doppeldeutigkeit dieses mathematischen Beschreibungsmodells und macht die Notwendigkeit der Vereinbarung der Reihenfolge (zuerst nach rechts und dann nach oben) deutlich.

Alternativer Einstieg

Den Lernenden sind Flächenkoordinaten aus der Alltagswelt bekannt (Stadtpläne, Atlas, Spiele). Der alternative Einstieg knüpft an dieses Vorwissen der Schülerinnen und Schüler an und ermöglicht so eine eigenständige Erarbeitung des neuen Stoffs. Die ► Serviceblätter „Lagebeschreibung 1 und 2" (Seiten S 36 und S 37) bieten diesen Einstieg über das fast jedem bekannte Spiel *Schiffe entdecken* in Form von Partnerarbeitsblättern. Nach der Bearbeitung des Spiels sollte die mathematische Beschreibung von Punkten im Quadratgitter thematisiert werden. Die folgenden Aufgaben bieten erste Übungen.

Aufgabenkommentare

6 Die geforderte Variation der Koordinaten und die Ausweitung auf die gezeichneten Figuren erhöht die Einsicht in die Struktur des Quadratgitters. Die Zusatzfrage kann sowohl durch logische Schlussfolgerung als auch über eine Zeichnung gelöst werden. Im Sinne der Vielfalt der Lösungwege sollten verschiedene Ansätze zugelassen und gefördert werden.

7 Setzt für die Lösung Einsicht über den Aufbau des Quadratgitters voraus:
- Senkrecht auf einer Gerade liegende Punkte haben denselben Rechtswert.
- Die Punkte, die auf der Parallelen zur Rechtsachse liegen, haben denselben Hochwert.

8 Produktorientierte Übung: Es entsteht eine schöne achsensymmetrische Figur. Die Achsensymmetrie sollte an dieser Stelle aber noch nicht ausführlich behandelt werden.

9 Die Aufgabe verbindet früher Gelerntes (*zueinander senkrecht* und *parallel*) mit dem neuen Stoff. Die Zusatzregel bereitet propädeutisch wichtige Erkenntnisse für die linearen Funktionen vor.
- Parallele Geraden haben dieselbe Steigung: $m_1 = m_2$.
- Für senkrechte Geraden gilt: $m_2 = -\frac{1}{m_1}$.

Die Übungen auf dem ► Serviceblatt „Senkrechte und Parallele: Übungen mit dem Nagelbrett" (Seite S 33) greifen die Überlegungen und Erfahrungen auf, die im Schaufenster auf Schülerbuchseite 92 und in dieser Aufgabe 9 gewonnen wurden.

Gitterspiele

Strategien finden, Regeln entdecken und begründen sind in der Schulmathematik wichtige Fähigkeiten und für das Herausbilden der in den Standards geforderten Kompetenzen die solide Grundlage. Beim Vergleich der Aufgabe ist es besonders wichtig, die Lösungsversuche der Schülerinnen und Schüler angemessen zu bewerten.
Niveauzuordnung:
- Die erste Teilaufgabe deckt Niveau A ab: Einfaches Abzählen der Wegstrecken in einem überschaubaren Wegenetz.
- Teilaufgabe 2 beinhaltet Niveau B und C: Die Lernenden entwickeln kreativ eigene Pläne und zählen die Richtungswechsel. Aus diesen Ergebnissen lesen sie eine Gesetzmäßigkeit ab und begründen diese.

5 Entfernung und Abstand

Intention der Lerneinheit

- Einführung der Begriffe *Abstand* und *Entfernung* als mathematische Fachbegriffe und Abgrenzung zur Umgangssprache
- Abstand einzeichnen lernen

Tipps und Anregungen für den Unterricht

Die ► Serviceblätter „Senkrechte, Parallele und Abstand" und „Die Insel El Grande Largos" (Seite S 38 und S 39) verbinden alle drei Grundbegriffe (*senkrecht*, *parallel* und *Abstand*) miteinander.

Einstiegsaufgabe

Entfernung und Abstand sind Begriffe, die in der Umgangssprache fast dieselbe Bedeutung haben. Die Einführungsaufgabe ist so konzipiert, dass die Lernenden zunächst den weiteren Begriff der *Entfernung* an verschiedenen Beispielen erfahren. Die in der Fachsprache festgelegte Einschränkung des Begriffs *Abstand* ergibt sich aus der letzten Fragestellung. Das Bearbeiten der Aufgaben fördert in besonderem Maße das Vorstellungsvermögen und leitet zu systematischem Vorgehen an.

Aufgabenkommentare

3 propädeutisch zu sehen im Hinblick auf die Höhen im Dreieck

4 Erkennen und Anwenden einer Gesetzmäßigkeit (Propädeutik zum Strahlensatz), Niveau B

7 Die Aufgabe provoziert einen typischen Schülerfehler, nämlich den, den Abstand für beide Geraden entlang der Gitterlinien einzuzeichnen. Sie bietet

Anlass, im Unterrichtsgespräch erneut auf die relevanten Merkmale des Begriffs hinzuweisen und *senkrecht* zu einer Geraden deutlich von *lotrecht* zu unterscheiden. In der Erklärung wird die Verwendung des Begriffs *parallel* notwendig (kumulatives Lernen).

8 Der Einsatz des Nagelbretts ist auch im Hinblick auf Entfernungen möglich. Die Lernenden können dabei ganz unterschiedlich vorgehen, wie etwa durch Messen der Entfernungen oder durch Abzählen der Nägel.

9, **10** und **12** Diese Aufgaben findet man als ► Serviceblatt „Entfernung und Abstand" auf Seite S 40. Die Aufgabe 12 c) des Serviceblatts bietet im Vergleich zum Schülerbuch eine Erweiterung.

9 Schönes Beispiel, wie mithilfe einer einfachen Konstruktion die genaue Lage aller Punkte gefunden werden kann.

10 Anwendung des in Aufgabe 9 gefundenen Verfahrens

11 Verlangt einen geschickten Einsatz des Geodreiecks, der später beim Zeichnen von Höhen in stumpfwinkligen Dreiecken wieder benötigt wird.

12 Der mathematische Abstand ist im Alltag nicht immer der kürzeste Weg.

Karten

Dieses Themenfenster zeigt, dass die *Leitidee Modellieren* schon früh an einfachen Beispielen angesprochen werden kann. Der folgende Exemplarische Kommentar beschreibt dies ausführlich.

Exemplarischer Kommentar

Modellieren

Das Bestimmen von Entfernungen auf einer Karte bietet den Schülerinnen und Schülern die Möglichkeit, selbstständig ein mathematisches Modell zu einem Problem aus ihrer Erfahrungswelt zu finden. Der Prozess des mathematischen Modellierens lässt sich an diesem Beispiel wie folgt beschreiben:
a) Ausgangssituation, in der Regel aus der Erfahrungswelt der Lernenden:
Landkarte; Bestimmen von Entfernungen mit der Unterscheidung von Luftlinie und tatsächlich möglicher Wegstrecke (Messen der Luftlinie entspricht Messen einer Strecke)
b) Finden eines passenden mathematischen Modells und sinnvolle Reduktion der Alltagsbedingungen, sodass dieses Modell angewendet werden kann:
Messen von Streckenzügen, Umrechnen der Längen im Maßstab; beim Messen der Wegstrecke müssen weitere einschränkende Bedingungen gemacht werden (den Weg in Strecken unterteilen und die Wegbiegungen durch Winkel ersetzen)
c) Lösen des Problems durch Anwenden des gefundenen Modells:
Messen des Streckenzuges und Umrechnung in den Maßstab
d) Überprüfen der Lösung durch Vergleich mit der Wirklichkeit (Ausgangssituation), evtl. rückwirkend Veränderungen am mathematischen Modell oder an den einschränkenden Bedingungen vornehmen, um es der Wirklichkeit besser anzupassen:
Wovon hängt die Genauigkeit meiner Messung ab? Kann ich an der Methode etwas verändern, um eine größere Genauigkeit zu erzielen (z. B. auf mm genau messen oder noch mehr Messstrecken für die Wegstrecke verwenden)?

6 Symmetrische Figuren

Intention der Lerneinheit

- Festigung der Fachbegriffe *Achsensymmetrie* und *Symmetrieachse* anhand einfacher Beispiele
- erkennen achsensymmetrischer Figuren
- zeichnen achsensymmetrischer Figuren

Die Symmetrie wird in dieser Lerneinheit nur als Eigenschaft bestimmter Figuren behandelt. Die Symmetrieabbildungen werden nicht thematisiert. Das bedeutet, dass achsensymmetrische Figuren nicht mithilfe des Geodreiecks konstruiert, sondern nur durch Abzählen der Kästchen im Karogitter erzeugt werden.
Aus der Grundschule können die Schülerinnen und Schüler meist bereits symmetrische Figuren erkennen und einfache Techniken des symmetrischen Konstruierens anwenden.

Einstiegsaufgabe

Der Einstieg knüpft an den handlungsorientierten Unterricht der Grundschule an. Alle drei Methoden (Faltbilder, Gitterpunkte und Spiegel) sind den Lernenden vertraut. Aus diesen einfachen Einstiegsbeispielen lassen sich rasch die zugehörigen Fachbegriffe *Achsensymmetrie* und *Symmetrieachse* und deren relevante Eigenschaften wiederholen.

Aufgabenkommentare

2 Das Abzeichnen und Ausschneiden erlaubt eine Überprüfung der vermuteten Symmetrieachsen durch Falten. Der Wechsel zwischen der symbolischen (Vorstellung anhand der Zeichnung) und der enaktiven Ebene (Falten) führt zu einem vertieften Verständnis.

6 Wiederholung der Zeichentechnik und Schulung des Vorstellungs- und des Durchhaltevermögens. Eine Selbstkontrolle wird durch den Einsatz eines Spiegels möglich.

Blätter

Das Thema eignet sich gut als Beitrag des Faches Mathematik zu einem fächerübergreifendes Projekt: Die Symmetrie als gestalterisches Element in der Natur. Hier werden genaues Beobachten, Vergleichen und exaktes Zeichnen gefordert.

Üben • Anwenden • Nachdenken

8 Kumulatives Lernen: Eintragen von Punkten im Quadratgitter verknüpft mit der Achsensymmetrie

Wege im Gitter

Dieses Schaufenster trainiert die Ausdauer und das Durchhaltevermögen bei der Lösung von Knobelaufgaben. Der folgende *Exkurs* bietet eine über die Lösungen des Lösungsteils hinausgehende mathematische Betrachtung der Wege im Gitter.

Exkurs Wege im Gitter

▪ Das Gitter der ersten Teilaufgabe ist ein Graph mit vier Ecken zweiter Ordnung, acht Ecken dritter Ordnung und vier Ecken vierter Ordnung. Ein Graph lässt sich genau dann als nicht geschlossener Eulerscher Kantenzug darstellen, wenn er genau zwei Ecken ungerader Ordnung hat. Man muss hier also einen solchen Graph durch „Löschen" von Kanten herstellen; der Eulersche Kantenzug wird so lang wie möglich, wenn so wenig wie möglich Kanten gelöscht werden. Hier sind dies drei (s. Abb.). Der ursprüngliche Graph hat 24 Kanten, der längste Weg hat also $24 - 3 = 21$ Kanten.

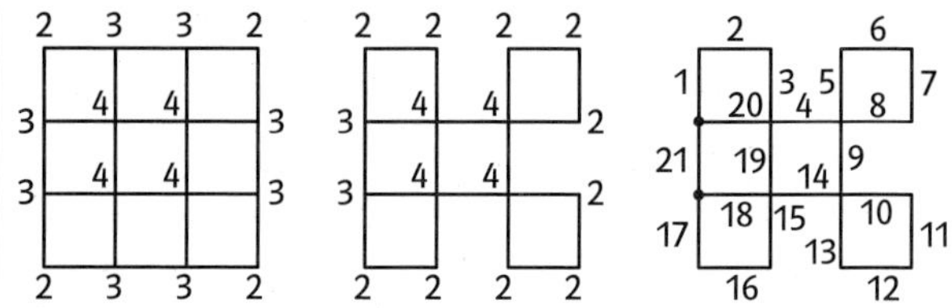

Die Zahlen geben die Eckenordnungen an.

Die Zahlen geben eine mögliche Kantenfolge an.

▪ Die entsprechende Überlegung ergibt beim zweiten Gitter einen maximalen Weg von $38 - 5 = 33$ und beim dritten Gitter von $17 - 2 = 15$.

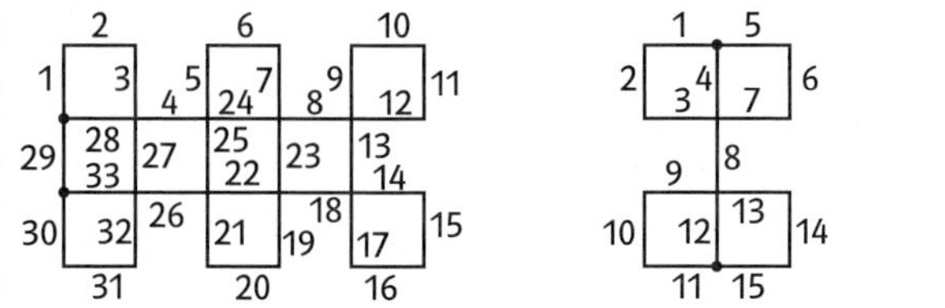

Dass durch mehr als zwei Ecken, in denen Kanten in ungerader Anzahl zusammenkommen, das Zeichnen in einem Zug verhindert wird, ist leicht zu erklären: Eine solche Ecke kann nur Anfangs- oder Endpunkt des Weges, nicht aber „innere" Ecke des Weges sein. Innere Ecken müssen nämlich von gerader Ordnung sein, da der Weg ebenso oft hinein- wie herausführt. Wir müssen hier nicht den allgemeinen (übrigens nicht schwierigen) Beweis für den oben angeführten Satz antreten; für die Schülerinnen und Schüler genügt es, die Wege im konkreten Fall zu finden, nachdem die „Hindernisse" ausgeschaltet sind.

▪ Der kürzeste Weg ist leicht zu finden: Da die Punkte untereinander mindestens die Entfernung 1 haben, muss ein neun Punkte verbindender Weg mindestens die Länge acht haben. Einen solchen zeigt die Abbildung. Die Spiegelung an $\overline{AB}$ ergibt einen zweiten kürzesten Weg; alle anderen Wege sind länger.

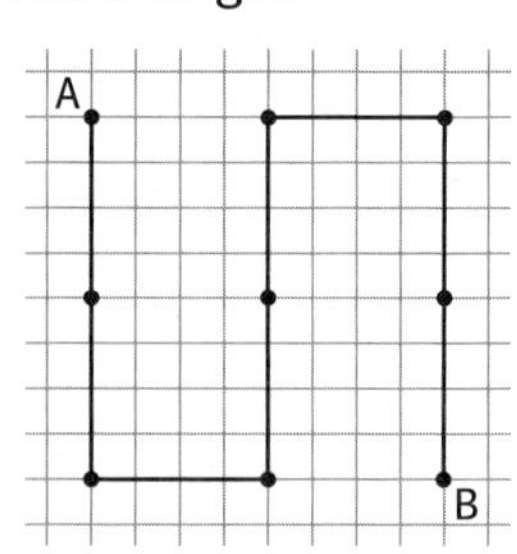

Ein Weg maximaler Länge von A nach B ist nicht so leicht zu finden. Man lässt sich vom Grundgedanken leiten, möglichst viele Strecken zusammenzusetzen, die weit entfernte Punkte verbinden, ohne dazwischen einen Punkt zu durchlaufen. Das führt zu einem „Zick-Zack-Kurs".

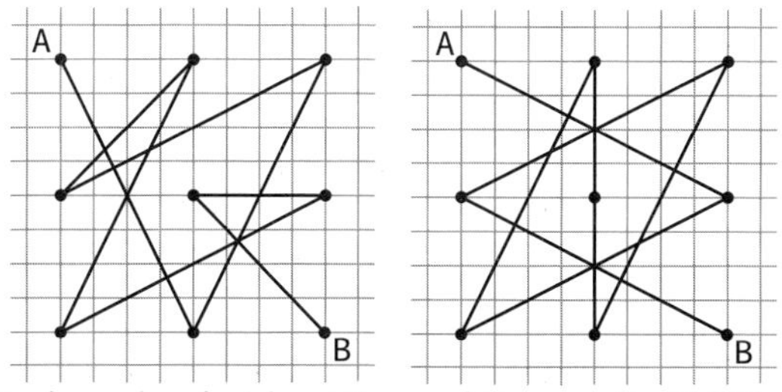

Zwischen den beiden Wegen können die Schülerinnen und Schüler nur durch genaues Messen unterscheiden; die Längeneinheit (LE) sollte mindestens 2 cm betragen. Nach einigen Versuchen wird sich wohl herausstellen, dass es unzweckmäßig ist, Strecke für Strecke immer wieder zu messen. Stattdessen sollten die Weglängen als Vielfachsummen der Streckenlängen 1 LE, 1,4 LE und 2,2 LE berechnet werden. (Die zwei letztgenannten entstehen aus Näherungswerten für $\sqrt{2}$ und $\sqrt{5}$.) Die Länge des ersten Wegs (linke Abbildung) beträgt exakt
$(5\sqrt{5} + 2\sqrt{2} + 1)\,\text{LE} \approx 15{,}0\,\text{LE}$,
die des zweiten (rechte Abbildung)
$(6\sqrt{5} + 2)\,\text{LE} \approx 15{,}4\,\text{LE}$

Auf See

Hier wird ein Alltagsvorgang mathematisch mithilfe einer grafischen Darstellung beschrieben. Das Lesen und Auswerten grafischer Darstellungen sind wichtige Kompetenzen, die in den Bildungsstandards gefordert werden.
Hierbei werden Kompetenzen unterschiedlicher *Leitideen* angesprochen:
- aus der *Leitidee Modellieren*: Schüler reflektieren die verwendeten Modelle und können bestimmten Fragestellungen die passende Mathematik zuordnen.
- aus der *Leitidee Messen*: Sie können aus einem Schaubild die entsprechenden Daten entnehmen.
- aus der *Leitidee Zahl*: Sie können bereits erworbenes Wissen in kumulativen Aufgaben flexibel anwenden. Die Flexibilität wird durch die operative Fragestellung gefördert (vor allem in der Zusatzfrage nach eigener grafischer Darstellung eines ähnlichen Zusammenhangs).

Die Aufgabe wirkt propädeutisch im Hinblick auf die linearen Funktionen (Tabellen erstellen, Werte ablesen, Werte im Quadratgitter eintragen etc.). Die Lernenden erfassen intuitiv den Zuordnungsbegriff am Beispiel Uhrzeit – Entfernung.
In der Aufgabenstellung werden verschiedene Anforderungsniveaus angesprochen:
- Für die Beantwortung der ersten Frage müssen nur Strecken gemessen und Werte abgelesen werden (Niveau A).
- Die weiteren Aufgaben erfordern erste Transfer- und Interpretationsleistungen (charakteristische Eigenschaften einer Funktion) und gehören damit zu Niveau B.
- Niveau C kann durch zusätzliche Fragestellungen erreicht werden. Dazu müssen eine Überprüfung und Bewertung der Vorgehensweise (Problem der Genauigkeit) sowie eine Interpretation und Beurteilung der Ergebnisse (Ausweitung in die Realität) erfolgen.

Bei der vorletzten Aufgabenstellung ist zu beachten, dass der Geschwindigkeitsbegriff noch nicht erarbeitet wurde.

5 Flächen und Körper

Kommentare zum Kapitel

Intention und Schwerpunkt des Kapitels

Die in der Grundschule schon behandelten Begriffe *Rechteck* und *Quadrat*, *Würfel* und *Quader* werden mathematisch präzisiert. Die Schülerinnen und Schüler lernen jetzt die beschreibenden, relevanten Merkmale dieser Flächen und Körper kennen.
Die Ausbildung des Raumvorstellungsvermögens ist ein zentrales Anliegen der Geometrie und damit auch ein übergeordnetes Lernziel dieses Kapitels (vgl. *Exemplarischer Kommentar*: *Raumvorstellung*, Seite K 41). Kenntnisse über Körpernetze und Schrägbilder sind notwendiges Handwerkszeug zur Schulung der Raumvorstellung.

Vorwissen aus der Grundschule

Die Kinder kennen die meisten geometrischen Flächen und Körper und können sie erkennen und miteinander vergleichen. Häufig haben sie auch gelernt, einfache geometrische Körper herzustellen und deren Eigenschaften zu benennen.
Verbindliche Fachbegriffe der Grundschule sind:
Formen: *Viereck, Rechteck, Quadrat, Kreis, Dreieck*;
Körper: *Würfel, Quader, Kugel, Kegel, Zylinder, Pyramide*

Bezug zu den Bildungsstandards

Die angestrebten Kompetenzen sind vor allem der *Leitidee Raum und Form* zuzuordnen:
Die Schülerinnen und Schüler können Eigenschaften und Beziehungen geometrischer Objekte anhand definierender Merkmale beschreiben und begründen.

Weiterführende Hinweise

- Die Erkenntnisse aus der Lernpsychologie begründen eine handlungsorientierte, schüleraktive Unterrichtskonzeption. Viele Lerninhalte sollten stark prozessorientiert und weniger produktorientiert vermittelt werden. Zum Beispiel ist das Wissen, dass es elf verschiedene Würfelnetze (Produkt) gibt, für den Lernprozess unbedeutend. Vielmehr entspricht der handelnde Umgang mit und an Würfelnetzen – das Suchen und Entdecken dieser Netze (Prozess) – einem erweiterten Lernbegriff. Die Verknüpfung von Wissen und Strategien zur Lösung dieser Fragestellung schulen die Problemlösefähigkeit. Die folgenden Artikel aus der Zeitschrift Praxis Schule 5–10, Westermann Schulbuchverlag, Braunschweig, bieten weitere Ideen und Materialien für einen handlungsorientierten Geometrieunterricht:
  Heft 6/1996: Petra Hanrath: „Aus eins mach elf"
  Heft 1/1994: Mario Seibt: „Schnell und sicher rechnen. Teil 2. Kopfgeometrie"; H.-J. Schmidt: „Bastelmodelle für die Dreitafelprojektion"; J. H. Lorenz: „Aktivitäten in der Ebene. Erkenntnisse und Verallgemeinerungen bei Parkettierungen."
- Der Karlsruher Professor Dr. Peter Herbert Maier hat ein Material zum Herstellen von Körpern entwickelt, das sehr vielseitig im Unterricht eingesetzt werden kann. Es eignet sich in den Klassenstufen 5 und 6 zum Bauen und Erforschen von Körpern und Netzen ebenso gut wie in den höheren Klassen zum Betrachten von Linien am und im Körper sowie der unterschiedlichsten Schnitte.
  Es heißt „Effekt-System" und ist über folgende Adresse zu beziehen:
  Dr. P. Maier, Reinhold-Schneider-Str. 51,
  79117 Freiburg, Fax: 0761/6966144.

Auftaktseite: Sechs Quadrate – ein Würfel

An einem bereits bekannten Körper werden die zur Beschreibung notwendigen Begriffe eingeführt. Durch die „scherzhaften" Aussagen erfahren die Schülerinnen und Schüler, dass Schlussregeln, die in der Ebene gelten, im Raum neu überdacht werden müssen.
Mit dem Herstellen des Flechtwürfels werden zwei Intentionen verbunden. Einerseits erzeugt das Schnittmuster Neugier, denn es hat mit dem aus der Grundschule bekannten Würfelnetz wenig gemein. Andererseits erleben die Lernenden aktiv, wie aus einer Fläche ein räumliches Gebilde entsteht. Beim Schnittmuster der Schachtel müssen die Schülerinnen und Schüler diese Handlung hingegen nur in ihrer Vorstellung bewältigen.
Für die letzte Fragestellung kann das Vergleichen von mitgebrachten Spielwürfeln die Motivation verstärken. Damit kann auch die Vorstellung unterstützt oder überprüft werden.

1 Rechteck und Quadrat

Intention der Lerneinheit

- die relevanten Eigenschaften von Rechteck und Quadrat kennen
- Gemeinsamkeiten und Unterschiede der beiden Figuren erkennen und beschreiben
- Rechteck und Quadrat mit dem Geodreieck sauber zeichnen können

- Begriff *Diagonale* und die Eigenschaften der Diagonalen in Rechteck und Quadrat kennen

Einstiegsaufgabe

Die aus Kapitel *4 Geometrie* bekannten Medien und Aufgabenstellungen werden erneut verwendet. Deshalb können die Schülerinnen und Schüler die Einstiegsaufgabe selbsttätig und eigenverantwortlich in Partnerarbeit lösen. Dabei sollte jeder sein eigenes Rechteck/Quadrat herstellen. Eine Diskussion mit dem Partner über die geforderteten Begründungen und Erklärungen ermöglicht allen Schülerinnen und Schülern sich zu äußern.

Alternativer Einstieg

Unter Berücksichtigung der Vorerfahrungen mit den verschiedenen Vierecksformen (Grundschule, s.o.) und der Kenntnisse über parallele und senkrechte Geraden wäre auch eine umfassendere Problemstellung möglich. Sie bietet den Schülerinnen und Schülern die Möglichkeit, die Zusammenhänge zwischen den Eigenschaften und der Figur selbst zu entdecken und zu erforschen. Der folgende Einstieg führt sowohl zu den Begriffen aus Lerneinheit *1 Rechteck und Quadrat* als auch zu denen aus Lerneinheit *2 Parallelogramm und Raute*:
In Partnerarbeit versuchen die Lernenden, aus vier Streifen Pergamentpapier (je zwei Streifen sind gleich breit) durch Übereinanderlegen unterschiedliche Vierecke zu erzeugen. Die gefundenen Vierecke werden im Heft skizziert. Der Arbeitsauftrag für die Partnerarbeit könnte lauten:
„Lege zwei Streifen gleicher Breite und zwei Streifen unterschiedlicher Breite übereinander. Welche Vierecke entstehen? Beschreibe die Eigenschaften und zeichne je ein Beispiel ins Heft."
In der Präsentationsphase werden einzelne Beispiele zur Diskussion gestellt und die vier besonderen Vierecke herausgearbeitet und benannt.

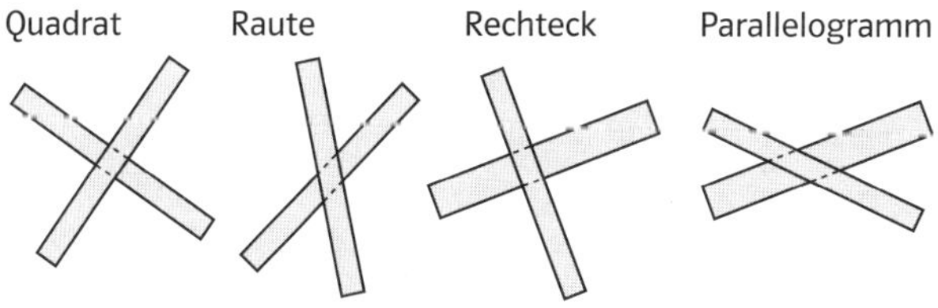

Aufgabenkommentare

1 Beim Zählen der Quadrate und Rechtecke wird die Fähigkeit geschult, in derselben Figur verschiedene Formen zu erkennen. Die Begriffsbildung wird damit weiter vernetzt, denn hier müssen die irrelevanten Merkmale, wie etwa Lage und Größe, in den Hintergrund treten.

4 Kumulative Aufgabe, die das Zeichnen im Quadratgitter wiederholt.
Durch die Lösung ohne Zeichnung würden die kopfgeometrischen Fähigkeiten gefördert.
Eine einfache Abänderung erweitert die Aufgabe: Verwende nur die Punkte A und B. Wo liegen die Punkte C und D, wenn die Figur ein Quadrat ist?

6 Die Aufgabe thematisiert die Eigenschaften der Diagonalen bei verschiedenen Arten von Vierecken. Nach der Art des Zugangs eignet sie sich gut zur Differenzierung: Schülerinnen und Schüler mit sehr gutem Vorstellungsvermögen lösen die Aufgabe ohne Zeichnung. Andere gehen auf die ikonische Stufe (vgl. Exemplarischer Kommentar: *Darstellungsebenen*, Seite K39) zurück und zeichnen zunächst die Diagonalen. Selbst auf die enaktive Ebene kann hier ohne großen Aufwand eingegangen werden, wenn die Lernenden mit einem Stück Wolle oder Faden die Situation nachvollziehen.

7 Produktorientierte Übung zum sauberen Zeichnen von Rechtecken, bei der Kreativität und Ästhetik eine entscheidende Rolle spielen.

Zerlegungstricks

- Eine Knobelaufgabe, bei der der Blick für die neue Figur geschärft wird.
- Genaues Analysieren und logisches Schlussfolgern sind notwendig, um die Seitenlängen zu ermitteln. Eine komplexe Aufgabenstellung, die auch Ausdauer und Konzentration der Schülerinnen und Schüler fördert.

2 Parallelogramm und Raute

Intention der Lerneinheit

- die relevanten Eigenschaften von *Parallelogramm* und *Raute* kennen
- Gemeinsamkeiten und Unterschiede der beiden Figuren erkennen und beschreiben
- die beiden Figuren mit dem Geodreieck sauber zeichnen
- Eigenschaften der Diagonalen im Parallelogramm und in der Raute kennen

Tipps und Anregungen für den Unterricht

Um die Begriffsbildung zu festigen und sicher zu verankern, ist eine Betrachtung und Bearbeitung aus unterschiedlichen Blickwinkeln und mithilfe verschiedener Lernzugänge sinnvoll:
- Ausschneiden und Falten der Figuren führt zu den Diagonaleneigenschaften und zur Symmetrie.
- Zeichnen und Legen der Figuren trainiert den Blick und fördert das rasche Erkennen der Figuren.

- Begründen und Erläutern von Zusammenhängen fördert die Sprachkompetenz im Allgemeinen und die Anwendung der Fachsprache im Besonderen.
- Verbindungen und Zusammenhänge der Figureigenschaften zu erkennen und zu formulieren schafft eine bessere Vernetzung.

Einstiegsaufgabe

Das aus dem vorangegangenen Kapitel bereits bekannte Nagelbrett bietet auch hier die Möglichkeit der Selbsttätigkeit. Die rasche Veränderbarkeit am Nagelbrett ermutigt auch schwächere Schülerinnen und Schüler zum Probieren, während stärkere ihre in der Vorstellung gefundenen Lösungen schnell überprüfen können.

Alternativer Einstieg

vgl. *Alternativer Einstieg* zu Lerneinheit *1 Rechteck und Quadrat.*

Aufgabenkommentare

2 Die Aufgabenstellung erlaubt ein kreatives Umgehen mit dem Material. Die Beweglichkeit der Teile unterstützt die Ausbildung des Vorstellungsvermögens. Das Lernen ist prozessorientiert, d.h. die Bilder der fertigen Figur, die in der Vorstellung entstehen, ergeben sich aus dem Zusammenschieben der einzelnen Teile.

4 Kumulative Aufgabe, die durch das Wiederaufgreifen früher gelernter Inhalte (Quadratgitter) die damit verbundenen Fertigkeiten vertieft.

5 Zeichenübung in Verbindung mit einer Strategie zum Zeichnen/Abzählen auf dem Quadratgitter (Randspalte).

6 Ein „Forschungsauftrag", der die Schülerinnen und Schüler durch Staunen motiviert. Sie lernen dabei die ersten Schritte einer fachspezifischen Vorgehensweise kennen:
1. Aufspüren und Erkennen einer Gesetzmäßigkeit
2. Überprüfung der Vermutungen an weiteren Beispielen
3. Begründung bzw. Beweis der Behauptung (ist in diesem Fall aufgrund der Voraussetzungen nicht möglich)

7 Das Basteln und Hantieren mit diesem beweglichen Modell macht auch die Vorstellungen beweglich. Damit werden Zusammenhänge konkret sichtbar und erfahrbar. Mögliche Fragestellungen:
- „Wie entsteht aus einem Parallelogramm ein anderes Parallelogramm?"
- „Wie entsteht daraus ein Rechteck?"
- Kumulativ: „Wie könnte ich ein Quadrat oder eine Raute herstellen?"

8 Aus dieser Aufgabe lassen sich leicht weitere Aufgabenstellungen entwickeln, die einerseits die sprachliche Kompetenz fördern und andererseits die Vernetzung des Wissens über Vierecke vorantreiben. Sprachliche Kompetenzen werden erreicht, wenn die Lernenden ihre Entscheidungen begründen und neue Behauptungen aufstellen.
Beim Aufstellen neuer Behauptungen/Aussagen unter Verwendung aller bekannten Vierecke findet eine bessere Vernetzung statt, weil die Strukturen erkannt werden müssen.

11 Für diese Aufgabe wäre es im Sinne von nachhaltigem Lernen sinnvoll, dass die Lernenden ein Modell (Vierecke aus Papier) zur Verfügung haben, an dem sie ihre Entscheidung begründen und überprüfen können. Ein bloßes Abhaken der vermuteten Lösung sollte nicht ausreichen.

12 Durch Tätigkeiten am konkreten Objekt ergeben sich neue Erkenntnisse bzw. bestätigen sich schon vermutete Annahmen. Gerade für Schülerinnen und Schüler dieser Altersstufe ist der Lernzugang auf diesem konkreten, handlungsorientierten Weg effektiver und nachhaltiger.

13 Die Aufgabe lässt sich auf zwei Ebenen lösen (vgl. Exemplarischer Kommentar*: Darstellungsebenen*, Seite K39) :
1. enaktive Ebene: Der Lernende kann durch die hohe Beweglichkeit, die dem Material innewohnt, die Figur real entstehen lassen.
2. ikonische Ebene: Hier muss der Lernende das Entstehen der neuen Figur vor seinem geistigen Auge ablaufen lassen, um dann seine Zeichnung richtig zu verändern.

3 Noch mehr Vierecke

Intention der Lerneinheit

- *symmetrisches Trapez* und *Drachen* kennen
- deren besondere Eigenschaften benennen können
- die Figuren zeichnen können

Tipps und Anregungen für den Unterricht

Das ► Serviceblatt „Viereck-Domino" bietet eine spielerische Übung zu den Vierecks-Eigenschaften (Seite S41) und auch das Serviceblatt ► „Tandembogen – Besondere Vierecke" (Seite S42) vertieft die Eigenschaften der unterschiedlichen Vierecke.

Einstiegsaufgabe

Handlungen mit konkretem Material sind für die Erkenntnisgewinnung entscheidend (vgl. Exemplarischer Kommentar: *Darstellungsebenen*).
Aufgrund der Eigenschaften der Ausgangsfiguren erkennen die Lernenden die besonderen Eigenschaften (Symmetrie, parallele bzw. gleich lange Seiten) der Zielfiguren.

Exemplarischer Kommentar

Darstellungsebenen

Nach Bruner vollziehen sich Denkprozesse auf drei Stufen. Er nennt sie
- enaktive Ebene
  (Erkenntnisgewinn durch tatsächliche Handlungen)
- ikonische Ebene
  (Erkenntnisgewinn durch Bilder/Zeichnungen)
- symbolische Ebene
  (Erkenntnisgewinn durch Symbole)

Dabei sollten die beiden ersten Stufen nicht nur als möglichst schnell zu durchlaufende Durchgangsstadien betrachtet werden. Vielmehr ist die enaktive Stufe vor allem in der fünften Jahrgangsstufe noch von großer Bedeutung. Die Kinder befinden sich noch im konkret-operativen Stadium (Piaget: 7 bis 11/12 Jahre), in dem der Erkenntnisgewinn mit tatsächlichem Handeln verknüpft ist. Nach Piaget sollten die Schülerinnen und Schüler im Unterricht an konkreten Materialien real oder gedanklich operieren und forschen. Medien, die nicht bearbeitet, sondern nur betrachtet werden können, haben nur einen eingeschränkten Wert. Der Übergang von konkreten Handlungen zu intellektuellen Operationen muss laufend geübt werden. Er kommt dadurch zustande, dass sich die Handlungen von ihrer Bindung an spezielle Objekte lösen und durch Vorstellungen ersetzt werden. Solche Übungen sind in dieser Altersstufe besonders wichtig, weil sie den Übergang auf das formal-operative Stadium (Piaget: ab 11/12 Jahre) unterstützen.

Aufgabenkommentare

1 und **5** Aufgaben, die Zugang auf der enaktiven und ikonischen Ebene bieten (vgl. obigen Exemplarischen Kommentar).

2 und **4** Das Quadratgitter wird wiederholt und gefestigt (kumulative Aufgabe).
Aus den Eigenschaften der Figuren muss auf den fehlenden Eckpunkt geschlossen werden (operative Aufgabe; vgl. Exemplarischer Kommentar: *Operative Prinzipien*, Seite K13).

3 Hier werden die Kompetenzen „Inhalte verbinden" und „Reflektieren" verlangt. Zusammenhänge müssen erkannt und beschrieben werden (Niveau B). Die Aussagen müssen reflektiert und eine Begründung entwickelt werden (Niveau B/C). Die Aufgabe kann Anlass sein ein „Haus der Vierecke" zu entwickeln, in dem die wechselseitigen Beziehungen sichtbar werden (Niveau C).

Randspalte Seite 117: Pfeil

Die Variation der Form ist für die klare Begriffsbildung notwendig. Der Pfeil ist ein extremes Beispiel. Er weicht stark vom gewohnten Bild eines Drachens ab. Das Anwenden mathematischer Sätze in wenig vertrautem Kontext stellt deutlich höhere Anforderungen, da Vermutungen stichhaltig begründet werden müssen (Niveau B).

Vierecksparkette

Beim Experimentieren mit Parkettierungen werden Zusammenhänge entdeckt. Grundlegende Eigenschaften der Figuren werden aus anderer Sichtweise verdeutlicht, neue Erkenntnisse vorbereitet. Die Schülerinnen und Schüler
- stellen Beziehungen zwischen den verwendeten Figuren her,
- sammeln Erfahrungen mit diesen Figuren.
- vertiefen ihre Kenntnisse über bereits behandelten Inhalte (Symmetrie) durch eigenständiges Handeln,
- bereiten sich durch Handlungen auf Winkelbeziehungen vor.

Um diese Ziele zu erreichen, genügt es nicht, die Parkettierungen zu betrachten (vgl. Exemplarische Kommentare: *Raumvorstellung*, Seite K41 und *Darstellungsebenen*, Seite K39). Der Schwerpunkt sollte im sebstständigen Ausprobieren liegen. Zum handelnden Umgang mit diesem Experimentierfenster kann die Schülerbuchseite vergößert kopiert und an die Schülerinnen und Schüler verteilt werden. Dann werden die Figuren ausgeschnitten, auf ein Blatt gelegt und umrandet. Durch Neuanlegen der Figur wird der nächste Parketteil gezeichnet. Diese Tätigkeit verdeutlicht den Parkettaufbau. Weitere Fragen wie „Mit welchen Figuren gelingt eine lückenlose Parkettierung?" können sich anschließen und zum Ausprobieren auffordern.
Kreatives Gestalten und produktorientiertes Üben wirkt gerade in den Klassen 5 und 6 motivierend und lockert den Mathematikunterricht auf. Ein Aushängen der farblich gestalteten Parkette würdigt die Arbeit der Schülerinnen und Schüler und stellt einen Zusammenhang zwischen Mathematik und Kunst her.

4 Würfel

Intention der Lerneinheit

- Wissen, dass ein Würfel zwölf Kanten, sechs Flächen und acht Eckpunkte hat
- Würfelnetze zeichnen können
- Raumvorstellung schulen

Einstiegsaufgabe

Die Zerlegung liefert unterschiedliche Netze. Die Anzahl der zu öffnenden Klebelaschen und der freien Quadratseiten ist jedoch immer gleich. Diese Beobachtungen verlangen eine Begründung und führen zur Frage nach der Anzahl möglicher Netze. Der Würfel sollte tatsächlich durch die Schülerinnen und Schüler zerlegt werden (enaktive Stufe, vgl. Exemplarischer Kommentar: *Darstellungsebenen* Seite K 39).

Aufgabenkommentare

7 Die Zahl der Würfelnetze (elf) wird in Partnerarbeit mithilfe der bei der Würfelzerlegung der Einstiegsaufgabe erhaltenen sechs Quadrate bestimmt. Dazu werden Netze gelegt, mit Klebelaschen versehen und zum Würfel gefaltet. Richtige Lösungen können ins Heft übernommen werden. Jede Gruppe präsentiert anschließend ein angefertigtes Netz (Wand/Tafel/Stuhlkreis). Erste Übungen zur Raumvorstellung folgen:
- falsche Netze aussortieren
- gleiche Netze erkennen
- gegenüberliegende Flächen zeigen
- gleiche Kanten zeigen

Alle Antworten können durch Falten der Netze überprüft werden. Der Wechsel der Darstellungsebenen (tatsächliches Tun/vorgestellte Handlungen) fördert die Entwicklung des mathematischen Denkens.

Tipps und Anregungen für den Unterricht

Das ► Serviceblatt „Würfel-Domino“ (Seite S 43) bietet weitere kopfgeometrische Übungen zu Würfelnetzen/Linien auf Würfeln.

Aufgabenkommentare

Die Aufgaben dienen vor allem zur Schulung des räumlichen Denkes. Raumvorstellung ist ein zentraler Aspekt der Geometrie. Linien in und auf Körpern und die damit verbundene Raumvorstellung sind in den höheren Klassen und der Abschlussprüfung ein wichtiges Thema.

5 Quader

Intention der Lerneinheit

- Merkmale eines Quaders kennen
- Quadernetze zeichnen, ergänzen und identifizieren können
- mithilfe von Kopfgeometrie die Raumanschauung trainieren

Tipps und Anregungen für den Unterricht

- Die ► Serviceblätter „Würfel-Domino“ und „Quadernetze“ (Seiten S 43 und S 44) bieten weitere kopfgeometrische Übungen zu Würfel- und Quadernetzen und das ► „Das Quaderspiel“ (Seite S 45) schlägt dazu eine weitere spielerische Übung vor.
- Weitere Aufgaben zur Kopfgeometrie: Praxis Schule 3/96, a. a. O., S. 27; Kopiervorlage: „Der Würfel wird gedreht“.
- Für die Einstiegsaufgabe und auch für die Aufgaben im nachfolgenden Kapitel eignen sich polierte Buchenholzwürfel in besonderer Weise (Bezug z. B. über R. Hail Lehrmittel, Eifelstraße 20, 72766 Reutlingen; „Hails Mini-Blankowürfel“). Diese Würfel kann man mit Klebestiften leicht zusammenkleben und ebenso leicht wieder trennen. In wenigen Fällen muss man zwei Schraubenschlüssel zur Hilfe nehmen. Auch die Klebstoffreste lassen sich ohne Mühe entfernen (vgl. Kroll, Anneliese und Wolfgang: „Bauen und Spiegeln“; mathematik lehren Nr. 77 (1996): Neue Impulse für die Raumgeometrie, Erhard Friedrich Verlag, Seelze, Seite 10).

Einstiegsaufgabe

Aus den Würfeln können die Schülerinnen und Schüler die Quader zusammenbauen. Sie produzieren dabei verschiedene Beispiele für Quader, mit deren Hilfe die gemeinsamen Merkmale herausgearbeitet werden. Sie sehen, dass zunächst unterschiedlich aussehende Quader identisch sind, dass die Lage also keine Bedeutung hat.

➔ Die Schülerinnen und Schüler werden dazu angeleitet, durch die Zerlegung in Produkte eine Systematik zu finden und nicht einfach nur zu probieren. Die Produkte und ihre geometrische Entsprechungen bereiten dabei den Volumenbegriff vor.

➔ Diese Aufgabenstellung führt zunächst vom handelnden Umgang weg. Manche Schülerinnen und Schüler werden dann auch Zerlegungen wie $5 \cdot 5 \cdot 2 \cdot 2$ nennen. Die Aufforderung, diese Quader mit Teilwürfeln herzustellen, wird ihnen deutlich machen, dass wir uns im dreidimensionalen Raum bewegen.

Aufgabenkommentare

1 Diese Aufgabe knüpft an die Einstiegsaufgabe an. Wegen des erhöhten Zeitaufwands für die vorgeschaltete Bastelarbeit eignet sie sich besonders als Hausaufgabe.

2 bis **4** Mit diesen Aufgaben werden die verschiedenen Varianten von Quadernetzen betrachtet. Aufgabe 2 unterstützt auf der handelnden Ebene die Schulung des Vorstellungsvermögens, bevor dann in den Aufgaben 3 und 4 auf der ikonischen Ebene ein höheres Abstraktionsniveau angesprochen wird.

Kopfgeometrie

In der Literatur wird immer wieder darauf verwiesen, dass gerade Schülerinnen und Schüler der Klassen 5 und 6 noch eine starke Vorstellungskraft besitzen, die ohne Training im Laufe der Sekundarstufe I verloren geht.
(vgl. u.a. Claus, H. J.: Einführung in die Didaktik der Mathematik, Wissenschaftliche Buchgesellschaft, Darmstadt 1995, Seite 102, vergriffen).
Mit den Kopfgeometrieaufgaben soll in erster Linie die räumliche Vorstellung angesprochen werden, nur bei größeren Schwierigkeiten sollten die Schülerinnen und Schüler auf Modelle zurückgreifen können. Kopfgeometrie verlangt hohe Konzentration und sollte daher in einer sehr ruhigen Atmosphäre stattfinden. Es ist möglich, die hier angebotenen Aufgaben getrennt in kurzen Trainingsphasen anzubieten.

Exemplarischer Kommentar

Raumvorstellung

Eine der grundlegenden Fähigkeiten, die im Erziehungs- und Bildungsauftrag der Realschule für das Fach Mathematik gefordert werden, ist die Raumvorstellung. Sie ist eine Kompetenz von großer lebenspraktischer Relevanz. Ihre gezielte Schulung ist somit ein Beitrag des Mathematikunterrichts zur Allgemeinbildung.
Das Training der räumlichen Intelligenz war durch die im traditionellen Geometrieunterricht gesetzten Schwerpunkte häufig nicht gewährleistet. Denn weder stereometrische Berechnungen, noch Aktivitäten wie Verbalisierungen (Bezeichnung geometrischer Figuren) oder schlussfolgerndes Denken (formale Beweise) sind dazu dienlich.
Für den Erfolg der Ausbildung der Raumvorstellung ist die Anzahl und die Zeitdauer der Übungen sowie deren Inhalt entscheidend. Nur Inhalte mit echtem räumlichen Charakter wie spezielle formenkundliche und darstellende Aktivitäten führen zu einer Verbesserung der Raumvorstellung. Die Psychologie Piagets betont, dass durch häufiges Betrachten von Objekten noch lange keine Anschauung, keine deutliche Vorstellung entsteht. Nur das Operieren an und mit Gegenständen ist der Ursprung geometrischer Vorstellungen und Erkenntnisse. Ziel ist nicht nur, dass bei den Schülerinnen und Schülern Vorstellungsbilder losgelöst vom realen Objekt entstehen, sondern zusätzlich die Fähigkeit entsteht, diese mental zu manipulieren und neue Vorstellungen und Bilder aus den vorhandenen zu entwickeln.
Ein Beispiel: Es genügt nicht, dass sich die Lernenden einen Würfel vorstellen können. Sie sollen mit dieser Vorstellung neue Bilder entwickeln, etwa wie sich die Lage des Würfels durch Drehen oder Kippen über eine Kante ändert. Oder sie können sich Linien vorstellen, die am oder im Würfel verlaufen und Aussagen über die Länge oder über Winkel machen (vgl. dazu auch den Exemplarischen Kommentar: *Darstellungsebenen*, Seite K 39).
Die Fähigkeit zur Abstraktion entwickelt sich meist erst im 12. Lebensjahr, so dass der Geometrieunterricht der Klasse 5 auf Handeln mit konkreten Materialien basieren sollte.
Die Ausbildung und Förderung des räumlichen Vorstellungsvermögens kann nicht sporadisch geschehen und nicht auf die im Vergleich zur Algebra und Arithmetik wenigen Kapitel der Geometrie begrenzt werden. Vielmehr ist nur ein durchgängiges Training der Raumvorstellung erfolgreich. Dabei ist die Kopfgeometrie das in der Schulmathematik am meisten vernachlässigte, aber wirkungsvollste Mittel zur Schulung räumlicher Intelligenz. Aus diesem Grund finden sich auch auf den immer wieder einzusetzenden ► Fitnesstests (Seiten S 77 bis S 84) auch viele Übungen zur Raumvorstellung.

5 Das dargestellte Netz ergibt zwar einen Quader, entspricht aber nicht dem klassischen Quadernetz. Es gibt nicht nur zusätzliche Klebefalze sondern auch Flächenteile, die der Stabilisierung dienen. Ähnliche anwendungsorientierte Überlegungen können die Schülerinnen und Schüler anstellen, wenn sie Getränkekartons aufschneiden und zu einem Netz legen.

Zählen mit Verstand

Die Aufgaben greifen erneut das systematische Zählen auf (vgl. Schülerbuchseite 9, Aufgabe 1 und Seite 89, Aufgabe 6). Hier können zusätzlich die Kenntnisse über die Anzahl der Eckpunkte und Kanten mit eingebracht werden.

6 Würfel und Quader im Schrägbild

Intention der Lerneinheit

- Schrägbilder von Körpern mithilfe von Karo- oder Punktrastern zeichnen
- verschiedene Möglichkeiten für Schrägbilder kennen

Tipps und Anregungen für den Unterricht

- Das Mathe-Welt-Heft „Würfel: Bausteine der Raumgeometrie", mathematik lehren Nr. 77 (1996), a.a.O., beinhaltet zwei Artikel, die weitere Anregungen für das Erarbeiten von Schrägbildern anbieten: „Vom Würfelschatten zum Schrägbild" und „Würfelkörper bauen und zeichnen". Bei letzterem werden Würfelplättchen als Hilfsmittel vorgestellt, die als Zwischenstufe vom realen Körper zur zeichnerischen Darstellung der Veranschaulichung dienen.
- Die beiden Programme *Bauwas 4.0* und *Geokiste* bieten die Möglichkeit, virtuell aus Würfelelementen Körper zu bauen und verschiedene Ansichten zu betrachten. Bauwas bietet außerdem zum Teil sehr anspruchsvolle Aufgaben. Von beiden Programmen finden Sie im Internet Demoversionen [www.bauwas.de] und [www.geokiste.de].

Einstiegsaufgabe

Die Einstiegsaufgabe verdeutlicht, dass derselbe Körper je nach Standpunkt unterschiedlich dargestellt werden kann. Diese Einsicht kann vertieft werden, wenn man Kantenmodelle von Quadern und Würfeln mit einer Lichtquelle (Taschenlampe, Overheadprojektor) auf eine Fläche projiziert. Je nachdem, wie das Modell im Lichtstrahl gedreht wird, ergibt sich eine andere Darstellung. Die Lernenden können diese verschiedenen Darstellungen auf Plakaten nachzeichnen. Diese Plakate bieten weitere Gesprächsanlässe. Verschiedene Schrägbilder stellen den Körper unterschiedlich gut dar und es wird deutlich, dass es sinnvoll ist, sich auf eine einheitliche Darstellung zu einigen (vgl. Mathe-Welt-Heft, mathematik lehren Nr. 77 (1996) a.a.O., Seite 5ff).

Aufgabenkommentare

7 Diese Aufgabe schließt an die Überlegungen der Einstiegsaufgabe an. Dadurch können die sich allmählich einschleifenden Seh- und Zeichengewohnheiten aufgebrochen werden.

Schrägbilder auf Dreieckspapier *i*

Die Schülerinnen und Schüler lernen neben der im Mathematikunterricht üblichen Kavalierperspektive die isometrische Projektion kennen, die in den drei Hauptrichtungen ohne Verkürzung auskommt (das ► Serviceblatt „Dreieckspapier", Seite S46 bietet das entsprechende Papier für weitere Übungen an). Die Darstellungen der isometrischen Projektion kommen unserer Sehweise sehr nahe und ergeben realistisch wirkende Bilder. Das Dreieckspapier (mit Linien) findet in Architekturbüros Verwendung, man kann es in gut sortierten Schreibwarenhandlungen erwerben. Die vierte Teilaufgabe thematisiert erneut das systematische Zählen. Dieses könnte als Differenzierungsmöglichkeit auch in die letzte Teilaufgabe integriert werden.

Üben • Anwenden • Nachdenken

Aufgabenkommentare

1 Beim Finden der Paare aktivieren und vertiefen die Schülerinnen und Schüler ihr Wissen über die angesprochenen Vierecke.

2 Bei den Teilaufgaben b) und c) sollte man die Schülerinnen und Schüler ermuntern, nicht nur mit einer Lösung zufrieden zu sein.

9 Ausgehend vom Würfel entsteht ein anspruchsvolles Schrägbild, das dann besonders komplex wird, wenn man alle nicht sichtbaren Kanten gestrichelt einzeichnet. Bei der Beschreibung werden die Teilflächen gezählt und benannt. Man könnte auch beschreiben lassen, wie der Körper aus einem Würfel entsteht.

10 Zunächst sollte für die Schülerinnen und Schüler die unterschiedliche Blickrichtung deutlich werden. Dabei kann es hilfreich sein, auf einer Folie die hinten liegenden Kanten gestrichelt darzustellen und dann wieder die Abbildungen im Buch zu betrachten. Man kann die Lernenden auffordern, jeweils erst die vorderen Kanten zu zeichnen, dann die nach hinten verlaufenden und schließlich die hinteren. Nun werden die „Fehler" in den beiden folgenden Würfeldarstellungen verständlich.

11 Die Aufgabe besteht aus zwei Teilen. Zunächst müssen die fehlenden Maße rechnerisch ermittelt werden. Dann werden die verschiedenen Quader zueinander in Beziehung gesetzt (Komponente der Raumanschauung), um Kanten mit denselben Maßen zu identifizieren. Der schwierigste Teil der Aufgabe besteht für die Schülerinnen und Schüler darin, den Quader zu benennen, von dem weder eine Fläche noch Kante sichtbar ist.

Vierecke auf dem Nagelbrett

Hier ist das Wissen über die Eigenschaften unterschiedlicher Vierecke gefragt (Nachhaltigkeit des Lernens). Für die Ergebniskontrolle empfiehlt es sich, dass die Schülerinnen und Schüler ihre handelnd ermittelten Lösungen im Heft zeichnen. Zur Lösung der Aufgaben kann das gegebenenfalls bereits bei der Behandlung von Kapitel *4 Geometrie* gebastelte Nagelbrett verwendet werden (vgl. Kommentar auf Seite K 30 und ► Serviceblatt „Bauanleitung für ein Nagelbrett" auf Seite S 32).

16 und **17** Bei beiden Aufgaben wird die mentale Rotation als Komponente der Raumanschauung angesprochen. Da die Rotation im Vordergrund steht, ist es auch denkbar, bei Aufgabe 16 die Schrägbildzeichnungen frei Hand skizzieren zu lassen. Schülerinnen und Schülern, die mit den Aufgaben größere Schwierigkeiten haben, kann man anbieten, die mit Holzwürfeln hergestellten Würfelhäuser an einem einzelnen Tisch zunächst zu betrachten und dann erst zu zeichnen. Die realen Würfelhäuser stellen außerdem eine gute Selbstkontrollmöglichkeit dar.

Körpernetze

Diese Aufgaben eignen sich gut als Differenzierungsmaterial.

6 Sachrechnen

Kommentare zum Kapitel

Intention und Schwerpunkt des Kapitels

Das Kapitel thematisiert die aus der Grundschule schon bekannten Größen aus der Welt des Lernenden. Dabei sollen die Größenvorstellungen gefördert, das Rechnen mit unterschiedlichen Größen wie Geld, Zeit, Gewicht und Länge geübt und das Umwandeln in verschiedene Einheiten trainiert werden. Die Sachaufgaben sprechen dabei unterschiedliche Inhalte bereits behandelter Kapitel (Diagramme und Tabellen, Rechnen mit natürlichen Zahlen, Schätzen, Überschlagen etc.) an und realisieren damit das in den Standards geforderte kumulierende Lernen.
Das Rechnen mit Größen und die Unterscheidung von Maßzahl und Maßeinheit werden in die Lerneinheit Gewicht integriert und in einem Merkkasten behandelt.

Bezug zu den Bildungsstandards

In diesem Kapitel steht die *Leitidee Messen* im Vordergrund: Die Schülerinnen und Schüler können
- Dimensionen von Zahlen, Größen und geometrischen Objekten abschätzen,
- ein Gefühl für Zahlen, Größenordnungen und Zusammenhänge entwickeln,
- Einheiten hinsichtlich ihrer Verwendung auswählen sowie Größenangaben umwandeln,
- Messergebnisse und Größen in sinnvoller Genauigkeit darstellen,
- aus Materialien Maßangaben entnehmen,
- Größen mithilfe von Vorstellungen über eigene Repräsentanten schätzen.

Vorwissen aus der Grundschule

Unter der *Leitidee Messen* haben die Schülerinnen und Schüler bereits Erfahrungen und Vorstellungen zu Größen erworben, kennen standardisierte Maßeinheiten, können diese anwenden und können Größen zur Klärung realistischer, kindgemäßer Sachverhalte anwenden. Unter der *Leitidee Sachsituationen* haben sie gelernt, Textaufgaben zu erfassen und eigene Lösungswege zu finden.

Weiterführende Hinweise

In den ► Serviceblättern wird ein Lernzirkel angeboten, der eine selbstständige Erarbeitung der Inhalte der ersten vier Lerneinheiten dieses Kapitels ermöglicht (Seiten S 47 bis S 55). Weitere methodische Anweisungen finden sich auf Seite S 2. Die Arbeitsblätter können jedoch auch einzeln als Übungsmaterial eingesetzt werden.

Exemplarischer Kommentar

Heuristik

Die Heuristik (griech.: Entdeckung) beschäftigt sich mit dem Lösen von Problemen und stellt hierzu unterschiedliche Hilfsmittel zur Verfügung (vgl. zum Beispiel das systematische Probieren auf Schülerbuchseite 138).
Die folgenden Strategien können bereits im 5. Schuljahr verwendet werden, auch wenn sie im Rahmen der Methodenfenster erst in den folgenden Bänden behandelt werden:
- Strategie „Vorwärtsarbeiten“: Ausgangspunkt ist das Gegebene. Man überlegt, was daraus ermittelt werden kann.
- Strategie „Rückwärtsarbeiten“: Ausgangspunkt ist das Gesuchte. Man überlegt, was benötigt wird, um das Gesuchte zu erhalten.
- Kombination beider Strategien.

Für die Auswahl der geeigneten Strategie ist das Verständnis der Aufgabe entscheidend. Dazu können die folgenden Fragen hilfreich sein:
1. Was ist gegeben?
2. Was ist gesucht?
3. Wie lautet die Bedingung?
4. Kennst du eine ähnliche Aufgabe?
5. Kannst du die Aufgabe auch anders stellen?

Ein altersgemäßes Hilfsmittel ist die übersichtliche Darstellung der Lösungsversuche in Tabellen wie in der Methode auf Schülerbuchseite 138.
Die Kombination einer der oben genannten Strategien mit einer Tabelle unterstützt die Lösung vieler Knobeleien.
Beispiel: Ein 50-€-Schein wird in sieben Scheine und Münzen zwischen 20 € und 1 € gewechselt.

Schein/Münzen	Menge	Menge
20-€-Schein	1	2
10-€-Schein	2	0
5-€-Schein	1	1
2-€-Münze	1	1
1-€-Münze	3	3
Geldbetrag	50	50
Gesamtstückzahl	8	7

Verwendet wurde die Strategie „Rückwärtsarbeiten“. Es werden so viele Möglichkeiten ausprobiert, das Gesuchte zu erreichen, bis die Bedingung (sieben Scheine) erfüllt ist. Eine mögliche Aufgabe zur Kombination beider Strategien wäre die folgende Variation: Er erhält zehn Scheine und Stücke, darunter drei 5-Euro-Scheine und einen 10-Euro-Schein.

Auftaktseite: Pakete, Gebühren, Kosten

Vertraute Bilder und Situationen heben die Alltagsbedeutung des folgenden Kapitels hervor. Fragestellungen aus dem täglichen Umfeld und ein vertrauter Kontext ermöglichen eine selbstständige Bearbeitung der Aufgaben. Dabei müssen Daten erfasst und Problemstellungen aus der realen Welt mathematisiert und interpretiert werden (*Leitidee Modellieren*).

1 Geld

Intention der Lerneinheit

- Wiederholung und Festigung des Grundschulwissens (Abkürzungen € und ct sowie die Kommaschreibweise sind bekannt)
- Geldbeträge in verschiedenen Schreibweisen darstellen und mit ihnen rechnen
- Überschlagsrechnung und Schätzen sinnvoll anwenden

Einstiegsaufgabe

Mit der Einstiegsaufgabe wird eine gerade für Kinder vertraute Alltagssituation aufgegriffen: „Reicht mein Geld für meinen Einkauf?" Die Schülerinnen und Schüler können hier sehr gut eigene Strategien beschreiben. Unterschiedliche Überschlagsrechnungen führen zu Betrachtungen wie im Methodenfenster *Überschlagsrechnung* (siehe unten) dargestellt. Die Zusatzfrage nach der Vergewisserung initiiert schriftliche Berechnungen. Durch die folgenden Fragen wird der Sinn und die Notwendigkeit von Überschlagsrechnungen verdeutlicht. Die selbstständige Bearbeitung in Partnerarbeit kann unterschiedliche Überlegungen liefern und zu einer Diskussion anregen.

Aufgabenkommentare

Überschlagsrechnungen

Überschlagsrechnungen sind für ein Zahlen- und Größenverständnis von entscheidender Bedeutung (vgl. Kommentar zum Methodenfenster *Überschlag*, Seite K11). Die beiden Aspekte der Überschlagsrechnung, das Runden der Zahlen und die damit verbundene Möglichkeit der Berechnung im Kopf, stehen zunächst im Vordergrund der zu berechnenden Aufgaben.
Die beiden letzten Fragestellungen initiieren auch ein Abweichen vom kaufmännischen Runden.
Die Schülerinnen und Schüler lernen, dass gerade bei der Summe von Geldbeträgen ein abwechselndes Auf- und Abrunden dem richtigen Ergebnis näher kommt als das kaufmännische Runden.

7 und **8** Die offenen Aufgaben bieten den Schülerinnen und Schülern Raum für eigene Interpretationen im Hinblick darauf, welche Fragen mit dem angebotenen Datenmaterial beantwortet werden könnten. Mit der Gegenüberstellung und der Akzeptanz der unterschiedlichen Vorschläge werden die Lernenden ermutigt, Aufgaben selbstständig und individuell zu lösen. Sie suchen nicht mehr nur nach der durch eine enge Fragestellung vorgegebenen, einzig richtigen Lösung, sondern werden in ihrer Denk- und Sichtweise offener und eigenständiger.
Beispiele für Schülerlösungen Aufgabe 7:
- Die Kosten betragen 4,95 €. Das Geld reicht.
- Er bekommt noch 5 ct zurück.

Beispiele für Schülerlösungen Aufgabe 8:
- Sie bekommt 14,65 € zurück.
- Sie bezahlt 5,35 €.

b) Überschlag: 7 € + 5 € = 12 €. Das Geld wird knapp reichen.

9 bis **11** Assoziative Aufgaben fördern die Kreativität. Beim Suchen unterschiedlicher Lösungen müssen die Schülerinnen und Schüler eigene Strategien entwickeln.
Aus diesen Aufgaben lassen sich leicht Aufgaben höherer Niveaus entwickeln, an denen heuristische Lösungsstrategien vermittelt werden können (vgl. Exemplarischer Kommentar: *Heuristik*, Seite K44).
So könnte beispielsweise die Verwendung von Tabellen durch den Einsatz eines Tabellenkalkulationsprogramms (Rechenarbeit wird erspart) thematisiert werden. Die Schülerinnen und Schüler müssten dazu das entsprechende Rechenblatt erstellen.

Randspalte Seite 135

Da es wahrscheinlich ist, dass die Lernenden nach den Zuordnungen der unterschiedlichen Münzen zu den Ländern fragen, hier eine kurze Übersicht:

Land	1-Euro-Münze	2-Euro-Münze
Belgien	König Albert II	
Deutschland	Bundesadler	
Finnland	zwei fliegende Schwäne	Moltebeere
Frankreich	Baum mit Umrissen des Landes	
Griechenland	Eule	Europa mit dem Stier
Irland	Harfe, irisches Nationalsymbol	

Land	1-Euro-Münze	2-Euro-Münze
Italien	Virtuvianischer Mann (von Leonardo da Vinci)	Dichter Dante Alighieri
Luxemburg	Großherzog Henri	
Niederlande	Königin Beatrix	
Österreich	Wolfgang Amadeus Mozart	Betha von Suttner
Portugal	Siegel des Gründers von Portugal, König Alfonso Henrique	
Spanien	König Juan Carlos I	
Vatikan	Papst Johannes Paul II	

2 Zeit

Intentionen der Lerneinheit

- Zeiteinheiten und ihre Umwandlungszahlen kennen
- Zusammenhänge unserer Zeiteinteilung kennen
- Berechnen von Zeitspannen

Einstiegsaufgabe

Die Abbildung der unterschiedlichen Zeitmesser bietet Gesprächsanlässe. In der Diskussion können sich alle Lernenden einbringen.

Aufgabenkommentare

10 Ein Vergleich der eigenen Fernsehzeit mit der von Mitschülern und dem Durchschnitt trägt zum Einordnen und Überdenken der eigenen Gewohnheiten bei. Die unterschiedlichen Zeiten implizieren die Frage nach der empfohlenen Fernsehzeit und regen entsprechende Nachforschungen an. Teilaufgabe c) macht den Umfang von „unbewusstem" Fernsehkonsum deutlich und stellt die Bedeutung einer eigenen Fernsehdisziplin heraus.

13, **14**, **16**, **20** Kurioses und Extreme faszinieren und motivieren Schülerinnen und Schüler dieser Altersstufe.

18, **22**, **24** Kumulative Aufgaben, die vorhandenes Wissen (Diagramme und Tabellen erstellen) mit dem aktuellen Stoff vernetzen.

Systematisches Probieren

Das Entwickeln heuristischer Strategien ist eine wichtige Kompetenz im Mathematikunterricht. An einfachen überschaubaren Beispielen lernen die Schülerinnen und Schüler den Nutzen und die Anwendbarkeit von Tabellen beim systematischen Probieren kennen (vgl. Exemplarischer Kommentar: *Heuristik* Seite K 44).

21 Die Lernenden sind meist motiviert, mithilfe der Mathematik mehr über die eigenen Gewohnheiten zu erfahren. Die Aufgabe macht den Zeitaufwand für die Schule und deren Bedeutung deutlich.

Kalender

Die Entstehung von Tag und Nacht, der Wechsel der Jahreszeiten und das Phänomen der unterschiedlichen Tages- und Nachtlängen sind in engem Zusammenhang mit den Inhalten des Fächerverbundes EWG zu sehen. Die Informationen über unseren heute gültigen Kalender sind für die Lernenden interessant und können zu eigenen Recherchen im Internet unter dem Suchbegriff „Gregorianischer Kalender" anregen.

Exkurs Gregorianischer Kalender

Im Jahre 325 wurde in einem Konzil festgelegt, dass die Frühlings-Tag-und-Nacht-Gleiche auf den 21.3. gelegt wird. Bis zum Jahre 1582 verschob sich dieses Ereignis jedoch auf den 11.3., weil der damals gültige Julianische Kalender mit seinen 365,25 Tagen länger als ein astronomisches Jahr war. Der Umlauf der Erde um die Sonne dauert im Schnitt 365,24219878 Tage. Der Fehler beträgt also 0,00780122 Tage pro Jahr.
Papst Gregor XIII verfügte zum Ausgleich eine Kalenderreform und ließ auf den 4.10. sofort den 15.10. folgen. Nur wenige Länder (Spanien und Portugal) übernahmen die Reform sofort. Als Folge wurden wichtige Kirchenfeste, z. B. das Osterfest, zu unterschiedlichen Terminen gefeiert. Weitere katholische Länder folgten deshalb in den nächsten Jahren. In den evangelischen Gebieten des Deutschen Reiches wurde die Reform jedoch erst im Laufe des 18. Jahrhunderts übernommen. Erst 1776 wurde durch den vom Kaiser eingeführten Reichskalender erreicht, dass ganz Mittel- und Westeuropa nach einem Kalender rechnete. Einige orthodoxe Kirchen begehen ihre Feste auch heute noch nach dem Julianischen Kalender. Ihr Weihnachtsfest findet zur Zeit am 7. Januar statt.
Um weitere Abweichungen in den folgenden Jahren zu vermeiden, verfügte Gregor, dass die durchschnittliche Anzahl der Tage eines Kalenderjahres von 365,25 auf 365,2425 verringert wurde.
Dies wurde dadurch erreicht, dass in allen durch 100 teilbaren Jahren (1700, 1800, ...) mit Ausnahme der durch 400 teilbaren Jahren das im Julianischen Kalender vorgesehene Schaltjahr ausfällt. Deshalb war das Jahr 2000 auch ein Schaltjahr!

Der Fehler beträgt nach Gregor nur noch etwa 0,0003 Tage pro Jahr. Das heißt, dass erst nach über 3000 Jahren eine Verschiebung um einen Tag auftritt.

3 Gewicht

Intention der Lerneinheit

- Begriffe *Größe*, *Maßzahl* und *Maßeinheit* kennen und richtig anwenden können
- Maßeinheiten von Gewichten und die dazugehörenden Umwandlungszahlen kennen
- verschiedene Schreibweisen dieser Größen kennen
- Regeln für das Rechnen mit Größen kennen

Tipps und Anregungen für den Unterricht

Die Unterscheidung zwischen Masse und Gewicht wurde bewusst vermieden, da der Unterschied auf dem Kenntnisstand der Lernenden nicht nachvollziehbar wäre.

Einstiegsaufgabe

Durch die Zuordnung zwischen dem Tier und dessen Gewicht lernen die Schülerinnen und Schüler Vergleichsgrößen kennen, mit der sie andere Gewichte sicherer abschätzen bzw. vergleichen können. Dadurch wird das Vorstellungsvermögen für die Maßeinheit Kilogramm und Tonne gefördert.

Aufgabenkommentare

2 Lernzielkontrolle der Einstiegsaufgabe: Konnten die Lernenden bereits Stützgrößen für Gewichte entwickeln, dann gelingt die Zuordnung leicht.

3 Schätzübungen, die durch die Schülerinnen und Schüler leicht variiert werden können, indem sie eigenen Beispiele suchen und notieren und ihre Mitschüler schätzen lassen.

Schätzen

Die Schülerinnen und Schüler werden angeleitet, die bekannten Vergleichsgrößen zum Schätzen unbekannter Gewichte heranzuziehen.
Diese Übung eignet sich gut als Hausaufgabe, weil jeder Schüler seine eigene Vergleichsgröße auswählen und damit zum Beispiel das Gewicht von fünf anderen Gegenständen zuerst schätzen und damit kontrollieren kann.

8 bis **11** Zum Rechnen mit Größen finden Sie auf Seite K 52 einen Exemplarischen Kommentar: *Einfaches Rechnen mit Flächeninhalten*. Die Kernaussagen lassen sich entsprechend auf andere Größen übertragen.

10 Das Weglassen der Fragestellung und die nicht eindeutige Angabe über die Anzahl der Kisten zwingt die Lernenden zur eigenen Problemformulierung.

11 Die fehlende Frage erfordert ein genaues Betrachten des angebotenen Datenmaterials und das Entwickeln einer eigenen Vorstellung zur Problemstellung bzw. -lösung.

4 Länge

Intention der Lerneinheit

- Längeneinheiten und ihre Umwandlungszahlen kennen
- sicherer Umgang mit den unterschiedlichen Schreibweisen
- Entwickeln von Größenvorstellungen, um Längen besser schätzen zu können

Einstiegsaufgabe

Die Diskussion über die alten Längenmaße führt zur Notwendigkeit einer Vereinheitlichung (vgl. dazu auch Zeitfenster, Schülerbuchseite 145).
Die im Merkkasten vorgestellten Längenmaße sind den Lernenden (mit Ausnahme von dm) aus ihrer Lebenswelt sehr vertraut.

Tipps und Anregungen für den Unterricht

Die in der Bemerkung angegebene Tabelle kann man in unausgefüllter Variante kopieren und folieren und allen Lernenden zur Verfügung stellen. Im Heft oder Mäppchen aufbewahrt kann dann jeder Schüler individuell darauf zurückgreifen und mit Folienstift die Beispiele eintragen, bei denen er Hilfe benötigt.

Aufgabenkommentare

12 Kumulativ: Das Einbinden zurückliegender Inhalte (Diagramme) festigt das Wissen.

15 Offene Aufgabenstellung, bei der die Schülerinnen und Schüler die angebotenen Daten für die Beantwortung selbst gestellter Fragen verwenden. Damit sind sowohl sprachliche Kompetenzen als auch die des Problemlösens auf Niveau B gefragt.

Alte Maße

Das Zeitfenster knüpft an die Einstiegsaufgabe an und verbindet Geschichte und Gegenwart.

5 Maßstab

Intention der Lerneinheit

- Bedeutung und Anwendungsgebiete von Maßstäben kennen
- mithilfe des Maßstabs die reale Länge berechnen und umgekehrt
- den Maßstab ermitteln können

Tipps und Anregungen für den Unterricht

Große Maßstäbe wie etwa 1:25 000 sind für die Lernenden aufgrund der Größenunterschiede oftmals nur schwer vorstellbar. Bei Verständnisschwierigkeiten kann der Begriff zusätzlich anhand folgender Beispiele geklärt werden:
Aufgabe: „Zeichne ein Rechteck mit a = 8 cm und b = 4 cm. Zeichne es anschließend im Maßstab 1:2 (1:4).“ An diesem Beispiel wird transparent, dass jede Seite auf die Hälfte verkleinert werden muss. Die Schülerinnen und Schüler erfahren intuitiv, dass es auf die Seitenlängen und nicht auf die Fläche ankommt. Die Fläche verkleinert sich auf ein Viertel. Dieser Sachverhalt kann im nächsten Kapitel bei den Flächenberechnungen aufgegriffen und thematisiert werden, damit ein vertieftes Verständnis für maßstäbliche Verkleinerungen erreicht wird.
Bei größeren Verständnisschwierigkeiten empfiehlt sich als Vorübung das Ablesen der tatsächlichen Maße aus einer maßstäblichen Zeichnung, da dies den Schülern im Allgemeinen leichter fällt.

Einstiegsaufgabe

Die Schülerinnen und Schüler erfahren den Sinn und die Notwendigkeit von Maßstabsrechnungen am Beispiel einer Wanderkarte.

Aufgabenkommentare

3 bis **7** Übungen zum Training der Rechentechniken für Maßstabsaufgaben. Mit der zusätzlichen Nachfrage nach einer möglichen Anwendungssituation wird eine größere Vernetzung der Lerninhalte erreicht.

6 Sachaufgaben

Intention der Lerneinheit

- heuristische Strategien zum Lösen von Textaufgaben kennen und anwenden
- Lesekompetenz im Zusammenhang mit Textaufgaben entwickeln
- Lösungswege übersichtlich darstellen
- Lösungen durch Überschlag kontrollieren

Einstiegsaufgabe

Lernprozesse lassen sich auch anhand von Lösungsbeispielen initiieren. Dazu kann in dieser Lerneinheit das unten auf der Schülerbuchseite vorgestellte und ausführlich gelöste Beispiel genutzt werden. Die einzelnen Lösungsschritte können nachvollzogen und anschließend zur Lösung der Einstiegsaufgabe verwendet werden.

Aufgabenkommentare

1 Das Entnehmen von Daten und Informationen aus den unterschiedlichsten Darstellungen stellt eine erweiterte Lesekompetenz dar.
Mit der Suche nach eigenen Beispielen kann jeder Lernende nach individuellem Leistungsvermögen sein Beispiel so auswählen, dass er es auch erläutern kann.
Um allen Schülern Gelegenheit zu geben, über ihre Beispiele zu sprechen, ist Partnerarbeit sinnvoll. Jeder erläutert die gewählte Tabelle seiner Partnerin oder seinem Partner und dieser stellt im anschließenden Unterrichtsgespräch das Beispiel vor. Dabei können sicher nicht mehr alle berücksichtigt werden, aber jeder Lernende hatte Gelegenheit, über seine Tabelle zu sprechen.

Wasserstraße Rhein

Das Thema greift Inhalte aus dem Fächerverbund EWG auf und betrachtet sie unter mathematischen Gesichtspunkten. Anhand konkreter Berechnungen werden die Vor- und Nachteile der einzelnen Beförderungsarten deutlich.
- Aus den angegebenen Daten sollen eigene Fragestellungen entwickelt werden.
- Die Ermittlung der genauen Zahlenwerte steht hier nicht im Vordergrund, sodass es durchaus ausreichend sein kann, die Lösung der Aufgabe nur zu überschlagen oder zu schätzen.
- Diese komplexe Aufgabenstellung eignet sich gut zur Differenzierung.
- Die Berechnung der zurückgelegten km pro Stunde entspricht nicht ganz der Wirklichkeit, da an den Schleusen viel Wartezeit verloren gehen kann.

Üben • Anwenden • Nachdenken

Der Exemplarische Kommentar *Textaufgaben* in Kapitel 3 (Seite K 21) gibt Hinweise zur Einschätzung des Schwierigkeitsgrades der Aufgaben.

Aufgabenkommentare

11 Zweisatzaufgaben bereiten das in Band 2 einzuführende Dreisatzverfahren vor. Die offene Aufgabenstellung erlaubt jedoch auch andere Lösungsmöglichkeiten. So kann der Preis von drei Dosen und sechs Dosen durch Verdoppelung bzw. Halbierung verglichen werden. Aus dem Preis von fünf Dosen kann der einer Dose (1,20 €) errechnet und auf vier Dosen (4,80 €) geschlossen werden (Dreisatz). Die Vielzahl möglicher Lösungen und die anschließende Diskussion bereiten den Proportionalitätsbegriff vor und schulen mathematische Denkweisen.
Tipp: Eine hohe Anzahl unterschiedlicher Lösungen erhält man durch Nicht-Zulassen von schriftlichen Rechnungen und die Forderung nach anschließender Begründung der Überlegungen. Dieses Vorgehen hat zudem eine große Praxisrelevanz.
Als Arbeitsform bietet sich Partnerarbeit an.

18 ff Die Aufgaben sind kumulativ und sprechen Kompetenzen unterschiedlicher Leitideen an. Dabei werden vor allem die Niveaus A und B erreicht.

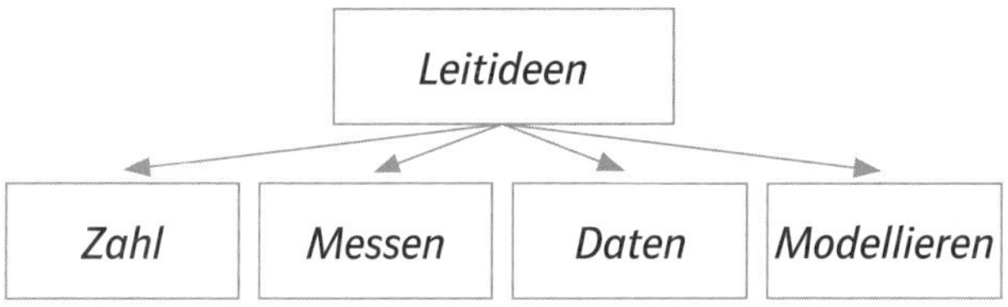

18 *Leitideen Daten* (Umgang mit Tabellen, Zahlenangaben veranschaulichen) und *Modellieren.* Dabei wird Niveau A angesprochen.

19 *Leitideen Daten* (Umgang mit Tabellen, Daten erfassen, einfache Erhebungen durchführen), *Modellieren* (Situationen angemessen modellieren); Niveau B.

21 *Leitideen Messen* (Vorstellung von Zahlen und Größen; Gefühl für Größenordnung und Zusammenhänge; Einheiten wählen und umwandeln; Größen schätzen), *Zahl* (Übung von Rechenoperationen; reflektierter Einsatz von Algorithmen) und *Modellieren.*
Niveau A; auch schwierigere Zahlen und Einheiten (mg/kg bzw. große Zahlen) führen nicht zu einem höheren Niveau.

23 Teilaufgabe b) stellt deutlich höhere Anforderungen als a). Es muss ein Problem, das über den geübten Standard hinausgeht, erkannt, formuliert und bearbeitet werden. Das planmäßige Bearbeiten der komplexeren Ausgangssituation mit dem Ziel, selbstständig zu Lösungen und Wertungen zu gelangen, ist ein Merkmal von Niveau C.

26 *Leitideen Daten* (Erhebungen zu Fragen aus der eigenen Erfahrungswelt machen, Daten sammeln und erfassen) und *Messen* (Vorstellung von Zahlen, Größen und geometrischen Objekten; Einheiten auswählen und umwandeln; Messergebnisse und berechnete Größen in sinnvoller Genauigkeit darstellen; Größen schätzen).

29 Die Aufgabe erfordert Kompetenzen auf Niveau B:
- Zusammenhänge, Ordnungen und Strukturen erkennen und beschreiben.
- Überlegungen, Lösungswege und Ergebnisse verständlich darstellen.
- Vergleichen und Bewerten verschiedener Lösungsansätze.
- Sachgerechtes und begründetes Argumentieren bei der Darstellung eines Lösungsweges.

31 Der Prozentbegriff wird erst in Band 2, der Bruchbegriff $\left(\frac{1}{10}\right)$ in Kapitel 8 eingeführt.
Eine ausführliche Klärung dieser zwei Begriffe ist an dieser Stelle nicht sinnvoll. Der Prozentbegriff (nicht seine Bedeutung!) ist jedoch vielen Lernenden geläufig. Man kann deshalb die Schülerinnen und Schüler schätzen lassen und das richtige Ergebnis ohne große Begründung mitteilen.

7 Flächeninhalt – Rauminhalt

Kommentare zum Kapitel

Intention und Schwerpunkt des Kapitels

Das Kapitel behandelt zunächst das Prinzip des Flächenvergleichs über gleich viele, gleich große Flächenstücke und im zweiten Schritt die Flächenmessung über Einheitsquadrate. Im dritten Schritt werden die Rechtecksfläche und in Abgrenzung dazu auch der Rechtecksumfang berechnet.
Analog sind die Schritte beim Rauminhalt – vom Prinzip des Inhaltsvergleichs über die Messung mit Einheitswürfeln zu konkreten Berechnungen am Quader.
Die Schüler erwerben so ein grundlegendes Verständnis und Stützvorstellungen, bevor sie die Berechnungs-Algorithmen formulieren und einsetzen.

Vorwissen aus der Grundschule

Die Flächen- und Volumeneinheiten (außer Liter und Milliliter) sind nicht eingeführt. In der *Leitidee Raum und Form* waren folgende Kompetenzen zu vermitteln: Die Schülerinnen und Schüler
- können komplexe Flächenformen aufbauen und analysieren.
- können Umfänge und Flächeninhalte handelnd und rechnerisch ermitteln.

Bezug zu den Bildungsstandards

Die Kompetenzen sind vorwiegend der *Leitidee Messen* zuzuordnen:
Die Schülerinnen und Schüler
- kennen und verstehen die Prinzipien der Längen-, Flächen-, Volumen- und Winkelmessung.
- können die Einheiten hinsichtlich ihrer Verwendung auswählen, sowie Größenangaben umwandeln.
- können Messergebnisse und berechnete Größen in sinnvoller Genauigkeit darstellen.
- können aus Materialien Maßangaben entnehmen.

Weiterführende Hinweise

Für ein vertieftes Verständnis der Formeln genügt die bloße Übermittlung der fertigen Formel nicht. An ihre Stelle tritt die operative Erarbeitung (vgl. Übungen auf der Auftaktseite). Wie stellt sich diese am Beispiel der Flächeninhaltsformel für das Rechteck dar?
1. Effektives Operieren
   Ausmessen des Flächeninhalts durch Bedecken des Rechtecks mit ausgeschnittenen Einheitsquadraten.
2. Zeichnerisches Operieren
   Zerlegen der Rechtecke in Streifen und Einheitsquadrate.
3. Vorstellendes Operieren
   Zerlegen der Rechtecke in der Vorstellung und anschauliches Begründen der Berechnungsformel.

Auftaktseite: Zusammengewürfelt

Flächen auslegen

Der Flächeninhalt ist eine Eigenschaft der Fläche. Diese Tatsache muss von den Lerndenen intuitiv erfasst, aber nicht verbalisiert werden. Dazu eignen sich die Legeübungen sehr gut. Die Schüler erfahren spielerisch, dass die Eigenschaft (Größe des Flächeninhalts) beim Legen immer wieder neuer Figuren aus denselben Teilstücken gleich bleibt.
Im ersten Druck lässt sich die rechte Figur nicht mit den Teilfiguren auslegen. Sie ist größer als das linke Dreieck und das obige Quadrat.

Aus kleinen Würfeln große bauen

Durch diese Übung wird das Raumvorstellungsvermögen geschult, weil sich die Lernenden anhand der Zeichnung die Anzahl der kleinen Würfel vorstellen müssen. Das Ausfüllen der Tabelle ist die Vorstufe zur Entwicklung der Volumenformel.

Aus kleinen Würfeln eine Würfelschlange bilden

Dies ist eine propädeutische Übung für den Oberflächenbegriff. Zur Unterstützung der Vorstellung und als Hilfen für lernschwächere Schülerinnen und Schüler kann hier handlungsorientiert gearbeitet und die Schlange mit kleinen Würfeln nachgebaut werden.

1 Flächen vergleichen

Intention der Lerneinheit

Die Lernenden vergleichen unterschiedliche Flächen durch Zerlegen in bzw. Auslegen mit gleich vielen gleich großen Teilflächen. Sie erkennen, dass unterschiedliche Flächen denselben Flächeninhalt haben können. Vorbereitet wird bereits die Einsicht, dass einheitliche Vergleichsflächen (Einheitsquadrate) die Angabe des Inhalts vereinfachen, da die Vergleichsfläche selbst nicht mehr beschrieben werden muss.

Einstiegsaufgabe

Die Aufgabe greift das Grundschulwissen auf und führt zum mathematischen Kern des Flächenvergleiches, die Verwendung von gleichen Flächenstücken.

Alternativer Einstieg

Die Behandlung in der Grundschule liegt lange zurück und vieles wurde vergessen. Vor die Einstiegsaufgabe im Schülerbuch kann deshalb ein handlungsorientierter Einstieg, der die Unabhängigkeit der Flächengröße vom Umfang aufzeigt, eingeschoben werden. Das Arbeitsblatt „Umfang und Fläche" wird dazu in den ► Serviceblättern (Seite S 56) angeboten. Bei der Bearbeitung von Aufgabe 1 messen die Schülerinnen und Schüler erfahrungsgemäß den Umfang der Figur und schließen daraus auf den Flächeninhalt. Die Gleichheit der Flächen, die sich durch Ausschneiden und Aneinanderlegen ergibt, überrascht und wirkt motivierend für eine weitere Untersuchung (Inkongruenzprinzip). Aufgabe 2 macht die Unabhängigkeit der Flächengröße vom Umfang deutlich. Das Zerlegen von Flächen und Zusammensetzen zu neuen ist eine wichtige Voraussetzung für die Entwicklung von Formeln zur Flächeninhaltsberechnung von Parallelogramm, Trapez, u.a.

Aufgabenkommentare

3 und **4** Die Form der Flächen und die eingezeichneten Vergleichsflächen erlauben eine einfache Begründung ohne zu rechnen. Hier kann die Kompetenz „mathematisch Argumentieren" geübt werden (Niveau A).

5 Die erworbenen Kenntnisse und Fähigkeiten müssen verknüpft werden. Die Schülerinnen und Schüler müssen Zusammenhänge, Ordnungen und Strukturen erkennen und mithilfe einer Argumentationskette erläutern. Der mathematische Kern des Vergleichens (gleiche Flächen) muss mit diesen Beispielen in Beziehung gebracht werden (Niveau B).

2 Flächeneinheiten

Intention der Lerneinheit

Was in der vorigen Lerneinheit bereits vorbereitet wurde, wird hier durch die Reduzierung der (beliebigen) Vergleichsflächen auf Einheitsquadrate fortgeführt. Die Lernenden greifen die in Kapitel 6 gewonnenen Kenntnisse über Größen (Angabe in Maßzahl und Maßeinheit) wieder auf.
- wissen, dass Flächeninhaltsangaben durch eine Maßzahl und eine Einheit erfolgen
- Flächeneinheiten kennen und mit Einheitsflächen Flächengrößen bestimmen
- Flächeneinheiten umrechnen
- die dezimale Schreibweise verwenden
- wissen, dass sich die Maßzahl vergrößert, wenn man zu einer kleineren Einheit übergeht und umgekehrt

Tipps und Anregungen für den Unterricht

- Im Grundschulplan ist die Kompetenz „Umfang und Flächeninhalt handelnd und rechnerisch ermitteln können" aufgeführt. Die Flächeneinheiten gehören jedoch nicht zu den verbindlichen Fachbegriffen. Eine ausführlichere Behandlung könnte notwendig werden.
- Zur Feststellung der Umwandlungszahl bietet sich das Dezimeterquadrat an, das man mit Zentimeterquadraten auslegen lässt. Die Überlegung der weiteren Umwandlungszahlen erfolgt durch Transfer. Mihilfe von Skizzen können die Lernenden dies selbstständig leisten. Die Werte sollten nicht nur aus den Seitenlängen errechnet werden. Eine verfrühte Berechnung ohne die Festigung des Begriffs Flächeninhalt erschwert das Verständnis für den Rechen-Algorithmus. Als Folge können Verwechslungen (z.B. Umfang/Fläche) auftreten.
- Das Umrechnen kann in drei Abschnitten geübt werden:
  1. Umwandeln in die nächstgrößere bzw. kleinere Einheit.
  2. Umwandeln in zwei Einheiten ($140\,cm^2 = 1\,dm^2\ 40\,cm^2$). Dies ist als Vorbereitung der dezimalen Schreibweise notwendig, da die Bruchvorstellung noch nicht zur Verfügung steht.
  3. Umwandeln in die Kommaschreibweise: Sie wird als Abkürzung für die Schreibweise mit zwei Einheiten eingeführt.
  Als Hilfe kann die Tabelle im Schülerbuch dienen. Bei Umwandlungsaufgaben besteht die Gefahr des rein schematischen, unverstandenen Anwendens einer Regel. Durch anschauungsgebundene Beispiele kann dem entgegengewirkt werden.
- Mit dem ► Serviceblatt „Tandembogen – Flächeneinheiten" (Seite S 57) kann das Umwandeln mündlich und mit schnellem Feedback durch den Partner geübt werden.

Einstiegsaufgabe

Die Aufgabe dient als Gesprächsanlass über das Vorwissen aus der Grundschule und aus der Lerneinheit *1 Flächen vergleichen*.
Die Veranschaulichung der einzelnen Maßeinheiten in den Beispielen unterstützt die Ausbildung von Stützgrößen. Dies ist für die Ausbildung der im Lehrplan geforderten Kompetenz „Größen mithilfe

von Vorstellungen über geeignete Repräsentanten schätzen können" unerlässlich.

Aufgabenkommentare

1 Hier werden entsprechende Stützgrößen ausgebildet und mit den eingeführten Einheiten verknüpft.

2 Kontrollaufgabe, die aufzeigt, ob das Vorstellungsvermögen gebildet wurde.

9 bis **13** Mithilfe dieser Aufgaben kann ein Verständnis für das Rechnen mit Flächeneinheiten aufgebaut werden:

Exemplarischer Kommentar
Einfaches Rechnen mit Flächeninhalten

Ein Grundverständnis für das Rechnen mit Größen ist für die Lösung von Textaufgaben und für die Entscheidung, ob im Ergebnis eine Einheit stehen muss, notwendig. Mit jeder Rechenart müssen bestimmte Vorstellungen verbunden sein: So sollte die Addition zweier Flächeninhalte mit der Vorstellung einer Vereinigung der entsprechenden Flächen verknüpft werden. Analog gehört zur Subtraktion die Vorstellung eines Abtrennens, zur Multiplikation mit einer natürlichen Zahl die Vorstellung eines Vervielfachens, d.h. das Aneinanderlegen von gleichen Flächen. Bei der Division sind zwei Fälle zu unterscheiden:
- Zur Division durch eine natürliche Zahl passt die Vorstellung, dass eine entsprechende Fläche in so viele gleich große Teile aufgeteilt wird, wie der Divisor angibt. Das Ergebnis ist eine Größe (Maßzahl und Einheit).
- Zur Division durch einen Flächeninhalt gehört die Vorstellung, dass die Fläche in Teilflächen der im Divisor angegebenen Größe zerlegt wird. Das Ergebnis ist keine Größe, sondern die Anzahl an Teilflächen (keine Maßeinheit).

Für andere Größen gilt Entsprechendes.

3 Berechnungen am Rechteck

Intention der Lerneinheit

Das Ziel ist die Berechnung des Umfangs und des Flächeninhaltes aus den Seitenlängen. Dabei wird die Kernaussage – der Flächeninhalt eines Rechtecks ist gleich dem Flächeninhalt eines Streifens mal der Anzahl Streifen – erarbeitet. Eine Abstraktion zur Formel erfolgt erst in Band 2 im Rahmen der Algebra.
- Umfang und Flächeninhalt unterscheiden
- Umfang und Flächeninhalt berechnen
- den Rechen-Algorithmus begründen
- Sachaufgaben zum Rechteck lösen

Tipps und Anregungen für den Unterricht

- Die Vorstellung, Maßzahlen zu multiplizieren und die Maßeinheit (z.B. mm^2) anzuhängen, folgt den aus den im Exemplarischen Kommentar *Einfaches Rechnen mit Flächeninhalten* erläuterten Vorstellungen und der Kernaussage. Die Größe eines Streifens (in mm^2) wird mit der Anzahl der Streifen multipliziert. Die Schreibweise 6 mm mal 7 mm = 42 mm^2 würde dem nicht entsprechen.
- Im Rahmen dieser Lerneinheit können erneut Übungen zum maßstäblichen Zeichnen stattfinden. Die unterschiedliche Veränderung von Umfang und Fläche führt zu vertieften Einsichten.
- Im ► Serviceblatt „Der Kaninchenkäfig – Übungen zu Umfang und Flächeninhalt" (Seite S 58) stehen erneut der Umfang und die Fläche von Rechtecken im Zentrum. Ziel ist die Erkenntnis, dass bei gegebenem Umfang das Quadrat den größten Flächeninhalt hat. Außerdem wird das oben genannte maßstäbliche Zeichnen erneut aufgegriffen.

Einstiegsaufgabe

Die Aufgabe führt direkt zur Kernaussage der Lerneinheit. Die Größe der zu bestimmenden Fläche verhindert ein Abzählen und legt eine Berechnung nahe.

Aufgabenkommentare

5 und **6** Solche Aufgaben dienen der Vorbereitung der unter der *Leitidee Funktionaler Zusammenhang* geforderten Kompetenz „Veränderung von Größen und deren Abhängigkeit beschreiben können". Aufgabe 5 ist auch im Zusammenhang mit dem maßstäblichen Zeichnen zu sehen.

9 und **10** Die Aufgaben verdeutlichen die Unabhängigkeit der Flächengröße vom Umfang. Die Zusatzfragen schulen das mathematische Argumentieren.

12 Je nach Zerlegung führen die Aufgaben zu unterschiedlichen Lösungswegen. Eine Präsentation mit anschließender Diskussion und Wertung ist sinnvoll.

15 und **16** Problemaufgaben, die mithilfe der heuristischen Strategien und der Hilfsmittel (Tabelle) gelöst werden können (vgl. Exemplarischer Kommentar *Heuristik* Seite K 44).

18 An dieser Problemaufgabe könnte das heuristische Hilfsmittel Skizze (eventuell maßstäbliche Skizze) eingeführt werden.

20 Die für das Verlegen günstigste Lage der Steine kann mithilfe des heuristischen Hilfsmittels Skizze gefunden werden.

4 Rauminhalte vergleichen

Intention der Lerneinheit

Der Begriff *Volumen* gehört nicht zu den verbindlichen Fachbegriffen der Grundschule. Die *Leitidee Raum und Form* schreibt nur erste Erfahrungen zu Rauminhalten vor. Ziel der Lerneinheit ist deshalb eine saubere Begriffsbildung. Dies geschieht durch den Vergleich von Körpern. Drei Gesichtspunkte sind dabei wichtig:
- Körper, die aus gleich vielen gleich großen Teilkörpern aufgebaut sind, haben dasselbe Volumen.
- Durch Eintauchen in einen Messbecher kann das Volumen eines unregelmäßigen Körpers bestimmt werden.
- Der Begriffsbildungsprozess wird durch die Größenangabe mit Maßzahl und Einheit in der folgenden Lerneinheit abgeschlossen. Dies sollte jedoch erst nach der Phase des Vergleichens mithilfe von Teilkörpern erfolgen. Lerneinheit *4 Berechnungen am Quader* ist somit für eine sichere Begriffsbildung notwendig und sollte nicht übersprungen werden.

Einstiegsaufgabe

Die Aufgabe schließt an die Aufgaben der Auftaktseite an und führt zum Volumenbegriff, insbesondere zur Gleichheit von Körpern, die aus gleich großen und gleich vielen Teilkörpern bestehen.

Alternativer Einstieg

Einen Einstieg, der das Vorstellungsvermögen besonders fördert, kann mit den Würfeltierchen der Aufgabe 4 von Schülerbuchseite 170 erfolgen. Zur Überprüfung können die Schülerinnen und Schüler die Tiere mit entsprechenden Würfeln nachbauen.

Quader bauen

Die Variation der Lage gleicher Quader verhindert eine Untergeneralisierung des Quaderbegriffes (Begriff zu eng fassen) und ist für die sichere Begriffsbildung sowohl des Quaderbegriffes als als auch des Volumenbegriffes notwendig.
Die anschließenden kombinationsfördernden Aufgaben sind charakteristisch für den modernen Mathematikunterricht.
Die Frage nach der Regelmäßigkeit führt zu einer höheren Niveaustufe und trainiert viele Kompetenzen aus Niveau B wie
- Vermutungen begründet äußern,
- Zusammenhänge und Strukturen erkennen und beschreiben,
- Ergebnisse interpretieren und prüfen,
- vorgegebene Probleme bearbeiten.

5 Raumeinheiten

Intentionen der Lerneinheit

Die Schülerinnen und Schüler lernen die Ableitung der Raumeinheiten aus den Längeneinheiten und Repräsentanten für die Raumeinheiten kennen. Diese Stützvorstellungen sind für das Verständnis und die Modellierung der Sachsituationen besonders wichtig.
Mit der Volumenangabe durch Maßzahl und Einheit wird der Begriffsbildungsprozess abgeschlossen. Die anschließenden Umwandlungsaufgaben führen zu einem vertieften Verständnis und bereiten Anwendungsaufgaben vor.
- wissen, dass Volumenangaben durch eine Maßzahl und eine Einheit erfolgt
- die Volumeneinheiten kennen und die Bedeutung der Einheiten als Volumen eines entsprechenden Würfels erklären können
- Volumeneinheiten umrechnen
- die dezimale Schreibweise verwenden
- wissen, dass sich die Maßzahl vergrößert, wenn man zu einer kleineren Einheit übergeht

Tipps und Anregungen für den Unterricht

Die Umwandlungszahl 1000 kann am besten mithilfe eines Kubikdezimeterwürfels entwickelt werden. Sie ergibt sich aus der Anzahl der Reihen und Schichten. Das anschauungsgebundene Herleiten der Umrechnungszahl ist für ein verständnisvolles Umrechnen notwendig, da sonst die Umwandlung rein schematisch erfolgt. An dieser Stelle sollte jedoch noch nicht auf die Berechnung eines Würfelvolumens (Formel) eingegangen werden. Dies erfolgt erst in der nächsten Lerneinheit. Die Überlegung der weiteren Umwandlungszahlen erfolgt durch Transfer. Mithilfe von Skizzen können die Schülerinnen und Schüler dies selbstständig leisten. Analog zum Umwandeln der Flächeneinheiten kann das Umwandeln auch hier in drei Abschnitten erfolgen:

1. Umwandeln in die nächstgrößere bzw. kleinere Einheit
2. Umwandeln in zwei Einheiten ($1400\,cm^3 = 1\,dm^3\ 400\,cm^3$).
3. Umwandeln in die Kommaschreibweise.

Um schematisches Umwandeln zu verhindern, sind gemischte Umwandlungsaufgaben zu Längen- und

Flächeneinheiten bzw. Flächeneinheiten und Volumeneinheiten notwendig. Das ► Serviceblatt „Einheiten-Domino“ (Seite S 59) berücksichtigt dies.

Einstiegsaufgabe

Die Aufgabe soll den Anschluss an das Vorwissen und zur Lerneinheit *4 Rauminhalte vergleichen* herstellen. Die Volumina werden mithilfe desselben Maßkörpers (1-Liter-Tüte) verglichen. Die Bedeutung der Maßzahl und der Einheit bei der Volumenangabe 138 l wird verdeutlicht. Die Einheit Liter wurde gewählt, weil sie den Schülerinnen und Schülern am vertrautesten ist.

Aufgabenkommentare

1 Hier werden entsprechende Stützgrößen gebildet und mit den eingeführten Einheiten verknüpft.

3 Bei der Aufgabe wurde Wert auf unterschiedliche Menge von Endnullen gelegt, damit kein einfaches Weglassen möglich ist und so keine falsche Lösungsstrategie eingeschliffen wird.

9 und **10** Die Aufgaben dienen der Vorbereitung von Sachaufgaben. Dass Volumina addiert werden können, ist für die Schüler selbstverständlich. Eine vorherige Thematisierung muss nicht erfolgen. Bei Schwierigkeiten sollte die der Rechnung zu Grunde liegende Vorstellung gebildet werden (vgl. analog den Exemplarischer Kommentar *Einfaches Rechnen mit Flächeninhalten*, Seite K 52):

Rechenart	Grundvorstellung
Addition	Die entsprechenden Körper werden zusammengefügt.
Subtraktion	Ein Körper wird von einem anderen abgetrennt.
Multiplikation mit einer natürlichen Zahl	Vereinigung von gleichen Körpern
Division durch eine natürliche Zahl	Zerlegung in die entsprechende Anzahl gleich großer Körper

11 ff Durch die Anwendungsaufgaben wird die Notwendigkeit der Umwandlungsübungen verdeutlicht.

6 Berechnungen am Quader

Intention der Lerneinheit

Die Anzahl der Kubikzentimeterwürfel pro Kubikdezimeter wurde schon in der Lerneinheit *5 Raumeinheiten* bestimmt. In dieser Lerneinheit erfolgt eine systematische Betrachtung. Ziel ist die Regel „Quadervolumen gleich Volumen einer Schicht mal Anzahl der Schichten“. Anschließend erfolgt die Abstraktion zum Rechenschema „Volumen gleich Länge mal Breite mal Höhe“. Die Einführung der Formelschreibweise erfolgt erst in Band 2 (Algebra). Das ► Serviceblatt „Der Quader – Aufgaben zum Überlegen und Begründen“ (Seite S 60) bietet jedoch weiterführende Übungen, die auch die Formel thematisieren. Auch die Berechnung der Oberfläche wird anhand eines Netzes durch Berechnung der Rechteckflächen durchgeführt und bleibt somit eng mit der Anschauung verbunden.

- Größe der Oberfläche aus den Kantenlängen mithilfe eines Netzes berechnen
- Regel „Quadervolumen gleich Volumen einer Schicht mal Anzahl der Schichten“ kennen und begründen
- diese Regel auch bei Umkehrfragestellungen anwenden
- das Quadervolumen mithilfe einer Multiplikation der Seitenlängen berechnen

Tipps und Anregungen für den Unterricht

- In schwächeren Klassen ist eine Trennung der beiden Berechnungen empfehlenswert.
- Eine handlungsorientierte Einführung der Regel „Quadervolumen gleich Volumen einer Schicht mal Anzahl der Schichten“ ist mithilfe von Kubikzentimeterwürfeln möglich. Durch Basteln von Quadern mit vorgegeben Maßen bzw. Volumina gewinnen die Schülerinnen und Schüler die notwendige Einsicht.
- Aufgaben höherer Niveaus, die Einsicht in die Volumenberechnung erfordern, enthält das ► Serviceblatt „Der Quader – Aufgaben zum Überlegen und Begründen“ (Seite S 60).
- Das ► Serviceblatt „Erinnere Dich! Ein Basiswissen-Test“ (Seite S 61) greift sowohl die Kenntnisse über die Flächen- und Volumenberechneung als auch die der vorhergehenden Kapitel (Rechnen in ℕ, Geometrie etc.) auf und bietet ein entsprechendes Memory-Spiel. Wenn es auf stabileres Papier kopiert wird, ist es haltbarer und lässt sich besser spielen.

Einstiegsaufgabe

Die offene Aufgabenstellung lässt Raum für eigene Versuche und führt zu unterschiedlichen Lösungen, die im Rahmen einer Präsentation besprochen und bewertet werden können. Das Basteln und die Volumenbestimmung ermöglicht eine Ergebniskontrolle. Das Netz als Ausgangspunkt der Überlegungen für eine Oberflächenberechnung sorgt für eine anschauliche Grundlage.

Aufgabenkommentare

1 Die Quaderbeschreibung und die Aufgabenstellung bewirken eine Berechnung mithilfe der Regel „Quadervolumen gleich Volumen einer Schicht mal

Anzahl der Schichten". Das Verständnis für den Rechen-Algorithmus wird wachgehalten.

5 und **6** Operative Übungen fördern die Beweglichkeit des Denkens und vermitteln vertiefte Einsicht in die Rechenoperation (vgl. Exemplarischer Kommentar *Operative Prinzipien*, Seite K13).

8 Die Lösung erfordert Einsicht in die Volumenberechnung und hält dadurch die Einsicht wach. Die Aufgabenstellung zeigt, dass die verbreitete Berechnungsmethode „Volumen des Transporters durch Volumen der Kartons gleich Anzahl der Kartons" in der Praxis sinnlos ist.

9 Die Aufgabe bereitet die Lösung der Aufgabe 10 vor. Durch die offene Aufgabenstellung können geeignete Werte ausgewählt werden. Das Erkennen und schnelle Auffinden solcher Werte zeugt von Verständnis für den Rechen-Algorithmus. Die Zusatzfrage führt zu neuen Erkenntnissen und regt zum Weiterdenken an (Ziel von Aufgabe 10). Vermutungen können begründet geäußert, Zusammenhänge erkannt und beschrieben werden. (Niveau B).

10 Hier muss ein vorgegebenes Problem gelöst werden. Dazu müssen geeignete Hilfsmittel (z. B. Tabellen) und Strategien eingesetzt werden. (vgl. Exemplarischer Kommentar *Heuristik*, Seite K44). Das Schaufenster (Schülerbuchseite 176) greift die gewonnene Erkenntnis auf und vertieft sie.

11 und **12** Die Ergebnisse von Aufgabe 11 legen die Vermutung nahe, dass bei Würfeln (im Gegensatz zu Quadern) der Würfel mit größerem Volumen auch die größere Oberfläche hat. Aufgabe 12 stellt den Zusammenhang Oberfläche/Volumen her. Bei der Besprechung dieser Aufgabe sollte der Unterschied zum Quader erneut thematisiert werden.

13 und **14** Hier wird die Kompetenz „aus Materialien Maßangaben entnehmen" sowie das Vorstellungsvermögen geübt.

14 und **16** Durch das Fehlen präziser Fragen muss der Text vollständig erfasst und auf seinen mathematischen Gehalt untersucht werden. Anschließend müssen die Situationen angemessen modelliert, d. h. den Fragestellungen die passende Mathematik zugeordnet werden.

Üben • Anwenden • Nachdenken

Aufgabenkommentare

1 Umfang und Flächeninhalt lassen sich auf unterschiedliche Arten berechnen. Eine Präsentation und Diskussion trainiert die sprachliche Ausdrucksfähigkeit und das strukturierte Verbalisieren unter Berücksichtigung der Fachsprache.
Ziele:
- Überlegungen und Lösungswege verständlich darstellen
- mit Fehlern konstruktiv umgehen
- anderen Mitschülern zuhören

3 Die Problemaufgabe kann mithilfe heuristischer Strategien und Hilfsmittel (Skizze bzw. Legen von Streichhölzern) gelöst werden. Das Legen vertieft die Einsicht, dass zwischen Umfang und Flächeninhalt kein direkter Zusammenhang besteht.

4 Das Fehlen konkreter Arbeitsanweisungen erhöht den Schwierigkeitsgrad der Aufgabe. Die Lernenden müssen sich zuerst sinnvolle Fragen überlegen und anschließend die Situation modellieren.
Kompetenzen:
- mathematische Beziehungen und Zusammenhänge in offenen Aufgaben herstellen können
- Probleme erfassen und sie durch die Wahl geeigneter Modelle beschreiben und bearbeiten können
- Fragestellungen die passende Mathematik zuordnen können

Postpakete

▪ Einfache Standardaufgabe zur Volumenberechnung (Niveau A).
▪ Problemaufgabe. Hier dürfen nicht die einzelnen Volumina dividiert werden, sondern es muss mithilfe von Skizzen überlegt werden, wie viele Kartons tatsächlich hineinpassen (Niveau B).
▪ Die Verbindung mit aus dem Alltag bekannten Gegenständen bildet Stützgrößen aus. *Leitidee Messen*:
- ein Gefühl für Größenordnungen entwickeln.
- eine Vorstellung von Zahlen, Größen und geometrischen Objekten erhalten

Die Verschnürungsaufgaben schulen das Vorstellungsvermögen. Zusätzlich bereiten sie das Rechnen mit Variablen vor.

Menschen brauchen Platz

- Das im Bild dargestellte Beispiel lässt sich in jedem Klassenzimmer nachvollziehen. Am „eigenen Körper“ erfahren die Schülerinnen und Schüler den Zusammenhang zwischen Fläche und Platzbedarf.
- Durch Überlegungen an überschaubaren Beispielen (Raumbedarf jedes Schülers im Klassenzimmer) lassen sich erste Stützgrößen aufbauen. Das Ausweiten auf größere Maßeinheiten ist die Vorstufe zum Vergleich der Angaben über die Bevölkerungsdichte.
- Die Aussagen regen zum Nachrechnen an. Wie viele Menschen sind das pro km^2 in jedem Land?
- Die Lernenden entnehmen nicht nur die unmittelbaren Daten der Tabelle, sondern sollen auch Vergleiche und Zusammenhänge erkennen und formulieren.
- Der Vergleich mit den eigenen Daten ist motivierend und rundet das Thema ab.

8 bis **11** Die Aufgaben enthalten keine Fragestellung. Dies bewirkt eine Förderung im Bereich der *Leitidee Modellieren*. Die Schülerinnen und Schüler müssen zunächst aus dem angebotenen Datenmaterial eine Problemstellung entwickeln und das dazu passende mathematische Modell finden. Anschließend wird die berechnete Lösung interpretiert und überprüft, ob sie zur Lösung der realen Situation passt.
Das ist in Aufgabe 8 sehr einfach. In Aufgabe 9 dagegen sind unterschiedliche Fragestellungen und Lösungswege möglich, die dann in der Besprechung auch genannt und erläutert werden sollten.
Das Weglassen eng geführter Fragen in Aufgabe 10 schult die Fähigkeit des Mathematisierens.
In Aufgabe 11 wird die Einsicht in die Abhängigkeit des Volumens von der Höhe propädeutisch vorbereitet.

8 Brüche

Kommentare zum Kapitel

Für den Erfolg beim Rechnen mit Bruchzahlen ist eine sichere und gut vernetzte Verankerung des Bruchbegriffs entscheidend. Eine altersgemäße Entwicklung des Bruchbegriffs ist der Schwerpunkt des Kapitels.

Intention und Schwerpunkt des Kapitels

- Erfassen des Bruchbegriffs
- Schreibweise von Brüchen
- Bruchteile von Größen
- dezimale Schreibweise von Größen

Bezug zu den Bildungsstandards

Die Kompetenzen sind der *Leitidee Zahl* (Die Schülerinnen und Schüler können die Notwendigkeit einer Zahlbereichserweiterung an Beispielen begründen.) und der *Leitidee Modellieren* (Die Schülerinnen und Schüler können die Mathematik als geistige Konstruktion mit der erfahrbaren oder symbolischen Realität durch mathematisches Modellieren verknüpfen.) zuzuordnen.

Vorwissen aus der Grundschule

Im Bildungsplan der 4. Klasse ist die Bruchzahl unter der *Leitidee Zahl* im Zusammenhang mit der Kenntnis unterschiedlicher Zahldarstellungen zu finden. Einfache Brüche wie $\frac{1}{2}$ und $\frac{1}{4}$ sind aus Situationen des Alltags bekannt. Sie sind noch sehr eng mit den Repräsentanten verknüpft, wie etwa $\frac{1}{4}$ l Milch oder $\frac{1}{2}$ Tafel Schokolade.

Unterrichtspraktische Hinweise

Wesentliche Phasen beim Begriffslernen sind die Präsentation vieler positiver Beispiele, um eine Untergeneralisierung zu verhindern. Geeignete Gegenbeispiele verhindern eine Übergeneralisierung. Beim Bruchbegriff bildet die Darbietung positiver Beispiele den Schwerpunkt. Wesentlich ist hier die Abwandlung der irrelevanten Merkmale wie Größe und Form des Bezugsganzen. Bei der Einführung der Bruchschreibweise sollten viele der vorher gemachten Erfahrungen in den Formalismus eingebunden werden. Für leistungsschwächere Schülerinnen und Schüler reicht die folgende abstrakte Beschreibung meist nicht aus:
„Der Nenner eines Bruches gibt an, in wie viele gleich große Teile ein Ganzes zerlegt wird. Der Zähler gibt an, wie viele der Teile genommen werden."
Die Frage ist nicht: Was bedeutet $\frac{3}{4}$ allgemein?, sondern: Was bedeutet diese Bruchzahl für den Schüler oder die Schülerin in einem ganz bestimmten Kontext? Welche Bilder, Situationen fallen ihm oder ihr dazu ein?
Ein Beispiel:
a) $\frac{3}{4}$ von einer Pizza (Bruchherstellungsakt)
b) $\frac{3}{4}$ von einem Rechteck (unterschiedliche Darstellung des Bruchteils in derselben Figur)
c) $\frac{3}{4}$h = 45 min oder $\frac{3}{4}$ kg = 750 g (Bruchzahlen als Maßzahlen von Größen)
d) 3 : 4; es werden also drei Pizzen an vier Kinder verteilt (Verteilungssituation)
Je mehr Bedeutung ein Bruch wie $\frac{3}{4}$ in einem ganz bestimmten Kontext erhält, umso eher können die Lernenden formale Zusammenhänge mit inhaltlichen Vorstellungen füllen (vgl. dazu auch den Exemplarischen Komentar: *Bruchbegriff* auf Seite K 58).

Auftaktseite: Brüche im Alltag

Orangensaft-Pudding

Die hier verwendeten Bruchzahlen werden von den Schülerinnen und Schülern mit einer konkreten Menge (Orangensaft, Sahne u. ä.) verknüpft. Dabei gelingt es den wenigsten Lernenden, einen Bezug zum Ganzen herzustellen.

Flüssigkeiten

Erste Vorstellungen werden durch die Verbalisierung der in den Bildern dargestellten Handlungen angebahnt. Dies ist möglich, weil hier auf früher gemachte Erfahrungen zurück gegriffen wird. Für den Transfer auf andere Bruchzahlen reicht diese Vorstellung nicht aus, sondern muss als Handlung erfahrbar gemacht werden.

Geldbeträge

Bei Euro und Cent ist den Lernenden die Kommaschreibweise aus dem täglichen Umgang mit dieser Größe vertraut.

Exkurs Geschichte der Bruchzahlen

Schon bei den Indern (ca. 400 v. Chr.) wurden Bruchzahlen in der heutigen Schreibweise (jedoch ohne Bruchstrich) verwendet. Über die Araber gelangte diese Art der Bruchschreibweise nach Westeuropa (ca. 1000 nach Chr.). Einige Meilensteine der weiteren Entwicklung in Europa:
- 13. Jahrhundert: Erstes Auftauchen des Bruchstriches und erste rezeptartige Anwendungen zum Rechnen mit Brüchen. (In Indien wurde im 9. Jahrhundert schon entsprechend den heutigen Regeln multipliziert!)

- 15. Jahrhundert: Die Verwendung eines Bruchstriches hat sich durchgesetzt. Die Begriffe *Bruch*, *Zähler* und *Nenner* werden verwendet.
- 16. Jahrhundert: Brüche werden erweitert („einrichten“ bzw. „heben“). Dass sich der Wert des Bruches dabei nicht ändert, wird herausgestellt.
- 17. Jahrhundert: Die Bestimmung des Hauptnenners beim Addieren wird systematisiert. Bisher war nicht das kgV, sondern immer das Produkt der beiden Nenner der Hauptnenner. Die Dezimalbrüche entstehen als Sonderform des Bruchrechnens mit Nennern, die eine Zehnerpotenz darstellen. Stevin (1548–1620) veröffentlicht die erste konsequente Behandlung von Dezimalbrüchen. Sie werden damals noch ohne Punkt oder Komma geschrieben. Er fordert auch die Einführung des Dezimalsystems für Maße und Münzen.
- 18. Jahrhundert: Die Begriffe *Echte* und *Unechte Brüche*, *Hauptnenner* (Generalnenner) und *gleichnamig* setzen sich durch.
- 19. Jahrhundert: Brüche werden auch gekürzt. Der Fachbegriff *Erweitern* wird verwendet.

Exemplarischer Kommentar

Bruchbegriff

Beim Kind lässt sich eine altersabhängige, stufenförmige Entwicklung des Bruchverständnisses beobachten. Für den Unterricht ist es wichtig, sich die Merkmale der einzelnen Stufen und auch der unterschiedlichen Bruchaspekte bewusst zu machen.

1 Bruchvorstellung ohne bewussten Bezug zum Ganzen

Auf dieser Stufe stehen die Schülerinnen und Schüler der ersten Schuljahre. Sie wissen aus Erfahrung, wie viel $\frac{1}{2}$ Apfel, $\frac{1}{4}$ Liter Saft usw. sind, können aber die Beziehung zwischen Teil und Ganzem noch nicht voll erfassen. Dieser Bezug wird zwar intuitiv erkannt, steht jedoch noch im Hintergrund. Deshalb bleibt das Verständnis auf wenige Stammbrüche beschränkt. Vielen ist schon der Begriff $\frac{1}{4}$ Apfel unklar.

2 Bruch als Teil eines konkreten Ganzen

Beispiele: $\frac{1}{2}$ Pizza, $\frac{1}{4}$ Kuchen, $\frac{3}{4}$ Pizza usw. Auf dieser Stufe wird die Beziehung „Teil zum Ganzen“ erfasst, kann jedoch noch nicht von der Anschauung gelöst werden. Die Vorstellung eines Bezugsganzen ist noch eng mit der Bruchzahl verknüpft. Diese Stufe erreichen auch Kinder, die sich noch auf der konkret-anschaulichen Stufe (Piaget: 10–12 Jahre) befinden.

Damit wird deutlich, wie wichtig Veranschaulichungen wie beispielsweise Zeichnungen (Rechtecke, Kreise) für den Lernprozess sind.

Für das Verständnis kommt es dabei nicht auf eine möglichst große Variation der Veranschaulichung an, sondern auf eine gute sprachliche Erläuterung und eine feste Koppelung zwischen der Anschauung (Zeichnung) und der abstrakten Darstellung (Bruchschreibweise) (weitere Informationen vgl. Zech, Friedrich (1995): Mathematik erklären und verstehen, Cornelsen Verlag, Berlin, vergriffen).

3 Brüche als Maßzahlen

Das Umformen ohne Veranschaulichungsmittel ($\frac{2}{5}$ m = ▢ cm) ist bereits ein abstrakter Vorgang. Das Bezugsganze (1 m) kommt zwar noch sprachlich zum Ausdruck, aber seine Größe bleibt auf die Vorstellung beschränkt. Somit erfolgt eine teilweise Loslösung von der (konkreten) Anschauung. Daraus folgt, dass der Umgang mit konkreten Brüchen vertraut sein muss, wenn ein verständnisvolles und kein rein schematisches Umformen erreicht werden soll. Weiterhin sollte das Umwandeln bei möglichst vielen Größen zuerst anhand von konkretem Material (Meterstäbe, Ziffernblätter) erfolgen. Erst wenn die Lernenden in ausreichendem Maß auf der anschaulichen Ebene umgewandelt haben, sind sie fähig, mit einer abstrakten Darstellungsform wie beispielsweise der Operatordarstellung zu rechnen. Die Operatordarstellung

$100\,\text{cm} \xrightarrow{:5} 20\,\text{cm} \xrightarrow{\cdot 2} 40\,\text{cm}$

macht die für den Bruchherstellungsakt notwendigen Rechenoperationen (: 5) und (· 2) deutlich. Dadurch werden die auf der zweiten Stufe gewonnenen Einsichten vertieft und der Übergang zur nächsten Stufe vorbereitet.

4 Der Bruch als Operator

Beispiel: $\frac{2}{3}$ von 24 Bonbons: $24 \xrightarrow{\frac{2}{3}} 16$

Auch bei dieser formalen Darstellung ist der Bruchteil sowohl bei der sprachlichen Formulierung als auch bei der Operatorschreibweise mit einem konkreten Bezugsganzen verknüpft. Es erfolgt jedoch eine Loslösung von der konkreten Anschauung (ikonische Darstellungen) und von einem Bezugsganzen (ein Rechteck, 1 m, 1 kg). Das Ganze (24 Bonbons) kann man sich meist leicht vorstellen. Auch diese Darstellung kann noch auf der konkret-anschaulichen Stufe behandelt werden. Die Operatorschreibweise zeigt wieder die für den Bruchherstellungsakt notwendige Rechenoperationen (: 3) und (· 2) deutlich auf:

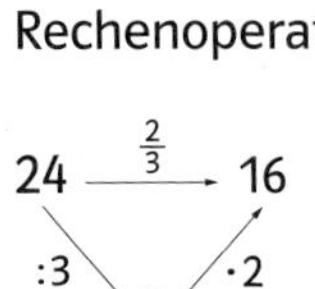

5 Der Bruch als Quotient
Erst nach Erreichen der abstrakt-formalen Stufe (Piaget 12–14 Jahre) kann der Bruchstrich als Divisionsanweisung aufgefasst werden.
Hier ist kein Bezug zu einem konkreten Ganzen vorhanden, sondern der Bruch wird als Teil von mehreren Ganzen aufgefasst.
(z.B.: $\frac{2}{3}$ ist der dritte Teil von 2 Ganzen = 2:3). Die Bruchaspekte werden in Band 2 des Schnittpunktes berücksichtigt.
Die Begriffsbildung ist erst abgeschlossen, wenn alle Stufen durchlaufen wurden. Ein Bruch muss mit möglichst vielen Situationen gekoppelt sein, damit er mit inhaltlichen Vorstellungen gefüllt ist. Die Definition „der Nenner gibt die Anzahl der Teile an, der Zähler sagt wie viele genommen werden", ist ohne Verknüpfung mit passenden Bildern, Handlungen und Rechnungen aus den ersten Stufen wertlos.
Die abgeschlossene Begriffsbildung ist die Voraussetzung für das eigentliche Bruchrechnen. Ein verfrühtes Rechnen führt zum unverstandenen Anwenden von Regeln.

1 Bruchteile erkennen und darstellen

Intention der Lerneinheit

In dieser Lerneinheit wird der Bruch als Teil eines konkreten Ganzen betrachtet (vgl. Exemplarischer Kommentar: *Bruchbegriff* Seite K 58).
- Zusammenhang zwischen einem Bruchteil und dem Ganzen verstehen
- Bedeutung der Bruchschreibweise kennen
- Begriffe Zähler und Nenner kennen und in Beziehung zum Bruchherstellungsakt setzen
- Bruchzahlen veranschaulichen

Einstiegsaufgabe

Durch die Einstiegsaufgabe wird an die Vorerfahrungen angeknüpft. Das gleichmäßige Aufteilen führt auf die Bruchteile. Der Schwerpunkt der Aufgabe liegt auf der Erzeugung gleich großer Teile, da die Bruchschreibweise und ihre Bedeutung anhand der Auftaktseite geklärt wurden. Der folgende alternative Einstieg legt den Schwerpunkt auf die Bruchschreibweise.

Alternativer Einstieg

Mithilfe eines rechteckigen Kuchens können die Vorerfahrungen der Schülerinnen und Schüler aufgegriffen und erweitert werden. Dazu wird der Kuchen im Stuhlkreis in die Mitte gelegt und mithilfe von Schnüren oder Papierstreifen unterteilt.
Mögliche Fragestellungen/Tätigkeiten:
- Die Lehrperson legt einen Streifen durch die Seitenmitte. Ein Schüler oder eine Schülerin nennt den Bruchteil, ein anderer notiert ihn auf einem DIN-A4-Blatt. Weitere Stammbrüche werden gelegt.
- Der Lehrer schreibt einen Bruchteil auf. Ein Schüler legt die Streifen.
- Unterteilung in ungleiche Stücke. Begründen lassen.
- Größenbetrachtungen: Was ist mehr? $\frac{1}{2}$ oder $\frac{1}{4}$? Begründe. (Nur bei den Stammbrüchen!)
- $\frac{3}{4}$; $\frac{2}{5}$ legen. Die Schülerinnen und Schüler notieren die Bruchzahl, nennen die Bruchzahl, verbalisieren den Bruchherstellungsakt.
- Umkehraufgaben
- Wie viel fehlt am ganzen Kuchen? (Sprechen und notieren)
- Problem: Der Kuchen soll an die Klasse verteilt werden. Welchen Bruchteil erhält jeder? Wie muss geteilt werden?

Als Kuchen hat sich ein Mandel-Honig Kuchen nach dem folgenden Rezept bewährt, da er einfach herzustellen ist und bei den Schülern gut ankommt.
Teig:
600 g Mehl + 1 kleine Prise Salz; 1 Würfel Hefe; 300 ccm lauwarme Milch; 50 g Butter; 3 Esslöffel Honig (oder Zucker) + 1 Vanillin. Hefeteig herstellen und 20 min gehen lassen.
Belag:
100 g Butter schmelzen und 200 g Honig unterrühren, am Schluss 100 g gehobelte Mandeln und 50 g Mandelstifte und Gewürze (1 Messerspitze Zimt und Vanillin) unterheben.
Hefeteig ausrollen und aufs Blech legen. Die Mandel-Honigmasse darüber verteilen und bei Heißluft bei 150° ca. 20 bis 25 min backen.

Tipps und Anregungen für den Unterricht

- An dieser Stelle (ikonische Stufe) könnte auch schon die *gemischte Schreibweise* handlungsorientiert eingeführt werden. Der Impuls „Zeichne, wie du dir $2\frac{1}{4}$ und $1\frac{7}{10}$ Tafel Schokolade vorstellst", liefert zwei Möglichkeiten:
  a) $2\frac{1}{4}$ bedeutet 2 Ganze und $\frac{1}{4}$ Tafel und
  b) $2\frac{1}{4}$ bedeutet 2 mal $\frac{1}{4}$ Tafel!
  Beide Überlegungen sind logisch und können von den Lernenden begründet werden. Nach erfolgter Diskussion wird die in der Mathematik getroffene Vereinbarung $2\frac{1}{4} = 2 + \frac{1}{4}$ übernommen.
- Die ► Serviceblätter „Bruch-Domino (1) und (2)" (Seiten S 62 und S 63) bieten eine spielerische Übung zum Erkennen und Zuordnen von Bruchteilen. Das ► Serviceblatt „Übungen zur Bruchschreibweise" (Seite S 64) enthält Aufgaben zur Verständniskontrolle des Bruchbegriffes und

greift dabei auch Brüche auf, die größer als ein Ganzes sind. Aufgabe 3 bereitet hier also die Bearbeitung der komplexeren Aufgaben 5 und 6 vor, die nach Brüchen fragen, die größer als ein Ganzes sind.

Aufgabenkommentare

4 Die Darstellung konkreter Gegenstände stellt eine Verbindung zu den ersten Erfahrungen mit Brüchen (Exemplarischer Kommentar: *Bruchbegriff* Stufe 1, Seite K 58) her und bettet diese in die neu gelernten Zusammenhänge ein.

9 Der Bruchteil $\frac{1}{3}$ kann unterschiedlich groß sein. Entscheidend ist die Größe des Bezugsganzen.

Der Bruchzauber

Die Veranschaulichung, dass verschiedene Bruchteile dieselbe Größe haben können, weil sie aus verschiedenen Ganzen entstanden sind, knüpft an den Bruchherstellungsakt an. Das Verbalisieren (auch als schriftliche Arbeit sinnvoll) dieses Zusammenhangs vertieft die Einsichten in die Bruchschreibweise.

10 Das Fehlen einer Unterteilung schult das Vorstellungsvermögen. Teilaufgabe d) stellt die Bedeutung des Bezugsganzen deutlich heraus ($\frac{1}{6}$ Kreis aber hier $\frac{1}{3}$, da das Bezugsganze der Halbkreis ist).

11 Das Erkennen und Beschreiben von Fehlern festigt die gewonnenen Einsichten.
Teilaufgabe c) kann als Würfelschrägbild oder als regelmäßiges Sechseck betrachtet werden. Beim Würfel stimmt $\frac{1}{3}$ nicht. Beim Sechseck sind im engeren Sinn $\frac{2}{6}$ gefärbt. Die Argumentation $\frac{1}{3} = \frac{2}{6}$ kann beispielgebunden erfolgen. Die Allgemeingültigkeit sowie der Begriff *erweitern* sollte an dieser Stelle aber noch nicht angesprochen werden.

2 Bruchteile von Größen

Intention der Lerneinheit

In dieser Lerneinheit wird der Bruch als Teil einer Größe betrachtet (vgl. Exemplarischer Kommentar: *Bruchbegriff* Seite K 58).
- Bruchteile in die kleinere Einheit umwandeln
- eine Größe in der größeren Einheit als Bruchteil angeben
- Wissen, dass eine Größe aus einer Maßzahl und einer Einheit besteht
- gemischte Schreibweise kennen

Tipps und Anregungen für den Unterricht

- Die Lernenden haben erfahrungsgemäß anfangs Probleme den Algorithmus zu verstehen, weil das Bezugsganze nicht mehr als konkreter Gegenstand vorstellbar ist. Die Veranschaulichung des Bruchteils einer Größe ist nur noch in einigen wenigen Fällen sinnvoll und möglich (vgl. Exemplarischer Kommentar: *Bruchbegriff* Seite K 58). Die notwendige Rechnung ist ein abstrakter Vorgang, der durch die Veranschaulichung am Beispiel der Längeneinheiten oder der Flächeneinheit 1 dm^2 verständlicher wird. Gerade bei leistungsschwächeren Klassen empfiehlt es sich deshalb, zuerst einige Größenbereiche isoliert zu behandeln und den Rechen-Algorithmus handlungsorientiert oder mithilfe von Zeichnungen zu erschließen. Hierzu eignet sich besonders der Bereich der Längen. Die Lernenden können anhand eines mitgebrachten Meterstabes Bruchteile veranschaulichen und die entsprechenden Längen in Zentimeter ablesen. Ihr Tun entspricht hierbei dem Rechen-Algorithmus:
Beispiel: $\frac{2}{5}$ m: 1 m auf dem Meterstab in fünf gleich große Teile aufteilen und ablesen, wie lang jedes dieser Teile ist (100 cm : 5 = 20 cm). Zwei Teile nehmen (20 cm · 2 = 40 cm) und die Länge ablesen. Das Umwandeln der Zeiteinheiten kann mithilfe von Ziffernblättern veranschaulicht werden.
- Übungsmaterial (Einzelarbeit) zur Bruchschreibweise bzw. zur gemischten Schreibweise enthalten die ► Serviceblätter „Bruchteile von Größen“ (Seite S 65) und „Übungen zur gemischten Schreibweise“ (Seite S 66).
- Einen Tandembogen (Partnerarbeit) zum Umwandeln in kleinere Einheiten bietet das ► Serviceblatt „Tandembogen – Bruchteile von Größen“ (Seite S 67).

Einstiegsaufgabe

Durch die Einstiegsaufgabe wird an die Vorerfahrungen angeknüpft und ein Sprechanlass geschaffen. Anhand aus dem Alltag bekannter Brüche wird das Problem erkannt. Die Schülerinnen und Schüler kennen die Lösung. Eine Ausweitung auf Bruchteile, die aus dem Alltag nicht bekannt sind, impliziert die Frage nach einem Rechen-Algorithmus.

Aufgabenkommentare

9 Zusätzlich sollte die Flächengröße in der kleineren Einheit angegeben werden. Durch Einzeichnen und Abzählen der Zentimeterquadrate wird der Rechen-Algorithmus bei Flächeneinheiten einsichtig.

10 Das Schätzen fördert eine Größenvorstellung der Bruchteile. Das Begründen macht die unterschiedliche Bedeutung von Nenner und Zähler bewusst. Teilaufgaben c) und d) gehören zu Niveau B. So müssen bei c) Inhalte aus verschiedenen Themenbereichen verknüpft und die für die Lösung geeignete Darstellungsform ausgewählt werden: $25\,dm^2 = \frac{1}{4}$ = gefärbte Fläche (Begründung!).

Randspalte Seite 190

Der Vergleich sollte an dieser Stelle nicht durch Erweitern erfolgen.

3 Dezimalbrüche

Intention der Lerneinheit

- Dezimalbrüche in gewöhnliche Brüche umwandeln
- Gewöhnliche Brüche mit den Nennern 10, 100, 1000 als Dezimalbrüche schreiben
- Stellenwert bei Dezimalbrüchen angeben
- Dezimalbrüche in eine Stellenwerttafel eintragen und aus einer Tafel ablesen

Die Dezimalschreibweise ist aus der Grundschule bekannt und wurde auch schon im Kapitel *6 Sachrechnen* gestreift: In Kapitel 6, Lerneinheit *4 Länge* wurde 0,3 m als andere Schreibweise für 3 dm oder 30 cm aufgefasst. Für das Verständnis der dezimalen Schreibweise sollte ein Zusammenhang zur Bruchschreibweise hergestellt werden. Aus den Vorkenntnissen kann dieser leicht abgeleitet werden:
0,3 m = 3 dm (Klasse 5 bzw. Grundschule)
$\frac{3}{10}$ m = 3 dm (Bruchrechnung)
Daraus lässt sich 0,3 m = $\frac{3}{10}$ m begründen.

Eine weitere Verständnisgrundlage bietet das Stellenwertsytem. Die Stellenwerttafel wird dazu nach rechts hin erweitert.

Einstiegsaufgabe

Ausgangspunkt sind Dezimalbrüche als Maßzahlen von Größen im Bereich Sport. Aufgrund des Vorwissens kann die Bedeutung über die Schreibweise mit zwei Einheiten geklärt werden. Anschließend sollte der Zusammenhang zur Bruchschreibweise erarbeitet werden.

Alternativer Einstieg

Der Zusammenhang zwischen Dezimal- und Bruchschreibweise ist für schwächere Schülerinnen und Schüler häufig nicht evident. Das ► Serviceblatt „Beim Sportfest – Die Dezimalschreibweise“ (Seite S 68) macht einen Vorschlag für einen alternativen Einstieg. Es kann aber auch als Übung zur Dezimalschreibweise eingesetzt werden.

In schwächeren Klassen empfiehlt es sich, in der ersten Stunde nur die erste und dann in der Folgestunde die zweite Dezimale zu betrachten. Da der Größenbereich der Volumina erhöhte Anforderungen stellt, wird dieser erst in einer dritten Stunde behandelt.

Aufgabenkommentare

2 und **3** Übungen zur sukzessiven Erfassung der neuen Inhalte

8 Eine Übung zur ganzheitlichen Erfassung der Dezimalbrüche (vgl. folgenden Exemplarischer Kommentar).

Exemplarischer Kommentar

Erfassen der Dezimalbrüche

Hierbei unterscheidet man:
1. die sukzessive Erfassung: Die Dezimalen werden einzeln betrachtet.
Beispiel:
0,634 = 6 Zehntel + 3 Hundertstel + 4 Tausendstel.
Sprechweise: Null Komma sechs drei vier
2. die ganzheitliche Erfassung: Der Dezimalbruch wird als Ganzes erkannt. Beispiel: $0{,}634 = \frac{634}{1000}$.
Die Anzahl der Dezimalen bestimmt hierbei den Nenner, die Ziffernfolge der Dezimalen gibt den Zähler an.
Sprechweise: 634 Tausendstel; diese Sprechweise hat den Vorteil, dass die Bedeutung der Schreibweise zum Ausdruck kommt. Ihr Gebrauch ist aber umständlich und deshalb unüblich.
Die Lernenden sollten einen Dezimalbruch auf beide Arten lesen und verstehen können.
Die manchmal von der Grundschule her bekannte Sprechweise „null Komma sechshundertvierunddreißig“ sollte vermieden werden, da Verwechslungsgefahren mit den natürlichen Zahlen auftreten können. Fehler wie 0,13 + 0,5 = 0,18 könnten die Folge sein.

Üben • Anwenden • Nachdenken

Aufgabenkommentare

7 Die Aufgabe fördert und unterstützt die Begriffsbildung durch die Vielzahl der möglichen Lösungen. Die Lernenden müssen immer wieder von Neuem die Aufteilung desselben Bezugsganzen vornehmen.

9 Bei jeder Teilaufgabe gibt es mehr als eine Lösung. Vor diesem Hintergrund wird das Übungsziel dieser Aufgabe, nämlich weitere Einsichten in die Kommaschreibweise bei Längeneinheiten zu erlangen, erreicht. Hilfe zur Lösung der Aufgabe kann die Tabelle zu den Längeneinheiten bieten.

11 Hier können die gelernten heuristischen Strategien angewendet werden und die Vorstellung durch eine Skizze unterstützt werden.
Diese Aufgabe eignet sich gut für die Kopfgeometrie, da sich die Raumvorstellung schulen lässt. Durch Veränderung der Körper und der Schnittflächen entstehen immer wieder neue Aufgaben.
Beispiele:
a) Ein Würfel wird entlang der beiden Diagonalen einer Fläche durchgeschnitten, anschließend wird jedes Teilstück halbiert.
b) Ein Tortenboden wird zweimal „quer“ durchgeschnitten und anschließend in 12 Stücke geteilt.

Der Serviceteil

Der Serviceteil beinhaltet die im ersten Teil des Servicebandes erwähnten und zum Teil kommentierten Kopiervorlagen. Diese **Serviceblätter** sind entsprechend der Abfolge des Schülerbuches sortiert. Sie sind meist selbsterklärend und können ohne größere Anweisungen als Kopie an die Schülerinnen und Schüler verteilt werden. Die notwendigen **Lösungen** der Serviceblätter, die keine Selbstkontrolle enthalten, finden sich gesammelt am Ende des Serviceteils.

Aufbau eines Serviceblattes

Die **oberste Zeile** jedes Serviceblattes nimmt Bezug auf das entsprechende Schülerbuch-Kapitel und verweist somit auch auf das Kapitel des Kommentarteils, in dem sich weitere inhaltliche oder methodische Anmerkungen zum Einsatz im Unterricht finden. Eine genaue Zuordnung zu den einzelnen Lerneinheiten finden Sie außerdem in der Übersichtstabelle auf den Seiten VII bis IX. Rechts oben finden Sie auf einigen Serviceblättern ein Symbol, das eine Aussage über die Art des Serviceblattes macht.

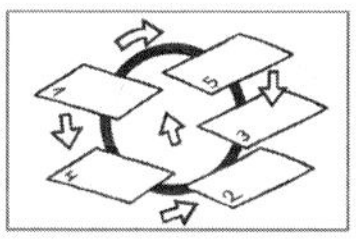
Lernzirkel*

Spiel

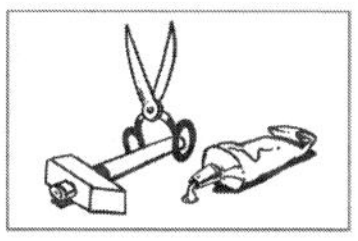
Basteln

Partner-arbeitsblatt*

Tandembogen*

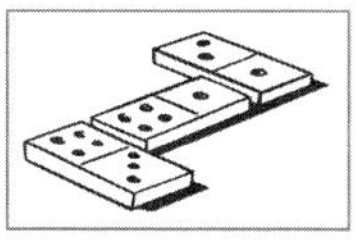
Mathe-Domino*

Fitnesstest*

Kopfrechenblatt*

Knobeln

* Eine Erläuterung dieser Serviceblätter finden sie unter *Methoden der Serviceblätter*

In der **Fußzeile** jedes Serviceblattes finden sich Angaben zur Sozialfom (Einzel-, Partner- oder Gruppenarbeit) und zum Zeitbedarf. Wenn für die Bearbeitung der Kopiervorlage üblicherweise nicht mehr als 15 bis 20 Minuten benötigt werden, entfällt die Angabe.

Methoden der Serviceblätter

Einige der Serviceblätter basieren auf besonderen Methoden und tauchen im Serviceteil häufiger auf. Im Folgenden werden Ihnen diese kurz vorgestellt:

Tandembogen

Ein Tandembogen erwartet von den Lernenden eine hohe Selbsttätigkeit und fördert damit sowohl das im Bildungsplan geforderte selbstständige Lernen als auch die Entwicklung der kommunikativen Fähigkeiten und der Kooperationsbereitschaft. Er wird in Partnerarbeit bearbeitet und so in der Mitte gefaltet und zwischen zwei Schüler gestellt, dass jeder seine Aufgaben („Aufgaben für Partner A") und gleichzeitig die Lösungen des Anderen („Lösungen für Partner B") vor sich hat. Die Kinder bearbeiten abwechselnd die Aufgaben und geben sich gegenseitig direkt ein Feedback über die Richtigkeit der Lösung. Bei Unsicherheiten oder Fehlern im Hinblick auf die genannten Lösungen treten die Lernenden häufig spontan in eine gewinnbringende Diskussion. Tandembögen können sowohl als erste Absicherung und Anwendung des neu Gelernten als auch zur Auffrischung von früheren Inhalten eingesetzt werden. In Übungsstunden bieten sie die Möglichkeit, die Lernenden schnell wieder an die in dieser Stunde zu übenden Inhalte heranzuführen und durch erste Erfolgserlebnisse die Übungsbereitschaft zu erhöhen.
Tandembögen vgl. Seite S 5, Seite S 25, Seite S 35, Seite S 42, Seite S 57, Seite S 67.

Partnerarbeitsblatt

Ein Partnerarbeitsblatt ist eine doppelt vorhandene Kopiervorlage mit unterschiedlichen Aufgaben. Jedes Partnerarbeitsblatt 1 kann nur in Korrespondenz mit dem zweiten Blatt sinnvoll bearbeitet werden. Dabei geben die Aufgaben des ersten Blattes Hinweise zu den Lösungen und Aufgaben des zweiten und umgekehrt. Durch das Partnerarbeitsblatt wird die Selbsttätigkeit der Lernenden gefördert und die Kontrolle durch den Partner ermöglicht eine intensive individuelle Auseinandersetzung zunächst auf Schülerebene.
Die Ergebniskontrolle ist im Unterschied zum Tandembogen erst nach der Bearbeitung des ganzen Blattes sinnvoll, da die Aufgabenstellung des Partnerarbeitsblattes 1 die Lösung des Partnerarbeitsblattes 2 beinhaltet. Nach der Lösung bilden die beiden Arbeitsblätter die Grundlage der Ergebniskontrolle. Dabei werden Fehler oder Unklarheiten selbstständig diskutiert und überarbeitet.
Partnerarbeitsblatt vgl. Seite S 12/13 und S 36/37.

Mathe-Domino

In den Serviceblättern finden Sie zwei unterschiedliche Arten von Mathe-Dominos:
Die Kopiervorlage der **Domino-Schlange** beinhaltet meist nur 12 Dominosteine und ist von einem Schüler in Einzelarbeit zu lösen. Er schneidet die auf der Vorlage unsortiert angeordneten Dominosteine aus und legt aus ihnen eine Dominoschlange mit einem Anfangs- und Endstein.
Domino-Schlangen vgl. Seite S 21, Seite S 41, Seite S 43, Seite S 59.
Die Kopiervorlage der traditionellen **Domino-Spiele** beinhalten mehr Steine und bieten damit die Grundlage für ein ausgiebiges Spiel in Partner- oder Gruppenarbeit. Die Steine sind, um dem Lehrer die Kontrolle und Übersicht der vielen Dominosteine zu ermöglichen, auf der Kopiervorlage in der richtigen Reihenfolge angeordnet.
Domino-Spiele vgl. Seite S 9/10, Seite S 26, Seite S 62/63.

Zahlenbaukasten

Um den Lernenden einen experimentellen und handlungsorientierten Zugang zu den im Schülerbuch häufig auftretenden Zahlenkarten-Aufgaben zu ermöglichen, finden Sie im Serviceteil drei Zahlenbaukästen als Kopiervorlage. Diese können einerseits direkt auf die entsprechende Schülerbuch-Aufgabe bezogen und dementsprechend bearbeitet werden. Andererseits bieten die Zahlen- und Rechenzeichenkarten die Möglichkeit, neue Aufgaben zu erstellen und damit die Aufgaben des Schülerbuches zu differenzieren. Die Karten haben auf allen Kopiervorlagen die gleiche Größe und können somit beliebig miteinander kombiniert werden. Auch Blanko-Karten lassen sich leicht erstellen. Im folgenden Heft finden Sie weitere Hinweise zu den Zahlenkarten:
Schnittpunkt aktuell. Berichte aus der Praxis für die Praxis, Seite 11 ff, Ernst Klett Verlag, Stuttgart 2002, ISBN 3-12-747401-6
Zahlenbaukasten vgl. Seite S 6, Seite S 18, Seite S 19.

Aufgaben des Schülerbuches als Kopiervorlage

Einige Aufgaben des Schülerbuches erfordern von den Lernenden aufwändige Vorarbeit beim Abzeichnen oder Abschreiben. Aus diesem Grund finden Sie im Serviceteil einige Kopiervorlagen, die diese Aufgaben direkt abbilden und somit eine Bearbeitung ohne große Vorarbeit ermöglichen.
Kopiervorlagen Seite S 14, S 15, Seite S 23, Seite S 30, Seite S 40.

Lernzirkel

Der im Serviceteil angebotene **Lernzirkel** kann zur Erarbeitung der Inhalte der ersten vier Lerneinheiten von Kapitel 6 *Sachrechnen* eingesetzt werden. Allen Lernenden werden zunächst der Laufzettel, die Lernziele und die zur Verfügung stehende Unterrichtszeit (je nach Arbeitsverhalten der Lernenden umfasst diese vier bis sechs Schulstunden) vorgegeben. In Einzel- oder Partnerarbeit durchlaufen die Lernenden dann in ihrem eigenen Lerntempo die unterschiedlichen Stationen, die die einzelnen Inhalte der Lerneinheiten abbilden. Je nachdem, ob frei zu entscheiden ist, welche Reihenfolge gewählt werden kann, und ob alle Stationen „Pflichtstationen" oder einige frei wählbar sind, kann auf dem Laufzettel vor dem Kopieren von der Lehrperson Entsprechendes vermerkt werden.
Zu Beginn der Erarbeitung sollte die Lehrperson den Lernzirkel und die einzelnen Stationen vorstellen und den Laufzettel erläutern. Während der Bearbeitung nimmt sie die Rolle eines Beobachters ein und steht bei Schwierigkeiten als Ratgeber zur Verfügung. Ziel der Hilfe sollte es jedoch immer sein, zur selbstständigen Weiterarbeit zu befähigen und zu motivieren. Die Schülerinnen und Schüler bearbeiten die im Klassenraum an verschiedenen Stellen aufgebauten Stationen – evtl. sollten einige doppelt vorhanden sein, um Staus zu vermeiden. und entscheiden selbst, ob sie alleine zu zweit oder in Gruppen arbeiten möchten.
Nach Ablauf der Bearbeitungszeit werden nicht nochmals alle vermittelten Inhalte von der Lehrperson wiederholt. Allenfalls kann sie auf Besonderheiten, versteckte Schwierigkeiten oder die Bedeutung des Lernzirkels im Kontext der Unterrichtseinheit verweisen. Im Anschluss bietet sich die Bearbeitung einiger komplexerer Aufgaben des Schülerbuches an.
Die **Ergebnissicherung** kann in unterschiedlicher Weise stattfinden:

- Den Lernenden werden an jeder Station Lösungsblätter zur Verfügung gestellt.
- Die Lehrperson gibt Rückmeldungen und korrigiert die Lösungen auf Wunsch der Lernenden.
- Die Arbeitsergebnisse werden stichprobenartig kontrolliert.
- In einer „Schlussrunde" stellen die Lernenden ihre Ergebnisse vor. Gemeinsam werden die einzelnen Aspekte vertieft, bewertet und vernetzt.

Beim Einsatz des Lernzirkels im Unterricht sollte man bedenken, dass die Schülerinnen und Schüler bereits über ein hohes Maß an Selbstständigkeit und auch Teamfähigkeit verfügen sollten. Sie sollten außerdem in der Lage sein, aus fremden Texten die

wesentlichen Informationen zu entnehmen, Zusammenhänge zu erkennen und daraus einen prägnanten Heftaufschrieb zu erstellen.
Weitere ausführliche Informationen zur Theorie des Lernzirkels finden Sie unter [http://www.stepnet.de/privat/seigel/].
Möchten Sie die Serviceblätter nicht als erarbeitenden Lernzirkel einsetzen, können Sie die Kopiervorlagen auch als einfache Übungen in den Unterricht integrieren.
Lernzirkel vgl. Seite S 47 bis S 55.

Kapitelübergreifende Serviceblätter

Neben den kapitelspezifischen Serviceblättern finden Sie im Folgenden auch kapitelübergreifende Kopiervorlagen, die an unterschiedlichen Stellen zur Übung, Wiederholung und Festigung des Basiswissens in den Unterricht integriert werden können. So wird den in den Bildungsstandards geforderten Ansprüchen nach vernetzendem und nachhaltigem Lernen entsprochen. Sowohl die schriftlich zu bearbeitenden Fitnesstests als auch die Kopfrechenblätter eignen sich besonders gut als Hausaufgabe. Sie nehmen je nach Kenntnisstand und Arbeitsverhalten der Schülerinnen und Schüler zwischen 10 und 20 Minuten Zeit in Anspruch.

Die Kopfrechenblätter

Viele Rechenregeln, Grundverfahren oder Wissenselemente lassen sich mithilfe von Kopfrechenaufgaben wachhalten. Bereits Gelerntes bleibt damit länger verfügbar und kann als Grundlage für weiterführende Lernziele dienen. Durch die Kopfrechenblätter werden die Beweglichkeit des Denkens, das Zahlverständnis und die Abstraktionsfähigkeit geschult. Sie beinhalten neben Kopfrechenaufgaben auch einige kopfgeometrische Übungen.
Die folgende Tabelle bietet einen Überblick über die in den Kopfrechenblättern behandelten Themen und gibt Informationen über den frühestmöglichen Einsatz.

Nr.	Themenschwerpunkt	frühester Einsatz
1	Grundrechenarten	Jahresbeginn
2	Einmaleins/Römische Zahlen/Potenzen	nach Kap.3, LE 2
3	Klammern/Überschlagen/ Potenzen	nach Kap. 3, LE 4
4	Rechenregeln und -gesetze	nach Kap. 3, LE 5
5	Rechenregeln und -gesetze	nach Kap. 3, LE 1
6	Längeneinheiten	nach Kap. 6, LE 4
7	Flächen/Längeneinheiten	nach Kap. 7, LE 3
8	Längen-/Flächen-/ Volumeneinheiten	nach Kap. 7, LE 5

Kopfrechenblätter vgl. Seite S 69 bis S 76.

Die Fitnesstests

Die Vergleichsarbeiten zu den Bildungsstandards überprüfen die drei in Kapitel 1 beschriebenen Anforderungsbereiche bzw. Niveaus (vgl. Seite K 5). Die hier angebotenen Fitnesstests bereiten überwiegend Niveau A vor. Die Kompetenzen dieses Niveaus beziehen sich vor allem auf die Wiedergabe von grundlegenden Begriffen und Sätzen, sowie auf die Verwendung und das Beschreiben von geübten Rechenverfahren. In den folgenden Rubriken wird das Basiswissen unterschiedlicher inhaltlicher Bereiche wiederholt und gefestigt: Rechentechnik (thematisiert auch Rechenregeln und -gesetze), Wissen, geometrische Grundkonstruktionen, Raumvorstellung.
Dabei werden auf einem Serviceblatt Kompetenzen und Inhalte verschiedener innermathematischer Bereiche angesprochen. Die Rubrik „Knack-die-Nuss-Ecke“ beinhaltet komplexere Fragestellungen und Zusammenhänge und bereitet damit auf Niveau B vor.
Die folgende Tabelle verschafft einen Überblick über die in den Fitnesstests behandelten Inhalte und gibt Informationen über den frühestmöglichen Einsatz.

Nr.	Themenschwerpunkt	frühester Einsatz
1	Klammern	nach Kap. 3
2	Schaubilder, Klammern	nach Kap. 3
3	Gerade, senkrecht, parallel	nach Kap. 4
4	Quadrat, Raute	nach Kap. 5
5	besondere Vierecke	nach Kap. 4
6	Quader, Rechenregeln	nach Kap. 5
7	Würfel, Rechengesetze	nach Kap. 5
8	Umfang, Fläche, Quader	nach Kap. 7

Fitnesstests vgl. Seite S 77 bis S 84.

Zahlen auf dem Zahlenstrahl

1 Welche Zahlen sind markiert? Trage sie in die Kästchen ein.

a)

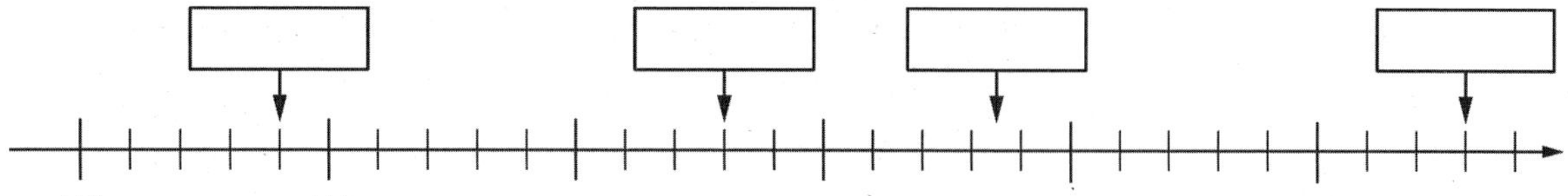

b)

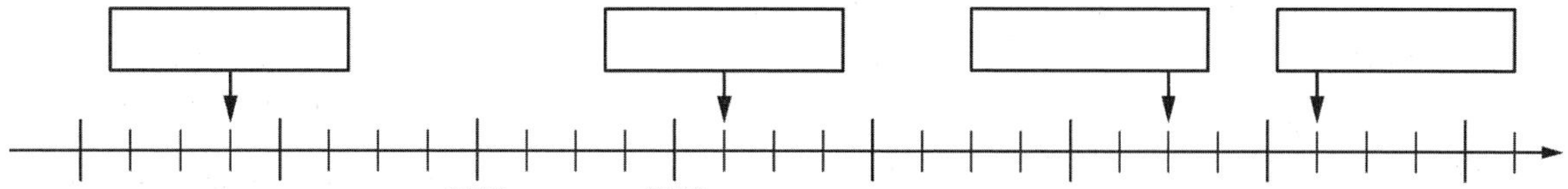

2 Markiere die Zahlen am Zahlenstrahl. Wähle für jede Teilaufgabe einen geeigneten Zahlenstrahl aus. Trage den entsprechenden Buchstaben der Teilaufgabe in die Kästchen ein.

a) 40; 45; 75; 80; 105; 130

b) 48; 62; 74; 92; 106; 128

c) 55; 58; 63; 82; 96

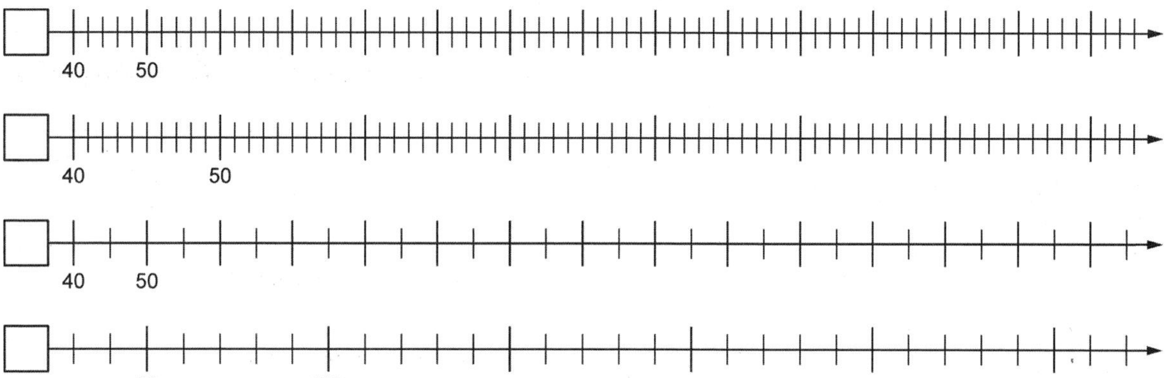

3 Vervollständige den Ausschnitt des Zahlenstrahls so, dass du die angegebenen Zahlen markieren kannst.

a) 2575; 2650; 2800; 3050

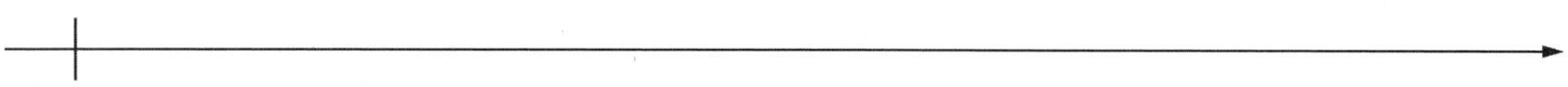

b) 222; 234; 240, 256

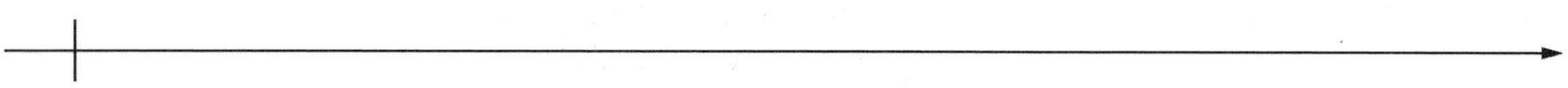

c) 750; 900; 1250; 1500

Aus: 3-12-740352-6 Schnittpunkt 1, BW, ServiceBand

Ernst Klett Verlag GmbH, Stuttgart 2004

Tandembogen Große Zahlen

Hier knicken

Aufgaben für Partner B

1 Lies die Zahl laut vor.
a) 2 068 710
b) 300 000 020 000
c) 41 000 000 510

2 Wie viele Nullen hat die Zahl?
a) 30 Millionen
b) 100 Milliarden
c) 4 Billionen

3 Wie heißt der Vorgänger?
a) 2 Millionen
b) 300 Milliarden
c) 2 001 000

4 Wie heißt der Nachfolger?
a) 5 327 299
b) 39 899 999
c) 799 999 999

Lösungen für Partner A

1 a) 4 Millionen 86 Tausend 510
b) 900 Milliarden 50 Tausend
c) 25 Milliarden 370

2 a) 8 b) 10 c) 13

3 a) 2 Millionen 999 Tausend 999
b) 29 Milliarden 999 Millionen 999 Tausend 999
c) 4 Millionen 1 Tausend 999

4 a) 71 Millionen 293 Tausend 500
b) 8 Millionen 990 Tausend
c) 2 Milliarden

Hier knicken

Tandembogen Große Zahlen

Aufgaben für Partner A

1 Lies die Zahl laut vor.
a) 4 086 510
b) 900 000 050 000
c) 25 000 000 370

2 Wie viele Nullen hat die Zahl?
a) 300 Millionen
b) 10 Milliarden
c) 40 Billionen

3 Wie heißt der Vorgänger?
a) 3 Millionen
b) 30 Milliarden
c) 4 002 000

4 Wie heißt der Nachfolger?
a) 71 293 499
b) 8 989 999
c) 1 999 999 999

Lösungen für Partner B

1 a) 2 Millionen 68 Tausend 710
b) 300 Milliarden 20 Tausend
c) 41 Milliarden 510

2 a) 7 b) 11 c) 12

3 a) 1 Million 999 Tausend 999
b) 299 Milliarden 999 Millionen 999 Tausend 999
c) 2 Millionen 999

4 a) 5 Millionen 327 Tausend 300
b) 39 Millionen 900 Tausend
c) 800 Millionen

Zahlenbaukasten I

Schülerbuchseite 17, Aufgabe 6

Material: Schere, Klebstoff

Schneide die Zahlenkarten aus. Lege sie so aneinander, dass

a) eine möglichst große Zahl entsteht. ____________

b) eine möglichst kleine Zahl entsteht. ____________

c) eine möglichst große ungerade Zahl entsteht. ____________

d) eine möglichst kleine siebenstellige Zahl entsteht. ____________

e) eine möglichst große achtstellige Zahl entsteht. ____________

f) eine möglichst kleine Zahl mit fünf Kärtchen entsteht. ____________

g) eine Zahl entsteht, die möglichst nahe an 10 Millionen liegt. ____________

Trage die Lösungen ein und klebe die Aufgaben mit den Antworten in dein Heft.

0	5	9
17	52	104

Das Pyramiden-Spiel

Material: Schere

Spielbeschreibung:
1. Schneide die 25 Quadrate an den dickeren Linien aus.
2. Lege die Kärtchen so zusammen, dass angrenzende Zahlen mit den Zahlen und Rundungsvorschriften übereinstimmen. (Die grauen Felder markieren den Rand.)
3. Bei richtiger Lösung erhältst du einen Lösungssatz.

87 283 auf Tausender I 100 6435 auf Zehntausender	26 370 3332 auf Tausender I 4200	8000 A 13 000 992 auf Zehner	7 000 000 64 auf Zehner I 123 456 auf Hunderter	990 E 5000 80 234 auf Tausender
200 65 744 auf Zehner 62 500 763 auf Hunderter	28 000 7575 auf Zehner 20 5 auf Zehner	10 62 533 auf Hunderter T 60 26 372 auf Zehner	80 000 T 40 000	800 654 321 auf Zehntausender N 3000
123 500 4 178 auf Hunderter C	4000 565 123 auf Zehntausender K 12 auf Hunderter	87 283 auf Zehntausender E 87 000 6435 auf Tausender	0 19 auf Zehner D 7 372 822 auf Millionen	K 90 000 6435 auf Zehner
6000 1546 auf Zehner A 60 000 37 983 auf Zehner	250 37 374 auf Zehntausender A 650 000	10 000 58 344 auf Zehntausender N 1100 2737 auf Hunderter	545 143 auf Millionen E 3788 auf Tausender	400 1110 auf Hunderter I 570 000 27 511 auf Hunderter
2700 263 auf Einer F 2580 231 auf Hunderter	143 auf Hunderter N 1 000 000 362 auf Hunderter	1000 5454 auf Tausender R 65 740 245 auf Zehner	6440 P 1550 7583 auf Tausender	37 980 12 777 auf Tausender U 263 990 auf Hunderter

Aus: 3-12-740352-6 Schnittpunkt 1, BW, ServiceBand

Ernst Klott Verlag GmbH, Stuttgart 2004

Zweier-Trimino

Material: Schere, Klebstoff

Der Clown jongliert mit großen Dreiecken, die aus kleineren Dreiecken zusammengesetzt sind. Ein Dreieck ist auseinandergefallen. Schneide die Teile aus und setze sie richtig zusammen. Es passt immer eine Zahl aus dem Zehnersystem zu einer aus dem Zweiersystem. Die grauen Felder markieren den Rand des Dreiecks. Klebe die enstandene Figur dann in dein Heft.

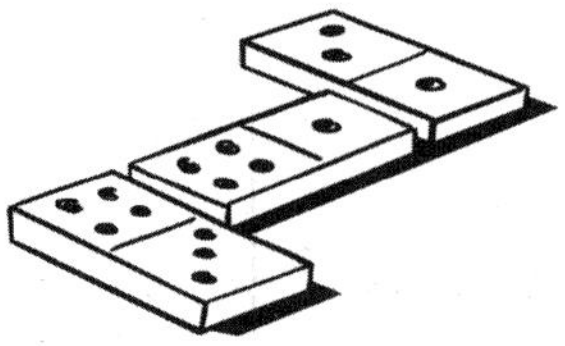

Römisches Domino (1)

Material: Schere

Bildet Gruppen mit drei oder vier Spielerinnen und Spielern. Jede Gruppe erhält ein Dominospiel. Schneidet die Dominosteine an den dickeren Linien aus. Legt die Steine umgedreht auf den Tisch und mischt sie. Verteilt alle Dominosteine gleichmäßig unter euch. Der erste Spieler legt einen Dominostein auf den Tisch, z. B. IV | 94. Der zweite Spieler versucht anzulegen, indem er entweder die römische Zahl IV oder die arabische Zahl 94 übersetzt. Hat er den passenden Stein, so darf er anlegen, wenn nicht, ist der nächste Spieler an der Reihe. Sieger ist, wer zuerst keinen Dominostein mehr hat.

DXII	28	XXVIII	19	XIX	251
CCLI	1244	MCCXLIV	7	VII	29
XXIX	69	LXIX	14	XIV	1271
MCCLXXI	9	IX	129	CXXIX	411
CDXI	10	X	17	XVII	114
CXIV	21	XXI	124	CXXIV	94
XCIV	1	I	33	XXXIII	35
XXXV	500	D	78	LXXVIII	1000

Aus: 3-12-740352-6 Schnittpunkt 1, BW, ServiceBand

Ernst Klett Verlag GmbH, Stuttgart 2004

Römisches Domino (2)

XCIV	331	CCCXXXI	1666	MDCLXVI	27
XXVII	74	LXXIV	603	DCIII	18
XVIII	1019	MXIX	210	CCX	444
CDXLIV	23	XXIII	2509	MMDIX	177
CLXXVII	24	XXIV	119	CXIX	68
LXVIII	517	DXVII	341	CCCXLI	5
V	509	DIX	201	CCI	95
XCV	88	LXXXVIII	524	DXXIV	512
M	250	CCL	25	XXV	122
CXXII	420	CDXX	4	IV	94

Die Suche nach dem Schatz von Cäsar

Wir befinden uns im alten Rom im Jahre 46 v. Chr. Die Zeiten sind hart. Julius Cäsar hat leider für eines seiner ausgiebigen Gelage (großes Essen) die komplette Staatskasse vernichtet, so dass er seine letzten Geldreserven anbrechen muss. Diese hatte er vor langer Zeit extra zu diesem Zweck tief unten im Keller seines Palastes vergraben. Aber wo? In der weisen Absicht, den Schatz vor Räubern zu schützen, hatte er das Geld im unübersichtlichen Kellergewölbe gut versteckt. Um den richtigen Weg zum Schatz zu finden, musst du dich an folgende Anweisungen halten:

Der erste Raum ist durch START vorgegeben. In diesem Raum müssen die arabischen Zahlen in den Ecken addiert werden. Das Ergebnis findet sich als römische Zahl in einem der unmittelbar angrenzenden Räume. Dorthin führt der Weg. In gleicher Weise gelangt man so – Schritt für Schritt – weiter bis zu einem Raum, von dem aus es nicht mehr weitergeht, weil das Ergebnis der Addition in keinem angrenzenden Raum zu finden ist. In diesem Raum befindet sich der Schatz! Kannst du ihn finden?

LXIII 3 4	23 START 26 14	20 C 4	1 XXIV 27 40	950 LXVIII 743	1 1 MDCXCIII 1 1
39 VII 8 2	XL 54	99 LIV 1	1 13 CM 5 6	68 XXV	10 10 IV 2 2
36 XLIX 70	80 90 CVI 30 18	15 1 CCXVIII 100	320 220 CXVI 120 240	8 C 10	37 50 XXIV 7 7
12 12 LXX 12 12	14 26 XLVIII		100 XXVII 16	8 5 CLXXIV 7 6	150 23 CI 1
3 3 XLVIII	26 84 CCI 44	200 LXX 1	35 DCCLI 71	750 XXVI	2 CLI 70
11 22 VI 44 33	4 3 CX 1 6	43 12 C 15	254 1 CVI 10	1 DLXV 1	
7 XXXV 1 29		25 25 DLXX 50	CCLXV 2	40 100 II 1	16 20 CXXXI 4 1
35 DXXXV 1	56 488 MLXX 1	866 200 XXII 4		65 20 CXLI 37	90 38 CXXII 100
100 XXXIV	50 C 29 2	3 8 CXL 8 3	35 35 LXXVIII 35 35	76 LX 2	60 CCXXVIII

Rund um das Überschlagen – Partnerarbeitsblatt Klaus

Klaus und Klara rechnen Additionsaufgaben. Sie führen beide zuvor einen Überschlag durch, gehen dabei jedoch unterschiedlich vor.

1 Du rundest nach der Regel von Klaus. Deine Partnerin oder dein Partner rundet wie Klara
Löse die Aufgaben.

Aufgabe	wie Klaus gerundet	genaues Ergebnis
453 + 255	500 + 200 =	
3607 + 2672		
9785 + 8875		
4993 + 2899		

Runden auf eine Stelle:
16 205 ≈ 20 000
2467 ≈ 2000

Hier hast du Platz für die schriftlichen Rechnungen:

2 Vergleiche deine Ergebnisse mit denen deiner Partnerin oder deines Partners. Notiert eure Feststellungen.

____

3 Untersuche nun die Subtraktion. Wähle mit deiner Partnerin oder deinem Partner geeignete Zahlen aus.

Aufgabe	wie Klaus gerundet	genaues Ergebnis

Ergebnis: ____

Rund um das Überschlagen – Partnerarbeitsblatt Klara

Klaus und Klara rechnen Additionsaufgaben. Sie führen beide zuvor einen Überschlag durch, gehen dabei jedoch unterschiedlich vor.

1 Du rundest nach der Regel von Klara. Deine Partnerin oder dein Partner rundet wie Klaus. Löse die Aufgaben.

Aufgabe	wie Klara gerundet	genaues Ergebnis
453 + 255	500 + 200 =	
3607 + 2672		
9785 + 8875		
4993 + 2899		

Runden auf eine Stelle:
16 205 ≈ 20 000
2467 ≈ 2000

Hier hast du Platz für die schriftlichen Rechnungen:

2 Vergleiche deine Ergebnisse mit denen deiner Partnerin oder deines Partners. Notiert eure Feststellungen.

3 Untersuche nun die Subtraktion. Wähle mit deiner Partnerin oder deinem Partner geeignete Zahlen aus.

Aufgabe	wie Klara gerundet	genaues Ergebnis

Ergebnis: ____________________

Partnerarbeit

Aus: 3-12-740352-6 Schnittpunkt 1, BW, ServiceBand

Ernst Klett Verlag GmbH, Stuttgart 2004

Rechennetze I

Schülerbuchseite 37

Berechne die fehlenden Zahlen.

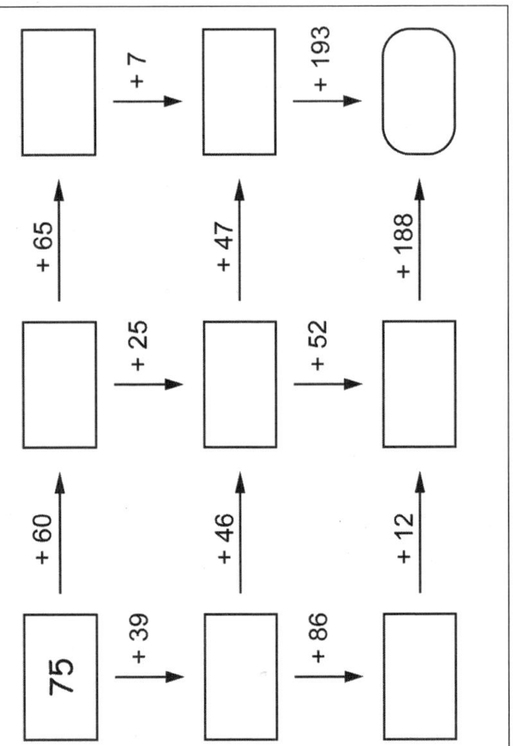

Setze verschiedene Zahlen so ein, dass der darauffolgende Summand jeweils größer ist als der vorhergehende.

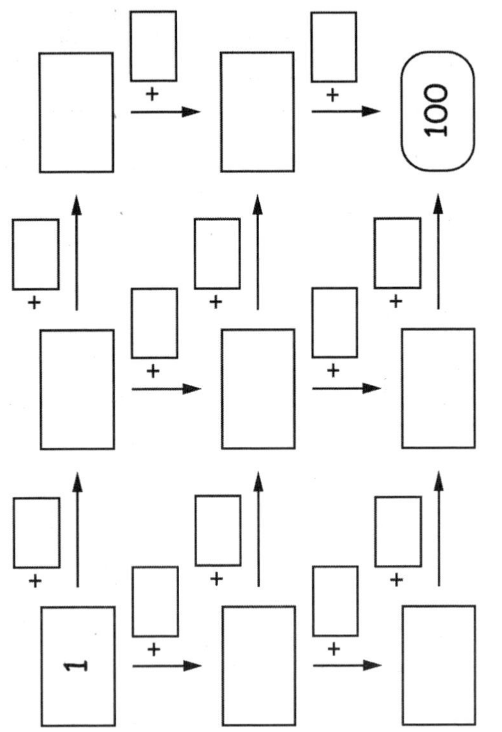

Hier kannst du dein Ergebnis kontrollieren.

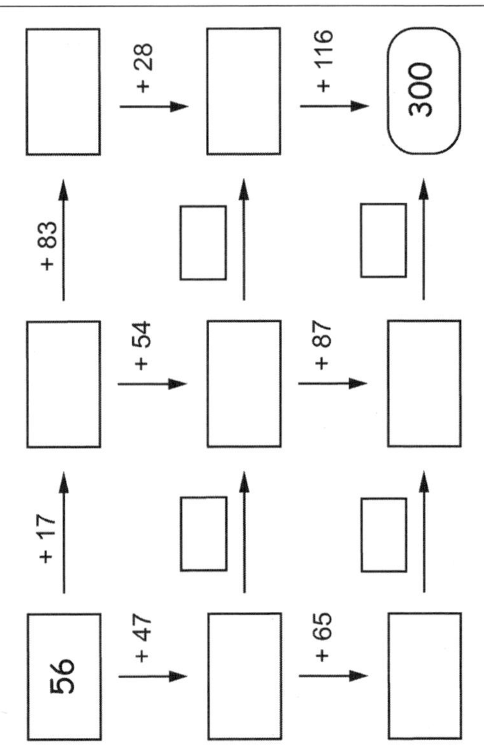

Setze die Zahlen 1; 1; 2; 3; 4; 5; 5; 6; 7; 8; 9 und 10 als Summanden ein.

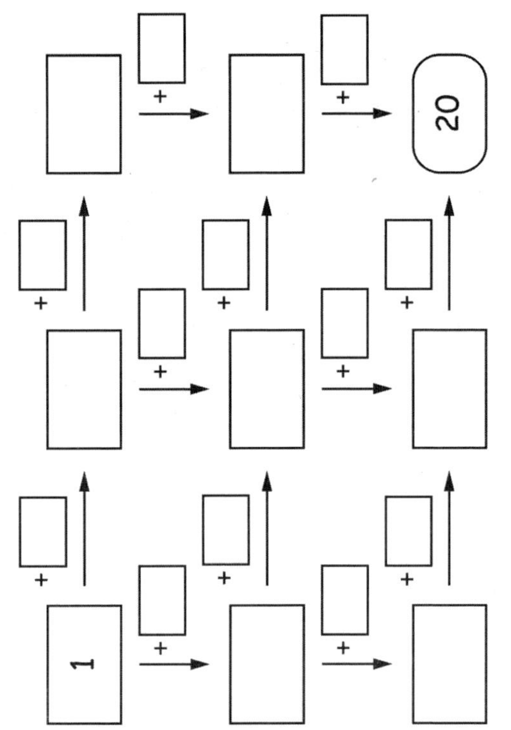

Rechennetze II

Schülerbuchseite 43

Berechne die fehlenden Zahlen.

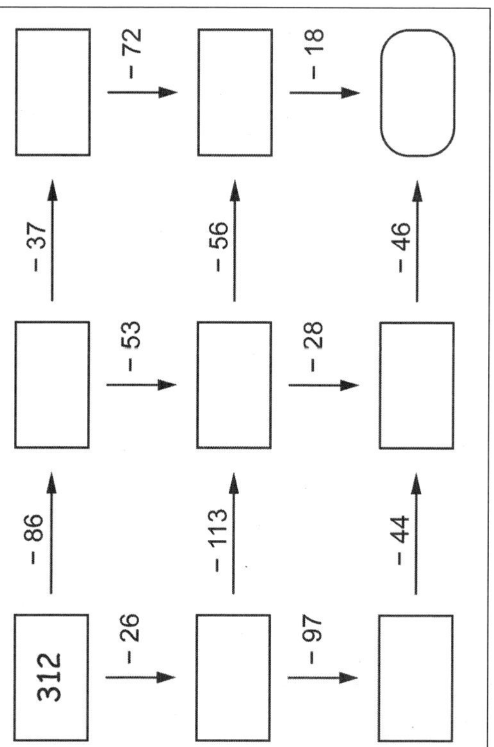

Hier kannst du deine Ergebnisse kontrollieren.

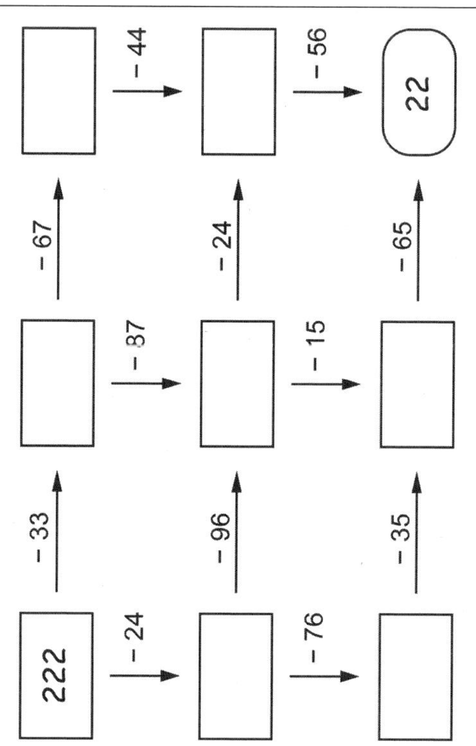

Addieren und Subtrahieren.

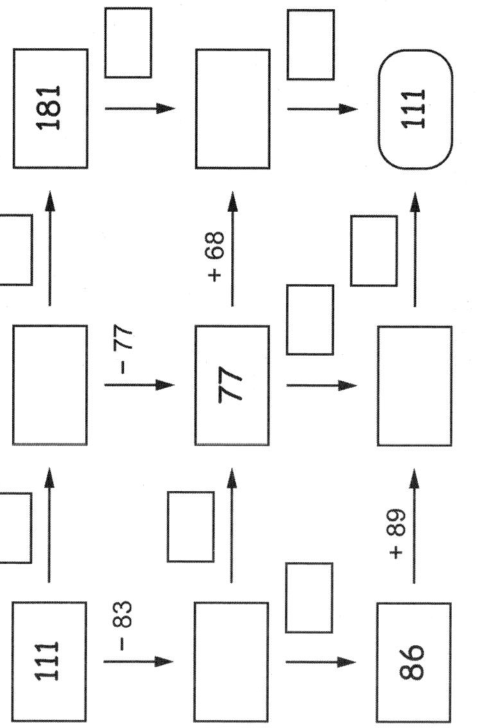

Setze verschiedene Zahlen so ein, dass du zur Zielzahl 1 gelangst. Entscheide selbst, ob du subtrahierst oder addierst.

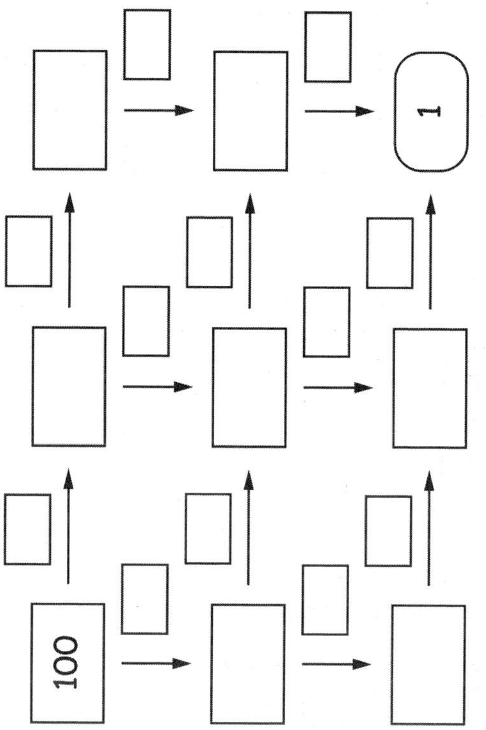

Rund um das Addieren und Subtrahieren

1 Addiere zu 900 Milliarden den Nachfolger und den Vorgänger dieser Zahl. Kannst du das Ergebnis im Kopf ausrechnen? Schreibe das Ergebnis auch in Worten.

____

____

2 Subtrahiere von sechs Milliarden eine Milliarde sowie den Nachfolger und den Vorgänger von einer Milliarde. Kannst du das im Kopf ausrechnen? Schreibe das Ergebnis auch in Worten.

____

____

3 Beschreibe den Fehler und rechne richtig.
36 000 – 21 677 + 4712
= 36 000 – 26 389
= 9611

Richtige Rechnung:
36 000 – 21 677 + 4712
= ______________
= ______________

Fehlerbeschreibung:
____
____
____
____
____

4 Überschlage die Rechnung. Ordne dann das richtige Ergebnis zu, ohne die Aufgabe genau zu berechnen.

927 063 – (198 613 + 72 099) ◆	◆ 800 549
927 063 – 198 613 + 72 099 ◆	◆ 656 351
468 036 + 572 094 ◆	◆ 656 351
251 093 + 258 998 + 150 694 + 153 963 ◆	◆ 814 748
927 063 + 198 613 – 72 099 ◆	◆ 1 040 130

5 Setze eine Klammer so,

a) dass ein möglichst großes Ergebnis entsteht. 952894 – 234456 – 178612 + 168657 = ______________

b) dass ein möglichst kleines Ergebnis entsteht. 952894 – 234456 – 178612 + 168657 = ______________

Klammerregeln

1 Setze eine Klammer so, dass das Ergebnis stimmt.

a) 450 – 100 – 50 = 400

b) 600 – 300 + 200 – 100 = 0

c) 600 – 300 + 200 – 100 = 400

In den beiden folgenden Aufgaben musst du zwei Klammern setzen.

d) 1000 – 400 – 200 – 150 = 650

e) 1000 – 400 – 200 + 150 = 250

Rechenregeln
1. innere Klammer
2. äußere Klammer
3. von links nach rechts

2 Berechne die Terme schrittweise.

a) 800 – 300 – 100 – 50

b) 800 – (300 – 100) – 50

c) 800 – 300 – (100 – 50)

d) 800 – (300 – (100 – 50))

3 Setze eine Klammer so, dass das Ergebnis

a) möglichst klein wird.

6000 – 500 – 200 + 100 = ____________

b) möglichst groß wird.

6000 – 500 – 200 + 100 = ____________

c) Kannst du zwei Klammern so setzen, dass das Ergebnis noch kleiner wird als in Teilaufgabe a)? Begründe.

6000 – 500 – 200 + 100 = ____________

Hier kannst du deine Ergebnisse kontrollieren:

550; 5800; 450; 550; 5200; 350;
nein; (100 – 50);
((400 – 200) – 150)
(300 + 200); (200 – 100)
(1000 – 400); (200 + 150)

Zahlenbaukasten II

Schülerbuchseite 48, Aufgabe 10

Material: Schere

Schneide die Karten aus.
a) Erstelle möglichst viele verschiedene lösbare Aufgaben und berechne sie.
Schreibe sie in dein Heft.

Beispiel: 36 – (25 – 12) + 9 = 34

b) Wie heißt der Rechenausdruck mit dem größten Wert?
c) Welche Aufgabe hat ein Ergebnis möglichst nahe bei Null?

25	9
36	12

(	)	+	+	–	–

Zahlenbaukasten III

Schülerbuchseite 53, Aufgabe 16

Material: Schere

Schneide die Karten aus. Bilde die größten und kleinsten Summen- und Differenzwerte.
Schreibe die Lösungen in dein Heft.
a) Verwende alle Ziffern und ein Pluszeichen.

Beispiel: 5478 + 123 609 = 129 087.
Das ist weder die größte noch die kleinste Summe.

b) Verwende alle Ziffern und zwei Pluszeichen.
c) Verwende alle Ziffern und ein Plus- und ein Minuszeichen.
d) Finde selbst weitere Möglichkeiten.

1	2	3		4	
5	6	7		8	
9	0	+	+	–	–

Nepersche Rechenstäbe

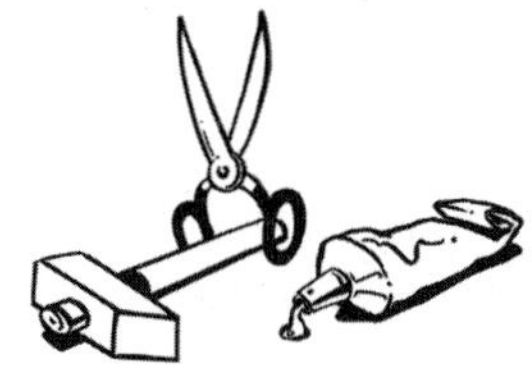

Material: Schere, Klebstoff, Pappe

Du kannst die „Rechenmaschine“, die John Neper zum Multiplizieren erfunden hat, ganz leicht selbst basteln. So funktioniert's:
Schneide den unten abgebildeten Block der Rechenstäbe zuerst nur entlang der äußeren dicken Linie aus. Klebe alles auf dickere Pappe und schneide danach die einzelnen Stäbe entlang der dicken inneren Linien aus. So erhältst du neun stabile „Zahlenstäbe“ für den 1. Faktor und einen „Faktorstab“ für den 2. Faktor.

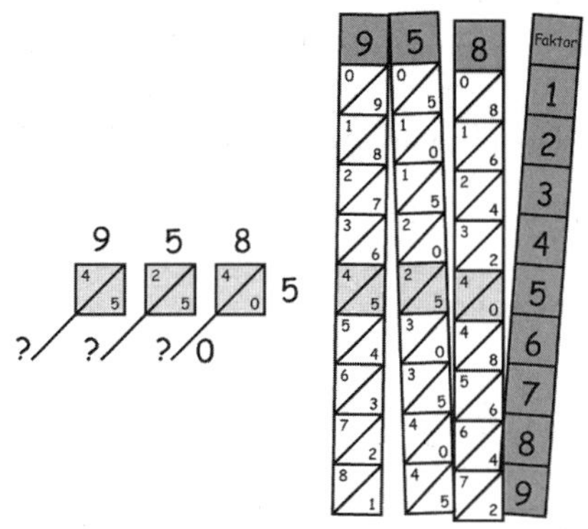

Nun wird gerechnet.
Stellt euch gegenseitig Aufgaben und löst sie.

1	2	3	4	5	6	7	8	9	Faktor
0/1	0/2	0/3	0/4	0/5	0/6	0/7	0/8	0/9	1
0/2	0/4	0/6	0/8	1/0	1/2	1/4	1/6	1/8	2
0/3	0/6	0/9	1/2	1/5	1/8	2/1	2/4	2/7	3
0/4	0/8	1/2	1/6	2/0	2/4	2/8	3/2	3/6	4
0/5	1/0	1/5	2/0	2/5	3/0	3/5	4/0	4/5	5
0/6	1/2	1/8	2/4	3/0	3/6	4/2	4/8	5/4	6
0/7	1/4	2/1	2/8	3/5	4/2	4/9	5/6	6/3	7
0/8	1/6	2/4	3/2	4/0	4/8	5/6	6/4	7/2	8
0/9	1/8	2/7	3/6	4/5	5/4	6/3	7/2	8/1	9

Potenzen-Domino

Material: Schere

Spielbeschreibung: Schneide die Dominosteine entlang der dickeren Linien aus.
Lege die Teile dann so aneinander, dass die beiden Teile, die aneinander stoßen, zusammen passen.
So erhältst du eine schöne Dominoschlange mit einem Anfangs- und einem Endpunkt.

	$8 \cdot 8 \cdot 8 \cdot 8$	$4 \cdot 8$	$3 \cdot 5$
4	$4^{\square} = 64$	8^2	$2 \cdot 5$
27	2^7	$5 + 5 + 5$	3^3
8^4	5^2	10	$2^{\square} = 16$
$5 \cdot 5$	$8 + 8 + 8 + 8$	17	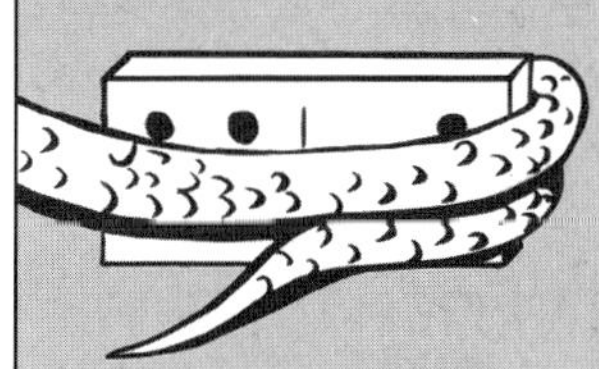
128	64	3	$3^2 + 2^3$

Aus: 3-12-740352-6 Schnittpunkt 1, BW, ServiceBand

Ernst Klett Verlag GmbH, Stuttgart 2004

Potenzen und Produkte

1 Ändert sich das Ergebnis, wenn ich beim Potenzieren die Hochzahl mit der Grundzahl vertausche? Untersuche an Zahlenbeispielen.

____

____

2 Beschreibe den Fehler und rechne richtig.

$680 - 180 \cdot 2 = 500 \cdot 2$
$= 1000$

richtige Rechnung:
$680 - 180 \cdot 2 =$ ______________

$=$ ______________

Fehlerbeschreibung:

____

____

____

Füge zu der falschen Rechnung etwas so hinzu, dass sie richtig wird:

____

3 Überschlage die Rechnung. Ordne dann ohne zu rechnen das richtige Ergebnis zu.

$358 \cdot 46$ ◆	◆ 290 069
$397 \cdot 49$ ◆	◆ 332 442
$4818 \cdot 69$ ◆	◆ 218 751
$689 \cdot 421$ ◆	◆ 16 468
$39 \cdot 5609$ ◆	◆ 19 453

4 Untersuche an Zahlenbeispielen.
Wie ändert sich der Wert eines Produkts, wenn ich
a) einen Faktor verdopple?

____

____

b) beide Faktoren verdopple?

____

____

Rechennetze III

Schülerbuchseiten 64, 71 und 81

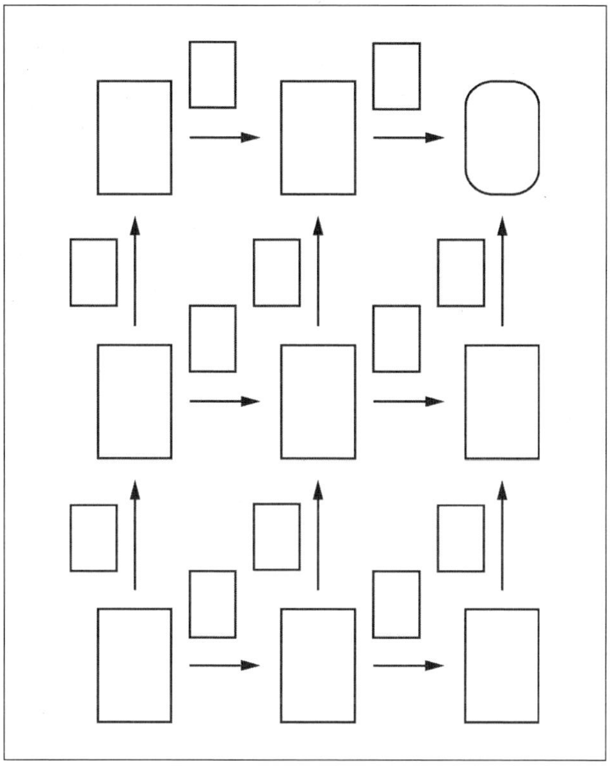

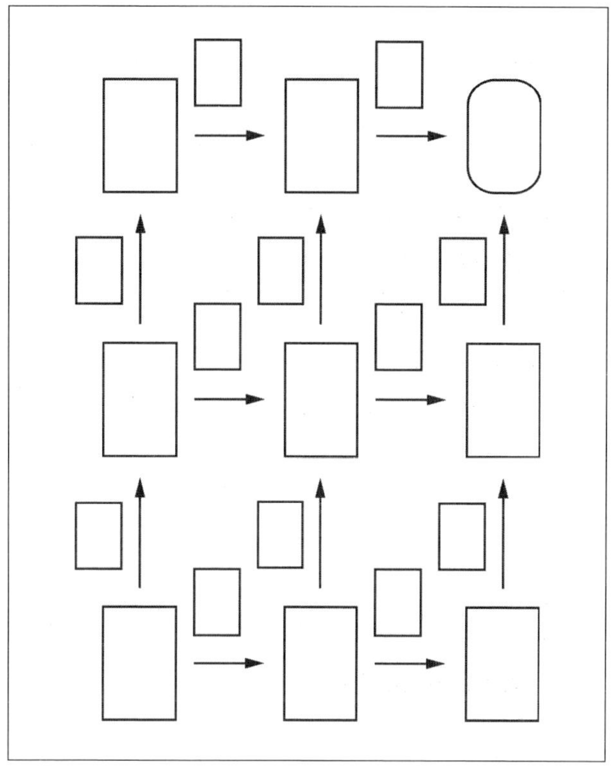

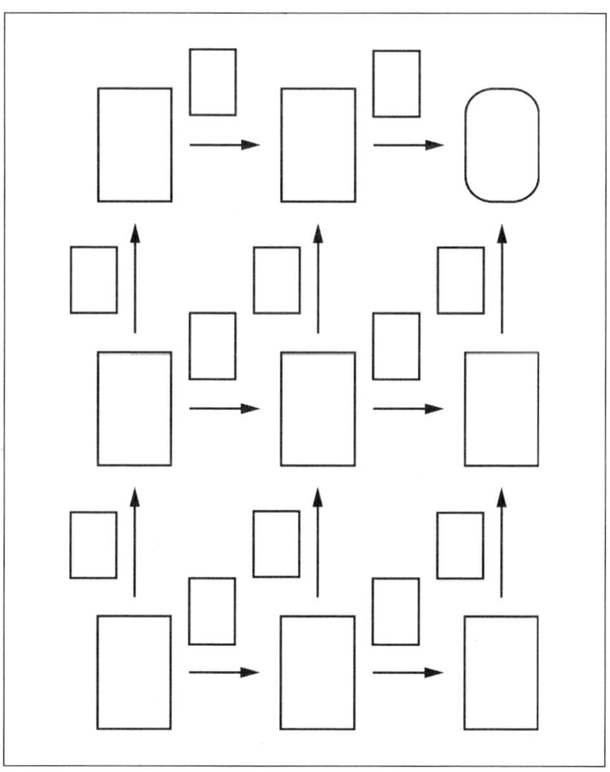

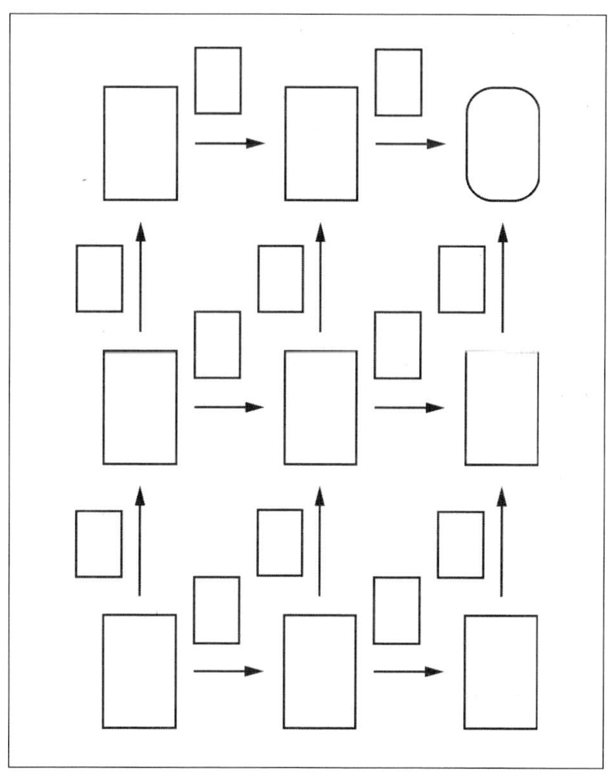

Verbindung der Rechenarten

1 Ausschneiden und Ordnen:
Schneide die Teile aus, bring sie in die richtige Reihenfolge und klebe sie als Beispielaufgabe in dein Heft.

560 - (100 - 9) · 2 - 1

Beispielaufgabe für Rechenausdrücke

1. Punktrechnung in der Klammer

377

378 - 1

560 - (100 - 45 : 5) · 2 - 1

2. Klammer

560 - 91 · 2 - 1

560 - 182 - 1

3. Punktrechnung vor Strichrechnung

4. von links nach rechts

2 Löse wie im Beispiel von Aufgabe 1. Rechne im Heft.

a) $360 - (6 + 4 \cdot 8) - 8$ b) $230 - 5 \cdot (28 + 12) + 7 \cdot 5$
c) $3^3 + 22 - (45 - 15) : 6$ c) $445 \cdot 2 - (5^2 - 16) : 3 + 17 - 5 \cdot 8$

3 Knobelaufgabe: Welche Zahl musst du für ☐ einsetzen?

a) $39 - 6 : \square = 37$ b) $5 + \square \cdot 6 - 3 = 14$

c) $(\square + 12) : 4 = 5$ d) $\square^2 - 4 \cdot 3 = 4$

Wenn du in den Aufgaben 2 und 3 richtig gerechnet hast, erhältst du als Lösungswort etwas, auf das man manchmal gerne verzichtet.

Lösung	4	8	314	864	44	2	3	65
Buchstabe	K	R	H	E	M	O	W	O

Lösungswort: ____ 2a) ____ 2b) ____ 2c) ____ 2d) ____ 3a) ____ 3b) ____ 3c) ____ 3d)

4 Darfst du die Klammer weglassen? Begründe.

a) $345 - (12 : 2)$ ______________________

b) $(4 - 2)^2$ ______________________

c) $(480 - 80) : 20$ ______________________

Tandembogen Rechenausdrücke

Hier knicken

Aufgaben für Partner B

1 3·(8 + 4)
Welche Regel musst du beachten?

2 4·(25 − 22) = ☐

3 7·5 + 2·3 = ☐

4 4·25 − 22 = ☐

5 22 − 2·5 = ☐

6 18 + ☐·4 = 26

7 ☐·(5 + 3) − 4 = 20

8 3·(☐ + 1) + 2 = 17

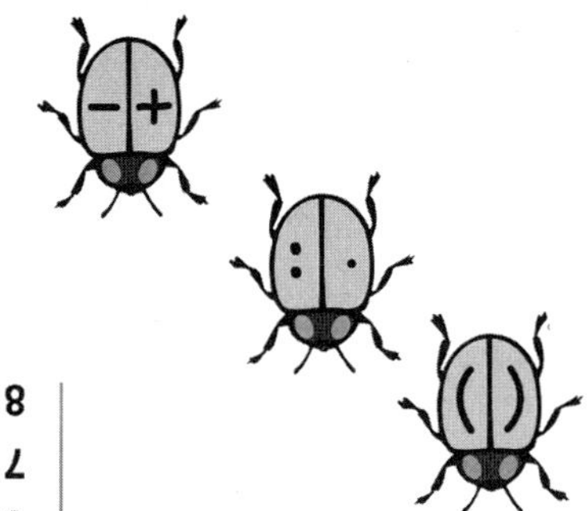

Lösungen für Partner A

1 Punkt vor Strich
2 42
3 96
4 76
5 24
6 4
7 2
8 9

Tandembogen Rechenausdrücke

Hier knicken

Aufgaben für Partner A

1 3·8 + 2·7
Welche Regel musst du beachten?

2 6·8 − 2·3 = ☐

3 6·(12 + 4) = ☐

4 6·12 + 4 = ☐

5 18 + 2·3 = ☐

6 30 − ☐·7 = 2

7 ☐·(7 − 2) + 1 = 11

8 20:(☐ + 4) + 1 = 3

Lösungen für Partner B

1 Klammer zuerst
2 12
3 41
4 78
5 12
6 2
7 3
8 4

Distributiv-Domino

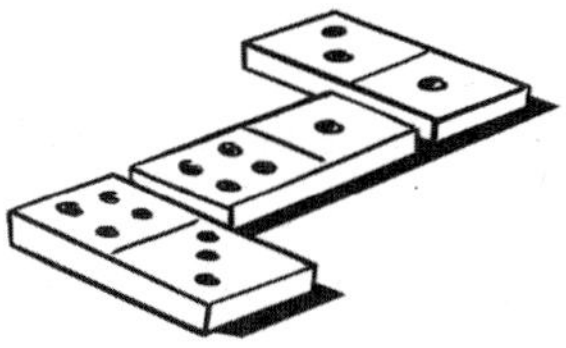

Material: Schere

Spielbeschreibung: Dieses Spiel könnt ihr zu zweit spielen.

Zur Vorbereitung schneidet ihr die 21 abgebildeten Dominosteine entlang den dickeren Linien aus. Anschließend müsst ihr versuchen, die Dominosteine (wie bei einem normalen Domino) so in eine geschlossene Kette zu legen, dass auf angrenzenden Steinen gleichwertige Rechenausdrücke stehen.

2 + 3	10 · (5 + 7)	60 - 48	2 · (3 + 2 + 5)	35 + 28 - 49	4 · (6 - 3 + 7)
6 + 4 + 10	7 · (5 + 4 - 7)	7 + 19 - 1	(13 + 9) · 11	6 + 4	6 · (5 + 1)
1440 - 96	15 · (2 + 15)	27 - 9	1 · (2 + 3)	102 - 48 + 18	(5 + 25) · 5
20 - 8	3 · (9 - 3)	8 + 36 + 4	(7 + 19 - 1) · 1	34 + 170	(17 - 8 + 3) · 6
25 + 125	(15 - 9) · 9	135 - 81	(10 + 100) · 3	30 + 6	2 · (10 - 4)
30 + 225	(2 + 9 + 1) · 4	30 + 300	2 · (3 + 2)	24 - 12 + 28	13 · (7 + 9)
91 + 117	12 · (120 - 8)	143 - 99	(2 + 10) · 17	50 + 70	12 · (5 - 4)

Rechenlotto

Material: drei Würfel

Spielbeschreibung: Dieses Spiel könnt ihr zu zweit oder zu dritt spielen.
Der erste Spieler bestimmt mit drei Würfeln drei Zahlen. Nun muss er versuchen, mit diesen drei Zahlen eine Rechenaufgabe zu bilden, die als Ergebnis eine der Zahlen von 1 bis 30 hat.

Beispiel: Ein Schüler würfelt die Zahlen 1, 3 und 6. Er kann dann die Zahl 3 (= 1 · 6 – 3), die Zahl 4 (= 1 + 6 – 3), die Zahl 10 (= 1 + 6 + 3), die Zahl 19 (= 3 · 6 + 1) oder die Zahl 24 (= 3 + 1) · 6)) erhalten.

Findet der Schüler eine passende Rechnung, trägt er sie in die abgebildete Tabelle zu dem vorgegebenen Ergebnis ein und erhält einen Punkt. Diese Zeile ist dann aber für weitere Rechnungen mit demselben Ergebnis gesperrt. Anschließend ist der nächste Spieler am Zug.
Gewonnen hat der Schüler, der die meisten Punkte sammeln konnte.

Rechnung	Name
= 1	
= 2	
= 3	
= 4	
= 5	
= 6	
= 7	
= 8	
= 9	
= 10	
= 11	
= 12	
= 13	
= 14	
= 15	

Rechnung	Name
= 16	
= 17	
= 18	
= 19	
= 20	
= 21	
= 22	
= 23	
= 24	
= 25	
= 26	
= 27	
= 28	
= 29	
= 30	

Partner-/Gruppenarbeit

Gerade, Halbgerade und Strecke I

Diskutiere die Aufgaben 1 bis 4 mit deiner Partnerin oder deinem Partner.

1 Von einer Geraden und einer Halbgeraden kann man immer nur ein Stück zeichnen. Warum?

____

2 Wie viele Geraden kann man durch einen Punkt zeichnen?

____

3 Wie viele Geraden kann man durch zwei Punkte zeichnen?

____

4 Klaus zeichnet die Gerade durch A und B so:

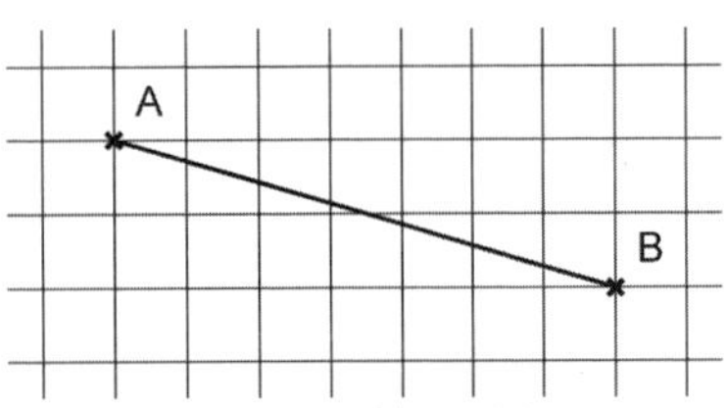

Kathrin zeichnet so:

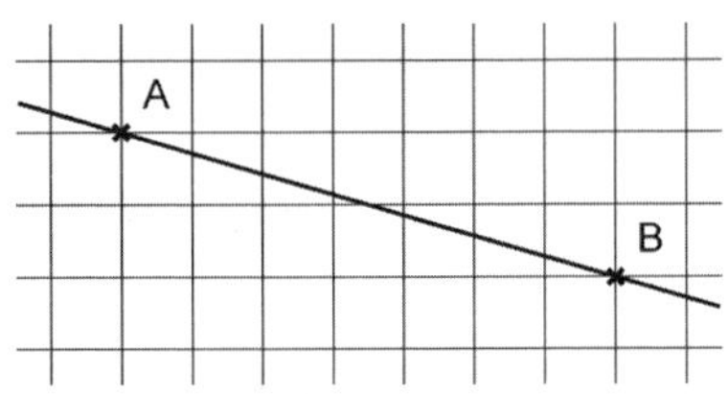

Was meint ihr? ______________________________

____

Löse die Aufgaben 5 und 6 zuerst in Einzelarbeit. Vergleiche dann mit deinem Partner.

5 Zeichne von A aus eine Halbgerade durch B und eine Gerade durch A und C.

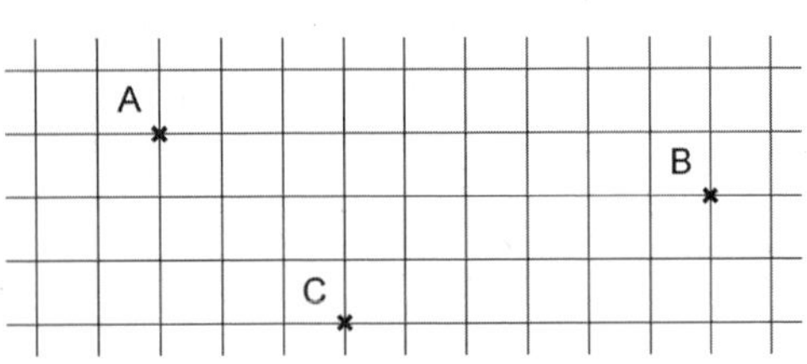

6 Zeichne alle möglichen Verbindungsgeraden. Wie viele gibt es?

____

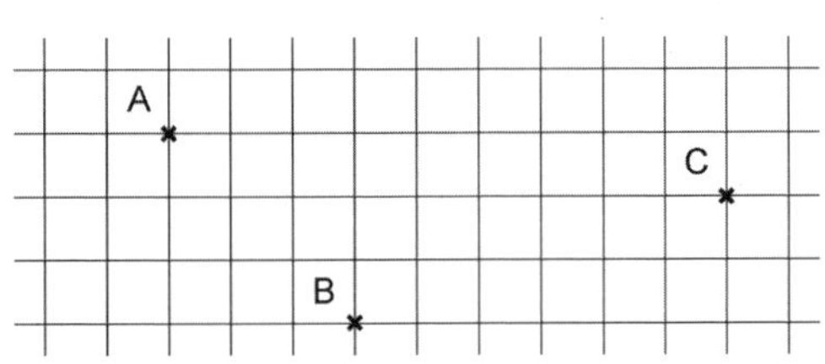

7 Vervollständige die Tabelle mithilfe von Skizzen, die du auf der Rückseite des Blattes zeichnen kannst. Arbeite mit deiner Partnerin oder deinem Partner zusammen. Erkennst du eine Gesetzmäßigkeit? Beachte: Es liegen nie mehr als zwei Punkte auf einer Geraden!

Anzahl der Punkte	1	2	3	4	5	6	7
Anzahl der Verbindungsgeraden							

Gesetzmäßigkeit: ______________________________

Aus: 3-12-740352-6 Schnittpunkt 1, BW, ServiceBand

Ernst Klett Verlag GmbH, Stuttgart 2004

Gerade, Halbgerade und Strecke II

Diskutiere die Aufgaben 1 und 2 mit deiner Partnerin oder deinem Partner.

1 Auf einer Geraden liegen die drei Punkte A, B und C. Peter sagt: „Wir haben zwei Strecken, die Strecke $\overline{AB}$ und die Strecke $\overline{BC}$“. Simone sagt: „Du hast eine vergessen. Es gibt auf dieser Geraden noch eine Strecke.“ Was meint ihr? Fertigt auf der Rückseite eine Zeichnung an.

____

____

2 Klaus zeichnet die Strecke von A nach B so:

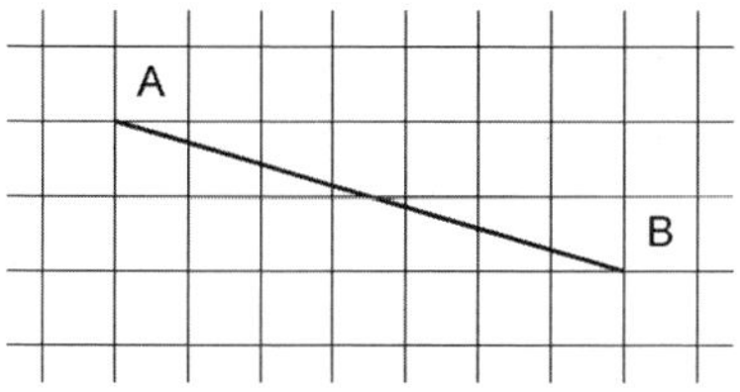

Kathrin zeichnet so:

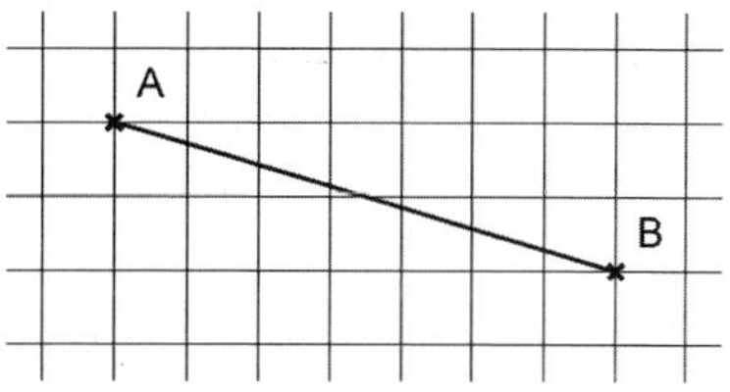

Was meint ihr?

____

____

Löse die Aufgaben 3 und 4 zuerst in Einzelarbeit. Vergleiche dann mit deiner Partnerin oder deinem Partner.

3 Zeichne die Strecken $\overline{AC}$ und $\overline{BD}$ ein.
Gibt es noch mehr Verbindungsstrecken? Zeichne sie ein und benenne sie.

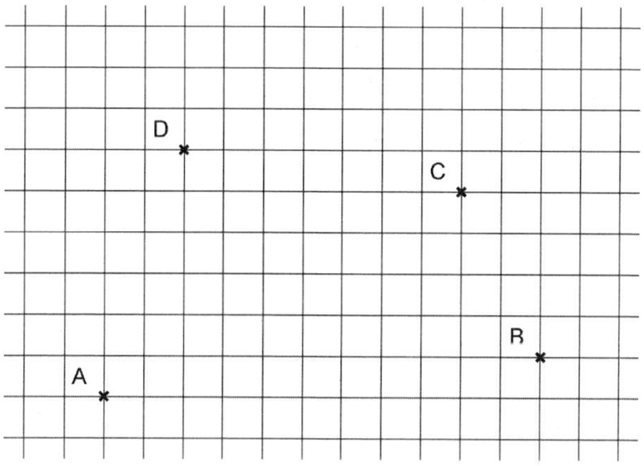

4 Du hast für den Zusammenhang von der Anzahl der Punkte und der Anzahl der möglichen Verbindungsgeraden eine Gesetzmäßigkeit entdeckt. Gilt diese auch für Verbindungsstrecken?

Anzahl der Punkte	1	2	3	4	5	6	7
Anzahl der Verbindungsstrecken							

____

____

Fertig? Warte auf deine Partnerin oder deinen Partner. Vergleicht und diskutiert die Unterschiede.

Aus: 3-12-740352-6 Schnittpunkt 1, BW, ServiceBand

Ernst Klett Verlag GmbH, Stuttgart 2004

Strecken und Geraden

Schülerbuchseite 89, Aufgaben 1 bis 4

1 Verbinde alle Punkte und bezeichne die Strecken.

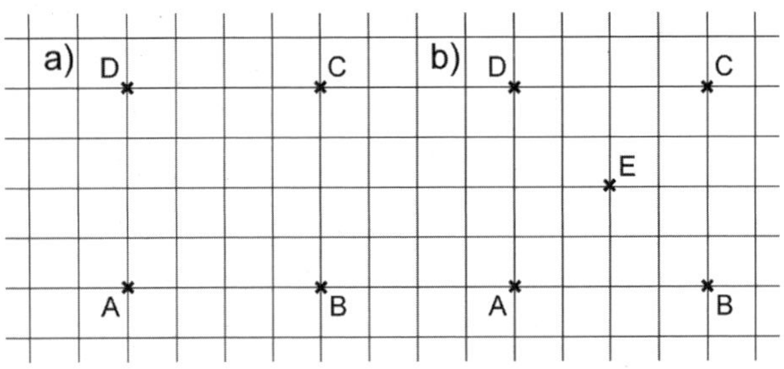

2 Verbinde die Punkte durch Geraden. Zeichne die Geraden bis zum Rand des Karofeldes.

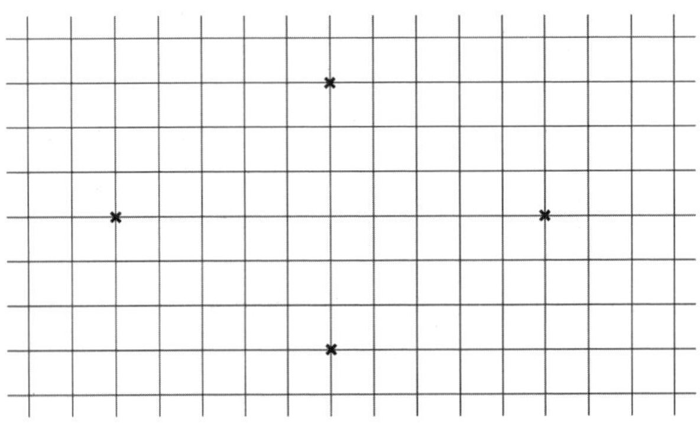

3 Verbinde alle Punkte durch Strecken. Das gibt eine schöne Figur.

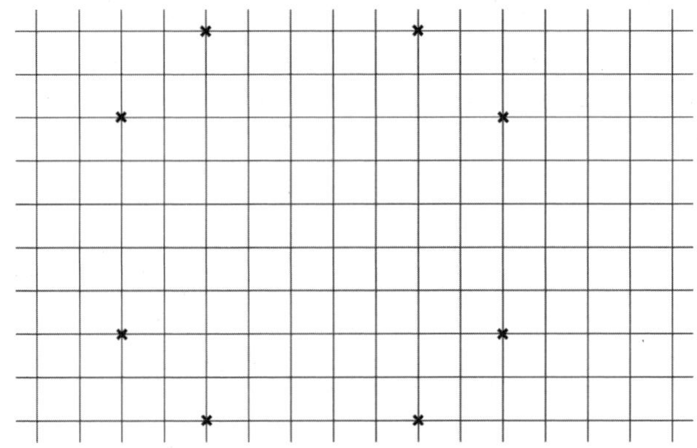

4 Verbinde alle Punkte durch Strecken. Markiere die Schnittpunkte. Verbinde sie wieder durch Strecken.

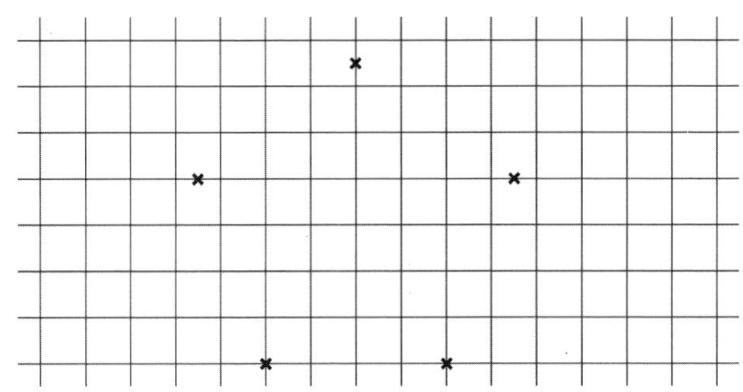

Schülerbuchseite 92, Aufgaben 4 bis 6

4 a) Zeichne durch den Punkt A die Gerade i, die zu g senkrecht ist.
b) Zeichne durch den Punkt B die Gerade k, die zu h senkrecht ist.

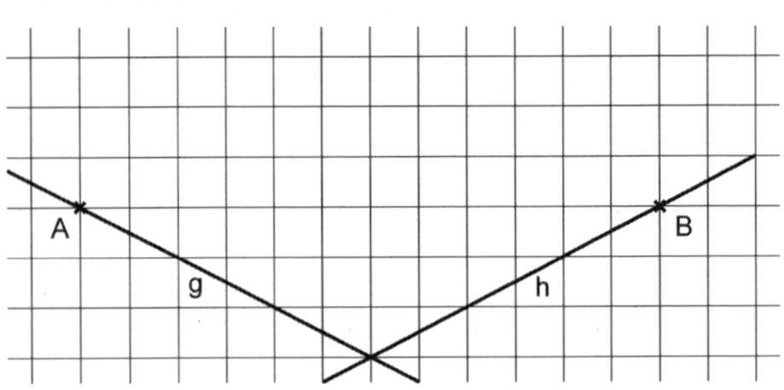

5 Zeichne durch jeden der Punkte P, Q und R die Gerade, die zu g senkrecht ist.

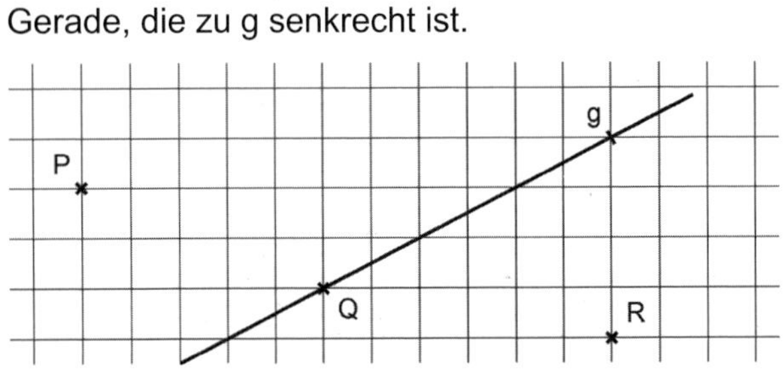

6 Verbinde gegenüberliegende Eckpunkte. Prüfe mit dem Geodreieck, ob die Strecken zueinander senkrecht sind.

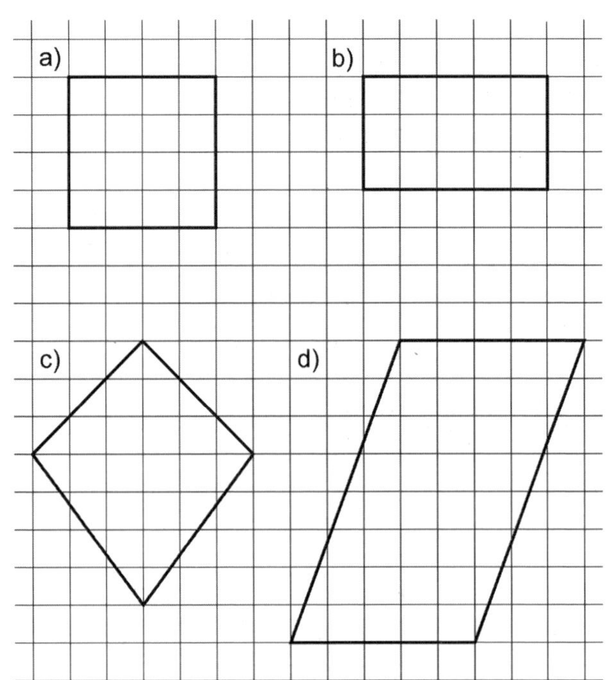

Wie viele Strecken?

1 Zähle die Strecken.

a) Anzahl der Strecken: ☐

b)  ☐

c) ☐

d) ☐

e) ☐

f)  ☐

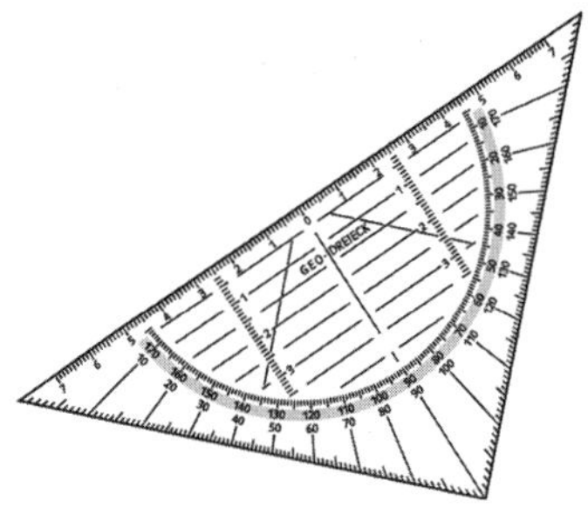

Wie bist du beim Abzählen vorgegangen, um keine Strecke zu vergessen?

____

____

2 Zähle auch hier die Strecken. Wie gehst du dabei vor? Denke an die Ergebnisse aus Aufgabe 1.

a) 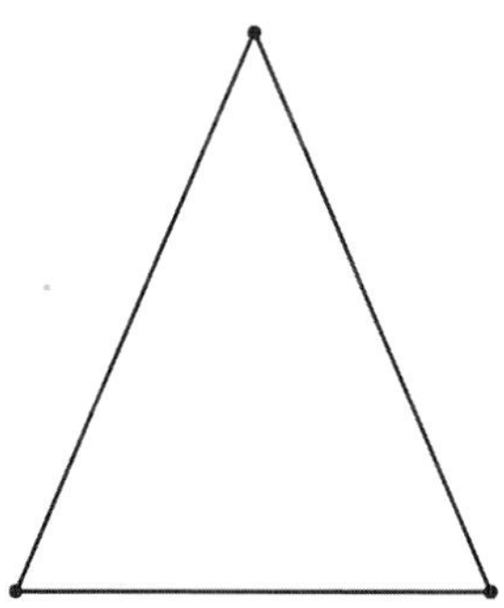 ☐

b) 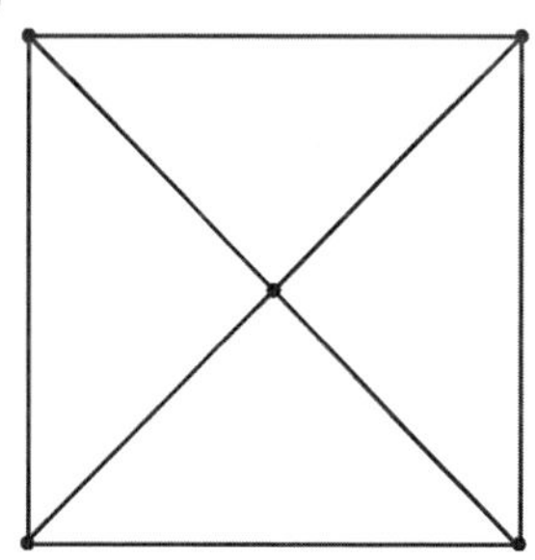 ☐

c) 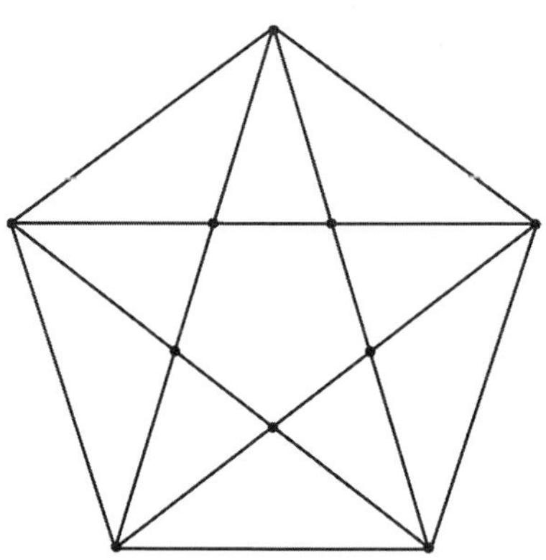 ☐

d) 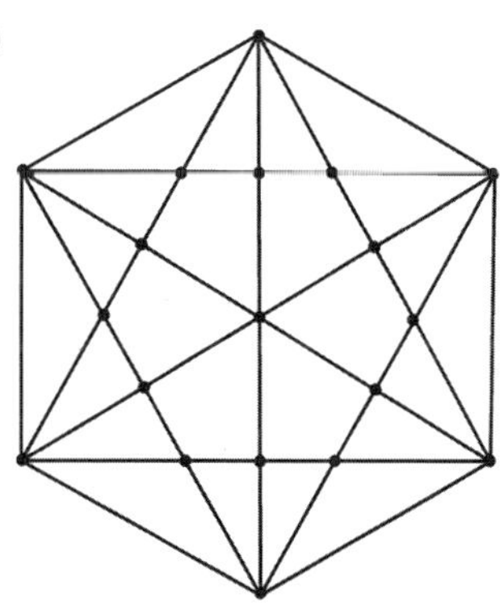 ☐

____

____

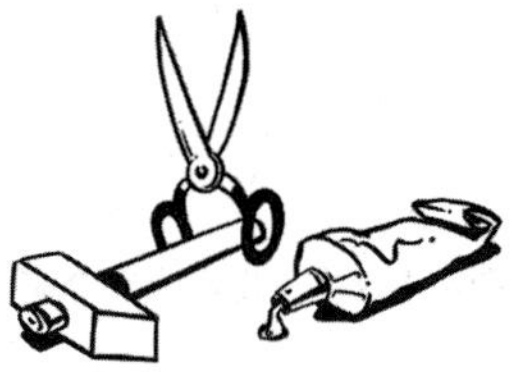

Bauanleitung für ein Nagelbrett

Material:
- 1 Sperrholzbrett von 1 cm Dicke; Maße: 15 cm x 15 cm
- 1 Rundstab (4 mm Durchmesser, 55 cm lang)
- 1 Puk-Säge, 1 Stecknadel, Leim, Schleifpapier
- Bohrmaschine mit Bohrständer und 4 mm Holzbohrer

Bauplan

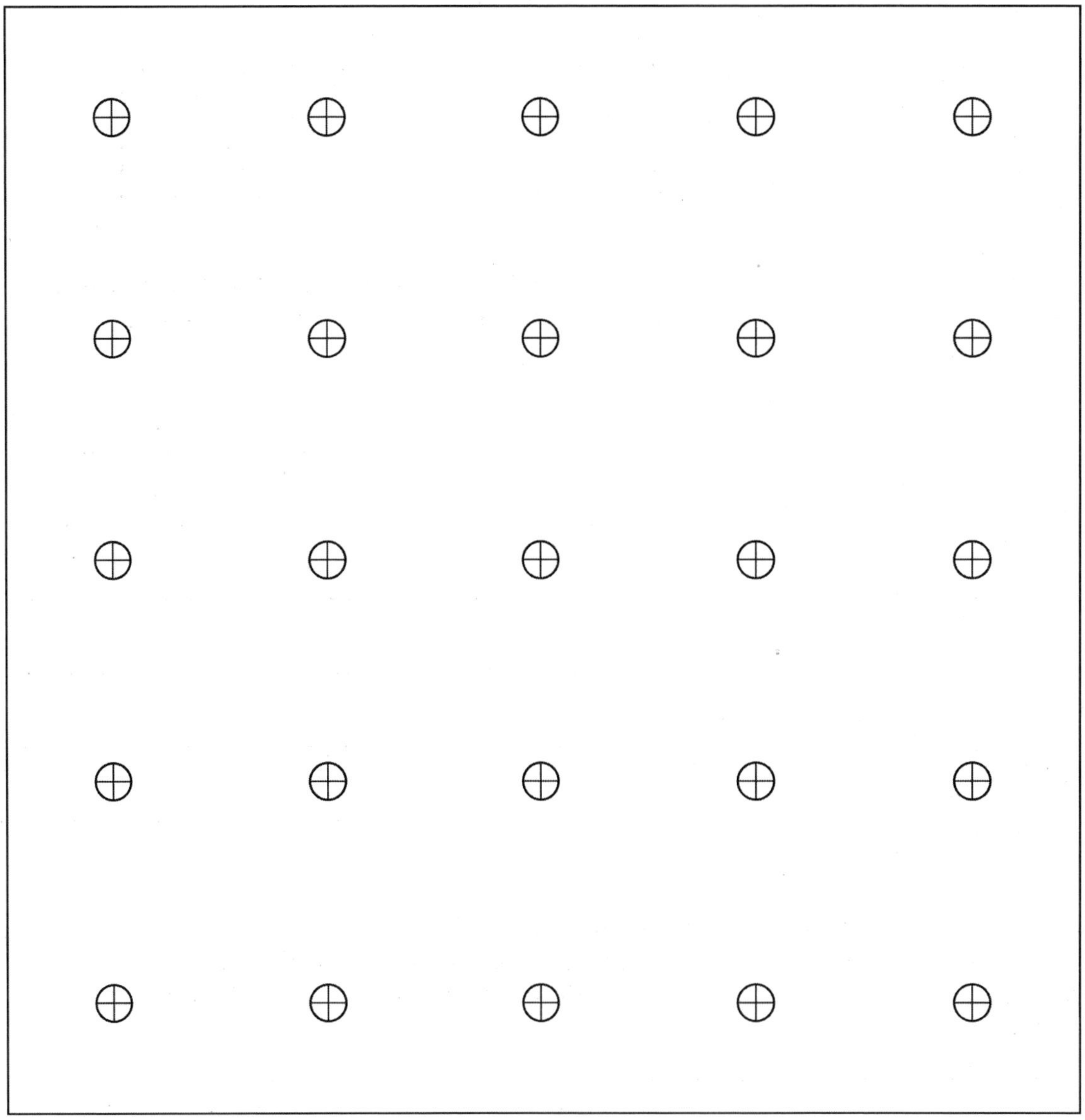

Arbeitsschritte:
- Säge von dem Rundstab 25 Teile (Dübel) mit jeweils exakt 2 cm Länge ab.
- Schleife die Dübel an den Enden ein wenig rund.
- Schneide den Bauplan aus und lege ihn auf das Sperrholzbrett.
- Übertrage mit der Stecknadel die Bohrlöcher auf das Sperrholzbrett.
- Bohre nun an diesen Stellen 7 mm tief in das Sperrholzbrett.
- Zum Schluss musst du nur noch die Dübel einleimen.

Senkrechte und Parallele: Übungen mit dem Nagelbrett

Material: Nagelbrett und Gummiringe

1 Spanne zwei Gummis vom markierten Nagel aus. Eines soll senkrecht, das andere parallel zu dem bereits gespannten Gummi liegen. Zeichne die Lage der beiden Gummis ein.

a)

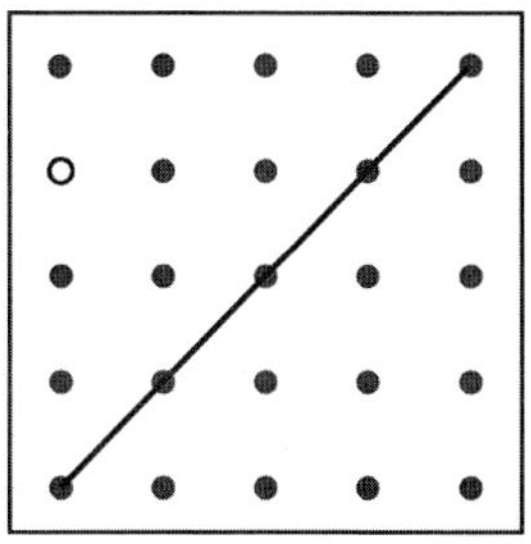

b)

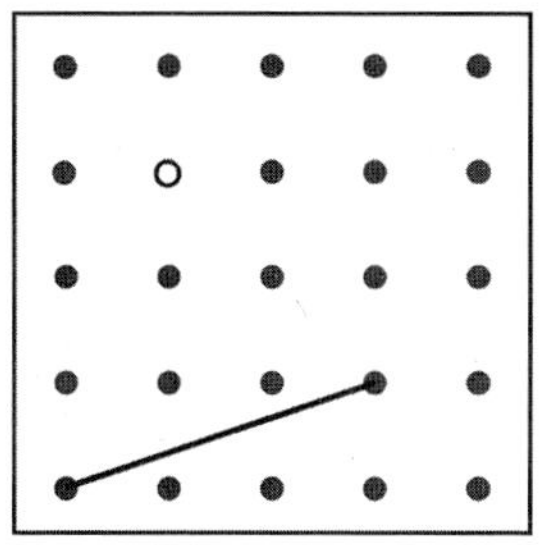

c)

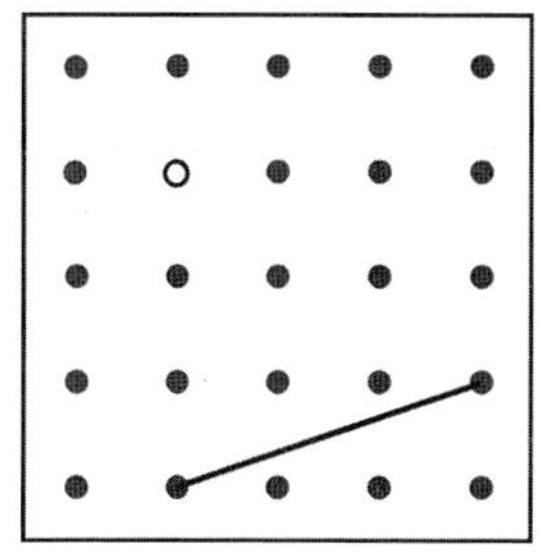

2 Gruppenarbeit:
Legt vier Nagelbretter zusammen und spannt dann die beiden Gummiringe wie abgebildet. Sind die beiden senkrecht zueinander? Begründet eure Meinung. Kontrolliert euer Ergebnis dann mit dem Geo-Dreieck.

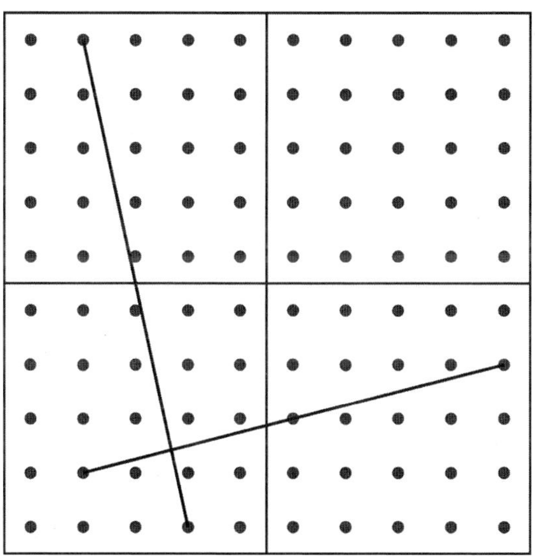

Begründung:

____

____

____

____

____

____

3 Spanne auf dem Nagelbrett verschiedene Vierecke, bei denen
a) die Seiten senkrecht zueinander stehen. b) die Seiten parallel zueinander sind.
Skizziere die gefundenen Figuren. Du kannst auch zwei oder drei Vierecke in unterschiedlichen Farben in ein Nagelbrett zeichnen.

a)

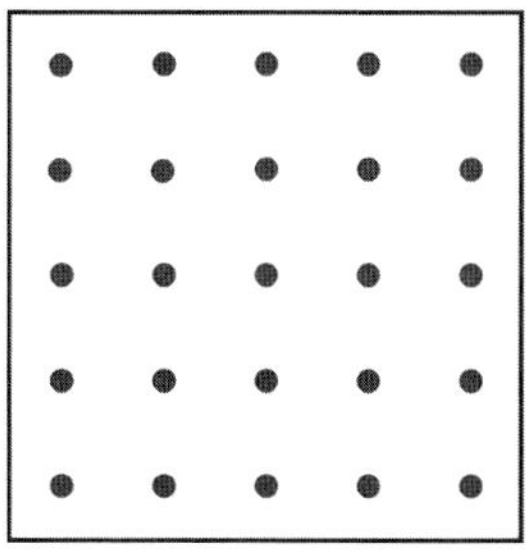

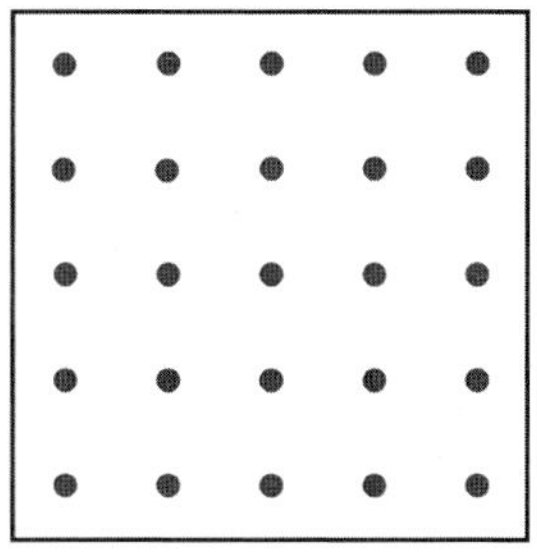

b)

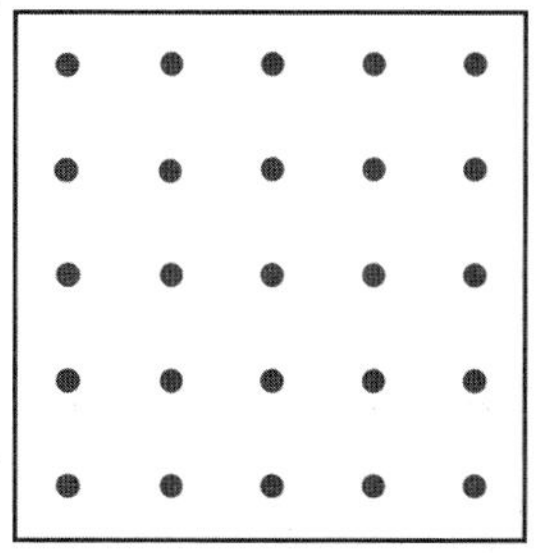

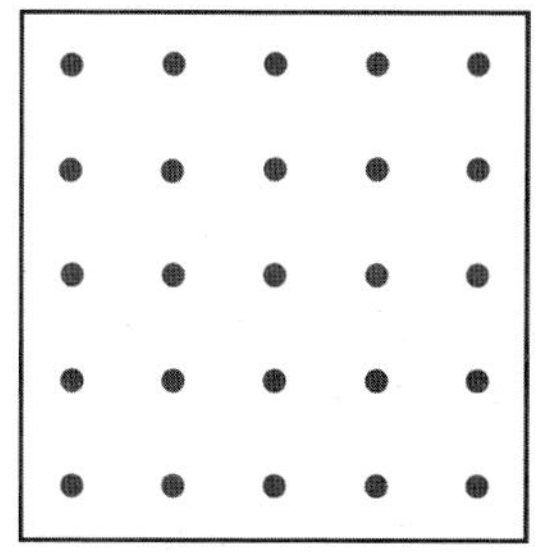

Findet ihr noch andere Vierecke, wenn ihr vier Nagelbretter zusammenlegt?

Ernst Klett Verlag GmbH, Stuttgart 2004

Senkrechte und Parallele: Eine Zeichenübung

Hier kannst du üben, möglichst genau senkrechte und parallele Linien zu zeichnen.

1 Setze die Figur fort. Wenn du genau arbeitest, kriecht die Schnecke genau auf einer der Linien deiner Figur.

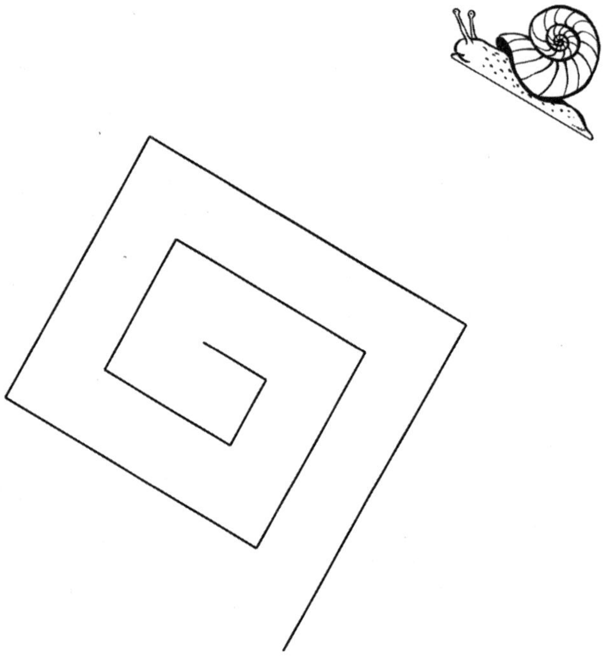

2 Zeichne weitere Parallelen. Du erhältst lauter kleine Dreiecke. Male sie so aus, dass ein schönes Muster entsteht. Schneide dein Muster aus und klebe es in dein Heft.

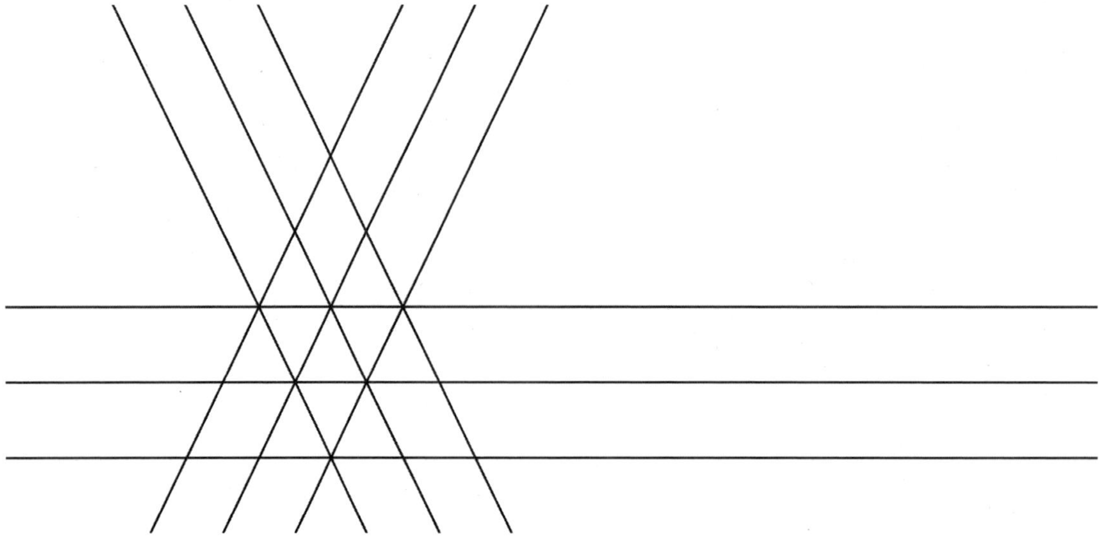

Tandembogen Geometriediktat

Hier knicken

Aufgaben für Partner B

Diktiere deinem Partner die beiden Geometriediktate.
Beachte: Nach jeder Zeile warten. Jede Zeile höchstens zweimal wiederholen.

Erstes Geometriediktat

1 Zeichne zwei senkrechte Geraden a und b.

2 Zeichne einen Punkt Q, der auf keiner der beiden Geraden liegt.

3 Zeichne durch Q eine Parallele zu a. Nenne sie g.

4 Frage: Welche Lage haben g und b zueinander?

Zweites Geometriediktat

1 Zeichne zwei parallele Geraden a und b.

2 Markiere einen Punkt P auf a.

3 Zeichne durch P eine Senkrechte zu b. Nenne sie g.

4 Frage: Welche Lage haben g und a zueinander?

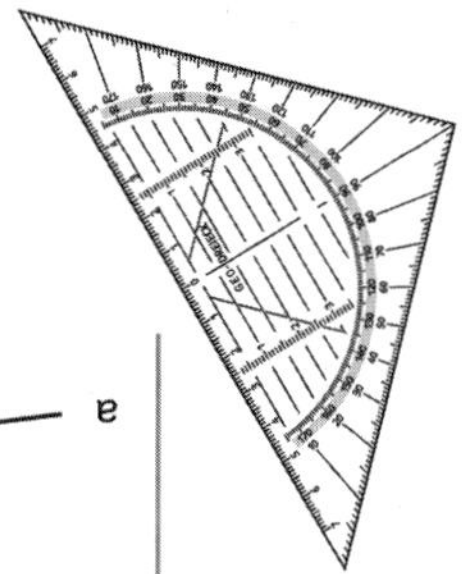

Lösungen für Partner A

Erstes Diktat
s und b sind senkrecht zueinander.

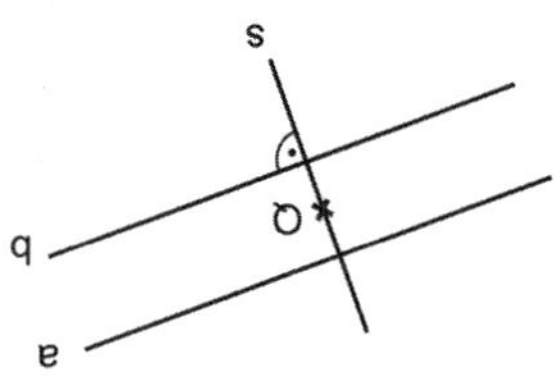

Zweites Diktat
s und a sind senkrecht zueinander.

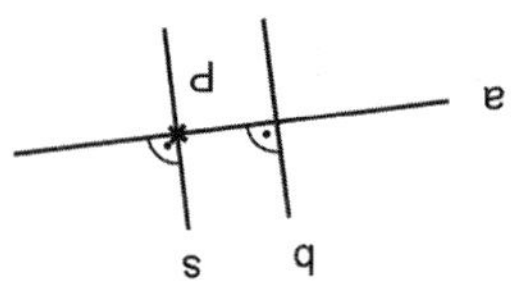

Tandembogen Geometriediktat

Hier knicken

Aufgaben für Partner A

Diktiere deinem Partner die beiden Geometriediktate.
Beachte: Nach jeder Zeile warten. Jede Zeile höchstens zweimal wiederholen.

Erstes Geometriediktat

1 Zeichne zwei parallele Geraden a und b.

2 Zeichne einen Punkt Q, der zwischen den beiden Geraden liegt.

3 Zeichne durch Q eine Senkrechte zu a. Nenne sie s.

4 Frage: Welche Lage haben s und b zueinander?

Zweites Geometriediktat

1 Zeichne zwei senkrechte Geraden a und b.

2 Zeichne den Punkt P. Er liegt auf a und nicht auf b.

3 Zeichne durch P eine Paralle zu b. Nenne sie s.

4 Frage: Welche Lage haben s und a zueinander?

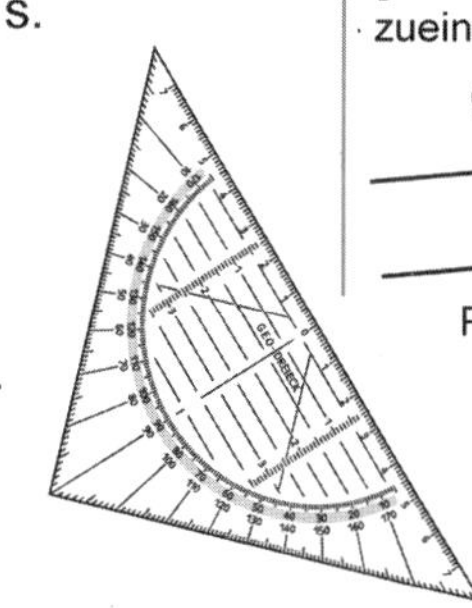

Lösungen für Partner B

Erstes Diktat
g und b sind senkrecht zueinander.

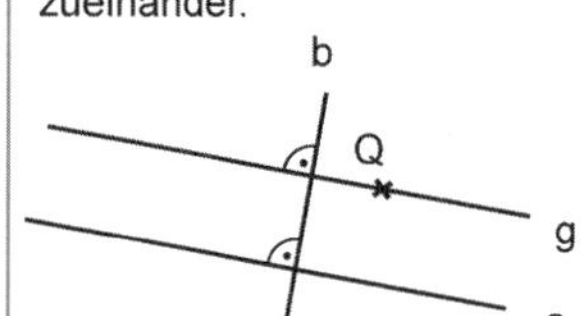

Zweites Diktat
g und a sind senkrecht zueinander.

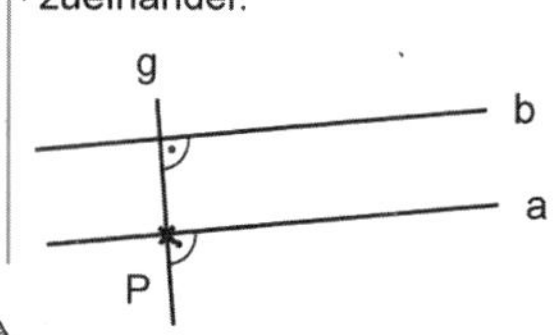

Lagebeschreibung – Partnerarbeitsblatt 1

Beschrifte die Quadrate so, dass du mit deiner Partnerin oder deinem Partner das Spiel „Schiffe entdecken“ spielen kannst.
Beachte: Die Schiffe dürfen einander nicht berühren.

Trage die folgenden Schiffe ein:

1 Dreier
1 Zweier
1 Einser

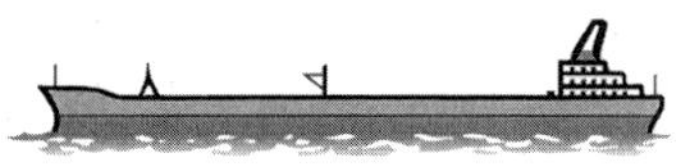

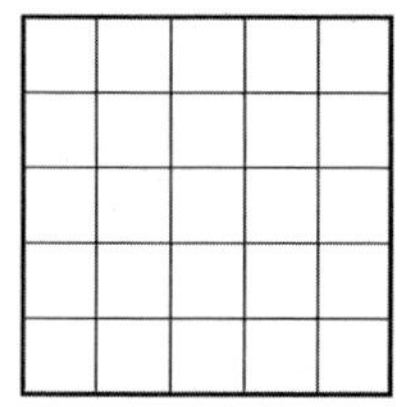

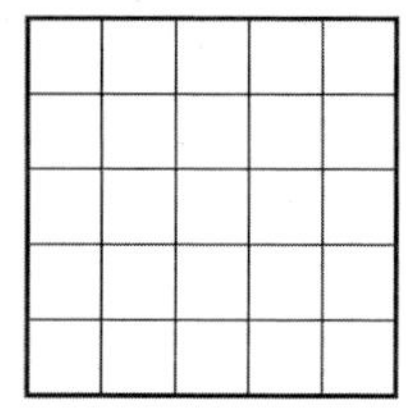

Löse die Aufgaben 1 und 2 in Einzelarbeit.

1 Gib die Lage der Punkte an:

A(|); B(|); C(|); D(|); E(|).

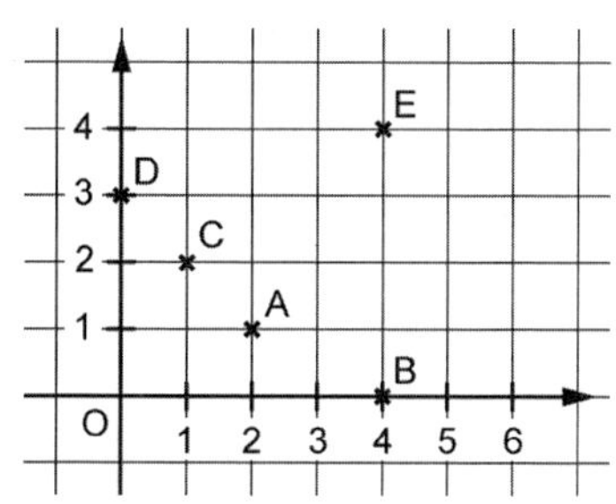

2 Trage die folgenden Punkte in das Quadratgitter ein:

M(2|2); N(1|0); U(0|4); V(3|1); Z(1|3).

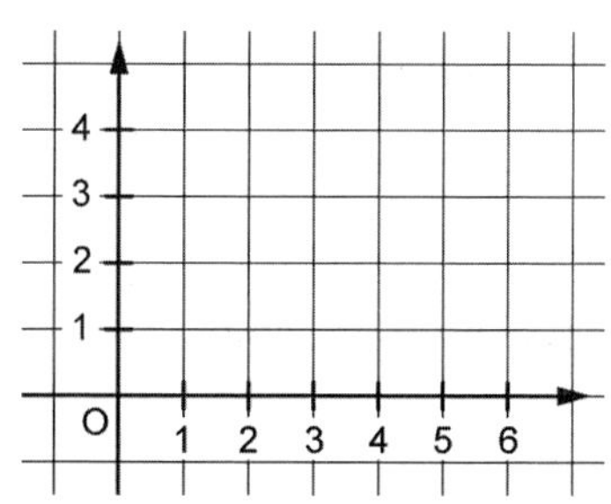

3 Warte bis deine Partnerin oder dein Partner fertig ist. Beschreibe ihr oder ihm dann die Lage der Punkte aus Aufgabe 2.

4 Beschreibe deiner Partnerin oder deinem Partner die Lage so, dass sie oder er die Punkte richtig einzeichnen kann. Trage dann die Punkte ein, die dein Partner diktiert. Verbinde alle Punkte der Reihe nach (A mit B; B mit C; C mit D usw.).
Kontrolle: Es entsteht eine besondere Figur.

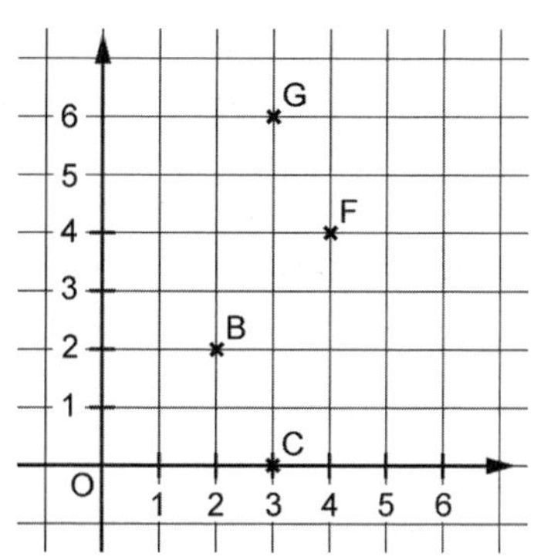

Fertig? Vergleiche deine Ergebnisse mit denen deiner Partnerin oder deines Partners.
Gibt es Unterschiede? Diskutiert darüber.

Lagebeschreibung – Partnerarbeitsblatt 2

Beschrifte die Quadrate so, dass du mit deiner Partnerin oder deinem Partner das Spiel „Schiffe entdecken“ spielen kannst.
Beachte: Die Schiffe dürfen einander nicht berühren.

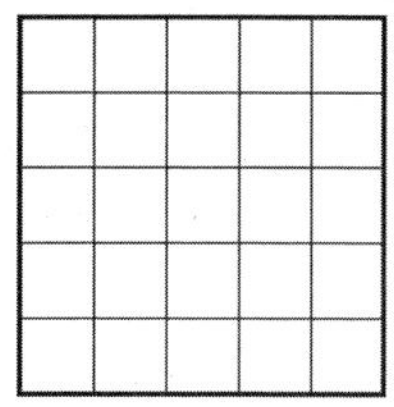

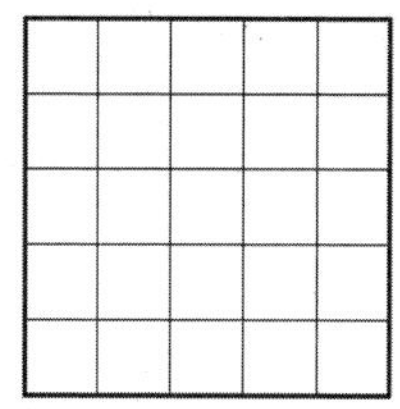

Trage die folgenden Schiffe ein:

1 Dreier
1 Zweier
1 Einser

Löse die Aufgaben 1 und 2 in Einzelarbeit.

1 Trage die folgenden Punkte in das Quadratgitter ein:

A(2 | 1); B(4 | 0); C(1 | 2); D(0 | 3); E(4 | 4).

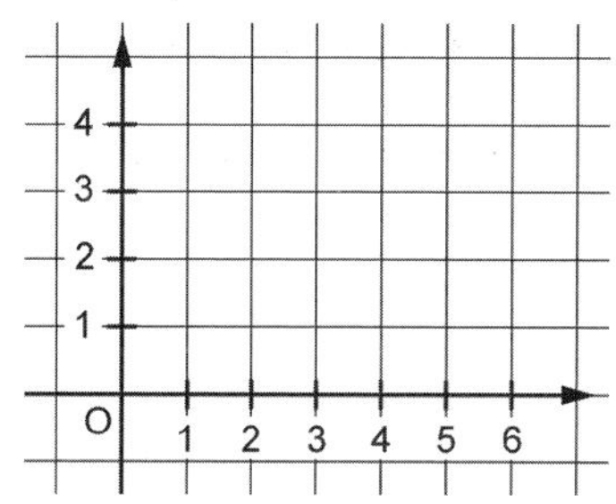

2 Gib die Lage der Punkte an:

M(|); N(|); U(|); V(|); Z(|).

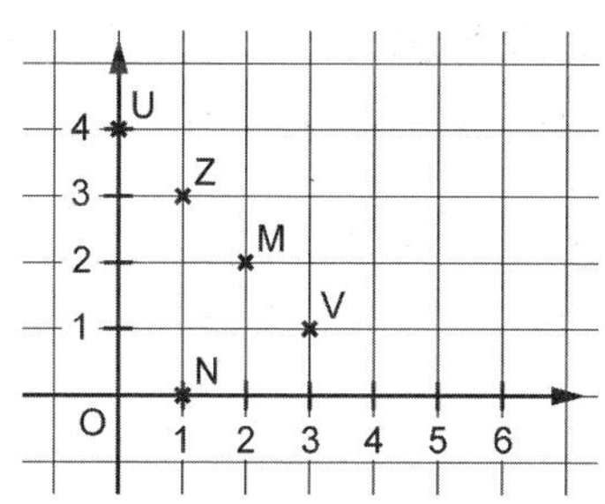

3 Warte bis deine Partnerin oder dein Partner fertig ist. Beschreibe ihr oder ihm dann die Lage der Punkte aus Aufgabe 2.

4 Beschreibe deiner Partnerin oder deinem Partner die Lage so, dass sie oder er die Punkte richtig einzeichnen kann. Trage dann die Punkte ein, die dein Partner diktiert. Verbinde alle Punkte der Reihe nach (A mit B; B mit C; C mit D usw.).
Kontrolle: Es entsteht eine besondere Figur.

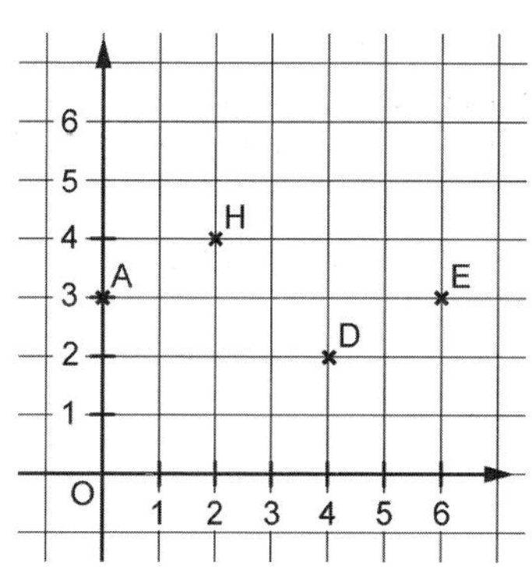

Fertig? Vergleiche deine Ergebnisse mit denen deiner Partnerin oder deines Partners.
Gibt es Unterschiede? Diskutiert darüber.

Senkrechte, Parallele und Abstand

1 Welche Geraden sind senkrecht zueinander, welche sind parallel?

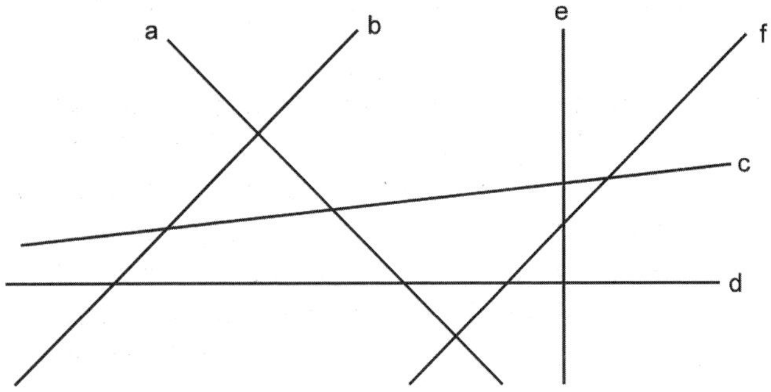

senkrechte Geraden: ____________________

parallele Geraden: ____________________

2 Zeichne zur Geraden g eine Parallele h im Abstand von 3 cm.
Zeichne nun eine zu h senkrechte Gerade k.
Welche Lage haben k und g zueinander?

____

3 Welchen Abstand hat der Punkt P von den Geraden a, b bzw. von k?

____

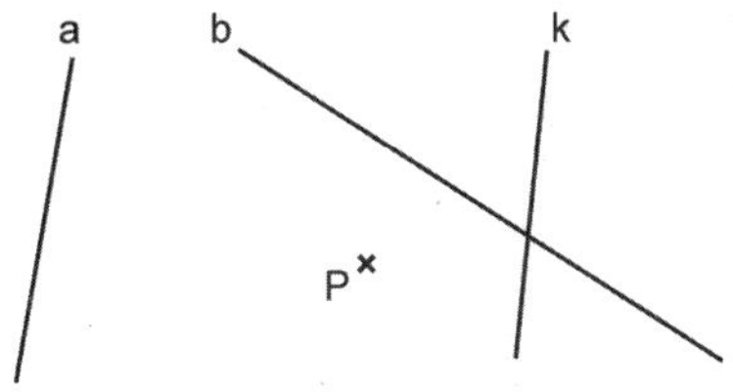

4 Welchen Abstand haben die beiden Geraden g und h voneinander?

____

5 Zeichne eine zur Geraden g parallele Gerade h durch den Punkt P. Zeichne nun eine zu h senkrechte Gerade x durch P.
Welche Lage haben g und x zueinander?

____

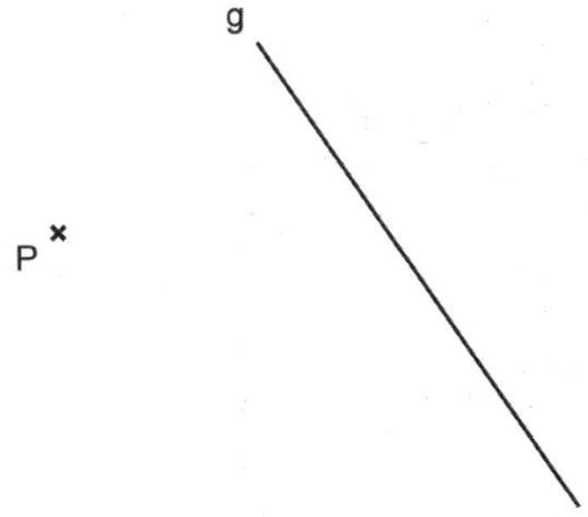

6 Zeichne zur Geraden a eine senkrechte Gerade c durch A. Zeichne nun eine zu c parallele Gerade z durch F.
Welche Lage haben z und a zueinander?

____

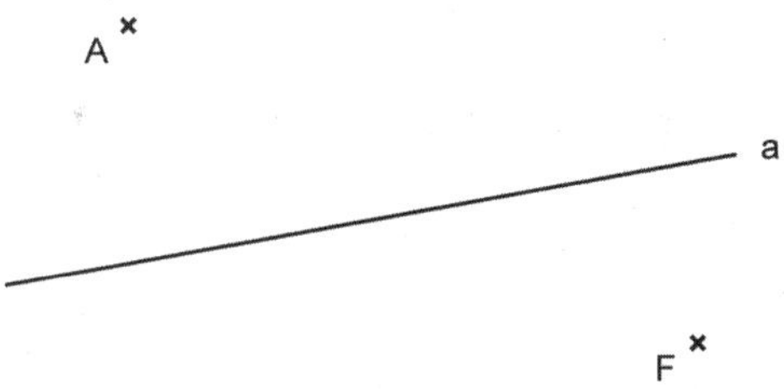

a ⊥ b; e ⊥ d; f ∥ b | senkrecht | 1,1 cm; 0,7 cm; 2,2 cm | 2,6 cm | senkrecht | senkrecht

Die Insel „El Grande Largos“

Tja, liebe Freunde der Schatzsucherkunst, hier habt ihr die Karte der unter Seeräubern so berüchtigten Insel „El Grande Largos“, auf der ein sagenumwobener Schatz versteckt sein soll. Aber wo? Um ihn zu finden, müsst ihr euch an folgende Anweisungen halten:

Geht vom Ausgangspunkt in Richtung Totenkreuz; zieht hierzu eine Gerade, die durch die beiden Punkte **x** geht. Senkrecht zu diesem ersten Weg müsst ihr eine zweite Gerade zeichnen, die genau durch die Spitze der „Hügel des Südens“ verläuft. Wenn ihr diese Gerade Richtung Norden verfolgt, müßtet ihr irgendwann auf einen See stoßen. Am Seeufer angelangt geht ihr senkrecht zum bisherigen Weg Richtung Südosten, bis ihr auf den zweiten See stoßt. Von dort geht ihr auf dem direkten Wege in Richtung der Spitze des Nordhügels. Sobald ihr auf diesem Weg den Punkt erreicht, der den geringsten Abstand zur gefährlichen Haifischbucht hat, müsst ihr einen neuen Weg auf einer Geraden einschlagen. Dieser soll parallel zu dem Weg liegen, den ihr zwischen den beiden Seen gegangen seid. Den Weg geht ihr in südöstlicher Richtung, bis ihr den Punkt auf dem Weg erreicht, der den geringsten Abstand zur einzigen Inselpalme besitzt. Einen Weg, dessen Länge diesem Abstand entspricht, müsst ihr dann auch gehen, aber nicht in Richtung Inselpalme, sondern genau in der entgegengesetzten Richtung. Dort werdet ihr den Schatz finden! Viel Glück!

Entfernung und Abstand

Schülerbuchseite 101, Aufgaben 9, 10 und 12

9 Zeichne einen Punkt, der von der Geraden g den Abstand 2 cm und zugleich von der Geraden h den Abstand 3 cm hat. Gibt es mehr als einen solchen Punkt?

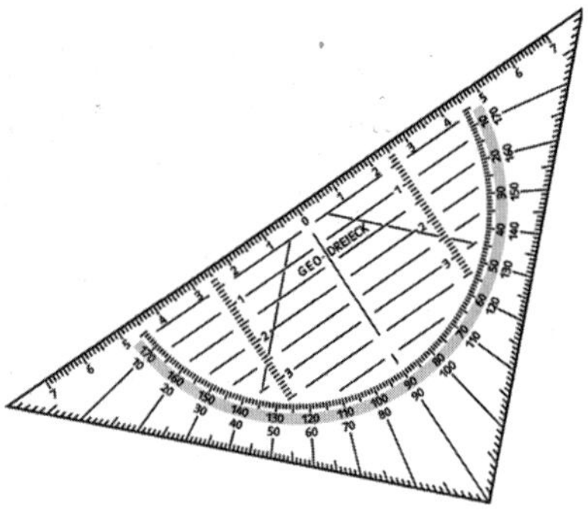

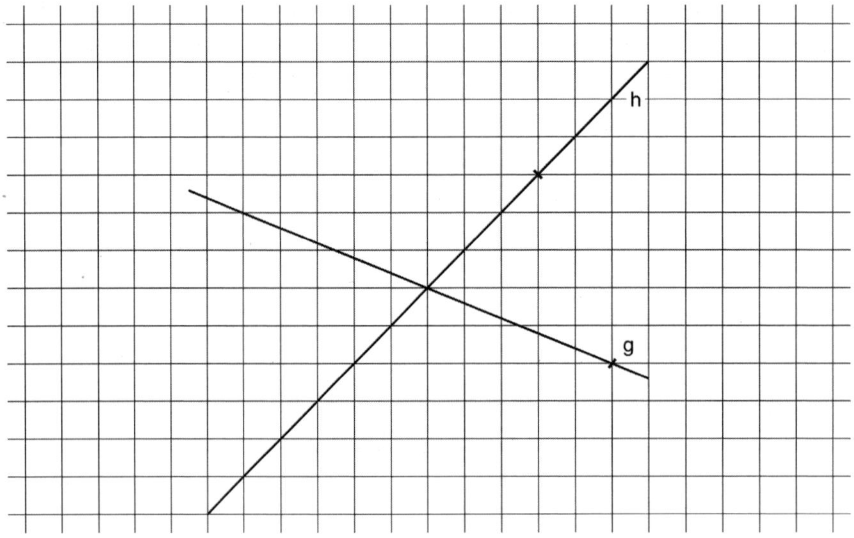

10 Zeichne den Punkt P, der von g denselben Abstand hat wie A und von h denselben Abstand wie B.

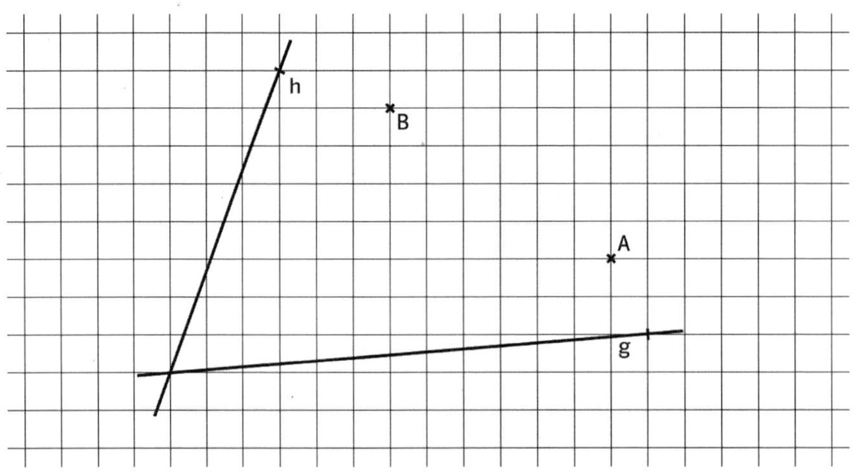

12 Bevor der Hund zum Fressnapf kommt, muss er um die Mauern herum laufen. Suche den kürzesten Weg für den hungrigen Hund.

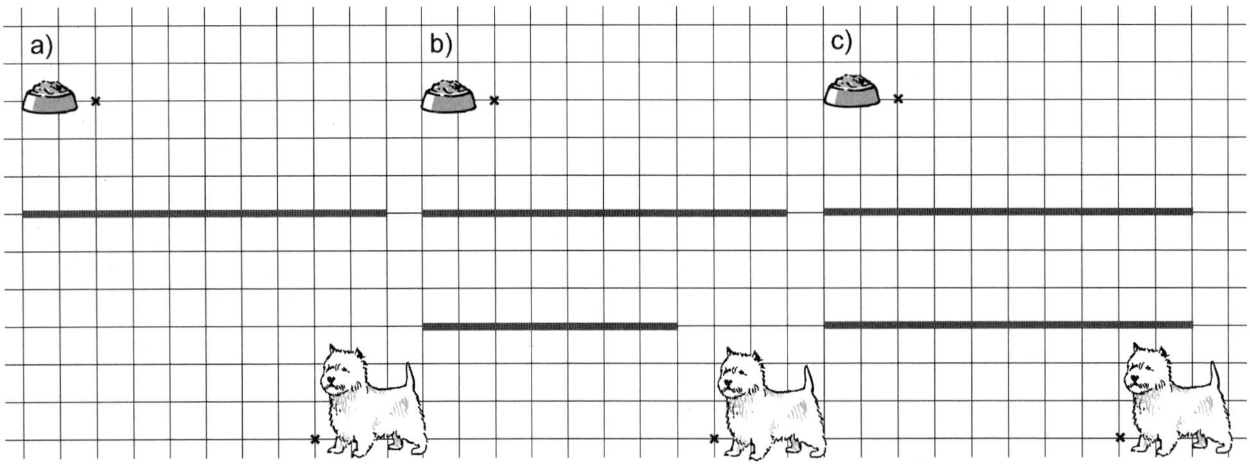

Viereck-Domino

Material: Schere

Spielbeschreibung: Schneide die Dominosteine entlang der dickeren Linien aus. Lege die Teile dann so aneinander, dass immer ein Viereck an die passende Vierecks-Eigenschaft stößt. So erhältst du eine schöne Dominoschlange mit einem Anfangs- und einem Endpunkt.

		**Trapez**	• vier rechte Winkel • Diagonalen sind zueinander senkrecht
Drachen	Parallelogramm mit vier gleich langen Seiten	**Quadrat**	**Drachen**
Raute	Quadrat und Drachen haben gemeinsam:	**Rechteck**	**Quadrat**
vier gleich lange Seiten		Die Diagonalen sind zueinander senkrecht.	Das Viereck hat vier rechte Winkel.
• benachbarte Seiten sind gleich lang • Diagonalen sind zueinander senkrecht	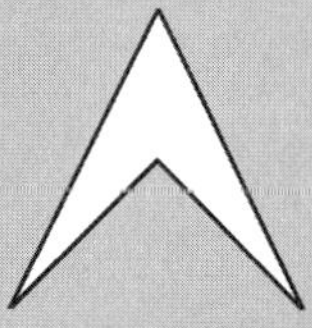	**Parallelogramm**	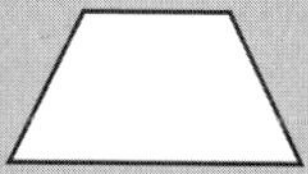
• vier gleich lange Seiten • benachbarte Seiten sind zueinander senkrecht	**Raute**	**Rechteck und Quadrat**	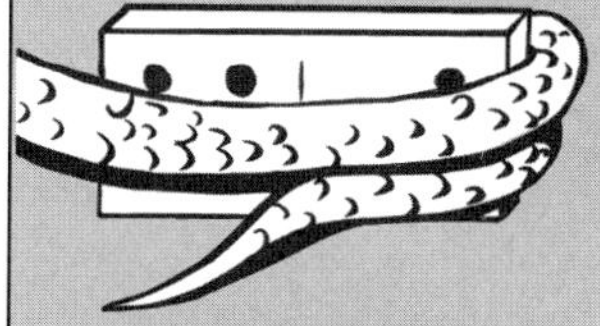

Tandembogen Besondere Vierecke

Hier knicken

Aufgaben für Partner B

1 Wie heißt dieses Viereck?
Zähle die besonderen Eigenschaften auf.

2 Raute und Quadrat. Nenne zwei Unterschiede.

3 Das Viereck ist nicht achsensymmetrisch und die gegenüberliegenden Seiten sind gleich lang. Wie heißt es?

4 Das Viereck hat eine Symmetrieachse und zwei Paar gleich lange Seiten. Wie heißt es?

5 Das Viereck ist ein Parallelogramm mit vier gleich langen Seiten.
a) Wie heißt es?
b) Welche Eigenschaften dieses Vierecks sind bei jedem Parallelogramm vorhanden?
c) Welche Eigenschaften kommen bei diesem Viereck dazu?

Lösungen für Partner A

1 Quadrat
- vier gleich lange Seiten
- benachbarte Seiten sind zueinander senkrecht
- die Diagonalen sind gleich lang
- die Diagonalen sind zueinander senkrecht
- es hat vier Symmetrieachsen

2 Das Parallelogramm hat keine rechten Winkel. Das Rechteck ist achsensymmetrisch oder: Beim Rechteck sind die Diagonalen gleich lang.

3 Raute

4 symmetrisches Trapez

5 a) Rechteck
b) Gegenüberliegende Seiten sind gleich lang und parallel.
c) Achsensymmetrie; rechte Winkel

Hier knicken

Tandembogen Besondere Vierecke

Aufgaben für Partner A

1 Wie heißt dieses Viereck?
Zähle die besonderen Eigenschaften auf.

2 Parallelogramm und Rechteck. Nenne zwei Unterschiede.

3 Das Viereck hat zwei Symmetrieachsen und keinen rechten Winkel. Wie heißt es?

4 Das Viereck hat eine Symmetrieachse und zwei parallele Seiten. Wie heißt es?

5 Das Viereck ist ein Parallelogramm mit zwei gleich langen Diagonalen.
a) Wie heißt es?
b) Welche Eigenschaften dieses Vierecks sind bei jedem Parallelogramm vorhanden?
c) Welche Eigenschaften kommen bei diesem Viereck dazu?

Lösungen für Partner B

1 Rechteck
- gegenüberliegende Seiten sind gleich lang
- benachbarte Seiten sind zueinander sekrecht
- die Diagonalen sind gleich lang
- besitzt zwei Symmetrieachsen

2 Die Raute hat keine rechten Winkel. Die Raute hat nur zwei Symmetrieachsen, oder: Beim Quadrat sind die Diagonalen gleich lang.

3 Parallelogramm

4 Drachen

5 a) Raute
b) Gegenüberliegende Seiten sind gleich lang.
c) Achsensymmetrie; die Diagonalen sind zueinander senkrecht

Würfel-Domino

Material: Schere

Spielbeschreibung: Schneide die Dominosteine entlang der dickeren Linien aus. Lege die Teile dann so aneinander, dass immer ein Würfel an das passende Netz stößt. So erhältst du eine schöne Dominoschlange mit einem Anfangs- und einem Endpunkt.

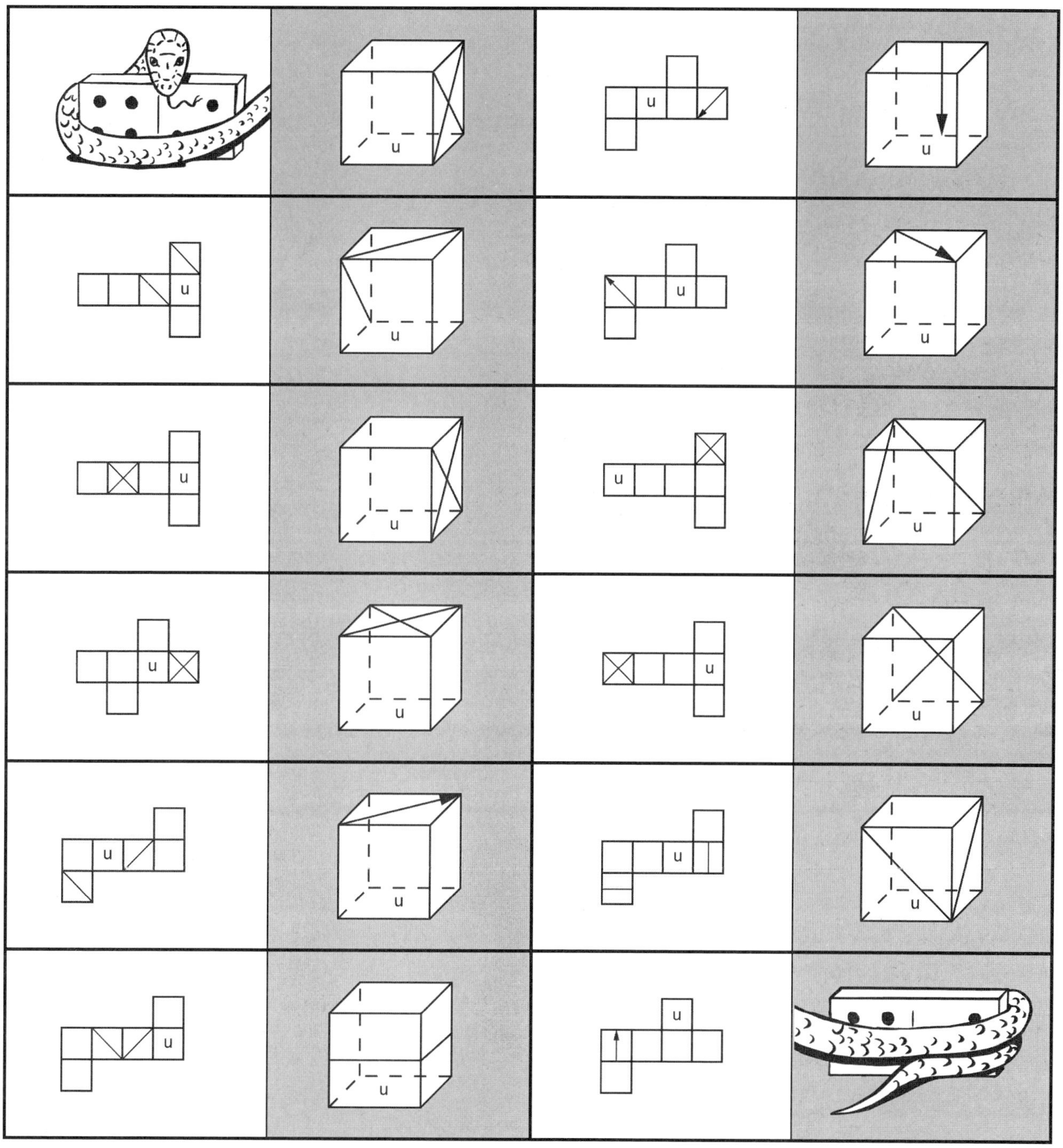

Aus: 3 12 740352 6 Schnittpunkt 1, BW, ServiceBand

Ernst Klett Verlag GmbH, Stuttgart 2004

Quadernetze

Material: Schere

1 Färbe im Quadernetz jeweils in den gleichen Farben:
a) sich gegenüberliegende Flächen
b) Linien, die zur selben Kante gehören

Kontrolliere deine Lösung durch Ausschneiden und Zusammenfalten des Quaders.

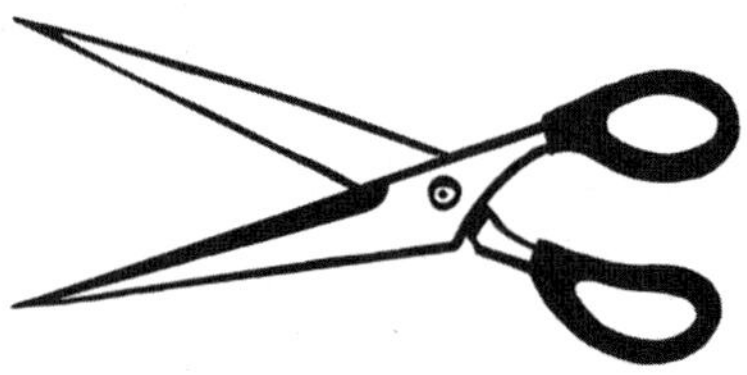

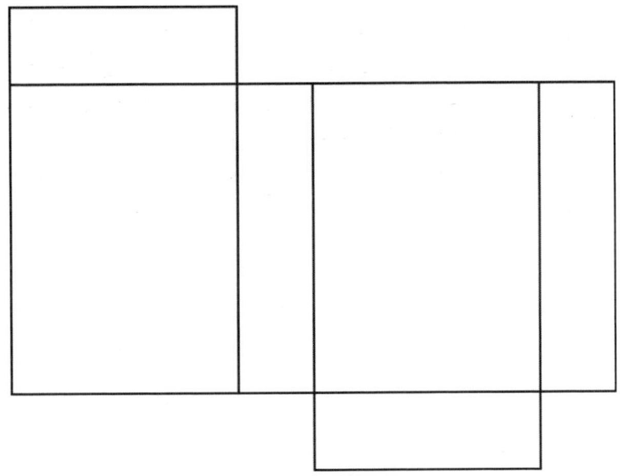

2 a) Bezeichne die Netzflächen mit rechts, links, oben, unten, hinten und vorne.
b) Zeichne die Linien in das Quadernetz ein.

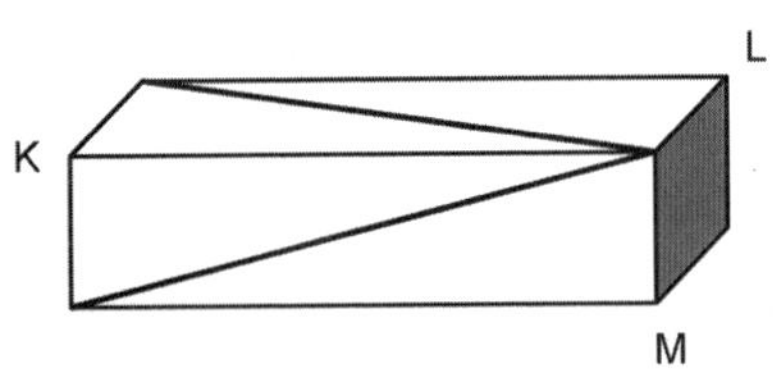

c) Markiere im Netz die Eckpunkte K, L und M. Kontrolliere durch Ausschneiden und Falten des Quaders.

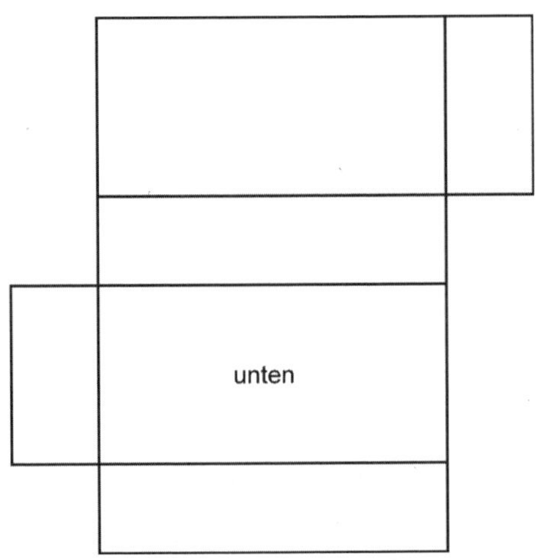

3 Ein Quader mit einer quadratischen Grundfläche heißt quadratische Säule. Ergänze das begonnene Netz und zeichne ein weiteres Netz für eine quadratische Säule mit der Seitenlänge 1 cm und der Höhe 3 cm. Prüfe durch Ausschneiden und Falten.

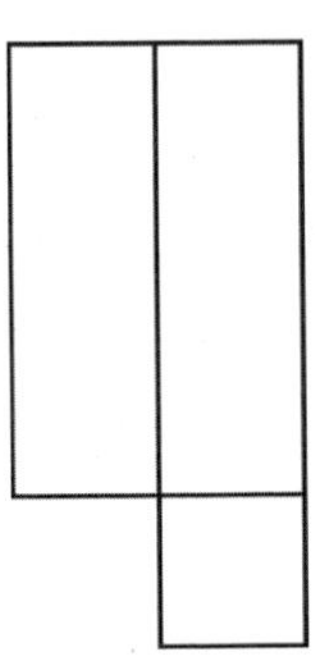

Das Quaderspiel

Spielbeschreibung: Unten findest du sieben Netze abgebildet. Werden die dazugehörigen Würfel oder Quader zusammengesetzt, dann liegt jeweils gegenüber einer grau unterlegten Seite mit einer Zahl eine weiße Seite mit einem Buchstaben. Diese Buchstaben musst du der Reihe nach zusammensetzen, um das Lösungswort – den Namen eines berühmten Mathematikers – zu erhalten. Aber Vorsicht: Sollte ein Netz keinen Quader oder Würfel ergeben, darfst du die dazugehörigen Buchstaben nicht verwenden. Viel Erfolg!

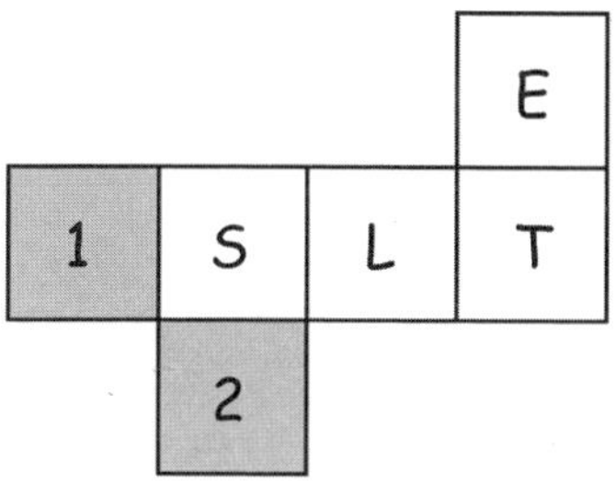

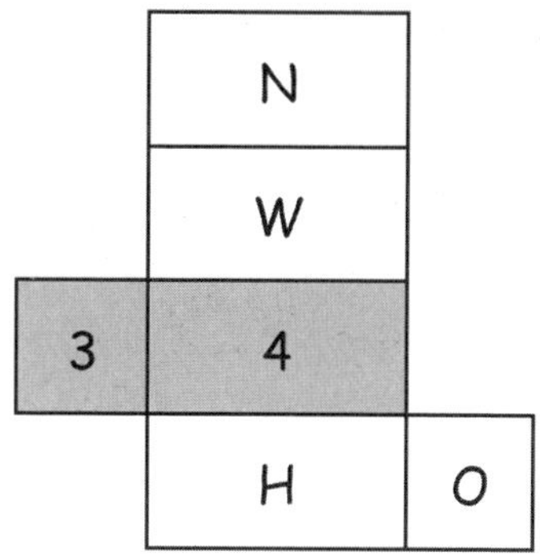

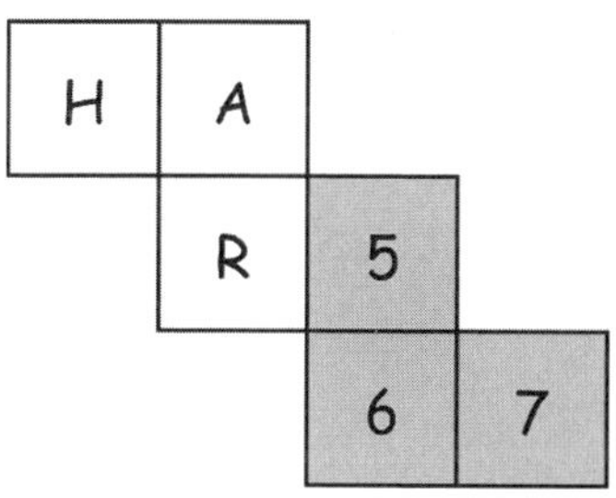

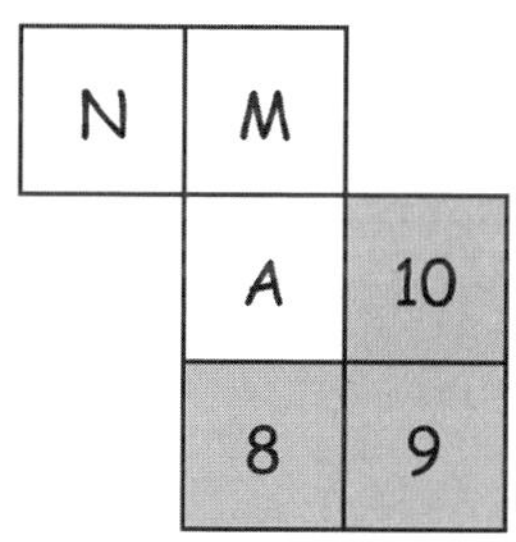

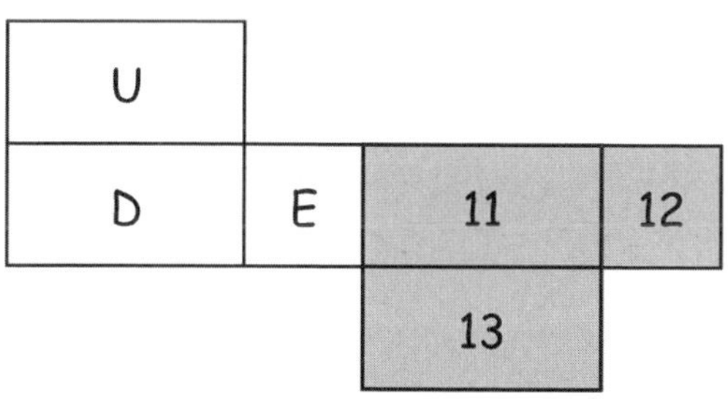

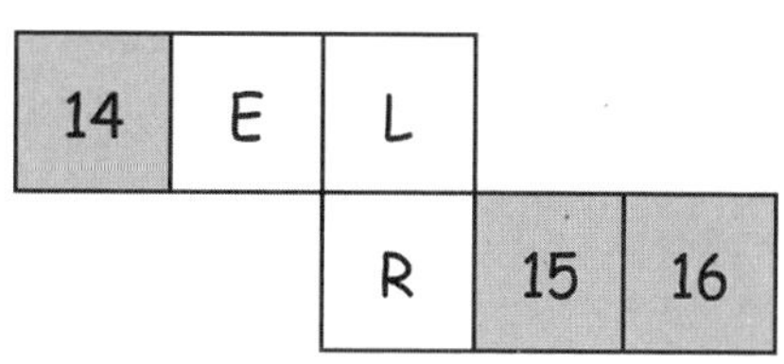

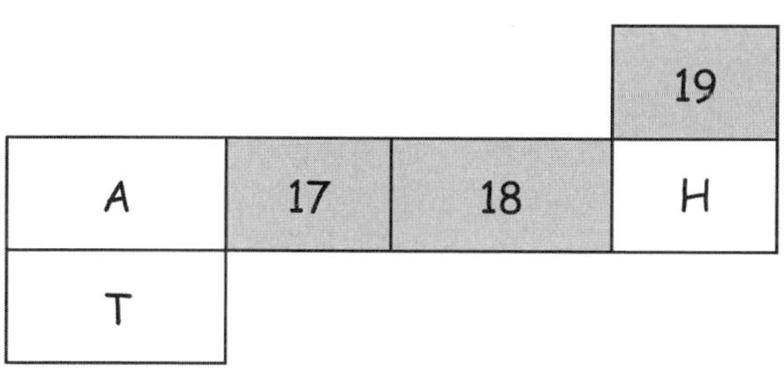

Lösungswort: ____ ____ ____ ____ ____ ____ ____ ____

____ ____ ____ ____ ____

Dreieckspapier

Lernzirkel zu den Größen

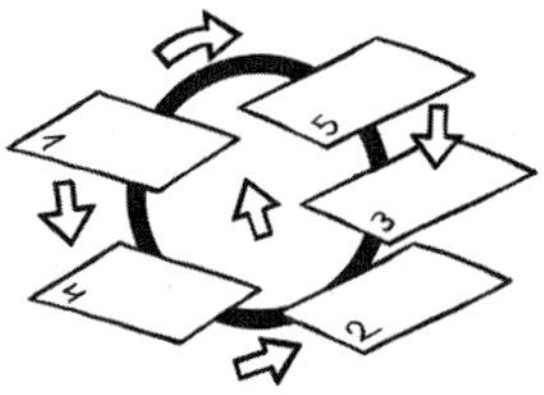

Mit diesem Lernzirkel kannst du dir die Größen selbst erarbeiten. Bei jeder Station lernst du etwas Neues dazu. Wichtig ist deshalb, dass du die Arbeitsblätter aufmerksam durchliest und nicht aufgibst.
Dieses Arbeitsblatt hilft dir bei der Arbeit. In der ersten Spalte sind die Stationen angekreuzt, die du auf jeden Fall machen solltest (Pflichtstationen). Die anderen Stationen sind ein zusätzliches Angebot (Kürstationen).

Reihenfolge der Stationen
Bevor du die Stationen 5 bis 8 bearbeitest, solltest du die ersten vier Stationen anschauen, da in diesen die Einheiten zu Länge (z. B. cm), Gewicht (z. B. kg), Zeit (z. B. h) und Geld (€; ct) vorgestellt werden. Wenn du diese Einheiten schon kennst, darfst du auch mit einer anderen Station anfangen. Wenn eine Pflichtstation, die du machen willst, belegt ist, kannst du eine Kürstation bearbeiten.

Stationen abhaken
Wenn du eine Station bearbeitet hast, solltest du sie auf diesem Blatt abhaken.
So weißt du immer, was du noch bearbeiten musst. Kläre mit deiner Lehrerin oder deinem Lehrer ab, wann du deine Lösungen mit dem Lösungsblatt vergleichen darfst.
Danach kannst du hinter der Station das letzte Häkchen machen.

Zeitrahmen
Natürlich musst du auch die Zeit im Auge behalten. Kläre mit deiner Lehrerin oder deinem Lehrer ab, wie viel Zeit du insgesamt zur Verfügung hast und überlege dir dann, wie lange du für eine Station einplanen kannst. Am Ende solltest du auf jeden Fall die Pflichtstationen erledigt und verstanden haben.

Viel Spaß!

Pflicht	Kür	Station	bearbeitet	korrigiert
		1. Rechnen mit Geld		
		2. Zeitangaben		
		3. Gewichtsangaben		
		4. Längenangaben		
		5. Warum gibt es verschiedene Maßeinheiten?		
		6. Größenangaben mit Komma		
		7. Schätzen und Messen		
		8. Der Euro		

† Einzel-/Partnerarbeit

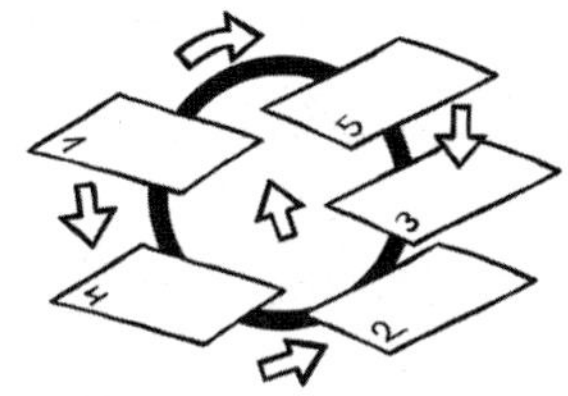

Rechnen mit Geld

In vielen europäischen Ländern werden Waren heute in Euro bezahlt. Preise können dabei sehr unterschiedlich dargestellt werden.

1 € = 100 ct
Schreibweisen:
12 Euro 34 Cent
= 12 € 34 ct
= 12,34 €
= 12,34 EUR

Kennst du alle Euro-Länder?

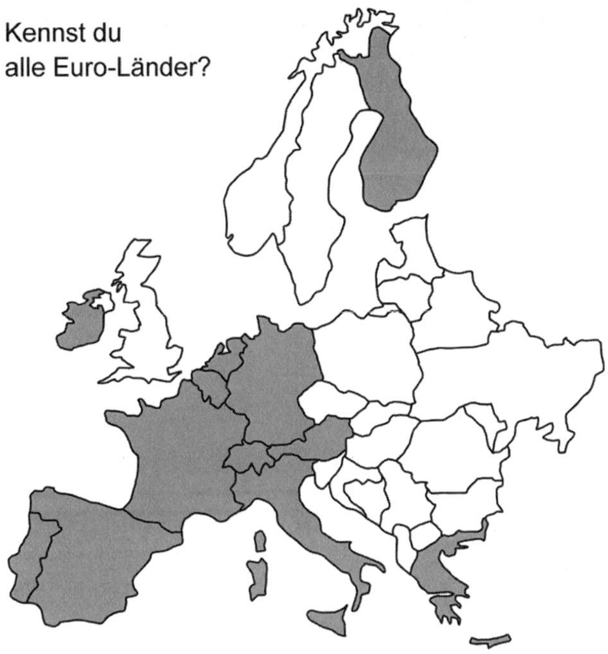

1 Schreibe in Euro und Cent.

Beispiel: 134 ct = 1 € 34 ct

a) 257 ct = ________; 8361 ct = ____________

b) 33,90 € = ________; 765,49 € = ____________

2 Schreibe in Cent.

Beispiel: 345 Euro = 34 500 ct

a) 879 Euro 3 ct = ____________

b) 28,40 € = ____________

3 Schreibe in Euro mit Komma.

Beispiel: 2867 ct = 28,67 €

a) 679 ct = ________; 2748 ct = ____________

b) 84 € 18 ct = ________; 968 € 3 ct = ____________

4 Im Alltag muss man oft Kosten abschätzen. Wenn es schnell gehen soll, kann man eine **Überschlagsrechnung** durchführen.

Beispiel:

statt:	5,10 €	+ 12,98 €	+ 7,90 €	
rechne:	5 €	+ 13 €	+ 8 €	= 26 €
also:	5,10 €	+ 12,98 €	+ 7,90 €	≈ 26 €

Überschlage und runde auf Euro.

a) 2,98 € + 17,05 € + 4,95 € ≈ ____________

b) 14,90 € – 6,10 € – 2,95 € ≈ ____________

c) 23,89 € – 8,90 € + 3,99 € ≈ ____________

5 (Rechnung auf der Rückseite)
a) Pierre muss 26,85 € bezahlen. Er bezahlt mit zwei 20-Euro-Scheinen. Was bekommt er zurück?
b) Jana kauft sich fünf Hefte zu je 65 Cent und drei Bleistifte zu je 55 Cent. Wie viel bekommt sie zurück, wenn sie mit einem 10-Euro-Schein bezahlt?

6 (Rechnung auf der Rückseite)
Bernd will Süßigkeiten kaufen. Ein Schokoriegel kostet 45 Cent. Ein Dreier-Pack kostet 1,26 €.
a) Wie teuer ist **ein** Schokoriegel im Dreier-Pack?
b) Bernd hat 5 Euro und 44 Cent dabei. Wie viele Schokoriegel könnte er kaufen?
c) Bernd hat es sich nun doch anders überlegt. Er kauft mit seinem Geld lieber eine Zahnbürste für 1,74 € und Zahnpasta für 94 Cent. Den Rest steckt er zu Hause in sein Sparschwein. Wie viel ist das?

7 (Rechnung auf der Rückseite)
Bernd war wieder einkaufen. Er hat nur einen 50-Euro-Schein in der Tasche. Reicht das Geld? Wenn ja, wie viel Euro bekommt er dann zurück, wenn du auf ganze Euro rundest?

Aus: 3-12-740352-6 Schnittpunkt 1, BW, ServiceBand

Ernst Klett Verlag GmbH, Stuttgart 2004

Zeitangaben

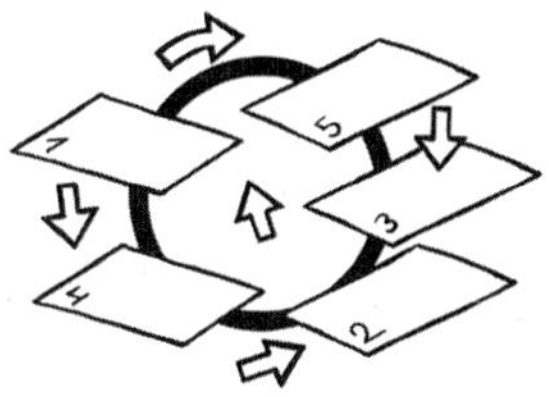

Die Angabe einer **Zeitdauer** besteht wie jede Größenangabe aus Maßzahl und Maßeinheit.

Hauptbahnhof Kaffdorf

Abfahrt	Gleis	Ziel	Ankunft	Dauer
9:20	4	Dorfstadt	10:40	1:20
9:42	1	Rechenheim	11:12	1:30
9:55	2	Kleinhausen	12:16	2:21
10:04	1	Nettestadt	13:44	3:40
10:17	3	Althausen	15:20	5:03
10:30	4	Zeitingen	11:15	0:45

45 min

Maßzahl / Maßeinheit

Zeitdauern misst man in den Maßeinheiten **a** (Jahr), **d** (Tag), **h** (Stunde), **min** (Minute), **s** (Sekunde).

1 a = 365 d
1 d = 24 h
1 h = 60 min
1 min = 60 s

Wie viele Sekunden hat eigentlich eine Stunde?

1 h = ________ min = ________ s

1 Schreibe in der angegebenen Einheit.

Beispiel: 2 d 10 h = 58 h

a) 1 h 20 min = ____________ min

b) 3 d 14 h = ____________ h

c) 4 h 50 min = ____________ min

d) 5 min 3 s = ____________ s

2 Gib in gemischten Maßeinheiten an.

Beispiel: 90 min = 1 h 30 min

a) 150 min = ____________

b) 100 h = ____________

c) 100 min = ____________

d) 250 s = ____________

3 Vergleiche und setze > oder < ein.

Beispiel: 245 min > 4 h

a) 90 s □ 1 min

b) 20 min □ $\frac{1}{4}$ h

c) 50 h □ 2 d

d) 240 h □ 24 d

e) 2000 s □ $\frac{1}{2}$ h

Anfang und Ende einer Zeitdauer werden durch Zeitpunkte angegeben. Diese haben den Zusatz „Uhr".

Zeitpunkt | Zeitspanne | Zeitpunkt

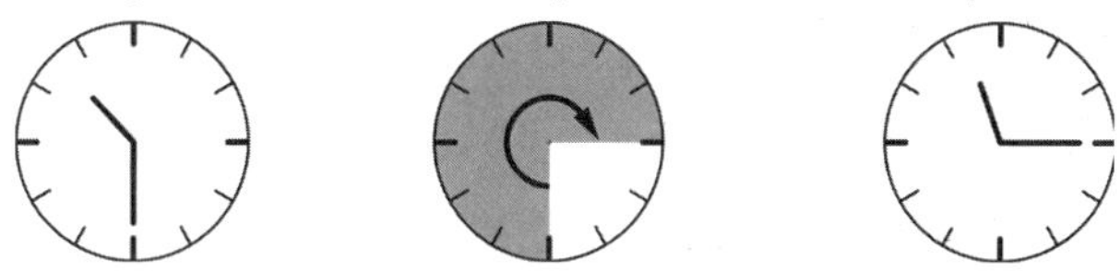

10.30 Uhr | 45 min | 11.15 Uhr

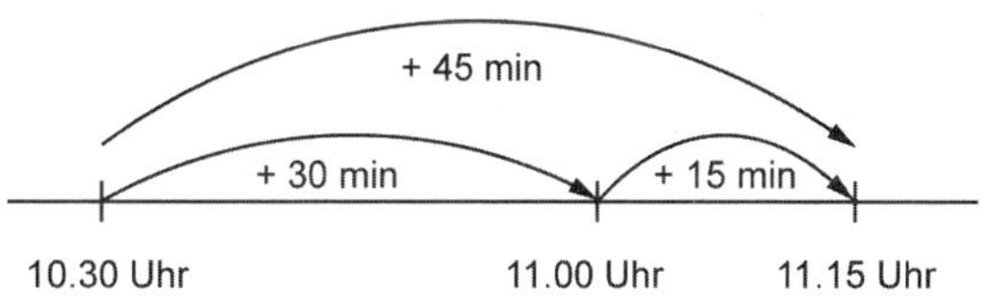

4 (Rechne auf der Rückseite.)
Friedhelm geht ins Kino. Der Film beginnt um 20.30 Uhr und dauert 80 Minuten.
Wann ist der Film zu Ende?

5 (Rechne auf der Rückseite.)
Beates Unterricht beginnt um 7.50 Uhr.
Alle Unterrichtsstunden dauern 45 Minuten.
Zwischen der dritten und vierten Stunde sind 15 Minuten Pause, sonst 5 Minuten.
a) Wann beginnt die zweite Stunde?
b) Wann endet die 15-Minuten-Pause?
c) Um welche Uhrzeit ist die 6. Stunde beendet?

Aus: 3-12-740352-6 Schnittpunkt 1, BW, ServiceBand

Ernst Klett Verlag GmbH, Stuttgart 2004

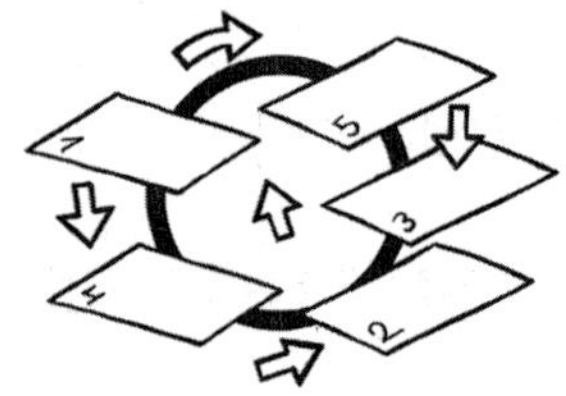

Gewichtsangaben

Eine **Gewichtsangabe** besteht wie jede Größenangabe aus einer Maßzahl und einer Maßeinheit.

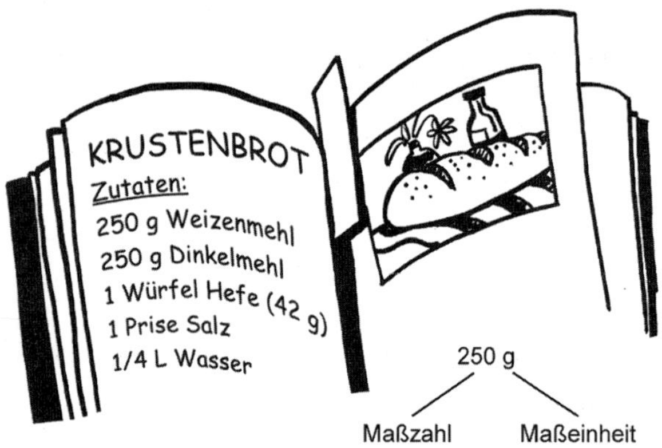

Gewichte misst man in den Maßeinheiten **t** (Tonne), **kg** (Kilogramm), **g** (Gramm), **mg** (Milligramm).

1 t = 1000 kg
1 kg = 1000 g
1 g = 1000 mg

1 Ordne den Tieren das richtige Gewicht zu.

Stier •	• 10 g
Zwergkaninchen •	• 1 t
Biene •	• 1 g
Schwein •	• 1 kg
Meise •	• 100 kg

2 Schreibe in der angegebenen Einheit.

Beispiel: 2 kg 500 g = 2500 g

a) 40 t 300 kg = ____________ kg

b) 3 kg 46 g = ____________ g

c) 6 g 750 mg = ____________ mg

d) 1 kg 50 g = ____________ g

e) 4 t 2000 g = ____________ kg

f) 35 kg = ____________ g

3 Gib in gemischten Maßeinheiten an.

Beispiel: 61 372 g = 61 kg 372 g

a) 3400 mg = ____________

b) 6738 kg = ____________

c) 350 090 mg = ____________

d) 4 000 600 g = ____________

4 Vergleiche und setze > oder < ein.

Beispiel: 7500 g < 8 kg

a) 12 000 mg ☐ 122 g

b) 17 t ☐ 2000 kg

c) 45 kg ☐ 4700 g

d) 9999 kg ☐ 10 t

5 Merke: Erst gleiche Maßeinheit, dann rechnen!

Beispiel: 9 kg + 500 g = 9000 g + 500 g = 9500 g

a) 2 kg + 100 g = ____________ = ____________

b) 3 g + 50 mg = ____________ = ____________

c) 70 kg + 20 g = ____________ = ____________

6 (Rechnung auf der Rückseite)
Familie Müller fährt in den Urlaub. Ihr Auto hat ein Leergewicht (= ohne Gepäck oder Insassen) von 1340 kg. Das zulässige Gesamtgewicht (= Gewicht, das vollbeladen noch erlaubt ist) beträgt 2 t.
Wie schwer darf das Gepäck sein, wenn auch noch Vater (80 kg), Mutter (65 kg), Sohn (45 kg) und Tochter (35 kg) mitfahren möchten?

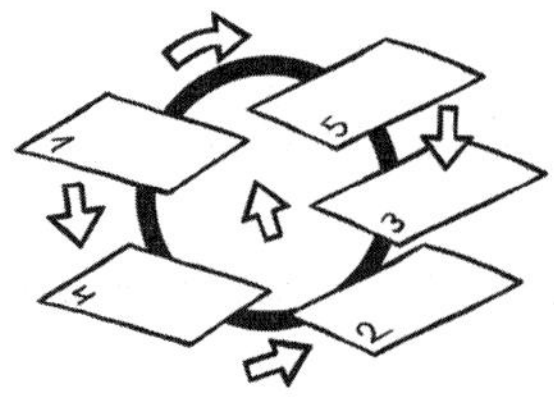

Längenangaben

Eine **Längenangabe** besteht wie jede Größenangabe aus einer Maßzahl und einer Maßeinheit.

390 cm
Maßzahl — Maßeinheit

Längen misst man in den Maßeinheiten **km** (Kilometer), **m** (Meter), **dm** (Dezimeter), **cm** (Zentimeter) und **mm** (Millimeter).

1 km = 1000 m
1 m = 10 dm
1 dm = 10 cm
1 cm = 10 mm

1 Ist dir aufgefallen, dass in jeder Maßeinheit das Wort „Meter" vorkommt? Eine Vorsilbe gibt an, welches Vielfache oder welcher Teil eines Meters gemeint ist.
Verbinde jede Vorsilbe mit ihrer Bedeutung.

kilo ◆	◆ „ein Tausendstel"
dezi ◆	◆ „ein Hundertstel"
zenti ◆	◆ „Tausend"
milli ◆	◆ „ein Zehntel"

2 Rechne in die angegebene Einheit um.

Beispiel: 5 cm = 50 mm

a) 3 km = ____________ m

b) 7 cm = ____________ mm

c) 35 m = ____________ cm

d) 6700 mm = ____________ dm

e) 34 000 cm = ____________ m

3 Schreibe in der angegebenen Maßeinheit.

Beispiel: 3 m 40 cm = 340 cm

a) 7 m 85 cm = ____________ cm

b) 30 cm 4 mm = ____________ mm

c) 3 dm 4 mm = ____________ mm

d) 7 km 84 m = ____________ m

4 Vergleiche und setze > oder < ein.

Beispiel: 340 mm > 5 cm

a) 700 cm ☐ 8 m

b) 73 dm ☐ 80 cm

c) 4650 dm ☐ 5 km

d) 2 m 64 cm ☐ 3000 mm

5 Merke: Erst gleiche Maßeinheit, dann rechnen!

Beispiel: 9 m + 30 cm = 900 cm + 30 cm = 930 cm

a) 4 cm + 3 mm = ______________ = ______

b) 12 km + 40 m = ______________ = ______

c) 3 m + 50 mm = ______________ = ______

6 (Rechnung auf der Rückseite)
Petra liebt es, aus Wolle Armbänder zu flechten. Für ein Armband benötigt sie drei Fäden mit je 25 cm Länge. Sie hat ein Wollknäuel mit 50 m.
a) Wie viel Wolle verbraucht Petra für ein Armband?
b) Wie viele Armbänder kann sie aus dem Wollknäuel herstellen?
c) Wie lang ist der Rest, der übrig bleibt?

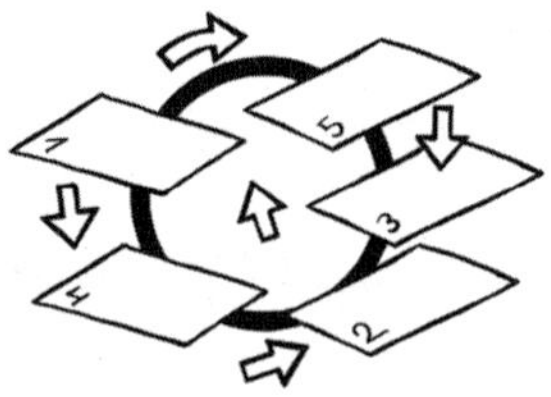

Warum gibt es verschiedene Maßeinheiten?

Im Alltag werden in unterschiedlichen Situationen auch unterschiedliche Maßeinheiten verwendet. Der Apotheker rechnet gern in Gramm, der Lastwagenfahrer in Tonnen.
Das muss so sein. Denn stell dir mal vor, es gäbe für jede Größe nur eine Maßeinheit. Beispielsweise für Gewichte nur Kilogramm. Dann könnten zwei Probleme auftreten:
1. Die Maßzahl wird sehr groß.
Beispiel: Mein Laster wiegt 40 000 kg.
2. Die Maßzahl wird sehr klein.
Beispiel: Diese Tablette wiegt 0,002 kg.
Um beide Probleme zu vermeiden, gibt es verschiedene Maßeinheiten. Wenn man die Maßeinheit geeignet wählt, ergibt sich eine vernünftige Maßzahl.

1 Rechne die Größenangaben in dieser Erzählung in vernünftige Einheiten um.
Ein Bergsteiger erzählt:

Vor 120 h (_______) bin ich zu einer Bergtour aufgebrochen. Nach $\frac{1}{4}$ Tag (_______) war ich schon auf 1 750 000 mm (_______) Höhe. Das war sehr anstrengend, denn mein Rucksack wog 12 000 000 mg (______). Dort stellte ich fest, dass ich kaum noch Trinkwasser hatte. Ich machte mich daher zu einem etwa 300 000 cm (________) entfernten See auf, den ich vom Gipfel aus sehen konnte. Aber an einer glatten Stelle rutschte ich aus und fiel 2000 mm (______) in die Tiefe. Dabei verstauchte ich mir den Knöchel. Ich musste 180 min (______) ausharren, bis Hilfe kam. Zusammen stiegen wir bis zur nächsten Hütte ab. Der Höhenunterschied betrug 10 000 cm (_______), aber wir benötigten dafür ganze 7200 s (_______).

2 Wähle die Maßeinheit so, dass die Maßzahl möglichst klein wird und du kein Komma brauchst.

Beispiele: 0,1 g = 100 mg; 2000 g = 2 kg

a) 40 000 mg = ____________________

b) 3400 cm = ____________________

c) 10 500 mm = ____________________

d) 0,5 km = ____________________

e) 180 min = ____________________

3 In welchen Maßeinheiten würdest du die folgenden Größen angeben?

a) Körpergewicht eines Menschen: _________

b) Dauer eines 100-m-Sprints: _________

c) Länge eines Nagels: _________

d) Länge eines Fadens auf einer Rolle: _________

4 Manchmal lassen sich große Maßzahlen allerdings kaum vermeiden. Kreuze an.

a) Wie weit ist es bis zum Mond?
O etwa 40 000 km
O etwa 380 000 km
O etwa 21 000 000 km

b) Welche Flugstrecke benötigen Bienen für 500 g Honig?
O etwa 20 000 km
O etwa 50 000 km
O etwa 100 000 km

5 Was ist hier falsch? Erfinde für das rechte Schild eine Größenangabe mit der richtigen Maßeinheit.

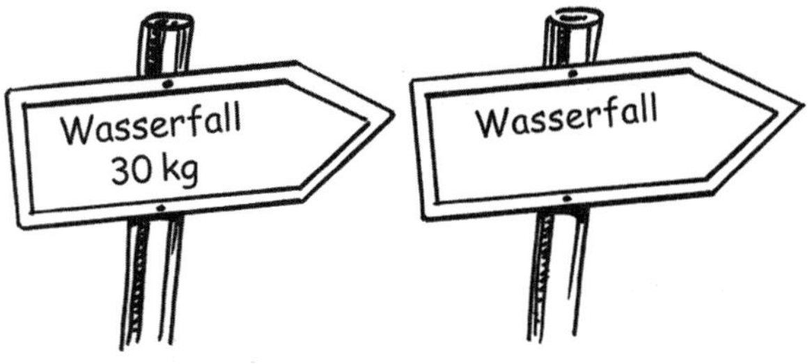

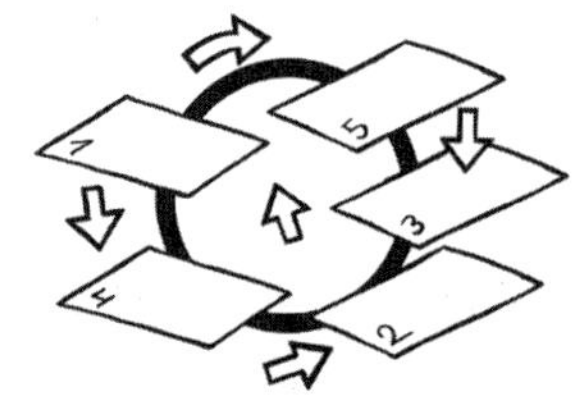

Größenangaben mit Komma

Was wird hier wohl angezeigt? Schreibe die vollständigen Größen unter den Tachometer und über die Personenwaage.

Anmerkung: In England schreibt man statt des Kommas einen Punkt. Dies findet man oft bei Produkten, die weltweit verkauft werden.

1 Trage die Längenangaben in die Tabelle ein und gib sie anschließend mit Komma in der angegebenen Maßeinheit an.

Beispiele: 4 500 m = 4,500 km; 730 cm = 7,30 m

km			m			dm	cm	mm
100	10	1	100	10	1	100	10	1
		4	5	0	0			
					7	3	0	

5000 cm = ____________ m

35 mm = ____________ cm

1250 m = ____________ km

200 m = ____________ km

450 mm = ____________ m

2 Trage die Größenangaben in die Tabelle ein und gib sie anschließend mit Komma in der angegebenen Maßeinheit an.

Beispiele: 9400 g = 9,400 kg; 600 mg = 0,600 g

kg			g			mg		
100	10	1	100	10	1	100	10	1
	3	9	4	0	0			
						6	0	0

2500 g = ____________ kg

125 g = ____________ kg

1600 mg = ____________ g

30 mg = ____________ g

3 Schreibe ohne Komma.

Beispiele: 2,5 km = 2500 m; 0,5 kg = 500 g

a) 1,2 km = ________________

b) 4,50 m = ________________

c) 1,5 kg = ________________

d) 0,400 g = ________________

Zum Rechnen formen wir Größen so um, dass sie die gleiche Maßeinheit haben.

Beispiel: 38 dm + 5,1 m = 38 dm + 51 dm = 89 dm

4 (Rechne auf der Rückseite.)
Rudis Pausenbrot besteht aus zwei 2,3 cm dicken Brotscheiben, die 1 mm dick mit Butter beschmiert und mit zwei 0,2 cm dicken Wurstscheiben und einer 0,4 cm dicken Käsescheibe belegt sind. Wie dick ist sein Pausenbrot?

Aus: 3-12-740352-6 Schnittpunkt 1, BW, ServiceBand

Ernst Klett Verlag GmbH, Stuttgart 2004

Schätzen und Messen

Material: großes Lineal oder Meterstab, Küchenwaage, Personenwaage

Um Längen oder Gewichte gut abschätzen zu können, ist es hilfreich, wenn du zu jeder Maßeinheit ein gutes Beispiel kennst. Viele nehmen einen großen Schritt für einen Meter.

1 Überlege dir zu jeder Maßeinheit ein Beispiel, dessen Länge oder Gewicht der Größenangabe entspricht.

Beispiele: Finger, Münze, Lebensmittel, Stifte, ...

1 mm → ____________________

1 cm → ____________________

1 dm → ____________________

1 m → ____________________

1 g → ____________________

10 g → ____________________

100 g → ____________________

1 kg → ____________________

2 Schätze erst und miss dann nach.

Objekt	geschätzt	gemessen
Tischlänge (cm)		
Zimmerbreite (m)		
Schultasche (kg)		
Geldbeutel (g)		

Wie genau eine Messung ist, hängt vom Messgerät ab. Mit der Personenwaage lässt sich das Gewicht einer Münze nicht bestimmen, da die Anzeige einer Personenwaage viel zu grob ist.

3 Spiel zu zweit
Jeder notiert für sich ein paar Gegenstände aus dem Klassenzimmer, die zusammen die gesuchte Länge oder das gesuchte Gewicht ergeben (z. B. 50 cm). Dabei darf keiner den Platz verlassen. Anschließend wird gemessen. Wer am besten geschätzt hat, erhält einen Punkt.
Folgende Längen und Gewichte sind gesucht:
a) 50 cm b) 15 cm c) 6 mm
d) 2 kg e) 250 g f) 50 g

4 Oft ist es sinnvoll, die Maßzahl zu runden. Im Backrezept steht beispielsweise nicht 254 g Mehl, sondern 250 g Mehl. Manchmal muss man aber auch genau sein. Runde die Größenangaben im folgenden Text, wenn es sinnvoll ist.

Kunde: Ich hätte gern 104 g (________) Lyoner.

Verkäuferin: Oh, es sind leider 106 g (________).

Kunde: Das ist mir wurst. Was kostet die Salami?

Verkäuferin: Heute nur 8,99 € (________) pro Kilo.

Kunde: Dann nehme ich gleich 314 g (________).

Verkäuferin: Was darf es sonst noch sein?

Kunde: Danke, das ist alles.

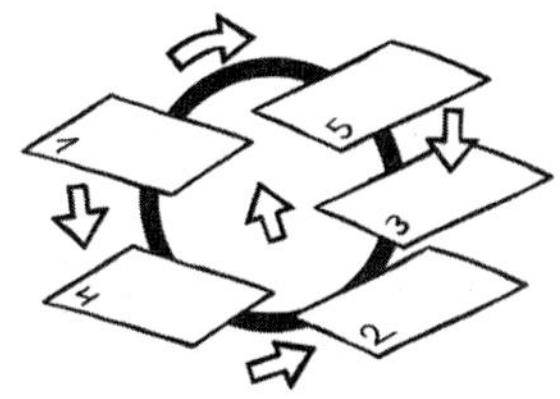

Der Euro

Material: Broschüren, Spielbanknoten (von Sparkassen und Banken), Lexika

Die Euro-Banknoten (= Geldscheine) zeigen keine tatsächlichen Bauwerke, sondern wichtige europäische Baustile. Auf den Vorderseiten sind Fenster oder Tore dargestellt. Sie stehen für die Offenheit Europas. Die Brücken auf den Rückseiten symbolisieren die enge Verbundenheit zwischen den Ländern Europas.

1 Ordne jedem Geldschein den richtigen Baustil zu.

5 Euro •	• Gotik (1250–1500)
10 Euro •	• Barock (1650–1770)
20 Euro •	• Renaissance (1420–1650)
50 Euro •	• Romanik (um 1000)
100 Euro •	• Klassik (Antike)
200 Euro •	• Moderne (20. Jahrhundert)
500 Euro •	• Stahl und Glas (um 1900)

Die Euro-Münzen werden aus unterschiedlichen Metallen hergestellt.
Die 1-, 2- und 5-Cent-Münzen bestehen aus einem Stahlkern mit Kupferauflage.
Die 10-, 20- und 50-Cent-Münzen enthalten kein Gold, sondern eine Mischung (= Legierung) aus Kupfer, Aluminium, Zink und Zinn.
Die 1- und 2-Euro-Münzen werden im „silbernen" Teil aus Kupfer und Nickel hergestellt und im „goldenen" Teil aus Nickel und Messing.

2 Die Vorderseiten der Münzen sind einheitlich. Die Rückseiten sind in jedem Land anders. Weißt du, aus welchem Land diese Münzen kommen?

____

____

____

____

Wusstest du schon, dass der Herstellungsort jeder Münze an einem kleinen Buchstaben zu erkennen ist? Suche ihn auf den Münzen. In Deutschland gibt es Prägeanstalten in Berlin (A), Hamburg (J), Karlsruhe (G), Stuttgart (F) und München (D).

3 Großherzog Henri von Luxemburg will dich für deine Rechenkünste großherzig belohnen. Er will so viele 1-Euro-Münzen auf eine Waage häufen, bis diese gleich viel wiegen wie du. Eine Münze wiegt 7,5 g. Wie viel Euro wären das?

4 Von den 120 mm langen 5-Euro-Scheinen sind 2 400 000 000 (2,4 Mrd.) im Umlauf.
a) Welche Strecke würde sich ergeben, wenn man alle 5-Euro-Scheine hintereinander legte?
b) Wie oft reicht dies um die Erde (Der Umfang der Erde beträgt 40 000 km)?

Umfang und Fläche

Material: Schere

1 Welcher Hund hat das größere Gehege? Du darfst messen und ausschneiden.

2 Vergleiche die Größe der Flächen.

a)

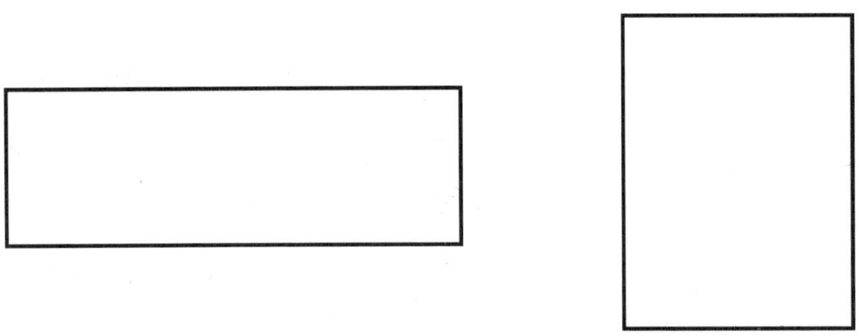

b)

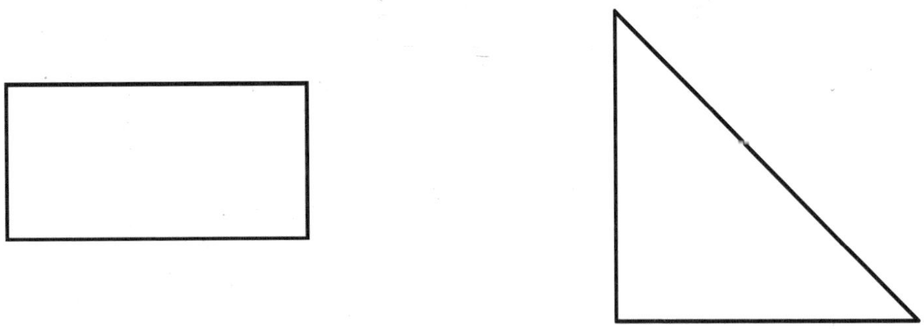

c)

Tandembogen Flächeneinheiten

Hier knicken

Aufgaben für Partner B

1 Wie viele Hektar sind ein Quadratkilometer?

2 Wie viele Quadratmillimeter passen in einen Quadratzentimeter?

3 700 a = □ ha

4 7000 cm² = □ dm²

5 300 ha = □ a

6 6 dm² 80 cm² = □ cm²

7 70 cm² 9 mm² = □ mm²

8 56 a 9 m² = □ a

9 45 ha = □ km²

10 2 m² 9 dm² = □ m²

11 7,3 a − 200 m² = □ a

12 0,6 m² + 500 dm² = □ m²

Lösungen für Partner A

1 100
2 100
3 3 dm²
4 7000 cm²
5 30 km²
6 60 000 mm²
7 790 dm²
8 1607 a
9 45,18 a
10 4,01 m²
11 60 a
12 45 cm²

Tandembogen Flächeneinheiten

Hier knicken

Aufgaben für Partner A

1 Wie viele Ar sind 1 Hektar?

2 Wie viele Quadratzentimeter passen in einen Quadratdezimeter?

3 300 cm² = □ dm²

4 70 dm² = □ cm²

5 3000 ha = □ km²

6 600 cm² = □ mm²

7 7 m² 90 dm² = □ dm²

8 16 ha 7 a = □ a

9 45 a 18 m² = □ a

10 4 m² 1 dm² = □ m²

11 0,8 ha − 200 a = □ a

12 0,4 dm² + 500 mm² = □ cm²

Lösungen für Partner B

1 100
2 100
3 7 ha
4 70 dm²
5 30 000 a
6 680 cm²
7 7009 mm²
8 56,09 a
9 0,45 km²
10 2,09 m²
11 5,3 a
12 45,6 m²

Der Kaninchenkäfig – Übungen zu Umfang und Flächeninhalt

Peter möchte seinem Kaninchen einen Käfig mit einer rechteckigen Grundfläche bauen. Er hat 16 m Maschendraht zur Verfügung.

a) Zeichne vier unterschiedliche Entwürfe im Maßstab 1 : 100.

b) Vergleiche jeweils den Flächeninhalt.

c) Welchen Entwurf soll er wählen? Begründe deine Entscheidung.

d) Prüfe mit einem selbst gewählten Umfang, ob bei Rechtecken immer das Quadrat den größten Flächeninhalt besitzt. Wähle zunächst den Umfang so, dass du leicht ein Quadrat zeichnen kannst.

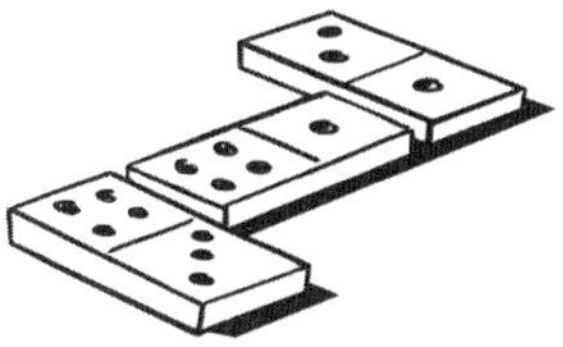

Einheiten-Domino

Material: Schere

Spielbeschreibung: Schneide die Dominosteine entlang der dickeren Linien aus. Lege die Steine dann so aneinander, dass die beiden Teile, die aneinander stoßen, zusammen passen. So erhältst du eine schöne Dominoschlange mit einem Anfangs- und einem Endpunkt.

	Umwandlungszahl bei Volumeneinheiten:	$4000\ mm^2$	$0{,}4\ cm^3$
$3\ m^2\ 9\ dm^2$	$3{,}9\ m^3$	1000	$4\ cm^3$
$4\ mm^2$	$3{,}09\ m^3$	$4000\ mm^3$	Umwandlungszahl bei Flächeneinheiten:
3090 Liter	$3{,}09\ m^2$	$3\ m^3\ 900\ dm^3$	$3{,}9\ m^2$
$400\ mm^3$	$0{,}04\ cm^3$	$40\ mm^3$	$0{,}04\ cm^2$
100	$40\ cm^2$	$390\ dm^2$	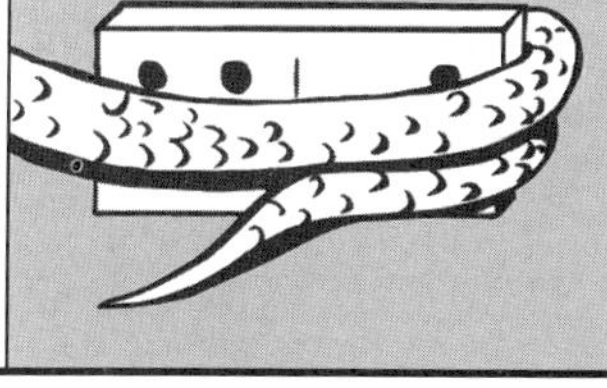

† Einzelarbeit

Der Quader – Aufgaben zum Überlegen und Begründen

1 a) Für einen Quader gilt die Formel $V = a \cdot b \cdot c$.
Erläutere sie mit deinen eigenen Worten am Beispiel des folgenden Quaders:
a = 4 cm; b = 2 cm; c = 3 cm.
Ergänze dazu auch die nebenstehende Skizze.

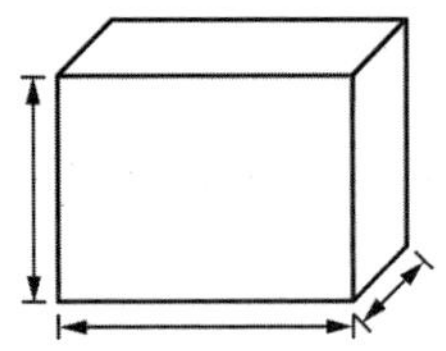

b) Gilt diese Formel auch für nebenstehenden Körper? Begründe.

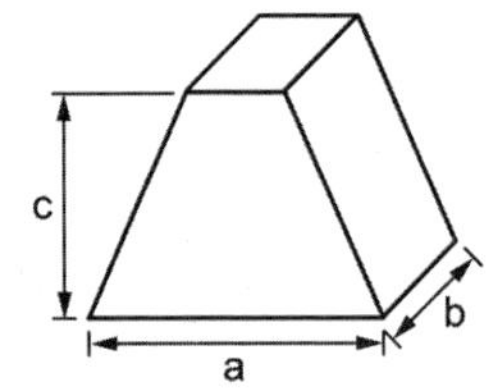

2 a) Bei einem Quader wird die Höhe verdoppelt. Breite und Länge bleiben gleich.
Wie ändert sich das Volumen?

b) Höhe und Länge werden verdreifacht. Die Breite bleibt gleich.
Wie ändert sich das Volumen?

3 a) Eine quadratische Säule (vgl. Skizze) hat als Grundfläche ein Quadrat.
Klara bezeichnet Länge und Breite mit demselben Buchstaben a.
Ist das korrekt? Begründe.

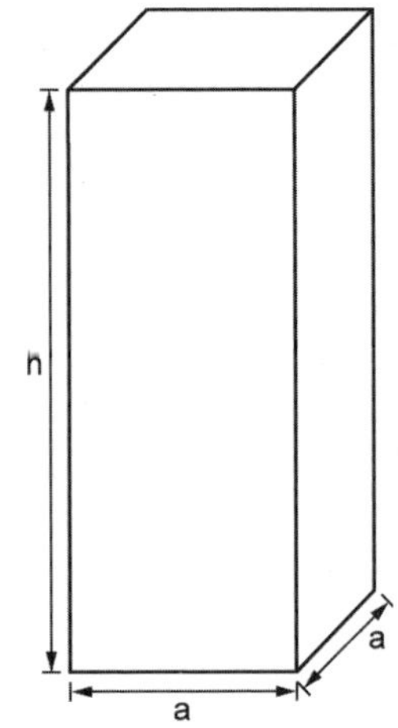

b) Stelle eine Formel für die Volumenberechnung der quadratischen Säule auf.

V = ______

4 Klaus möchte einen Quader mit einem Volumen von 20 cm^3 basteln. Er nimmt für die Länge sechs und für die Breite vier Kubikzentimeterwürfel. Nimm Stellung.

Erinnere dich! Ein Basiswissen-Test

Material: Schere

Spielbeschreibung: Gespielt wird zu zweit. Schneidet die 42 quadratischen Karten aus. Legt alle Karten verdeckt auf den Tisch und mischt sie. Es wird abwechselnd gespielt. Jeder, der an der Reihe ist, darf zwei Karten aufdecken. Wenn die beiden Karten zusammenpassen, darf er sie behalten und ist noch einmal dran. Passen sie nicht, werden sie wieder herumgedreht und der nächste ist dran. Derjenige, der den größten Kartenstapel sammelt, hat gewonnen.

Regel „Punkt vor Strich" beachten!	16	100	7200 m	Abstand	$45 - 15 : 3$
$2 \cdot 3501$ m	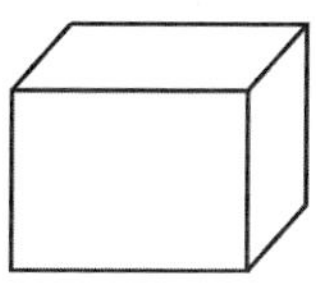	Flächeninhalt = Länge mal Breite Umfang = doppelte Länge plus doppelte Breite	7020 m	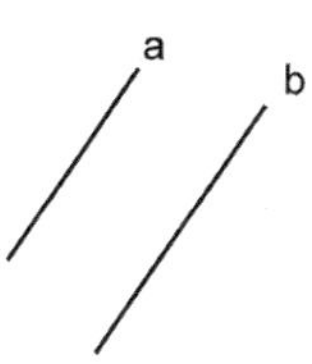	2^4
7002 m	Quader	Rechteck	7,02 km	a ist parallel zu b	Umwandlungszahl bei Flächen
80 m^2	1000	Strecke	Flächeninhalt = 8 m^2	Umfang = 4 mal Seitenlänge Flächeninhalt = Seitenlänge^2	7,2 km
Volumen = $(\text{Kantenlänge})^3$ Oberfläche = $6 \cdot (\text{Kantenlänge})^2$	$a \perp b$	hat keinen Anfangs- und keinen Endpunkt	Raute	10	Fachbegriff für die kürzeste Entfernung
0,8 a	Umwandlungszahl bei Volumina	hat einen Anfangs- und einen Endpunkt	Ein Rechteck ist 4 m lang und 2 m breit.	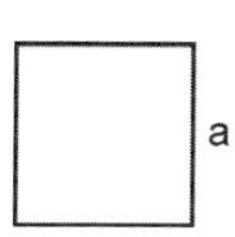	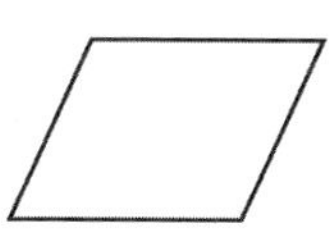
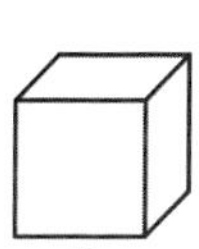	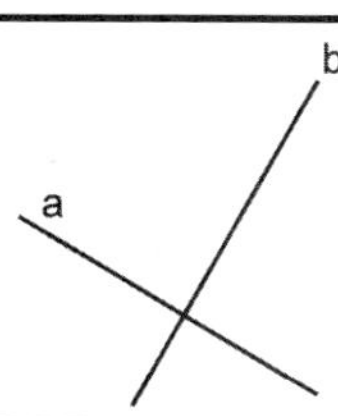	Gerade	vier gleich lange Seiten; keine rechten Winkel	$(60 - 10) : 5$	Parallelogramm

Bruch-Domino (1)

Material: Schere

Spielbeschreibung: Bildet Gruppen mit drei oder vier Spielerinnen und Spielern. Schneidet eure Dominosteine entlang den dickeren Linien aus. Legt die Teile umgedreht auf den Tisch und mischt sie. Verteilt alle Dominosteine gleichmäßig unter euch. Der erste Spieler legt einen Dominostein auf den Tisch. Der zweite versucht, den passenden Bruchteil als Figur oder Zahl anzulegen. Hat er nicht den passenden Stein, ist der nächste Spieler an der Reihe. Gewonnen hat, wer zuerst keinen Dominostein mehr hat.

$\frac{3}{6}$	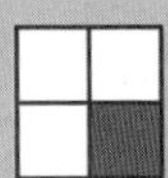	$\frac{1}{4}$		$\frac{3}{4}$	
$\frac{2}{5}$		$\frac{4}{8}$		$\frac{3}{4}$	
$\frac{3}{6}$		$\frac{8}{16}$		$\frac{2}{4}$	
$\frac{3}{6}$		$\frac{4}{8}$		$\frac{3}{4}$	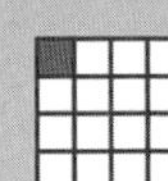
$\frac{1}{16}$		$\frac{6}{16}$		$\frac{4}{12}$	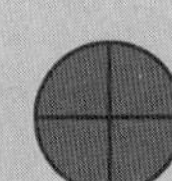
$\frac{4}{4}$		$\frac{12}{16}$		$\frac{6}{8}$	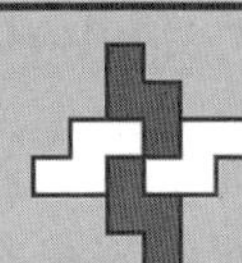
$\frac{2}{4}$		$\frac{2}{4}$	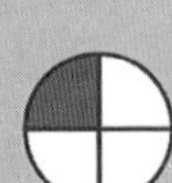	$\frac{1}{4}$	
$\frac{3}{8}$	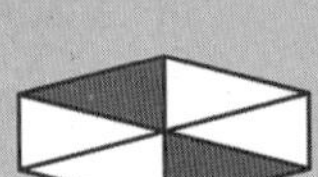	$\frac{2}{6}$		$\frac{12}{32}$	
$\frac{4}{14}$	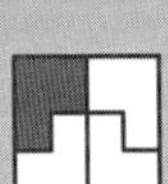	$\frac{1}{4}$		$\frac{6}{16}$	

Partner-/Gruppenarbeit

Bruch-Domino (2)

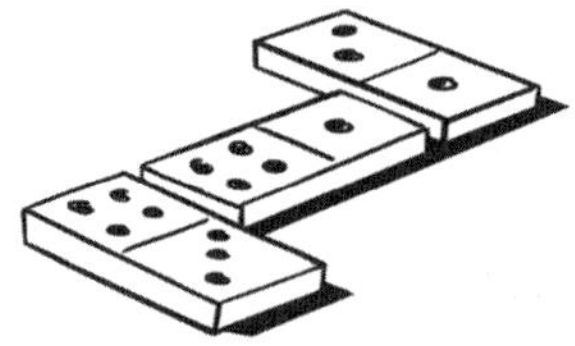

$\frac{2}{3}$		$\frac{2}{4}$	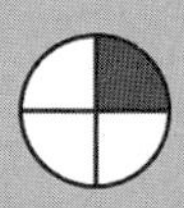	$\frac{1}{4}$	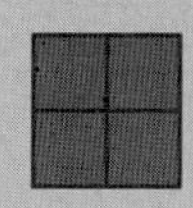
$\frac{4}{4}$		$\frac{7}{16}$		$\frac{3}{6}$	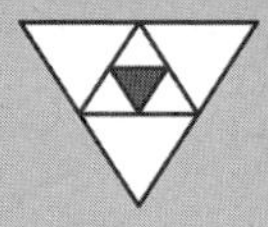
$\frac{1}{16}$	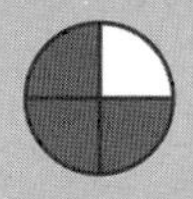	$\frac{3}{4}$		$\frac{8}{16}$	
$\frac{2}{10}$		$\frac{4}{8}$		$\frac{1}{3}$	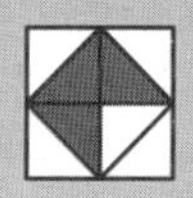
$\frac{3}{8}$		$\frac{6}{16}$		$\frac{2}{3}$	
$\frac{3}{4}$		$\frac{1}{9}$		$\frac{6}{8}$	
$\frac{2}{16}$		$\frac{1}{2}$		$\frac{4}{8}$	
$\frac{4}{9}$		$\frac{2}{4}$	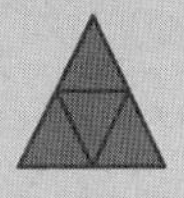	$\frac{4}{4}$	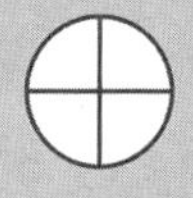
$\frac{0}{4}$		$\frac{9}{9}$		$\frac{3}{8}$	
$\frac{5}{8}$	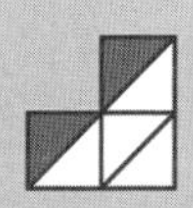	$\frac{2}{6}$	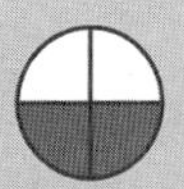	$\frac{2}{4}$	
$\frac{8}{8}$	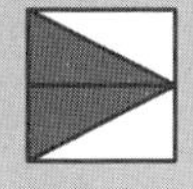	$\frac{2}{4}$	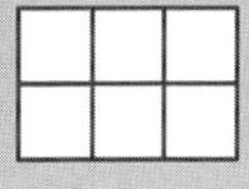	$\frac{0}{16}$	

† Partner-/Gruppenarbeit

Übungen zur Bruchschreibweise

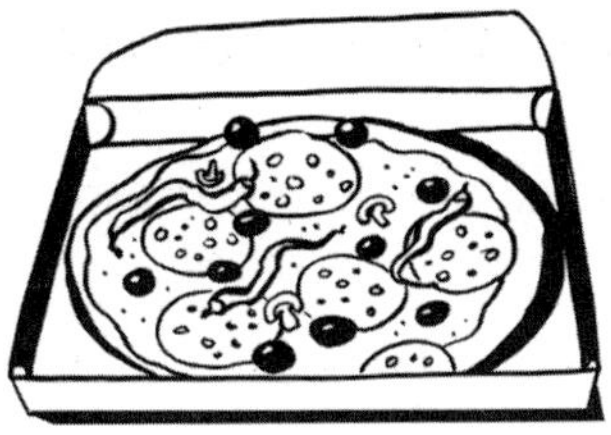

1 Eine Pizza wurde in 15 gleich große Stücke geteilt. Max verspeist sieben Stücke. Kreuze den Bruchteil an, den Max gegessen hat:

○ $\frac{15}{7}$ ○ $\frac{8}{15}$ ○ $\frac{7}{15}$

2 Drei Kuchen werden auf 24 Kinder aufgeteilt. Jedes Kind erhält dann:

○ $\frac{1}{24}$ ○ $\frac{1}{3}$ ○ $\frac{3}{24}$ Kreuze den richtigen Bruchteil an.

3 Kreuze an und vervollständige den richtigen Satz:

○ $\frac{30}{8}$ sind mehr als ein ganzer Kuchen, weil ______________________________

○ $\frac{30}{8}$ sind weniger als ein ganzer Kuchen, weil ______________________________

4 Ein Apfelkuchen wurde in 12 gleich große Stücke aufgeteilt. Ein Kirschkuchen in 16 Stücke. Max isst drei Stücke Apfel- und drei Stücke Kirschkuchen. Vervollständige die Sätze.

Er hat mehr ______________ gegessen, weil ______________________ .

Kathy isst drei Stücke Apfelkuchen. Erika isst fünf Stücke Apfelkuchen. __________ hat mehr Kuchen gegessen, weil ______________________ . Wenn du die Bruchteile der verspeisten Kuchenmenge von Erika angeben willst, musst du die 5 in den __________ schreiben.

5 $\frac{6}{11}$ oder $\frac{17}{5}$? Welche Bruchzahl bezeichnet mehr als ein Ganzes? Begründe.

____

6 a) Gib eine Bruchzahl mit dem Nenner 5 an, die

- die kleiner als ein Ganzes ist: _____
- genau ein Ganzes ist: _____
- größer als ein Ganzes ist: _____
- größer als zwei Ganze ist: _____
- sich in die gemischte Schreibweise umwandeln lässt: _____

b) Gib eine Bruchzahl mit dem Zähler 6 an, die

- kleiner als ein Ganzes ist: _____
- genau ein Ganzes ist: _____
- größer als ein Ganzes ist: _____
- größer als zwei Ganze ist: _____
- sich in die gemischte Schreibweise umwandeln lässt: _____ .

7 a) Wie viel mehr sind $\frac{3}{2}$ Kuchen als ein ganzer Kuchen? ______________________

b) Wie viel weniger sind $3\frac{1}{4}$ Tafeln Schokolade als vier Tafeln? ______________________

c) Wie viele halbe (viertel) Pizzen kannst du aus vier ganzen Pizzen machen? ______________

Aus: 3-12-740352-6 Schnittpunkt 1, BW, ServiceBand

Ernst Klett Verlag GmbH, Stuttgart 2004

Bruchteile von Größen

1 Wandle in die angegebene Einheit um.

a) $\frac{1}{5}$ km = ______ m

$\frac{3}{5}$ km = ______ m

$\frac{4}{5}$ km = ______ m

$\frac{5}{5}$ km = ______ m

$\frac{6}{5}$ km = ______ m

$\frac{10}{5}$ km = ______ m

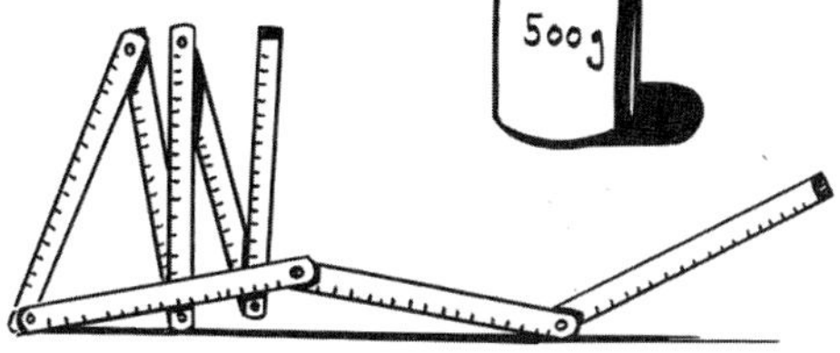

b) $\frac{1}{10}$ kg = ______ g

$\frac{3}{10}$ kg = ______ g

$\frac{1}{100}$ kg = ______ g

$\frac{7}{100}$ kg = ______ g

$\frac{100}{100}$ kg = ______ g

$\frac{4}{1000}$ kg = ______ g

2 Was ist mehr? $\frac{1}{10}$ von einem Ganzen oder $\frac{1}{3}$ vom Ganzen? Begründe ausführlich.

____

____

____

3 Achte auf die Maßeinheiten.

a) $\frac{1}{2}$ m = ______ dm; $\frac{1}{2}$ m^2 = ______ dm^2; $\frac{1}{2}$ m^3 = ______ dm^3

b) $\frac{3}{4}$ m = ______ cm; $\frac{3}{4}$ h = ______ min; $\frac{3}{4}$ Tag = ______ h

c) $\frac{3}{20}$ € = ______ ct; $\frac{3}{20}$ h = ______ min; $\frac{3}{20}$ cm^2 = ______ mm^2

d) $\frac{7}{100}$ m^3 = ______ dm^3; $\frac{7}{100}$ € = ______ ct; $\frac{7}{100}$ m^2 = ______ dm^2

4 Gib das Ergebnis als Bruchteil und in der kleineren Einheit an.

a) Wie viel mehr sind $\frac{7}{10}$ € als $\frac{1}{10}$ €? ______________________________

b) Wie viel weniger sind $\frac{3}{4}$ kg als 1 kg? ______________________________

c) Wie viel mehr sind 4 Stunden als $\frac{1}{8}$ Tag? ______________________________

d) Wie viel mehr ist $\frac{1}{2}$ kg als $\frac{2}{5}$ kg? ______________________________

e) Wie viel weniger sind 4 dm als $\frac{1}{2}$ m? ______________________________

Einzelarbeit

Übungen zur gemischten Schreibweise

1 Löse wie im Beispiel.

Beispiel: $2\frac{1}{4}$ kg = 2 kg + $\frac{1}{4}$ kg = 2000 g + 250 g = 2250 g

a) $2\frac{1}{2}$ kg = ______

b) $1\frac{1}{4}$ kg = ______

c) $2\frac{3}{4}$ kg = ______

d) $5\frac{1}{10}$ € = ______

e) $4\frac{9}{10}$ € = ______

f) $4\frac{9}{10}$ km = ______

2 Und jetzt das Ganze umgekehrt.

1600 m = 1000 m + 600 m = 1 km + $\frac{6}{10}$ km = $1\frac{6}{10}$ km

a) 4500 g = ______

b) 1100 m = ______

c) 130 ct = ______

d) 2070 g = ______

3 Achte auf die Maßeinheiten.

a) $1\frac{1}{2}$ m = ______ dm $1\frac{1}{2}$ m^2 = ______ dm^2 $1\frac{1}{2}$ m^3 = ______ dm^3

b) $2\frac{3}{5}$ m = ______ cm $2\frac{3}{5}$ h = ______ min $1\frac{3}{4}$ Tag = ______ h

c) $3\frac{3}{10}$ € = ______ ct $3\frac{3}{10}$ h = ______ min $3\frac{3}{10}$ cm^2 = ______ mm^2

4 Gib das Ergebnis als Bruchteil und in der kleineren Einheit an.

a) Wie groß ist der Unterschied zwischen $2\frac{7}{10}$ Euro und 2 Euro? ______

b) Wie groß ist der Unterschied zwischen $3\frac{3}{4}$ kg und 4 kg? ______

c) Wie groß ist der Unterschied zwischen 4000 g und 2 kg? ______

Aus: 3-12-740352-6 Schnittpunkt 1, BW, ServiceBand

Ernst Klett Verlag GmbH, Stuttgart 2004

Tandembogen Bruchteile von Größen

Hier knicken

Aufgaben für Partner B

1 Wie viele m sind 1 km?

2 $\frac{1}{10}$ km = □ m

3 $\frac{9}{10}$ km = □ m

4 $\frac{2}{5}$ km = □ m

5 $\frac{1}{20}$ € = □ ct

6 $\frac{2}{3}$ h = □ min

7 $\frac{7}{20}$ a = □ m^2

8 $\frac{3}{250}$ kg = □ g

9 Wie groß ist der Unterschied zwischen $\frac{3}{15}$ und $\frac{14}{15}$?

10 Wie groß ist der Unterschied zwischen $\frac{3}{5}$ und einem Ganzen?

Lösungen für Partner A

1 100
2 20
3 90
4 60
5 250
6 50
7 4
8 28
9 $\frac{3}{13}$
10 $\frac{8}{15}$

Tandembogen Bruchteile von Größen

Hier knicken

Aufgaben für Partner A

1 Wie viele m^2 sind 1 a?

2 $\frac{1}{5}$ a = □ m^2

3 $\frac{9}{10}$ a = □ m^2

4 $\frac{3}{5}$ a = □ m^2

5 $\frac{1}{4}$ kg = □ g

6 $\frac{5}{6}$ h = □ min

7 $\frac{2}{5}$ cm = □ mm

8 $\frac{7}{250}$ km = □ m

9 Wie groß ist der Unterschied zwischen $\frac{8}{13}$ und $\frac{5}{13}$?

10 Wie groß ist der Unterschied zwischen $\frac{7}{15}$ und einem Ganzen?

Lösungen für Partner B

1 1000
2 100
3 900
4 400
5 5
6 40
7 35
8 12
9 $\frac{11}{15}$
10 $\frac{2}{3}$

Beim Sportfest – die Dezimalschreibweise

1 Zehntel

Beim Kugelstoßen landet die Kugel beim dritten Versuch an der markierten Stelle des Maßbandes.

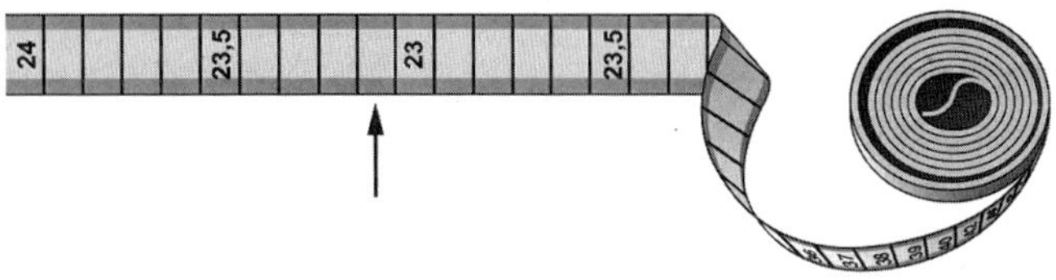

a) Gib die Weite in der Dezimalschreibweise, der gewöhnlichen Bruchschreibweise und in m und cm an.

b) Der 1. Versuch brachte 23,8 m. Zeichne den passenden Zahlenstrahl-Ausschnitt und trage die Weite ein.

c) Im 2. Versuch hat der Sportler 22,7 m weit gestoßen. Trage ein. Ergänze den Zahlenstrahl aus b).

d) Ein anderer erzielte im 3. Versuch $23\frac{7}{10}$ m und im 2. Versuch $23\frac{1}{5}$ m.
Trage die Weiten ein und gib sie auch in der Dezimalschreibweise an.

e) Um wieviel Zentimeter unterscheiden sich der weiteste und der nächstbeste Stoß?

2 Hunderstel

a) Beim Hochsprung liegt die Latte an der angebenen Marke. Welcher Höhe entspricht dies?
Gib das Ergebnis als Dezimalbruch, gewöhnlichen Bruch und in m und cm an.

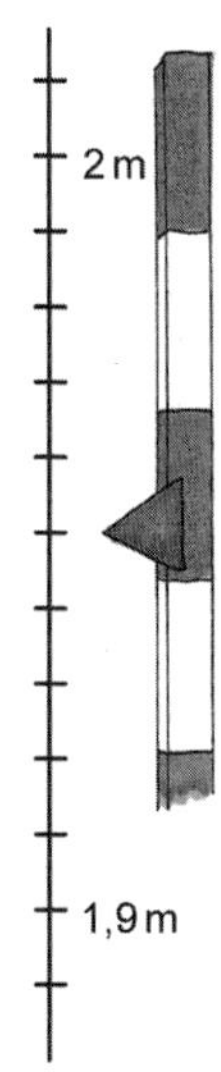

b) Beim vorigen Versuch lag die Latte bei 1,92 m. Zeichne den Zahlenstrahl-Ausschnitt und trage diese Höhe ein. Schreibe auch als gewöhnlichen Bruch.

c) Im nächsten Versuch liegt die Marke bei $2\frac{4}{100}$ m. Ergänze den Zahlenstrahl aus b) und trage ein. Gib diese Höhe auch als Dezimalbruch an.

d) Ergänze die folgende Tabelle.

Höhe als Dezimalbruch	Höhe als gewöhnlicher Bruch	Höhe in m und cm
1,74 m		
	$2\frac{11}{100}$	
		3 m 8 cm

Kopfrechnenblatt 1

1 Vervollständige die Tabellen.

	:7
42	
420	
21	
	9
	3
	8

	·6
8	
7	
	24
2	
	54
	540

2 Ermittle die fehlende Zahl.

☐ · 5 = 30	☐ : 8 = 5	☐ + 12 = 20	18 – ☐ = 9
9 · ☐ = 54	40 : ☐ = 8	45 – ☐ = 12	☐ – 9 = 13
☐ · 3 = 21	☐ : 4 = 9	67 + ☐ = 89	78 + ☐ = 100
6 · ☐ = 18	45 : ☐ = 9	☐ – 14 = 76	☐ +78 = 100

3 Addiere zur größten zweistelligen Zahl die größte einstellige Zahl. ______________________

4 Klaus kauft fünf Brötchen zu je 30 ct und ein Brot zu 3,20 €. Er bezahlt mit einem Fünf-Euro-Schein.

Was bekommt er zurück? ______________________

5 Berechne den Wert der Rechenkreise. Beginne bei der markierten Zahl, rechne mit dem Ergebnis weiter.

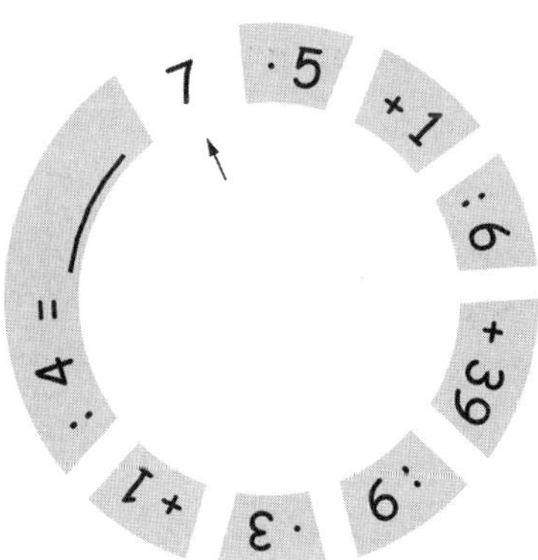

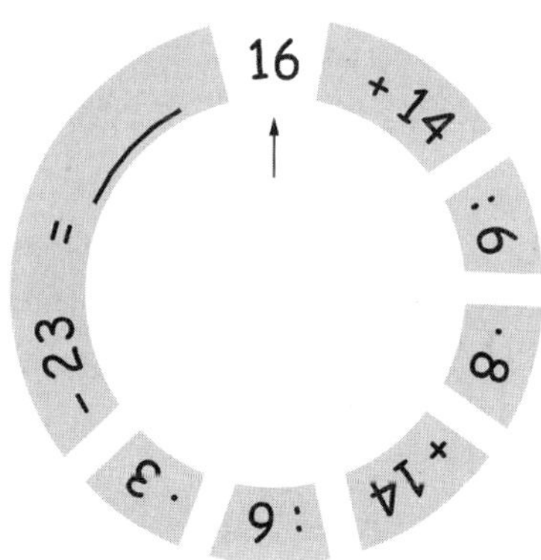

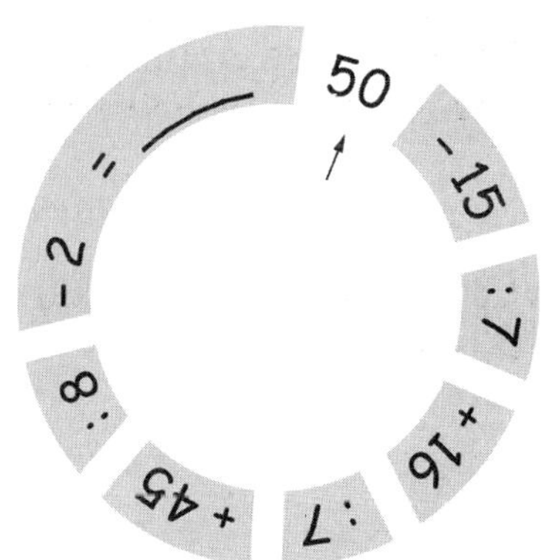

Knack-die-Nuss-Ecke

Ich denke mir eine Zahl. Wie lautet sie?
Wenn ich sie verdopple und 3 subtrahiere, erhalte ich 17.

____

Wenn ich zuerst 6 addiere und dann durch 5 dividiere, erhalte ich 8.

____

Kopfrechnenblatt 2

1 Vervollständige die Tabellen

	: 4
32	
320	
400	
88	
560	

	– 14
70	
700	
65	
54	
112	

	· 6
12	
9	
14	
18	
22	

2 a) Schreibe im Zehnersystem.

CXXXVIII = ______ CDLXVII = ______

MCDXXVI = ______ CMXCIV = ______

CXLVII = ______ MMCMX = ______

b) Schreibe mit römischen Zahlzeichen.

126 = ______ 1442 = ______

1422 = ______ 798 = ______

44 = ______ 2090 = ______

3 Schreibe in Ziffern.

vier Milliarden zwanzigtausend ______

dreihundert Milliarden siebzig ______

fünf Billionen sechstausend ______

siebenhundert Milliarden zehn ______

4 Löse wie in den beiden Beispielen.

$5^4 = 5 \cdot 5 \cdot 5 \cdot 5 = 625$ $7 \cdot 7 \cdot 7 \cdot 7 = 7^4 = 2401$

$3^3 =$ ______ = ______

$2^4 =$ ______ = ______

$4^3 =$ ______ = ______

$5^3 =$ ______ = ______

$10 \cdot 10 \cdot 10$ = ______ = ______

$2 \cdot 2 \cdot 2 \cdot 2 \cdot 2$ = ______ = ______

$8 \cdot 8$ = ______ = ______

$3 \cdot 3 \cdot 3 \cdot 3$ = ______ = ______

5 Berechne.

$8 \cdot 13$ = ______ $118 - 22$ = ______ $1200 : 4$ = ______ $7 \cdot 14$ = ______

$75 + 34$ = ______ $1200 : 400$ = ______ $11 \cdot 15$ = ______ $78 - 17$ = ______

$1200 : 40$ = ______ $12 \cdot 16$ = ______ $78 + 143$ = ______ $4800 : 60$ = ______

$9 \cdot 13$ = ______ $217 - 25$ = ______ $4900 : 70$ = ______ $193 + 84$ = ______

Ernst Klett Verlag GmbH, Stuttgart 2004

Kopfrechenblatt 3

1 Mache einen Überschlag. Runde dafür auf eine oder zwei Stellen und rechne dann im Kopf.

Beispiel: $128 : 34 \approx 120 : 30 = 4$

$89 \cdot 19 \approx$ ____________________

$1246 : 32 \approx$ ____________________

$109 \cdot 18 \approx$ ____________________

$241 : 79 \approx$ ____________________

$124 \cdot 12 \approx$ ____________________

$7187 \cdot 83 \approx$ ____________________

$219 \cdot 98 \approx$ ____________________

2 Beachte die Rechenregeln.

$28 + 12 : 4 =$ ________

$7 \cdot 5 - 3 \cdot 4 =$ ________

$36 - (15 + 7) =$ ________

$7 \cdot (5 - 3) \cdot 4 =$ ________

$240 - (8^2 - 5 \cdot 12) + 6 =$ ________

$76 - 6 \cdot 5 + 2 =$ ________

$76 - 6 \cdot (5 + 2) =$ ________

$(76 - 6) \cdot (5 + 2) =$ ________

$(76 - (6 \cdot 5) + 2) =$ ________

3 Schreibe in Ziffern.

siebzig Millionen siebenhundert ____________________

achthundert Milliarden zehntausend ____________________

drei Billionen drei Millionen drei ____________________

4 Löse wie im Beispiel.

$2^3 \cdot 3^2 = 8 \cdot 9 = 72$

$2^2 \cdot 3^2 =$ ________ $=$ ________

$2^4 + 3^2 =$ ________ $=$ ________

$5^2 - 4^2 =$ ________ $=$ ________

$4^2 : 2^3 =$ ________ $=$ ________

5 Ermittle die fehlende Zahl.

$5 \cdot$ ☐ $= 60$

☐ $+ 67 = 100$

☐ $: 8 = 30$

☐ $\cdot 90 = 450$

$231 -$ ☐ $= 198$

$45\,000 :$ ☐ $= 900$

$12 \cdot$ ☐ $= 108$

☐ $- 24 = 98$

☐ $: 200 = 90$

☐ $\cdot 11 = 330$

$136 +$ ☐ $= 201$

$5600 :$ ☐ $= 8$

Kopfrechenblatt 4

Berechne die Aufgaben möglichst im Kopf. Die Beispiele geben dir einen Tipp.

1 Subtraktion

Beispiel: 218 – 25 = 218 – 18 – 7 = 200 – 7 = 193

121 – 25 = ______	111 – 21 = ______	419 – 21 = ______
219 – 127 = ______	418 – 22 = ______	215 – 122 = ______
118 – 25 = ______	129 – 31 = ______	329 – 131 = ______

2 Addition

Beispiel: 136 + 45 = 136 + 40 + 5 = 176 + 5 = 181

137 + 35 = ______	228 + 34 = ______	167 + 24 = ______
69 + 104 = ______	307 + 88 = ______	108 + 109 = ______
178 + 107 = ______	167 + 93 = ______	226 + 78 = ______

3 Multiplikation

Beispiele: $12 \cdot 18 = 10 \cdot 18 + 2 \cdot 18 = 180 + 36 = 216$
$8 \cdot 15 = 8 \cdot 10 + 8 \cdot 5 = 80 + 40 = 120$

$11 \cdot 12$ = ______	$11 \cdot 19$ = ______	$11 \cdot 41$ = ______
$11 \cdot 13$ = ______	$12 \cdot 13$ = ______	$8 \cdot 15$ = ______
$6 \cdot 17$ = ______	$9 \cdot 14$ = ______	$6 \cdot 10$ = ______

4 Rechenausdrücke

Beispiel: (33 + 3) : 10 = (27 + 3) : 10 = 30 : 10 = 3

$(5^2 - 7) : 3$ = ______	$5 \cdot 11 - 2^2$ = ______	$6^2 : 3^2 - 1$ = ______
$47 - 7 \cdot 5$ = ______	$48 + 2 \cdot 6$ = ______	$48 : (36 - 28)$ = ______
$(9^2 - 1) : 20$ = ______	$3^2 \cdot 2^2 + 4$ = ______	$4 \cdot 12 - 2 \cdot 6$ = ______

Kopfrechenblatt 5

1 Vervollständige die Tabellen.

	· 6
8	
4	
9	
5	

	: 8
40	
24	
64	
56	

	· 9
6	
9	
4	
8	

2 Beachte die Rechengesetze und rechne im Kopf.

49 + 16 + 4 = ______

78 + 19 + 2 = ______

97 + 79 + 3 = ______

78 + 36 + 4 = ______

299 + 87 + 1 = ______

13 · 50 · 2 = ______

78 + 196 + 4 = ______

5 · 4 · 7 = ______

16 · 4 · 5 = ______

209 · 5 = ______

5 · 8 · 3 = ______

87 + 6 + 13 = ______

67 + 13 + 9 = ______

5 · 7 · 20 = ______

Vertauschungsgesetz:
89 + 47 + 11 = 89 + 11 + 47
= 100 + 47
= 147
5 · 19 · 2 = 5 · 2 · 19
= 10 · 19
= 190
Verbindungsgesetz:
49 + 16 + 4 = 49 + 20 = 69
14 · 5 · 2 = 14 · 10 = 140

3 Knobeln.
Addiere zur größten vierstelligen Zahl die kleinste dreistellige Zahl.

____

Subtrahiere die größte einstellige Zahl von der größten dreistelligen Zahl.

____

Ich denke mir eine Zahl. Der dritte Teil dieser Zahl vermehrt um 23 gibt 28. Wie heißt meine Zahl?

____

4 Ermittle die fehlende Zahl.

5 · ☐ = 45

12 · ☐ = 60

6 · ☐ = 24

☐ · 7 = 21

☐ – 16 = 91

☐ · 9 = 54

☐ : 6 = 8

☐ : 7 = 5

☐ · 6 = 48

☐ + 12 = 100

7 · ☐ = 56

64 : ☐ = 8

81 : ☐ = 9

45 : ☐ = 3

118 – ☐ = 99

8 · 9 = ☐

☐ · 7 = 56

☐ : 9 = 15

☐ + 56 = 108

☐ +17 = 23

Kopfrechenblatt 6

Umrechnungen

1 km = __________ m

1 m = __________ dm

1 m = __________ cm

1 dm = __________ cm

1 cm = __________ mm

1 Verwandle in die angegebene Einheit

80 cm = __________ dm	600 m = __________ km
80 cm = __________ m	60 000 m = __________ km
80 cm = __________ mm	6000 m = __________ km
900 dm = __________ m	45 m = __________ km
900 dm = __________ cm	5 m = __________ km
9000 dm = __________ m	5004 m = __________ km

2 Schreibe in Ziffern.

fünf Milliarden sechshundert ______________________________

neunzig Billionen zehn ______________________________

siebenhundert Millionen siebenhundert ______________________________

3 Löse wie in den beiden Beispielen.

68 cm = 6 dm 8 cm = 6,8 dm	9,4 m = 9 m 4 dm = 94 dm
26 cm = ______________ = ______ dm	7,9 m = ______________ = ______ dm
84 mm = ______________ = ______ cm	11,8 dm = ______________ = ______ cm
43 dm = ______________ = ______ m	9,008 km = ______________ = ______ m
2 dm = ______________ = ______ m	9,08 km = ______________ = ______ m
4301 m = ______________ = ______ km	0,8 km = ______________ = ______ m

4 Verwandle in die angegebene Einheit.

2,07 km = 2 km 70 m = 2070 m
1,08 m = 1 m 8 cm = 108 cm
7,3 cm = 7 cm 3 mm = 73 mm

4,006 km = __________ m	0,7 cm = __________ mm	
4,6 km = __________ m	9,8 dm = __________ mm	
4,06 km = __________ m	1,04 m = __________ cm	
9,99 km = __________ m	1,4 m = __________ cm	140 m = __________ km
1,6 dm = __________ cm	0,14 m = __________ cm	1400 m = __________ km

Kopfrechenblatt 7

1 Berechne.

$16 \cdot 5 =$ ______	$10^2 - 2^2 \cdot 3 =$ ______	$100 : 25 =$ ______
$118 - 24 =$ ______	$16 + 4 \cdot 8 =$ ______	$1000 : 25 =$ ______
$11 \cdot 16 =$ ______	$72 - 28 + 2 =$ ______	$161 - 98 - 2 =$ ______
$219 - 122 =$ ______	$(5 + 4^2) : 3 =$ ______	$158 + 96 + 4 =$ ______
$9 \cdot 17 =$ ______	$9 \cdot 3 - 5 \cdot 5 =$ ______	$5 \cdot 3 \cdot 20 =$ ______

2 Welches besondere Viereck ist beschrieben?

Vier gleich lange Seiten, vier rechte Winkel. ______

Vier rechte Winkel und zwei gleich lange Seiten. ______

Die Diagonalen sind zueinander senkrecht und gleich lang. ______

3 Vervollständige die Tabelle für ein Quadrat.

Seitenlänge	6 cm			
Umfang		40 cm	64 cm	
Flächeninhalt				49 cm^2

4 Vervollständige die Tabelle für ein Rechteck.

Seite a	6 cm	10 cm	4 cm	
Seite b	2 cm	8 cm		5 cm
Umfang			20 cm	
Fläche				40 cm^2

5 Verwandle in die angegebene Einheit.

1 cm 8 mm = ______ mm	90 cm = ______ dm	0,2 km = ______ m
1 m 1 dm = ______ dm	3 m 5 cm = ______ m	8 m = ______ km
2 m 3 dm = ______ m	3 m 5 cm = ______ cm	7090 m = ______ km
7 km 80 m = ______ m	100 dm = ______ cm	2,2 dm = ______ cm

6 Vervollständige die Tabellen.

	: 12
72	
720	
36	
3600	

	· 9
8	
800	
60	
13	

	− 26
50	
100	
119	
219	

Einzelarbeit

Kopfrechenblatt 8

1 Stelle dir die folgenden Konstruktionen vor und beantworte die Fragen ohne zu zeichnen.

a) Zu einer Geraden g wird eine senkrechte gerade k gezeichnet. Dann wird eine zu k senkrechte Gerade t gezeichnet. Welche Lage haben k und g zueinander?

____

b) Die Geraden g und h sind parallel. Gezeichnet wird eine zu h senkrechte Gerade k. Wie liegen k und g?

____

c) Die Geraden g und h sind parallel und haben einen Abstand von 6 cm. Man zeichnet eine Parallele r zu g im Abstand 4 cm. Welche Abstände zur Gerade h kann r haben?

____

2 Verwandle in die angegebene Längeneinheit.

700 cm = ______ mm	8000 m = ______ km
700 cm = ______ dm	5,08 m = ______ cm
6 m 8 cm = ______ cm	0,9 km = ______ m
6 m 8 cm = ______ m	90 m = ______ km
3000 mm = ______ dm	8070 m = ______ km
670 cm = ______ m	7 mm = ______ cm

Längeneinheiten

1 km = ______ m
1 m = ______ dm
1 m = ______ cm
1 dm = ______ cm
1 cm = ______ mm

3 Verwandle in die angegebenene Flächeneinheit

200 a = ______ m^2	100 cm^2 = ______ dm^2
200 a = ______ ha	500 cm^2 = ______ m^2
2000 a = ______ ha	500 m^2 = ______ a
3200 m^2 = ______ a	4000 mm^2 = ______ cm^2

Flächeneinheiten

1 km^2 = ______ m^2
1 m^2 = ______ dm^2
1 m^2 = ______ cm^2
1 dm^2 = ______ cm^2
1 cm^2 = ______ mm^2

4 Verwandle in die angegebenene Volumeneinheit.

8000 cm^3 = ______ dm^3	78 cm^3 = ______ mm^3
80 000 dm^3 = ______ m^3	70 m^3 = ______ dm^3
7 dm^3 800 cm^3 = ______ cm^3	70 000 cm^3 = ______ dm^3

Volumeneinheiten

1 km^3 = ______ m^3
1 m^3 = ______ dm^3
1 m^3 = ______ cm^3
1 dm^3 = ______ cm^3
1 cm^3 = ______ mm^3

Fitnesstest 1

Rechentechnik

1

a) 5 0 7 5 · 9 7 6   b) 8 7 4 0 0 5 : 5 5 =

2

2^5

Gib die Fachbegriffe an
und berechne die Potenzen!

5^2

Rechentechnik

3 Klammerregeln

a) 6300 – (500 – (300 + 150)) = ______ = ______ = ______

b) 6300 – (500 – 300) + 150 = ______ = ______ = ______

4 Berechne vorteilhaft. Notiere auch die Zwischenschritte.

a) 8 · 37 = ______ = ______ = ______

b) 14 · 9 = ______ = ______ = ______

c) 12 · 16 = ______ = ______ = ______

Knack-die-Nuss-Ecke

Welche Aufgaben haben dasselbe Ergebnis?
Entscheide ohne zu rechnen und begründe.

a) 2712 + (4778 – 1273)   b) 2712 – (4778 + 1273)   c) 2712 + 4778 – 1273
d) 2712 – 4778 + 1273   e) 2712 – 4478 – 1273

f

______

______

Fitnesstest 2

Wissen

1 Römische Zahlzeichen.

V = ________ XIX = ________ X = ________

XLII = ________ L = ________ CMXL = ________

C = ________ M = ________ D = ________

46 = ________ 24 = ________ 909 = ________

Rechentechnik

2

a) 8345 · 510

b) 70416 : 8 =

c)

	2	7	4	8	0	9
–		4	6	9	0	0
–		9	0	3	4	6
–			4	7	0	9

Wissen

3 Zeichne ein Säulendiagramm. Runde zuerst passend.

Berg	Zugspitze	Feldberg	Montblanc	Watzmann
Höhe	2963 m	1495 m	4810 m	2713 m
gerundete Höhe				

Rechentechnik

4 Klammern

a) 3400 – (600 + 450) – 350 = ________ = ________ = ________

b) Setze eine Klammer richtig ohne die Aufgaben auszurechnen.

7245 – 3165 – 2099 = 6179; 32 345 – 6789 – 4055 + 3009 = 18 492

Knack-die-Nuss-Ecke

Setze die richtigen Zahlen ein.

a) 450 – (☐ – 200) = 400

b) 800 – 340 + ☐ = 500

c) 810 – (250 + ☐) – 400 = 100

d) 780 – (☐ – (560 – 40)) = 700

Fitnesstest 3

Geometrische Grundkonstruktionen

1 Parallel: ______________

Senkrecht: ______________

Ermittle den Abstand von P und g:

______________________ cm

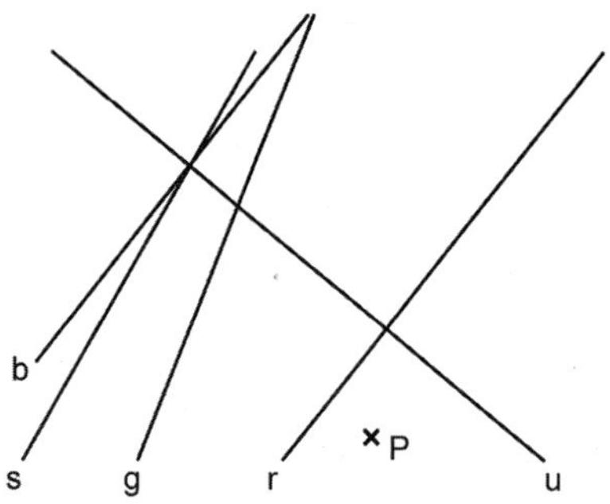

Wissen

2 Gerade und Strecke. Beschreibe die Unterschiede und zeichne je ein Beispiel.

Geometrische Grundkonstruktionen

3 a) Zeichne zwei Parallelen a und b im Abstand von 1,5 cm. Zeichne nun eine Gerade g, die zu a senkrecht ist. Markiere einen Punkt P, der von g den Abstand 2 cm hat und auf b liegt.

b) Zeichne eine Gerade a und einen Punkt M, der nicht auf a liegt. Miss den Abstand von M von der Geraden a.
Zeichne nun eine Gerade g parallel zu a durch M.

Rechentechnik

4

a) 3 0 0 5 · 9 1 6

b) 2 3 4 0 0 : 2 5 =

c)

	2	3	4	8	0	9
–		4	5	9	0	0
–		8	0	3	4	6
–			4	0	0	7

Fitnesstest 4

Raumvorstellung

1 Trage die Linien in das Würfelnetz ein.
Wo liegt im Netz der Punkt H?

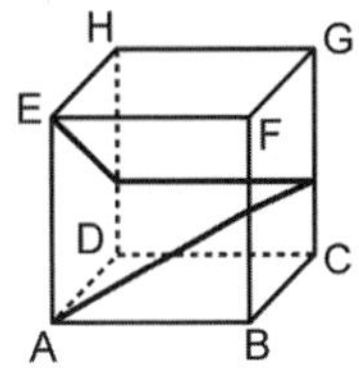

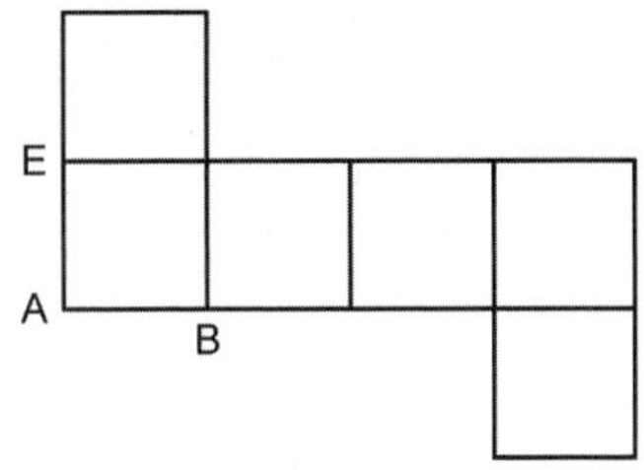

Rechentechnik

2 Berechne schriftlich.

a) 17 405 · 310

b) 600 300 : 29 =

c)
```
  734 899
+ 245 900
+  80 346
+ 794 007
_________
```

Wissen

3 Vervollständige die Schemata.

Sekunde —:60→ Minute —[ ]→ [ ] —[ ]→ Tag —[ ]→ Jahr

Milligramm —[ ]→ [ ] —[ ]→ [ ] —:1000→ Tonne

Geometrische Grundkonstruktionen

4 a) Zeichne jeweils ein Quadrat und eine Raute mit der Seitenlänge 3 cm. Bezeichne die Eckpunkte mit A, B, C und D.

b) Zeichne die Diagonalen ($\overline{AC}$ und $\overline{BD}$) ein.

Was kannst du über die Lage der beiden Diagonalen aussagen?

Knack-die-Nuss-Ecke

Mike behauptet: „Jedes Quadrat ist auch ein Rechteck“.
„Dann ist ja auch jedes Parallelogramm ein Rechteck.“, meint Ines. Was meinst du? Begründe.

Fitnesstest 5

Raumvorstellung

1 In den folgenden Vierecken werden die Seitenmitten verbunden.
Welches Viereck entsteht? Verbinde.

Quadrat •	• Parallelogramm
Raute •	• Raute
Parellelogramm •	• Rechteck
Rechteck •	• Quadrat
Drachen •	

Wissen

2 Welches besondere Viereck ist beschrieben?

Vier gleich lange Seiten, keine rechten Winkel. ______

Vier rechte Winkel und vier gleich lange Seiten. ______

Keine rechten Winkel, zwei Paare paralleler Seiten. ______

Die Diagonalen sind senkrecht zueinander. Keine Parallelen. ______

3 Große Zahlen. Schreibe mit Ziffern.

neun Milliarden zwölftausendzehn ______

siebzig Billionen dreihundertfünf ______

eine halbe Milliarde ______

Rechentechnik

4 Berechne schriftlich auf der Rückseite des Blattes.

a) $706 \cdot 6020$ b) $64\,377 : 23$ c) $450 - 6 \cdot (40 - 25)$

Geometrische Grundkonstruktionen

5 Zeichne eine Raute mit einer Seitenlänge von 3 cm.

Knack-die-Nuss-Ecke

a) Ich sehe jeder Zahl an, ob sie durch 10 teilbar ist.

______

______

b) Ich kann zu vier Billionen den Vorgänger und den Nachfolger von zwei Billionen im Kopf addieren.

______

______

Aus: 3-12-740352-6 Schnittpunkt 1, BW, ServiceBand

Ernst Klett Verlag GmbH, Stuttgart 2004

Fitnesstest 6

Raumvorstellung

1 Der Würfel wird mehrfach über eine der Kanten gekippt. Das Kreuz ist am Anfang rechts. Wo liegt das Kreuz nach dem letzten Kippen? Vorne, hinten, rechts, links, oben oder unten?

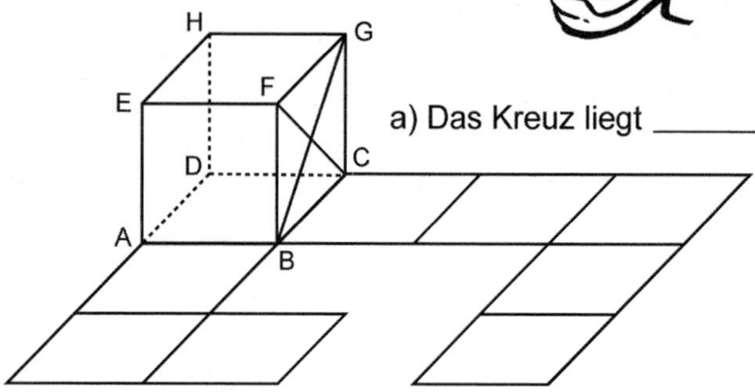

a) Das Kreuz liegt ________ .

b) Das Kreuz liegt ________ .

Wissen

2 Welche Rechenregeln musst du beachten? Notiere. Ermittle das Ergebnis im Kopf.

a) 245 – (125 + 90) = ________ Rechenregel: ________________

b) 240 – 4 · 25 = ________ Rechenregel: ________________

c) (50 – 35) · 8 = ________ Rechenregel: ________________

d) 100 – (35 – 29) · 15 = ________ Rechenregel: ________________

Rechentechnik

3 Berechne schriftlich.

a) 740 · 9126

b) 74 340 : 9 =

c)
 934 899
– ☐
– 80 346
– 194 607

Geometrische Grundkonstruktionen

4 Zeichne das Schrägbild eines Quaders mit folgenden Maßen:
Länge: 5,0 cm;
Breite: 4,0 cm;
Höhe: 3,0 cm

Knack-die-Nuss-Ecke

Ein Quader mit den Kantenlängen 6 cm; 4 cm und 3 cm kann in unterschiedlichen Lagen gezeichnet werden:

1. Vorderfläche: 6 cm; 3 cm.
   Grundfläche: 6 cm; 4 cm.
2. Vorderfläche: ________
   Grundfläche: ________
3. Vorderfläche: ________
   Grundfläche: ________

Fitnesstest 7

Geometrische Grundkonstruktionen

1 Zeichne
a) das Schrägbild eines Würfels mit der Kantenlänge 1 cm.
b) eine Raute mit der Seitenlänge 2 cm. ◆

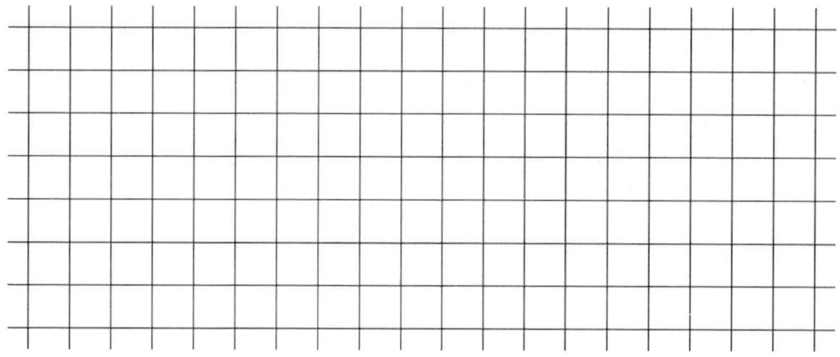

Raumvorstellung

2 Welche Form hat die Schnittfläche, wenn man die Würfel entlang der Linien zersägt? Verbinde.

a)
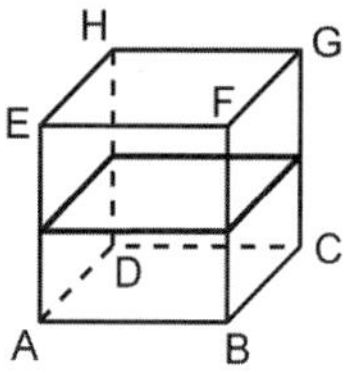

b)
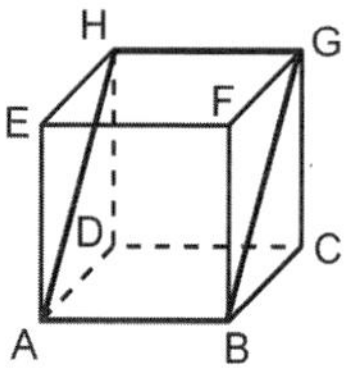

◆ Raute ◆

◆ Rechteck ◆

◆ Quadrat ◆

◆ Dreieck ◆

◆ Parallelogramm ◆

c)
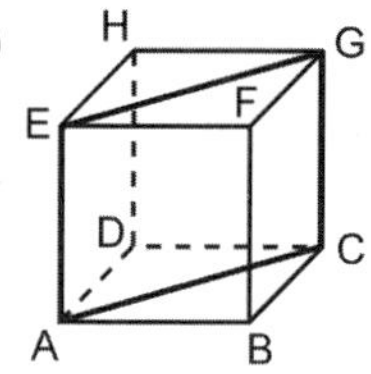

d)
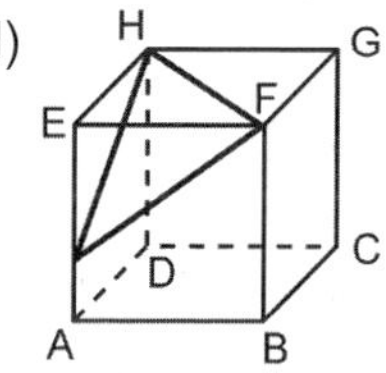

Wissen

3 Längeneinheiten und Flächeneinheiten. Vervollständige die Schemata.

mm → (:10) → cm → ☐ → ☐ → ☐ → km

mm² → ☐ → ☐ → ☐ → ☐ → ☐ → ☐ → ha

Rechentechnik

4 Berechne schriftlich.

a) <u>340 450 · 610</u>

b) 64 376 : 26 =

c)

	234 890
+	245 900
+	☐
+	394 607
	999 999

Wissen

5 Berechne im Kopf. Welches Gesetz oder welche Regel wendest du dabei an? Notiere.

23 · 5 · 2 = ________ Rechenregel: ________________

5 · (2 + 6) = ________ Rechenregel: ________________

60 – 40 : 2 = ________ Rechenregel: ________________

86 + 88 + 14 = ________ Rechenregel: ________________

Fitnesstest 8

Raumvorstellung

1 Der Würfel wird mehrfach über eine der Kanten gekippt. Der Pfeil zeigt am Anfang nach rechts. Wohin zeigt der Pfeil nach dem letzten Kippen? Nach vorne, hinten, oben, unten, rechts oder nach links?

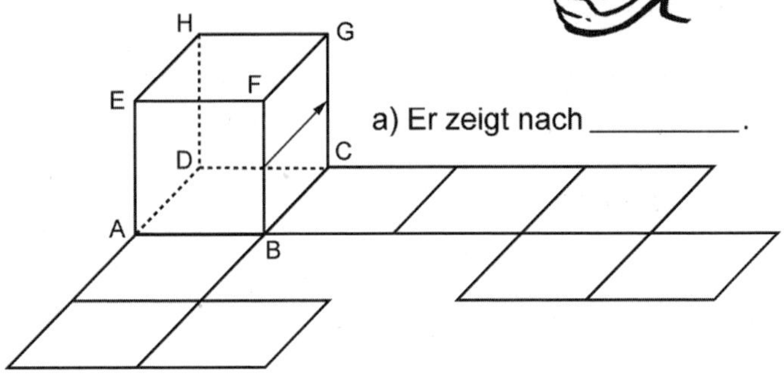

a) Er zeigt nach ________.

b) Er zeigt nach ________.

Wissen

2 Kennst du noch die Formeln für Umfang und Flächeninhalt eines Rechtecks?

Umfang = ______________. Fläche = ______________. Vervollständige die Tabelle.

	Rechteck 1	Rechteck 2	Rechteck 3	Rechteck 4
Länge a	4 cm		10 cm	
Breite b	2 cm	2 cm		
Umfang			30 cm	22 cm
Fläche		$10\,cm^2$		$30\,cm^2$

Rechentechnik

3 Berechne schriftlich auf der Rückseite des Blattes.

a) 74 009 · 93 b) 674 336 : 16 c) 780 – (125 + 15) : 7

Geometrische Grundkonstruktionen

4 Zeichne das Netz eines Quaders mit folgenden Maßen: Länge: 4,0 cm; Breite: 1,0 cm; Höhe: 1,0 cm

Knack-die-Nuss-Ecke

Wie ändert sich das Volumen eines Quaders, wenn

a) die Länge verdoppelt wird?

____

b) die Breite halbiert wird?

____

c) die Länge und die Breite verdoppelt werden?

____

d) die Höhe verdoppelt und die Länge halbiert wird?

____

1 Natürliche Zahlen

Zahlen auf dem Zahlenstrahl, Seite S4

1 a) 128, 146, 157, 176
b) 2475, 2725, 2950, 3025

2

a) 3. Zahlenstrahl:

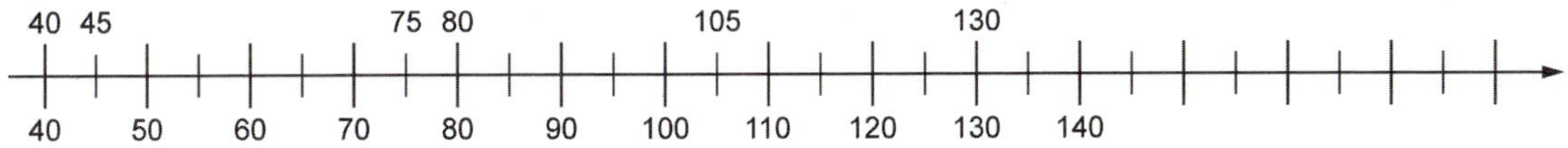

Auch ein Eintragen in den 4. Zahlenstrahl wäre möglich.

b) 1. Zahlenstrahl:

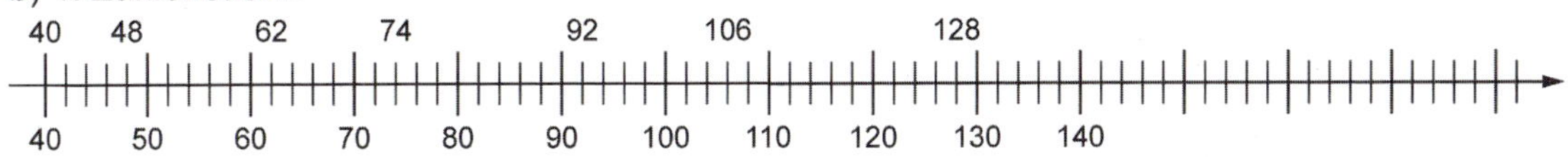

c) 2. Zahlenstrahl

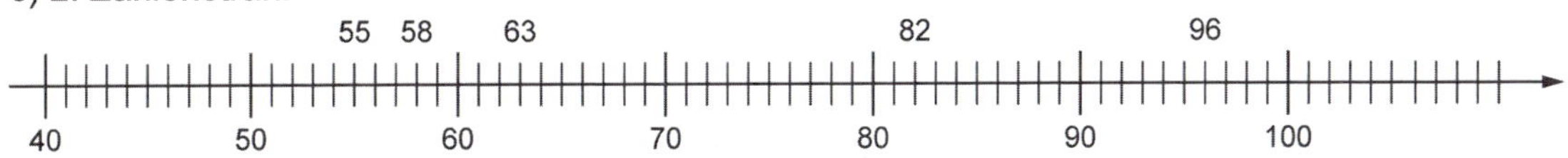

3 a)

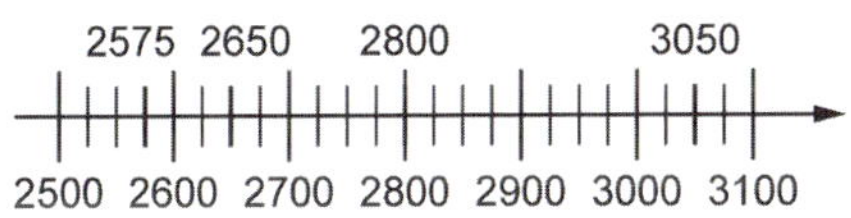

b)

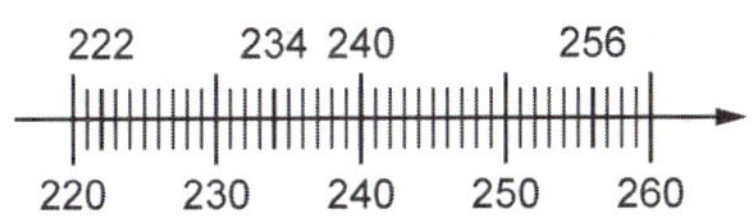

c)

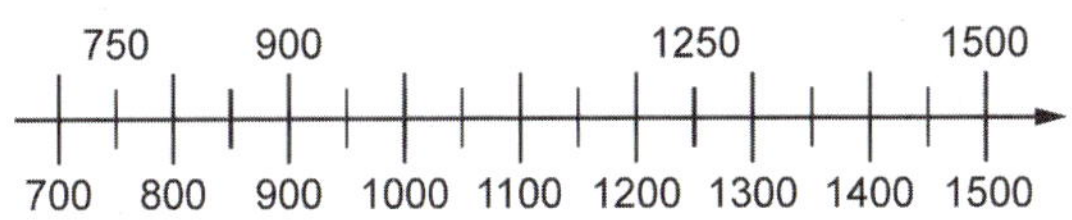

Zahlenbaukasten I, Seite S6

a) 9 5 52 17 104 0; 9552171040
b) 0 104 17 52 59; 104175259
c) 9 5 52 104 0 17; 9552104017
d) 104 0 17 5; 1040175
e) 9 5 52 104 0; 95521040
f) 0 17 52 5 9; 175259
g) 104 0 17 52; 10401752

Das Pyramiden-Spiel, Seite S7

Lösungssatz: Keine Panik auf der Titanic.

Zweier Trimino, Seite S8

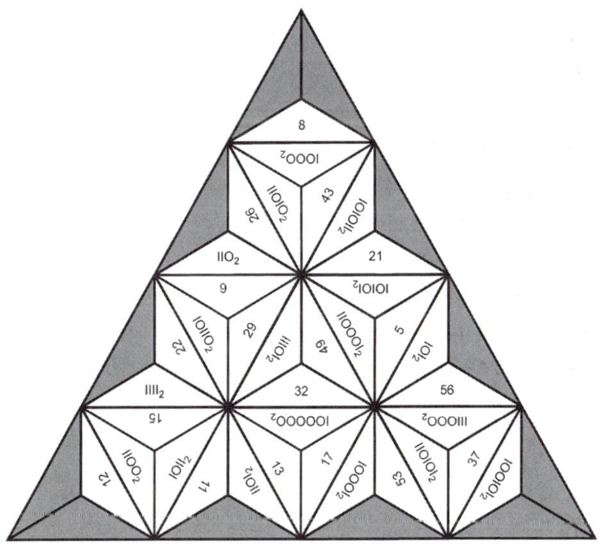

Die Suche nach dem Schatz von Cäsar, Seite S11

Der Weg geht durch folgende Räume:
LXIII → VII → XLIX → CVI → CCXVIII → CXVI → CM → XXV → LXVIII → MDCXCIII → IV → XXIV → CI → CLXXIV → XXVI → DCCLI → CVI → CCLXV → II → CXLI → CXXII → CCXXVIII → LX → LXXVIII → CXL → XXII → MLXX (= Schatzkammer)

2 Addieren und Subtrahieren

Rund um das Überschlagen – Klaus und Klara, Seiten S 12 und 13

1

wie Klaus gerundet	wie Klara gerundet	genaues Ergebnis
500 + 200 = 700	500 + 300 = 800	708
4000 + 2000 = 6000	4000 + 3000 = 7000	6279
10 000 + 8000 = 18 000	10 000 + 9000 = 19 000	18 660
5000 + 2000 = 7000	5000 + 3000 = 8000	1892

2 Liegen beide Summanden weit über (oder unter) der „Mitte", so ist kaufmännisches Runden besser.

3 individuelle Rechnungen
Ergebnis: Für die Subtraktion gilt das Gleiche.

Rechennetze I, Seite S 14

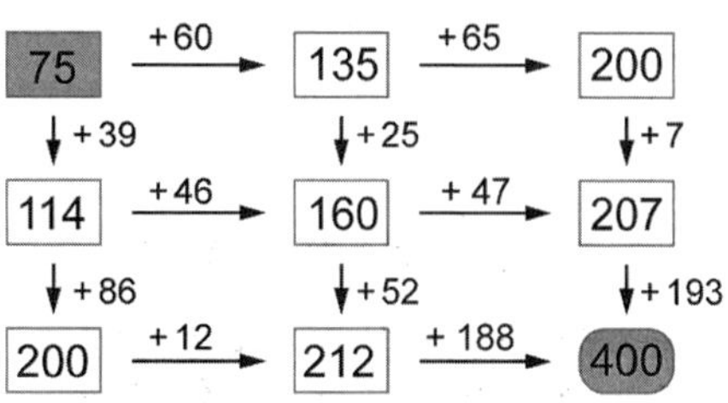

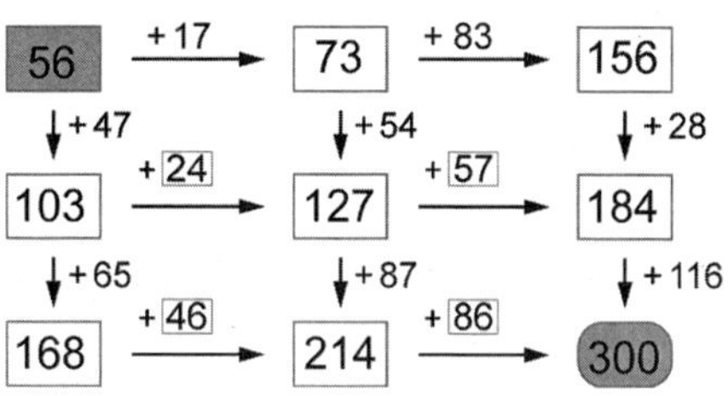

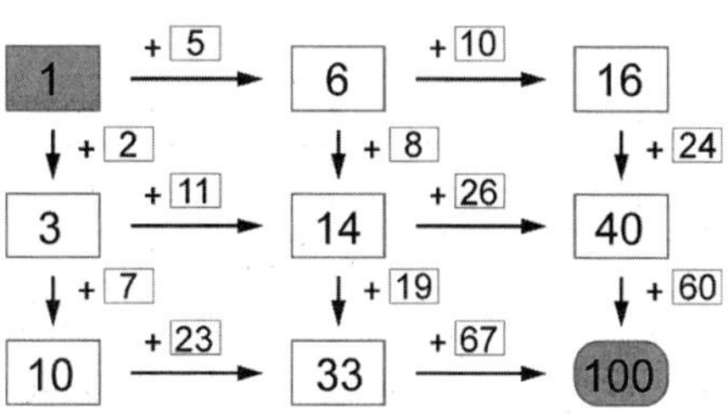

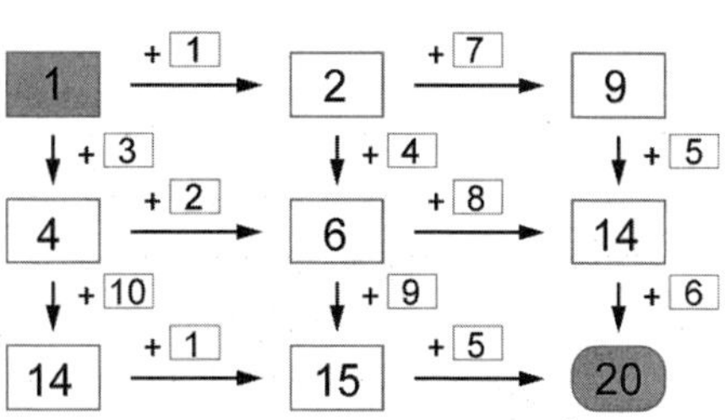

Rechennetze II, Seite S 15

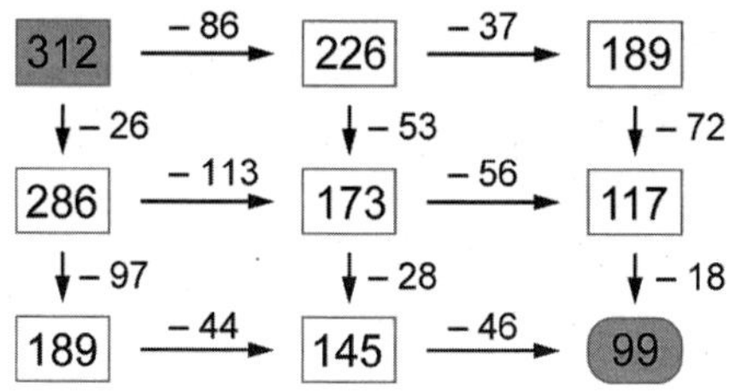

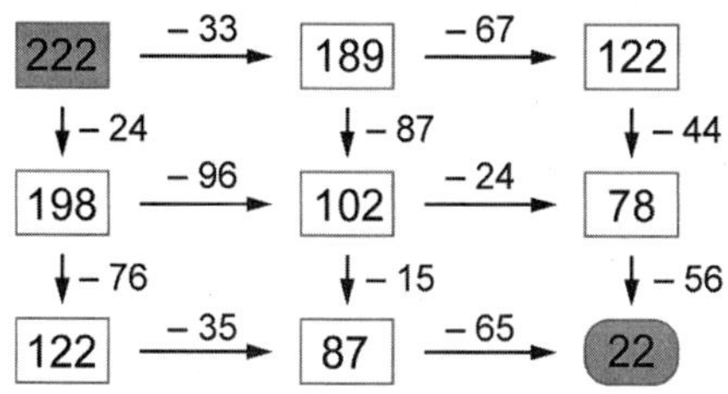

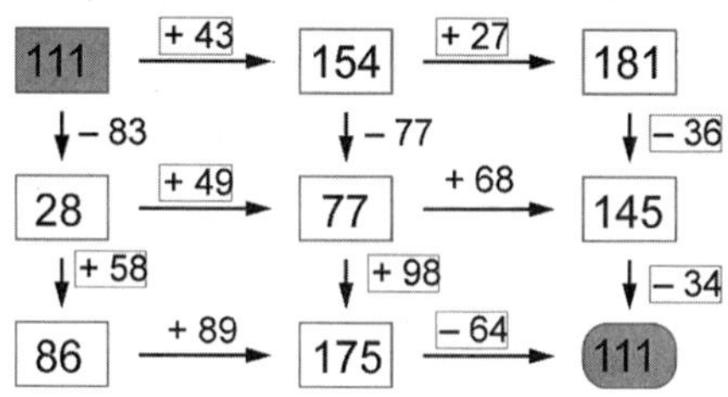

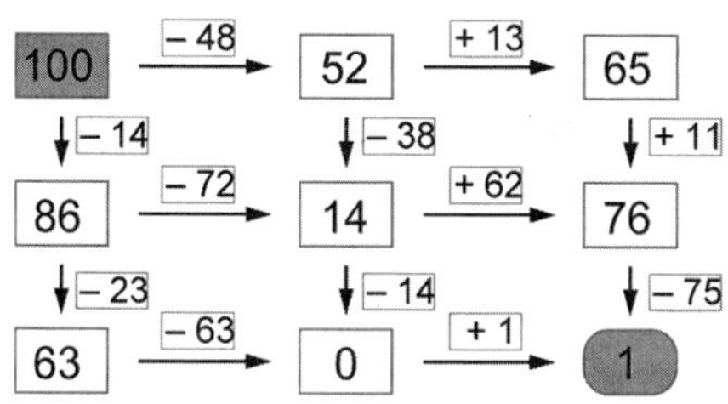

Rund um das Addieren und Subtrahieren, Seite S 16

1 900 Mrd. + 900 Mrd. + 900 Mrd.
= 2 Billionen 700 Mrd.
zwei Billionen siebenhundert Milliarden

2 6 Mrd. – 3 · 1 Mrd. = 3 Mrd
drei Milliarden

3 Die Regel „von links nach rechts" wurde nicht beachtet.
36 000 – 21 677 + 4712 = 14 323 + 4712 = 19 035

4 656 351
800 549
1 040 130
814 748
656 351

5 a) 952 894 – (234 456 – 178 612) + 168 657
= 1 065 707
b) 952 894 – 234 456 – (178 612 + 168 657)
= 371 169

Zahlenbaukasten II, Seite S 18

a) einige Beispiele:
36 – (12 + 9) + 25 = 40
36 – 25 + (12 – 9) = 14
12 – (36 – 25) + 9 = 10
b) Wenn alle Zahlenkarten verwendet werden müssen, ergibt sich folgende Lösung:
36 + 25 + (12 – 9) = 64
Werden nicht alle verwendet, erhält man
36 + 25 + 12 = 73.
c) alle Zahlenkarten: 36 + 9 – (12 + 25) = 8
nicht alle: 36 – 25 – 9 = 36 – (25 + 9) = 2

Zahlenbaukasten III, Seite S 19

a) größte Summe:
987 654 321 + 0 = 987 654 321
kleinste Summe:
10 468 + 23 579 = 34 047
b) größte Summe:
98 765 432 + 1 + 0 = 98 765 433
kleinste Summe: 1047 + 258 + 369 = 1674
c) größte Summe:
98 765 432 + 1 – 0 = 98 765 433
kleinste Summe:
468 + 579 – 1032 = 15
d) individuelle Lösungen

3 Multiplizieren und Dividieren

Potenzen und Produkte, Seite S 22

1 Ja. Einzige Ausnahme: $4^2 = 2^4$ und die Fälle, in denen Hochzahl und Grundzahl gleich sind.

2 Fehlerbeschreibung: Die Regel „Punkt vor Strich“ wurde nicht beachtet.
Richtige Lösung: 680 – 180 · 2 = 680 – 360 = 320
So wird die falsche Rechnung richtig:
(680 – 180) · 2

3 16 468
19 453
332 442
290 069
218 751

4 a) Das Ergebnis verdoppelt sich.
b) Das Ergebnis vervierfacht sich.

Verbindung der Rechenarten, Seite S 24

1 Beispielaufgabe für Rechenausdrücke

560 – (100 – 45 : 5) · 2 – 1

1. Punktrechnung in der Klammer

560 – (100 – 9) · 2 – 1

2. Klammer

560 – 91 · 2 – 1

3. Punktrechnung vor Strichrechnung

560 – 182 – 1

4. von links nach rechts

378 – 1

377

2 und **3** Lösungswort HOMEWORK

4 a) Ja, denn Punkt- geht vor Strichrechnung.
b) Nein, denn dann würde man nur die 2 potenzieren.
c) Nein, denn dann müsste man zunächst dividieren.

4 Geometrie

Gerade, Halbgerade und Strecke I, Seite S 28

1 Geraden haben keinen Anfang und kein Ende, Halbgeraden haben zwar einen Anfang, aber kein Ende (oder umgekehrt).

2 unendlich viele

3 eine

4 Klaus hat keine Gerade, sondern die Strecke $\overline{AB}$ gezeichnet. Kathrin hat es richtig gemacht.

5

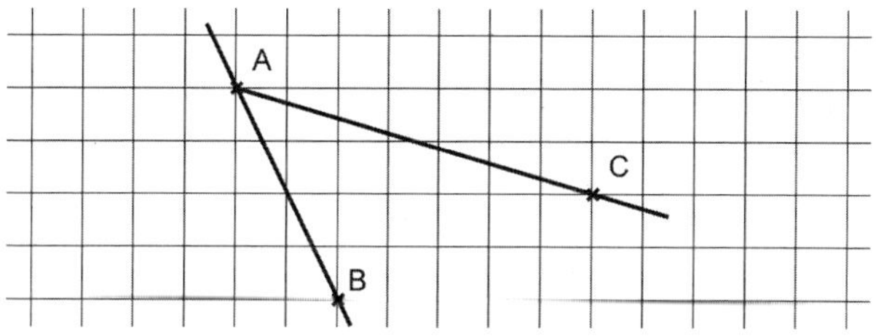

6

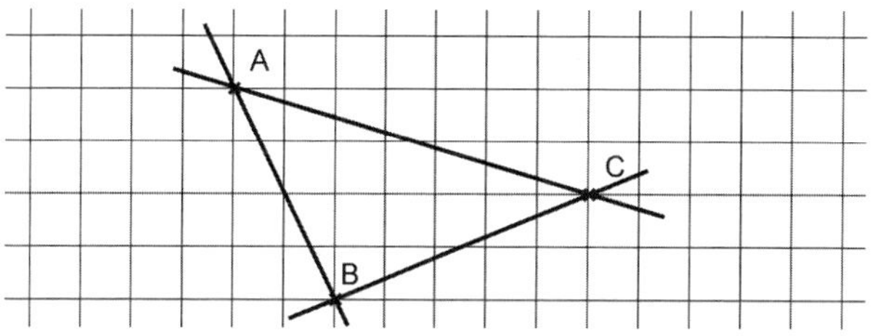

Es gibt drei Verbindungsgeraden.

7

Anzahl der Punkte	1	2	3	4	5	6	7
Anzahl der Verbindungsgeraden	0	1	3	6	10	15	21

Man erhält die Anzahl der Verbindungsgeraden bei einem Punkt mehr, indem man zum vorherigen Ergebnis die vorherige Anzahl der Punkte addiert. Beispiel: Bei acht Punkten erhält man 21 + 7 = 28 Verbindungsgeraden.

Geraden, Halbgeraden und Strecke II, Seite S 29

1

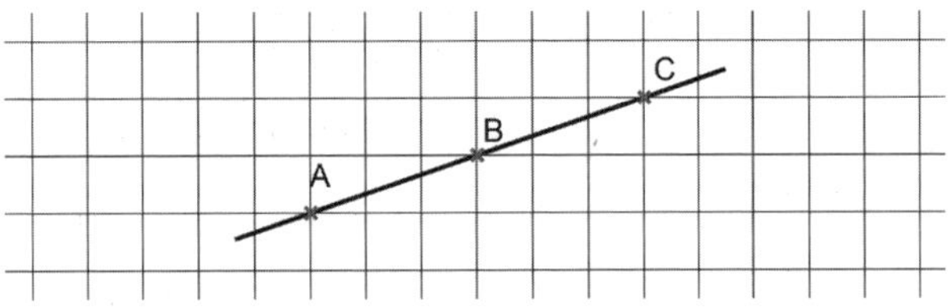

Es gibt eine weitere Strecke: $\overline{AC}$.

2 Bei Klaus kann man nicht erkennen, dass es sich um eine Strecke handelt. Kathrin macht es besser und markiert deutlich Anfangs- und Endpunkt der Strecke.

3

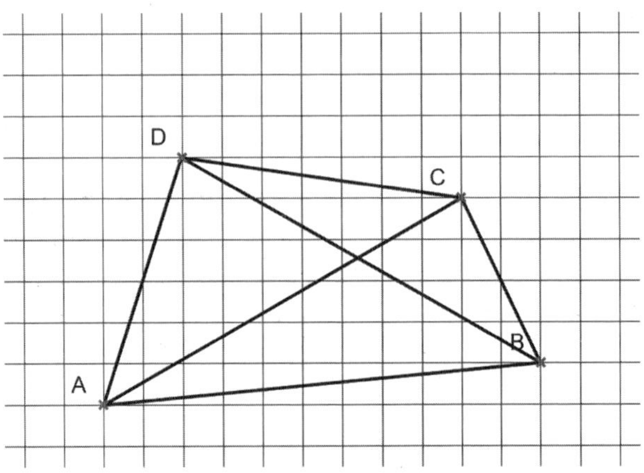

Es gibt folgende Strecken: $\overline{AD}$; $\overline{AC}$; $\overline{AB}$; $\overline{BC}$; $\overline{BD}$; $\overline{CD}$.

4

Anzahl der Punkte	1	2	3	4	5	6	7
Anzahl der Verbindungsgeraden	0	1	3	6	10	15	21

Es gilt die gleiche Gesetzmäßigkeit auch für Strecken.

Strecken und Geraden, Seite S 30

1

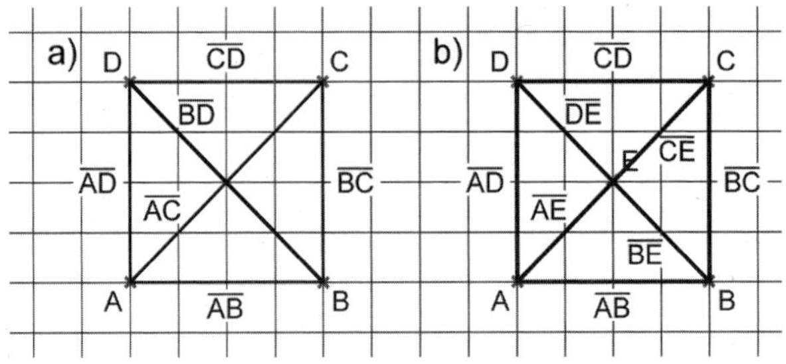

2

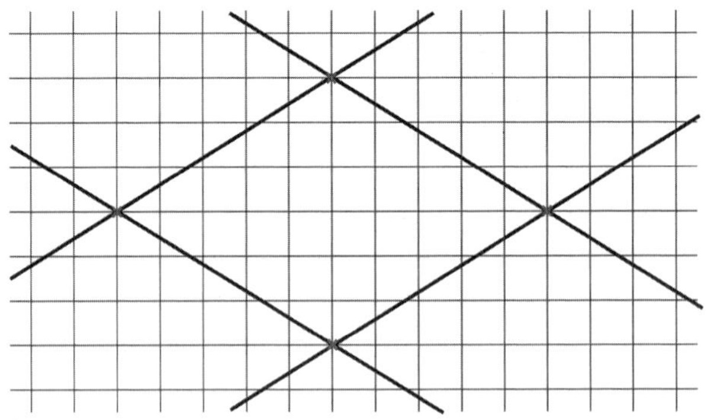

3

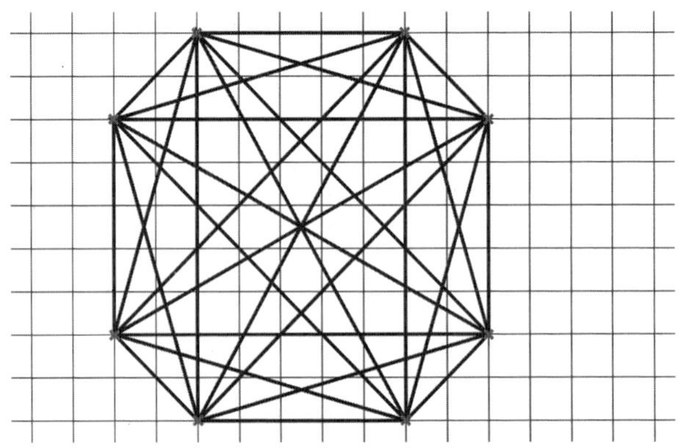

4

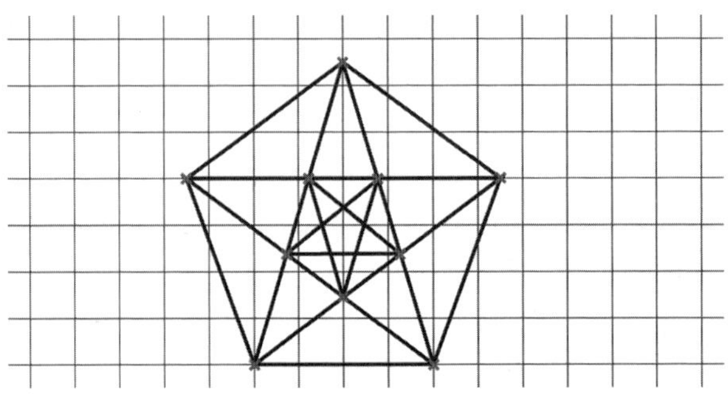

4

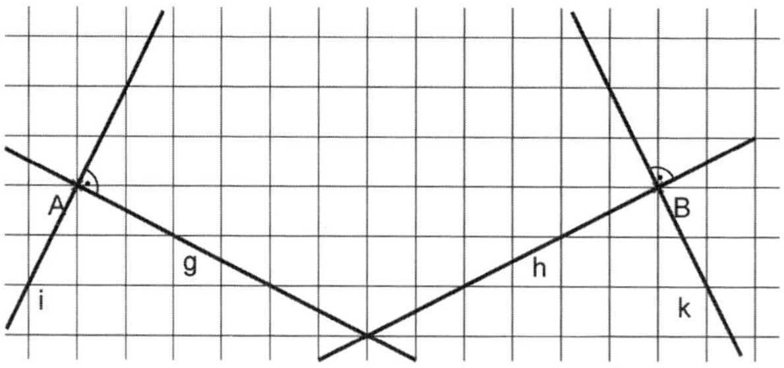

5

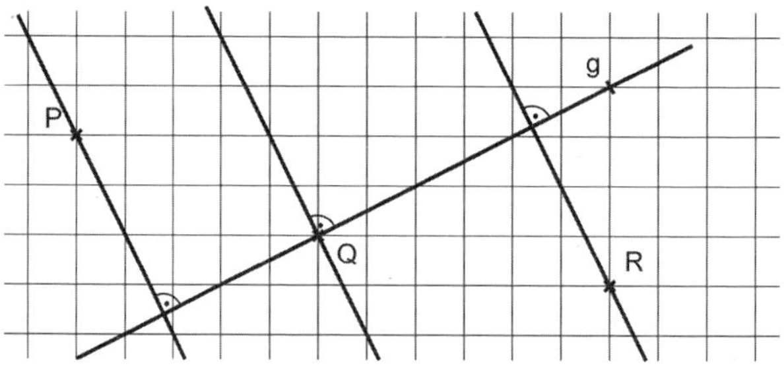

6

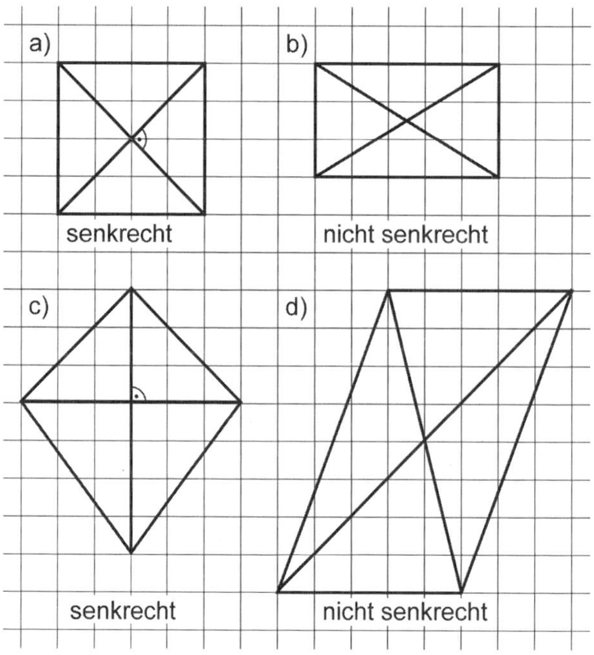

Wie viele Strecken? Seite S 31

1 a) 1 b) 3 c) 6
d) 10 e) 15 f) 21
Eine Möglichkeit: Zuerst alle Strecken zwischen benachbarten Punkten zählen, anschließend Strecken, die einen Punkt „überspringen“ usw. Zum Schluss Strecke addieren, die den ersten mit dem letzten Punkt verbindet.
Oder: Zuerst alle Strecken zählen, die den ersten Punkt mit den anderen verbindet. Dann alle, die von zweiten Punkt ausgehen und noch nicht gezählt wurden usw.

2 Diese Aufgabe lässt sich unter Bezugnahme auf die Lösungen von Aufgabe 1 leicht lösen.
a) 3 b) $4 + 2 \cdot 3 = 10$
c) $5 + 5 \cdot 6 = 35$ d) $6 + 9 \cdot 10 = 96$
Vorgehensweise: Man zählt zunächst die Strecken, die das n-Eck begrenzen. Dann überlegt man, wie viele Diagonalen mit wie vielen Punkten es gibt und multipliziert diese Anzahl mit der entsprechenden Anzahl der Strecken, die in Aufgabe 1 gezeichnet wurde.

Senkrechte und Parallele: Übungen mit dem Nagelbrett, Seite S 33

1 a)

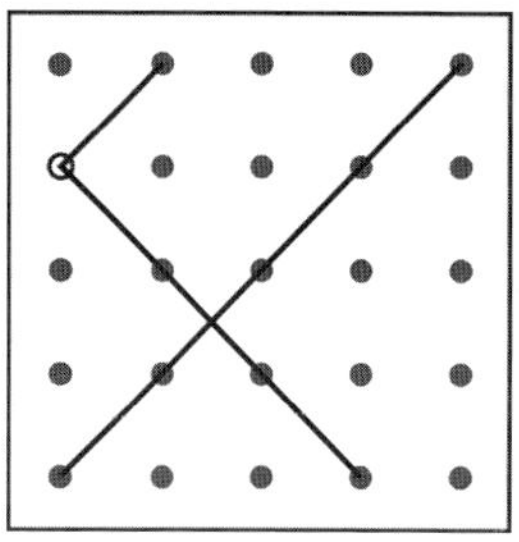

b)

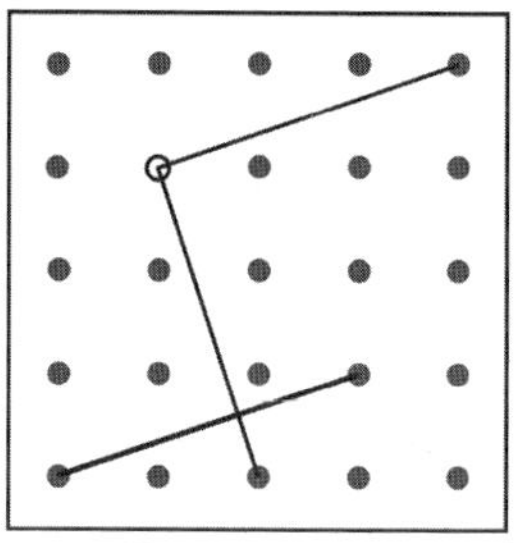

c)

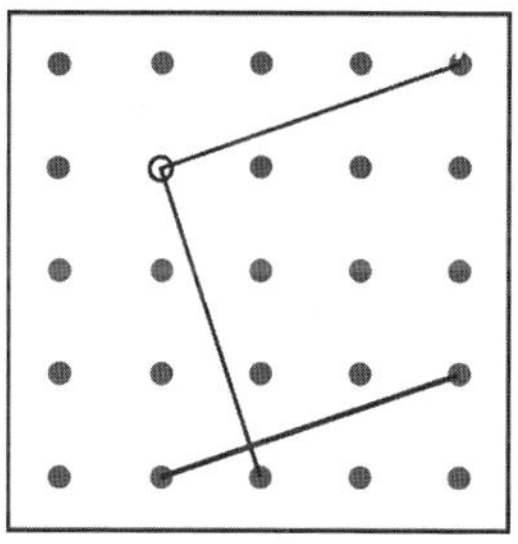

2 Die Gummis stehen nicht senkrecht zueinander:
– linker Gummiring: „2 nach rechts, 9 nach unten“
– unterer Gummiring: „2 nach oben, 8 nach rechts“
Würde man den unteren „9 nach rechts“ oder den linken „8 nach unten“ spannen, wären die beiden senkrecht zueinander.

3 a)

Alle benachbarten Seiten zueinander senkrecht:

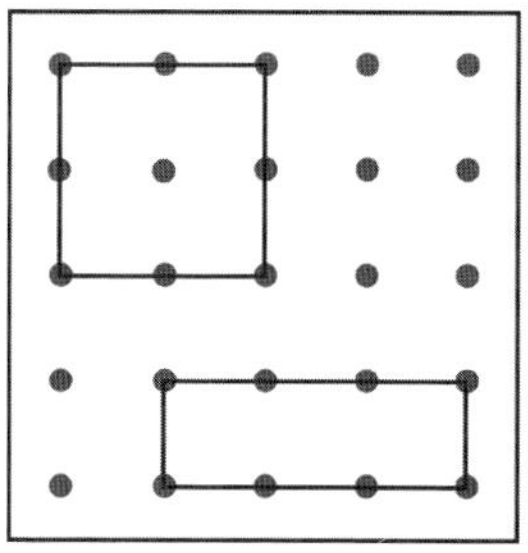

Nur zwei zueinander senkrechte Seiten:

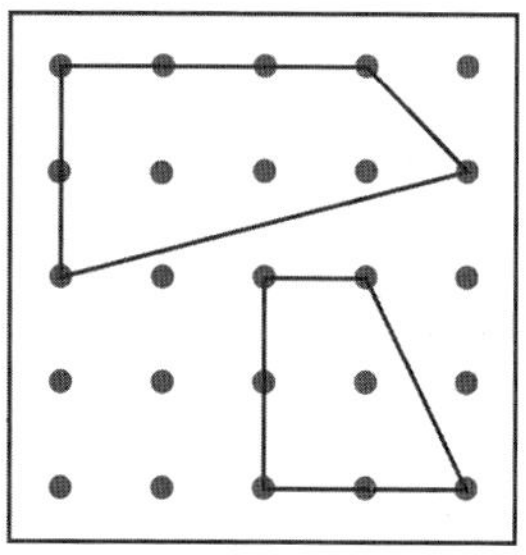

b)

Zwei Paare paralleler Seiten: | Nur ein Paar paralleler Seiten:

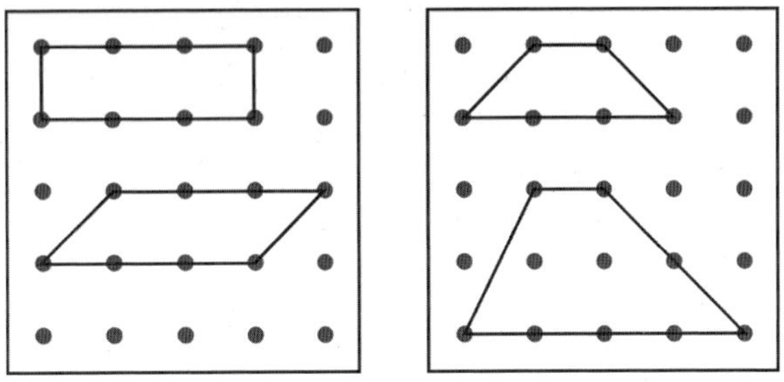

Die Insel „El Grande Largos“, Seite S 39

Wenn die jeweils mittleren Wellenzüge (oberhalb und rechts der Insel) senkrecht nach unten bzw. waagrecht nach links verfolgt werden, erreicht man den gesuchten Ort.

Entfernung und Abstand, Seite S 40

9

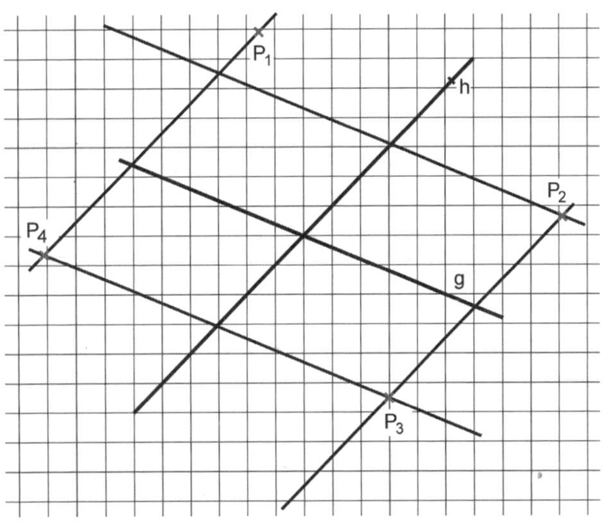

Es gibt vier solcher Punkte, da es sowohl zu g als auch zu h zwei Parallelen mit diesen Abständen gibt. Die vier Schnittpunkte dieser Parallelen erfüllen alle die vorgegebenen Bedingungen.

10

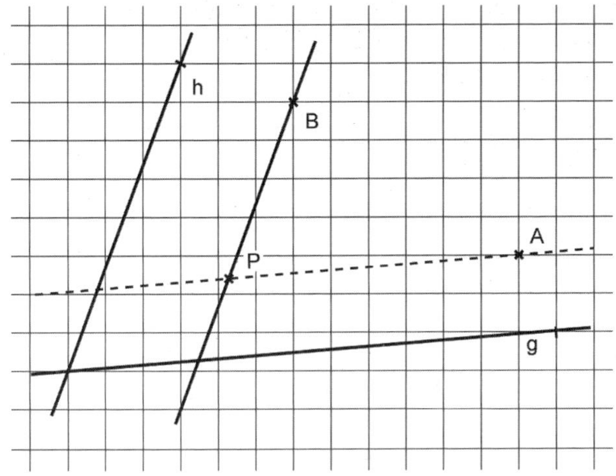

Zwei Parallelen zeichnen! Schnittpunkt ist Punkt P.

12 Man stellt sich am besten vor, Hund und Fressnapf seien durch einen Gummizug verbunden, der an den Mauerecken abknickt.

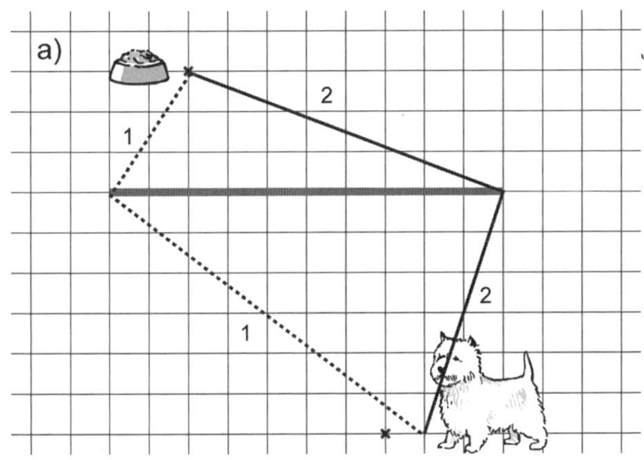

Weg 1: 50 mm + 18 mm = 68 mm
Weg 2: 32 mm + 43 mm = 75 mm
Weg 1 ist der kürzere.

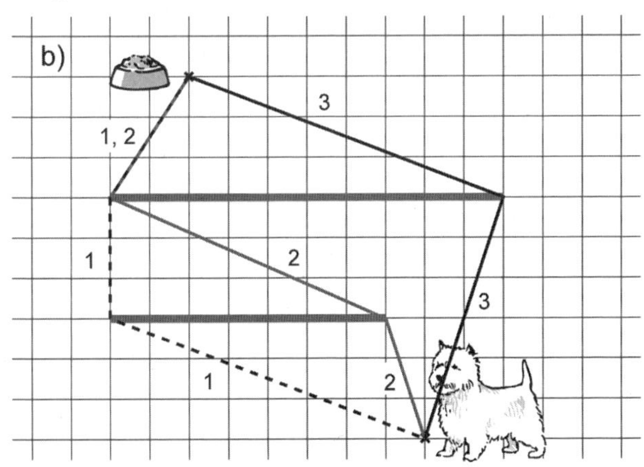

Weg 1: 43 mm + 15 mm + 18 mm = 76 mm
Weg 2: 16 mm + 38 mm + 18 mm = 72 mm
Weg 3: 32 mm + 43 mm = 75 mm
Weg 2 ist am kürzesten.

Der von der linken Ecke der unteren Mauer über die rechte Ecke der oberen Mauer führende Weg braucht offenbar nicht betrachtet zu werden, da er eindeutig länger als Weg 3 ist.

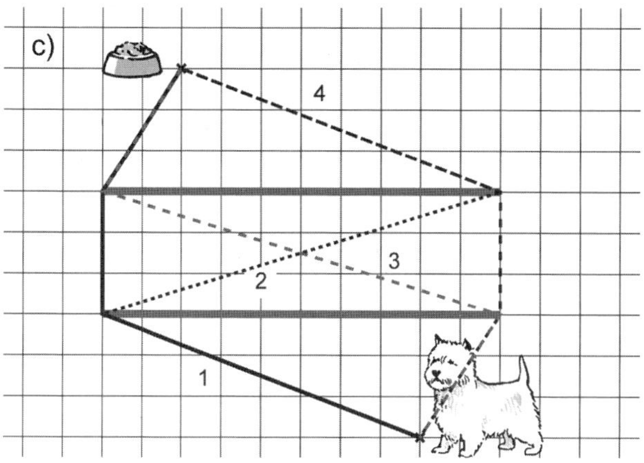

Weg 1: 42 mm + 15 mm + 18 mm = 75 mm
Weg 2: 42 mm + 52 mm + 43 mm = 137 mm
Weg 3: 17 mm + 52 mm + 18 mm = 87 mm
Weg 4: 17 mm + 15 mm + 43 mm = 75 mm
Weg 1 und Weg 4 sind am kürzesten.

5 Flächen und Körper

Quadernetze, Seite S 44

1

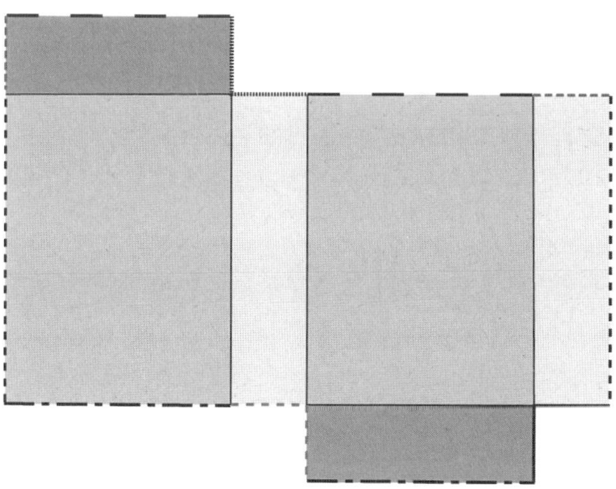

2

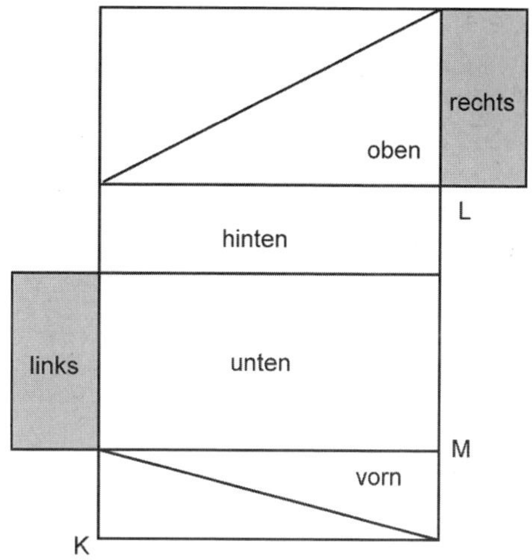

3

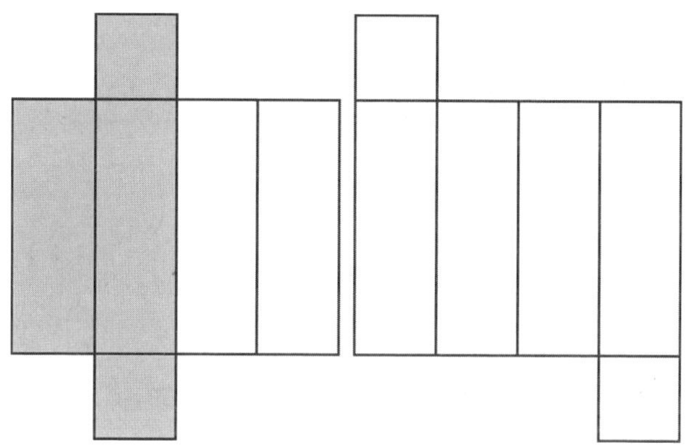

Das Quaderspiel, Seite S 45

Lösungswort: LEONHARD EULER

6 Lernzirkel zu den Größen

Rechnen mit Geld, Seite S 48

1 a) 2 € 57 ct; 83 € 61 ct
b) 33 € 90 ct; 765 € 49 ct

2 a) 87 903 ct b) 2840 ct

3 a) 6,79 €; 27,48 € b) 84,18 €; 968,03 €

4
a) ≈ 25 € b) ≈ 6 € c) ≈ 19 €

5 a) 13,15 € b) 5,10 €

6 a) 42 ct
b) vier Dreierpackungen, also 12 Riegel.
Restgeld: 40 ct.
c) 2,82 €

7 Das Restgeld beträgt 2,12 €, gerundet also 2 €.

Zeitangaben, Seite S 49

1 h = 60 min = 3600 s

1 a) 80 min b) 86 h
c) 290 min d) 303 s

2 a) 2 h 30 min b) 4 d 4 h
c) 1 h 40 min d) 4 min 10 s

3 a) 90 s > 1 min b) 20 min > $\frac{1}{4}$ h
c) 50 h > 2 h d) 240 h < 24 d
e) 2000 s > $\frac{1}{2}$ h

4 um 21.50 Uhr

5 a) um 8.40 Uhr b) um 10.30 Uhr
c) um 12.55 Uhr

Gewichtsangaben, Seite S 50

1

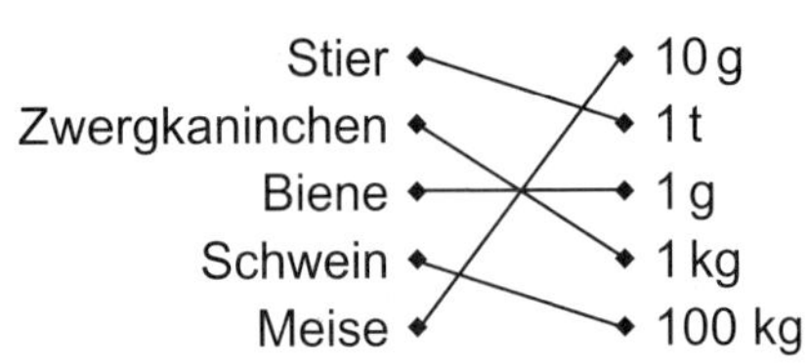

2 a) 40 300 kg b) 3046 g
c) 6750 mg d) 1050 mg
e) 4002 kg f) 35 000 g

3 a) 3 g 400 mg b) 6 t 738 kg
c) 350 g 90 mg d) 4 t 600 g

4 a) 12 000 mg < 122 g b) 17 t > 2000 kg
c) 45 kg > 4700 g d) 9999 kg < 10 t

5 a) 100 g b) 3050 mg
c) 70 020 g

6 Das Gepäck darf höchstens noch 435 kg wiegen.

Längenangaben, Seite S 51

1 kilo – „Tausend"
dezi – „ein Zehntel"
zenti – „ein Hundertstel"
milli – „ein Tausendstel"

2
a) 3000 m b) 70 mm c) 3500 cm
d) 67 dm e) 340 m

3
a) 785 cm b) 304 mm c) 304 mm
d) 7084 m

4 a) 700 cm < 8 m b) 73 dm > 80 cm
c) 4650 dm < 5 km d) 2 m 64 cm < 3000 mm

5 a) 43 mm b) 12 040 cm
c) 3050 mm = 305 cm

6 a) 75 cm b) 66 Armbänder
c) 50 cm bleiben übrig

Warum gibt es verschiedene Maßeinheiten? Seite S 52

1 5 d; 6 h; 1750 m; 12 kg; 3 km; 2 m; 3 h; 100 m; 2 h

2
a) 40 g b) 34 m c) 105 dm
d) 500 m e) 3 h

3
a) in kg b) in s c) in mm d) in m

4 a) etwa 380 000 km b) 20 000 km

5 z. B. „Wasserfall 1 km" oder Angabe zur benötigten Wanderzeit, wie etwa „Wasserfall 3 h"

Größenangaben mit Komma, Seite S 53

Anzeigen: 15,6 km/h; 734,8 m; 39,4 kg

1

km			M			dm	cm	mm
100	10	1	100	10	1	1	1	1
		4	5	0	0			
					7	3	0	
				5	0	0	0	
							3	5
		1	2	5	0			
			2	0	0			
						4	5	0

5000 cm = 50,00 m
35 mm = 3,5 cm
1250 m = 1,250 km
200 m = 0,200 km
450 mm = 0,450 m

2

kg			g			mg		
100	10	1	100	10	1	100	10	1
	3	9	4	0	0			
						6	0	0
		2	5	0	0			
			1	2	5			
					1	6	0	0
							3	0

2500 g = 2,500 kg
125 g = 0,125 kg
1600 mg = 1,600 g
30 mg = 0,030 g

3 a) 1200 m b) 450 cm
c) 1500 g d) 400 mg

4 Das Pausenbrot ist 56 mm = 5,6 cm dick.

Schätzen und Messen, Seite S 54

1 individuelle Lösungen möglich
Beispiele:
1 mm → Dicke einer 1-Cent-Münze
1 cm → Fingerdicke
1 dm → Päckchen Papiertaschentücher
1 m → großer Schritt
1 g → 1-Cent-Münze
10 g → 2-Euro-Münze
100 g → Tafel Schokolade
1 kg → eine Packung Zucker

2 individuelle Lösung

3 individuelle Lösung

4 104 g ≈ 100 g; 106 g bleibt; 8,99 € bleibt;
314 g ≈ 300 g

Der Euro, Seite S 55

1

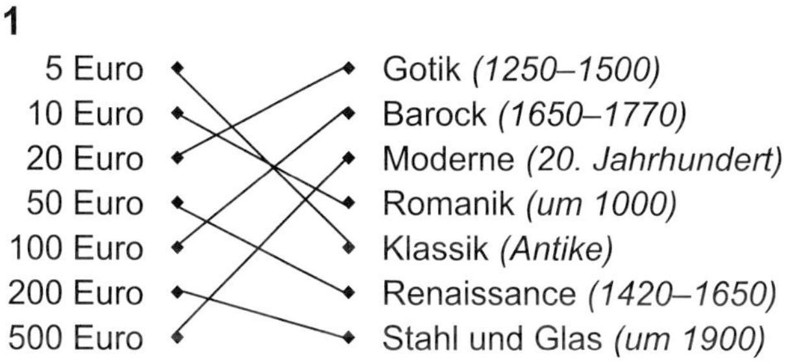

2 Griechenland, Irland, Finnland, Frankreich

3 Individuelle Lösung (Beispiel: Bei 40 kg Körpergewicht ergeben sich etwa 5333,33 €.)

4 a) 288 000 km
b) Es würde ungefähr 7-mal um die Erde reichen.

7 Flächeninhalt – Rauminhalt

Umfang und Fläche, Seite S 56

ServiceBlatt zum alternativen Einstieg; vgl. Hinweise Seite K51.

1 Das Ausschneiden und Zerlegen des dreieckigen Geheges macht deutlich, dass die beiden Hunde gleich viel Fläche zur Verfügung haben.

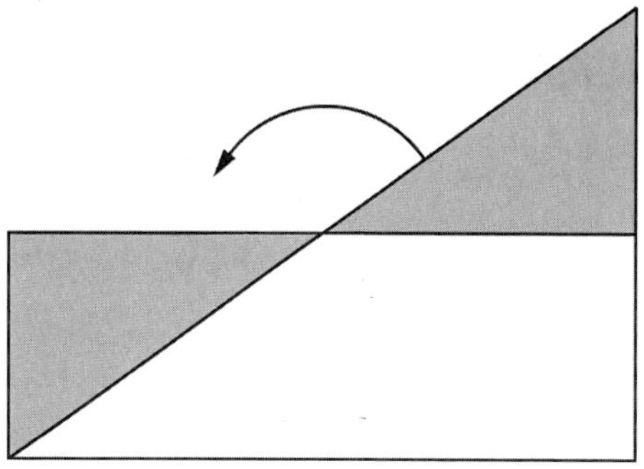

2 Die beiden Flächen in den drei Teilaufgaben sind jeweils gleich groß. Folgende Zerlegungen sind vorzunehmen.

a)

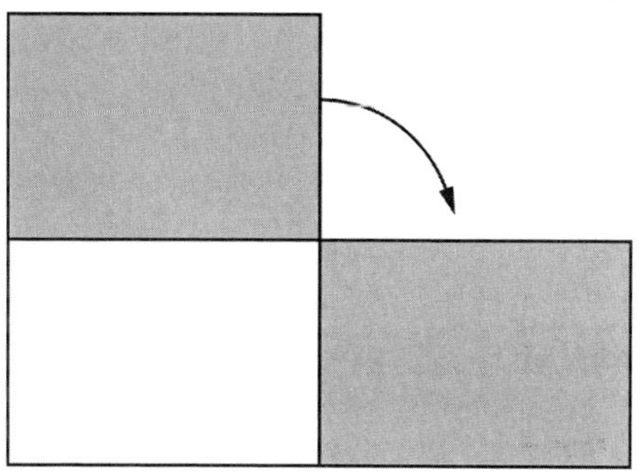

b)

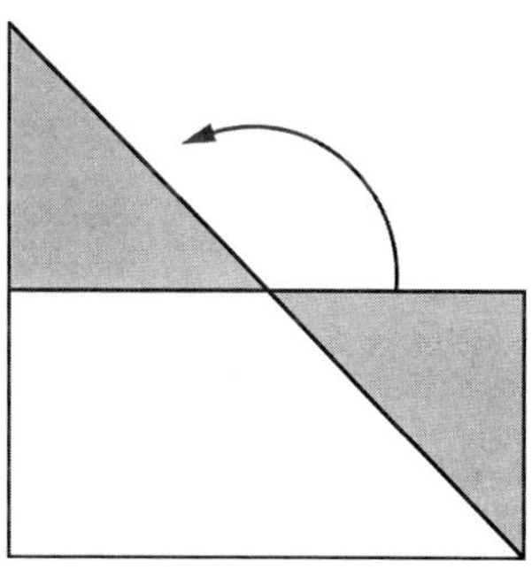

c)

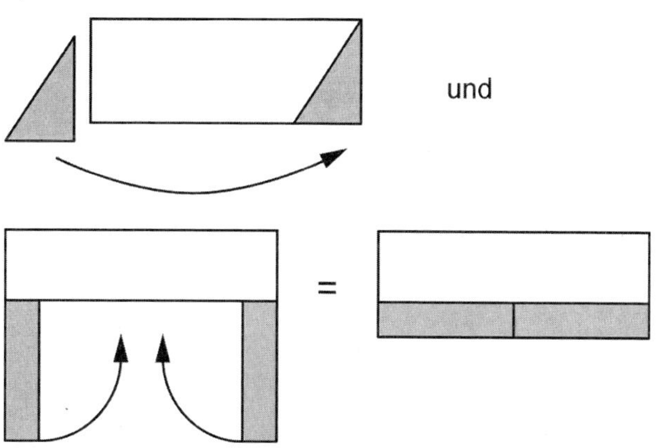

Der Kaninchenkäfig – Übungen zu Umfang und Flächinhalt, Seite S 58

a)

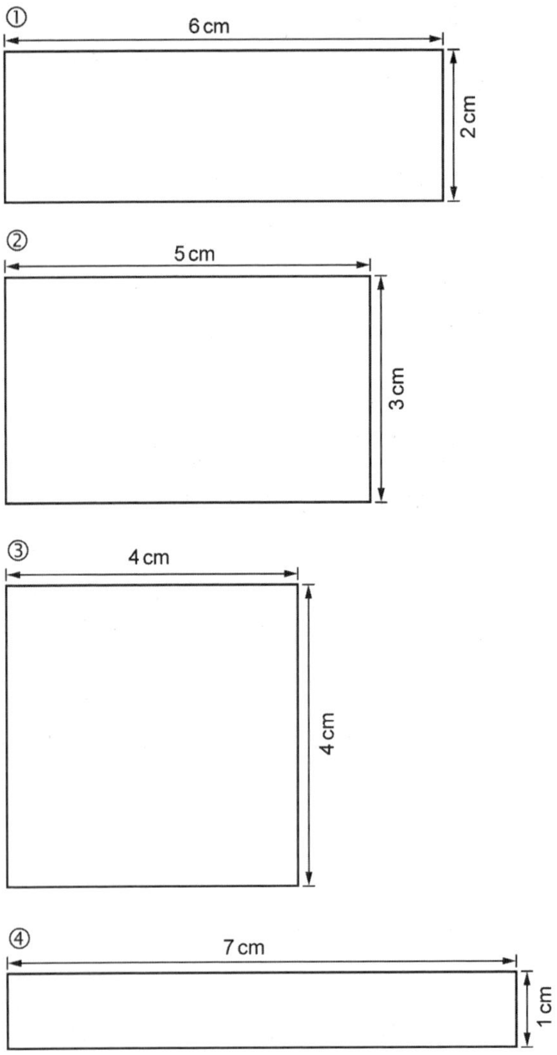

b) Flächeninhalte: ① $12\,cm^2$; ② $15\,cm^2$; ③ $16\,cm^2$; ④ $7\,cm^2$

c) Das Quadrat, denn der Flächeninhalt ist am Größten.

d) Beispiel: u = 12 cm

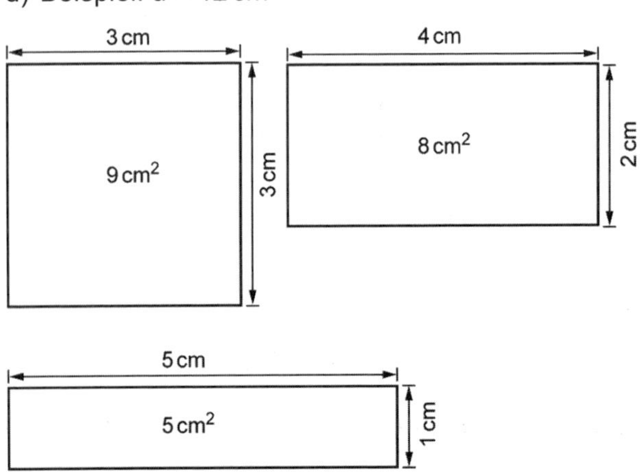

Der Quader – Aufgaben zum Überlegen und Begründen, Seite S 60

1 a) In einer Reihe haben vier Kubikzentimeterwürfel Platz. Zwei Reihen bilden die Grundfläche ($8\,cm^3$). Nach oben haben drei Schichten Platz. Insgesamt sind es also $3 \cdot 8\,cm^3 = 24\,cm^3$.
b) Nein. Der Körper wird nach oben hin schmaler.

2 a) Es verdoppelt sich.
b) Es verneunfacht sich.

3 a) Ja, weil Länge = Breite.
b) $V = a \cdot a \cdot h = a^2 \cdot h$

4 So geht es nicht, da er für die Grundschicht schon 24 Würfel verbraucht.

8 Brüche

Übungen zur Bruchschreibweise, Seite S 64

1 $\frac{7}{15}$

2 $\frac{3}{24}$

3 $\frac{30}{8}$ sind mehr als ein ganzer Kuchen, weil ich 30 Stücke eines in 8 Teile geteilten Kuchens habe.

4 Er hat mehr Apfelkuchen gegessen, weil die Stücke größer sind.
Erika hat zwei Stücke mehr vom gleichen Kuchen gegessen, weil sie mehr Stücke vom gleichen Kuchen hatte.
Wenn du die Bruchteile der verspeisten Kuchenmenge von Erika angeben willst, musst du die 5 in den Zähler schreiben.

5 $\frac{17}{5}$ bezeichnet mehr als ein Ganzes. Man hat 17-mal den 5. Teil eines Ganzen.

6 beispielhafte Lösungen

a) $\frac{3}{5}$
$\frac{5}{5}$
$\frac{7}{5}$
$\frac{11}{5}$
$\frac{12}{5} = 2\frac{2}{5}$

b) $\frac{6}{7}$
$\frac{6}{6}$
$\frac{6}{5} = 1\frac{1}{5}$
$\frac{6}{2}$
$\frac{6}{4} = 1\frac{2}{4}$

7

a) $\frac{1}{2}$ b) $\frac{3}{4}$ c) 8 (16)

Bruchteile von Größen, Seite S 65

1

a)	b)
200 m	100 g
600 m	300 g
800 m	10 g
1000 m	70 g
1200 m	1000 g
2000 m	4 g

2 $\frac{1}{3}$ ist mehr. Hier wird das Ganze nur in drei Teile geteilt. Diese Teile sind größer als bei $\frac{1}{10}$.

3 a) 5 dm; 50 dm^2, 500 dm^2,
b) 75 cm; 45 min, 18 h
c) 15 ct, 9 min; 15 mm^2
d) 70 dm^2, 7 ct, 7 dm^2

4 a) $\frac{6}{10}$ € = 60 ct b) $\frac{1}{4}$ kg = 250 g

c) 1 h = 60 min d) $\frac{1}{10}$ kg = 100 g

e) $\frac{1}{10}$ m = 1 dm

Übungen zur gemischten Schreibweise, Seite S 66

1 a) 2 kg + $\frac{1}{2}$ kg = 2000 g + 500 g = 2500 g

b) 1 kg + $\frac{1}{4}$ kg = 1000 g + 250 g = 1250 g

c) 2 kg + $\frac{3}{4}$ kg = 2000 g + 750 g= 2750 g

d) 5 € + $\frac{1}{10}$ € = 500 ct + 10 ct = 510 ct

e) 4 € + $\frac{9}{10}$ € = 400 ct + 90 ct = 490 ct

f) 4 km + $\frac{9}{10}$ km = 4000 m + 900 m = 4900 m

2 a) 4 kg + 500 g = 4 kg + $\frac{1}{2}$ kg = 4 $\frac{1}{2}$

b) 1000 m + 100 m = 1 km + $\frac{1}{10}$ km = 1 $\frac{1}{10}$ km

c) 100 ct + 30 ct = 1 € + $\frac{3}{10}$ € = 1 $\frac{3}{10}$ €

d) 2000 g + 70 g = 2 kg+ $\frac{70}{1000}$ kg = 2 $\frac{70}{1000}$ kg

(oder 2 $\frac{7}{100}$ kg)

3 a) 15 dm; 150 dm^2; 1500 dm^3
b) 250 cm, 156 min; 42 h
c) 330 ct, 198 min, 330 mm^2

4 a) $\frac{7}{10}$ = 70 ct

b) $\frac{1}{4}$ kg = 250 g

c) 1 $\frac{4}{5}$ kg = 1800 g

Beim Sportfest – Die Dezimalschreibweise, Seite S 68

1 a) 23,1 m = 23 $\frac{1}{10}$ m = 23 m 10 cm

b) Zeichnung:

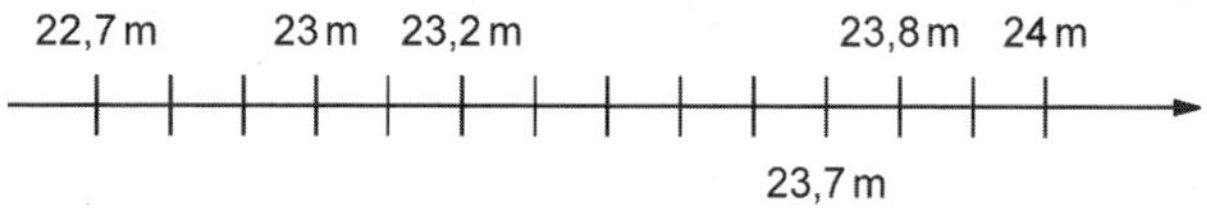

c) 22,7 m einzeichnen

d) 23 $\frac{7}{10}$ m = 23,7 m einzeichnen

23 $\frac{1}{5}$ m = 23,2 m einzeichnen

e) 23,8 m – 23,7 m = 0,1 m = 10 cm

2 a) 1,95 m = 1 $\frac{95}{100}$ m = 1 m 95 cm

b) 1,92 m einzeichnen 1,92 m = 1 $\frac{92}{100}$ m

c) 2 $\frac{4}{100}$ einzeichnen. 2 $\frac{4}{100}$ m = 2,04 m

d)

Höhe als Dezimalbruch	Höhe als gewöhnlicher Bruch	Höhe in m und cm
1,74 m	1 $\frac{74}{100}$ m	1 m 74 cm
2,11 m	2 $\frac{11}{100}$ m	2 m 11 cm
3,08 m	3 $\frac{8}{100}$ m	3 m 8 cm

Kopfrechenblätter

Kopfrechenblatt 1, Seite S 69

1

	:7
42	6
420	60
21	3
63	9
21	3
50	8

	·6
8	48
7	42
4	24
2	12
9	54
90	540

2

6	40	8	9
6	5	33	22
7	36	22	22
3	5	90	22

3 a) 99 + 9 = 108

4 30 ct

5 4; 4; 4

Knack-die-Nuss-Ecke:
10; 34

Kopfrechenblatt 2, Seite S 70

1

	:4
32	8
320	80
400	100
88	22
560	140

	– 14
70	56
700	686
65	51
54	30
112	98

	· 6
12	72
9	54
14	84
18	108
22	132

2

138	467	CXXVI	MCDXLII
1426	994	MCDXXII	DCCXCVIII
147	2910	XLIV	MMXC

3 4 000 020 000
300 000 000 070
5 000 000 006 000
700 000 000 010

4

33 = 27	103 = 1000
24 = 16	25 = 32
43 = 64	82 = 64
53 = 125	34 = 81

5

104	96	300	98
109	3	165	61
30	192	221	80
117	192	70	277

Kopfrechenblatt 3, Seite S 71

1

89 · 19 ≈ 1800	241 : 79
1246 : 32 ≈ 40	124 · 12 ≈ 1440
109 · 18 ≈ 2000	7187 · 83 ≈ 576 000
219 · 98 ≈ 22 000	

2

31	48
23	34
14	490
56	48
242	

3 70 000 700
800 000 010 000
3 000 003 000 003

4 $2^2 \cdot 3^2 = 36$ $5^2 - 4^2 = 9$
$2^4 + 3^2 = 25$ $4^2 : 2^3 = 2$

5

12	33	240
5	33	50
9	122	18 000
30	65	700

Kopfrechenblatt 4, Seite S 72

1 Subtraktion:

96	90	398
92	396	93
93	98	198

2 Addition:

172	262	191
173	395	217
285	260	304

3 Multiplikation:

132	209	451
143	156	120
102	126	95

4 Rechenausdrücke:

6	51	3
12	60	6
4	40	36

Kopfrechenblatt 5, Seite S 73

1

	· 6
8	48
4	24
9	54
5	30

	: 8
40	5
24	4
64	8
56	7

	· 9
6	54
9	81
4	36
8	72

2

69	140
99	320
179	1045
118	120
387	146
1300	89
278	700

3 9999 + 100 = 10 099
999 – 9 = 990
Die Zahl ist die 15.

4

9	6	8	72
5	48	8	8
4	35	9	135
3	8	15	52
107	88	19	6

Kopfrechenblatt 6, Seite S 74

1

8 dm	0,6 km
0,8 m	60 km
800 mm	6 km
90 m	0,045 km
9000 cm	0,005 km
900 m	5,004 km

2 5 000 000 600
90 000 000 000 010
700 000 700

3

26 cm = 2,6 dm	7,9 m = 79 dm
84 mm = 8,4 cm	11,8 dm = 118 cm
43 dm = 4,3 m	9,008 km = 9008 m
2 dm = 0,2 m	9,08 = 9080 m
4301 m = 4,301 km	0,8 km = 800 m

4

4,006 km = 4006 m	0,7 cm = 7 mm
4,6 km = 4600 m	9,8 dm = 980 mm
4,06 km = 4060 m	1,04 m = 104 cm
9,99 km = 9990 m	1,4 m = 104 cm
1,6 dm = 16 cm	0,14 m = 14 cm

140 m = 0,14 km
1400 m = 1,4 km

Kopfrechenblatt 7, Seite S 75

1

80	88	4
94	48	40
176	46	61
97	7	258
153	2	300

2 Quadrat; Rechteck; Quadrat

3

Seitenlänge	6 cm	10 cm	16 cm	7 cm
Umfang	24 cm	40 cm	64 cm	28 cm
Flächeninhalt	36 cm^2	100 cm^2	256 cm^2	49 cm^2

4

Seite a	6 cm	10 cm	4 cm	8 cm
Seite b	2 cm	8 cm	6 cm	5 cm
Umfang	16 cm	36 cm	20 cm	26 cm
Flächeninhalt	12 cm^2	80 cm^2	24 cm^2	40 cm^2

5

18 mm	9 dm	200 m
11 cm	3,05 m	0,008 km
2,3 m	305 m	7,09 km
7080 m	1000 cm	22 cm

6

	: 12
72	6
720	60
36	3
3000	300

	· 9
8	72
800	7200
60	540
13	117

	− 26
50	24
100	74
119	93
219	193

Kopfrechenblatt 8, Seite S 76

1 a) parallel
b) senkrecht zueinander
c) 10 cm oder 2 cm

2

7000 mm	8 km
70 dm	508 cm
608 cm	900 m
6,08	0,09 km
30 dm	8,07 cm
6,7 m	0,7 cm

3

20 000 m^2	1 dm^2
2 ha	0,05 m^2
20 ha	5 a
32 a	40 cm^2

4

8 dm^3	78 000 mm^3
80 m^3	70 000 dm^3
7800 cm^3	70 dm^3

Fitnesstests

Fitnesstest 1, Seite S 77

1 a) 4 953 200 b) 15 891

2

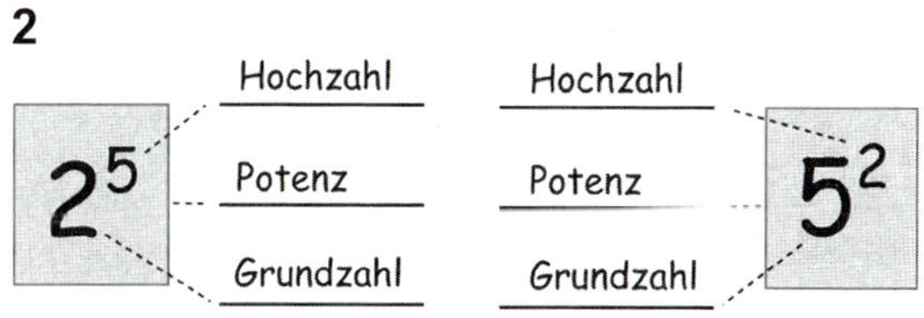

3 a) 6250 b) 6250

4
a) 296 b) 126 c) 192

Knack-die-Nuss-Ecke:
a) und c) haben dasselbe Ergebnis; b) und e) ebenso.

Fitnesstest 2, Seite S 78

1

V = 5	XIX = 19	X = 10
XLII = 42	L = 50	CMXL = 940
C = 100	M = 1000	D = 500
46 = XLVI	24 = XXIV	909 = CMIX

2
a) 4255950 b) 8802 c) 132854

3 Gerundete Höhen: Zugspitze 3000 m; Feldberg 1500 m; Montblanc 4800 m; Watzmann 2700 m

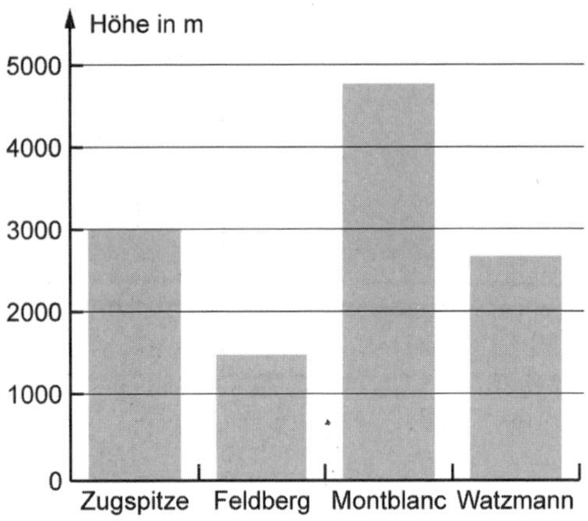

4 a) 2000
b) 7245 – (3165 – 2099) = 6179
32345 – 6789 – (4055 + 3009) = 18492

Knack-die-Nuss-Ecke:
a) 250 b) 40 c) 60 d) 600

Fitnesstest 3, Seite S 79

1 Parallel: r,s
senkrecht: g, u
Abstand: 1,8 cm

2 Gerade: Eine Gerade hat keinen Anfang und kein Ende.
Strecke: Eine Strecke ist begrenzt, hat also einen Anfangs- und einen Endpunkt.

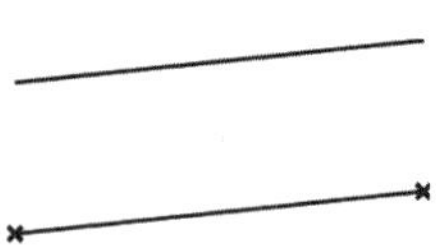

3 a)

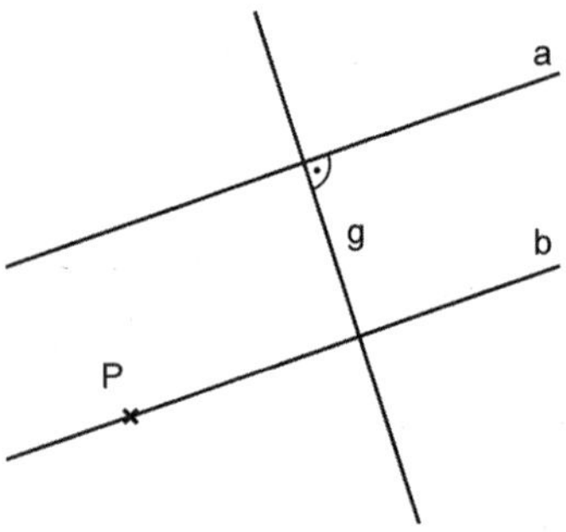

b)

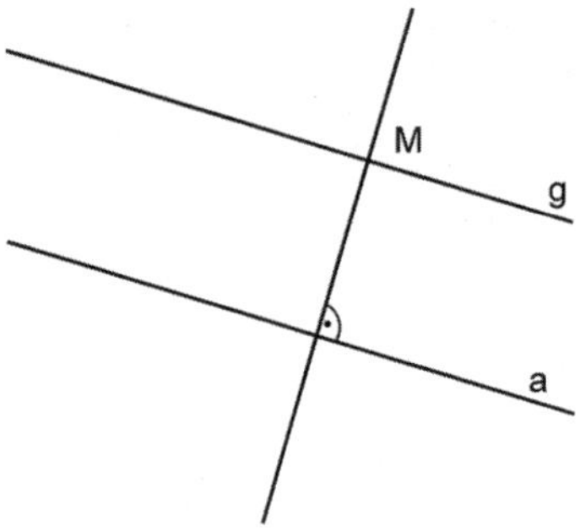

4
a) 2752580 b) 936 c) 104556

Fitnesstest 4, Seite S 80

1

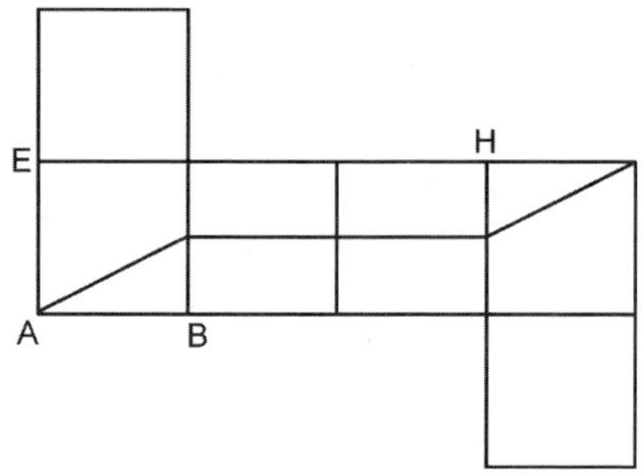

2
a) 5395550 b) 20700 c) 1855152

3 Sekunde $\xrightarrow{:60}$ Minute $\xrightarrow{:60}$ Stunde $\xrightarrow{:24}$ Tag $\xrightarrow{:365}$ Jahr

Milligramm $\xrightarrow{:1000}$ Gramm $\xrightarrow{:1000}$ Kilogramm $\xrightarrow{:1000}$ Tonne

4 a)

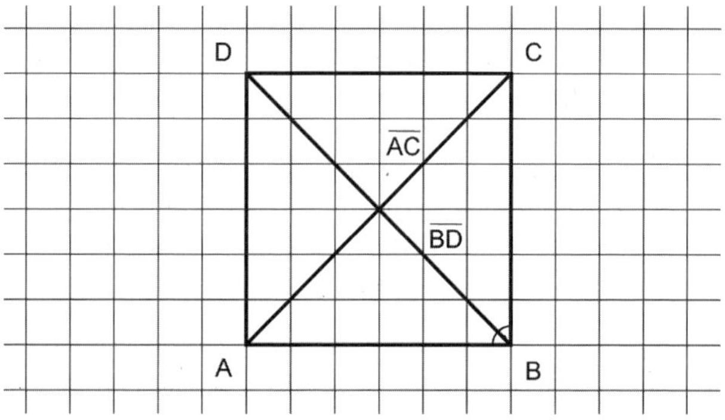

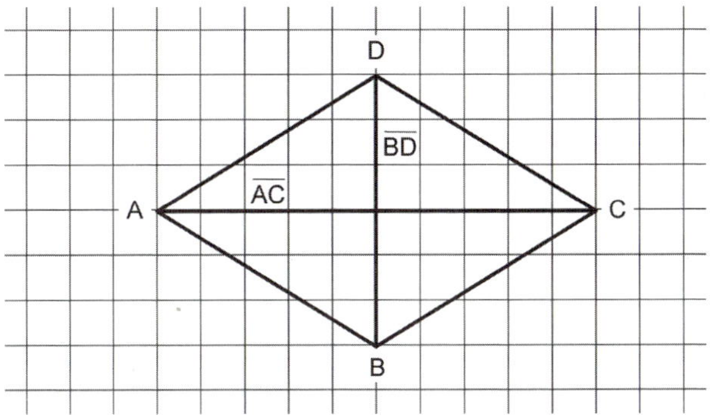

b) Die Diagonalen sind senkrecht zueinander.

Knack-die-Nuss-Ecke:
Mike hat nicht Recht, denn nicht jedes Parallelogramm besitzt auch rechte Winkel.

Fitnesstest 5, Seite S 81

1 Quadrat
Rechteck
Parallelogramm
Raute
Rechteck

2 Raute
Quadrat
Parallelogramm
Drachen

3 9000012010
70000000000305
500000000

4
a) 4250120 b) 2799 c) 360

5

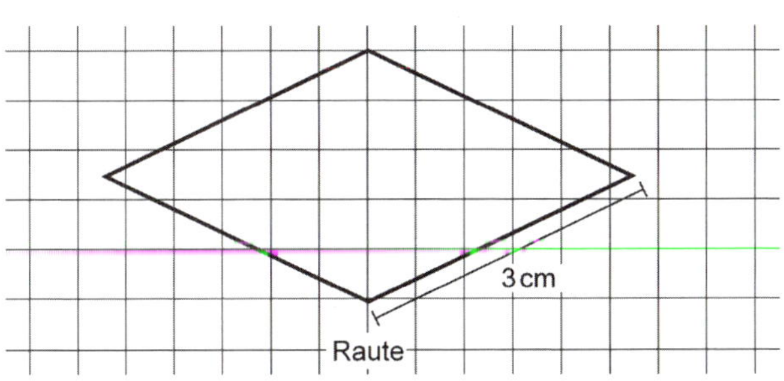

Knack-die-Nuss-Ecke:
a) Jede Zahl, die an letzter Stelle eine Null hat, ist durch 10 teilbar.
b) Ergibt 8 Billionen, weil der Vorgänger und Nachfolger von 2 Billionen zusammen 4 Billionen ergeben.

Fitnesstest 6, Seite S 82

1 a) unten b) unten

2 a) 30; Klammer zuerst
b) 140; Punkt vor Strich
c) 120; Klammer zuerst
d) 10; Klammer zuerst, Punkt vor Strich

3
a) 6753240 b) 8260 c) 100365

4

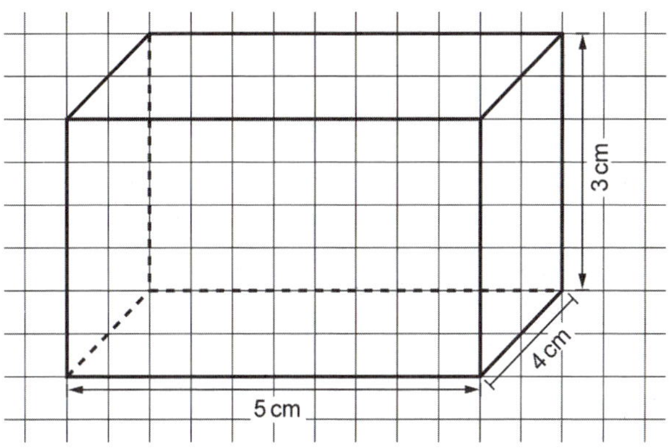

Knack-die-Nuss-Ecke:
2. Vorderfläche 4 cm, 3 cm; Grundfläche 4 cm, 6 cm
3. Vorderfläche 6 cm, 4 cm; Grundfläche 3 cm, 6 cm

Fitnesstest 7, Seite S 83

1

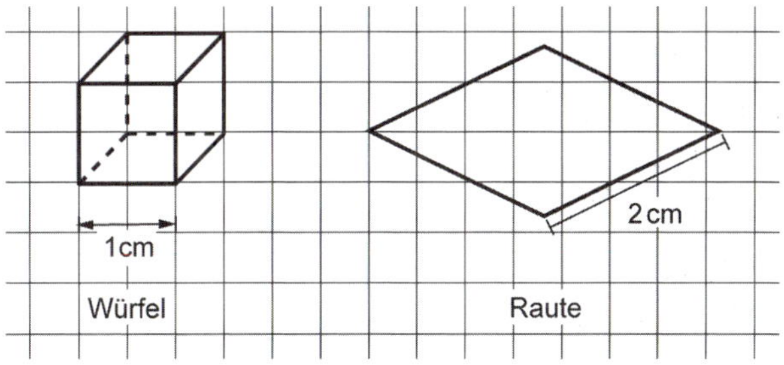

2 a) Quadrat c) Rechteck
b) Rechteck d) Dreieck

3 mm $\xrightarrow{:10}$ cm $\xrightarrow{:10}$ dm $\xrightarrow{:10}$ m $\xrightarrow{:1000}$ km

mm^2 $\xrightarrow{:100}$ cm^2 $\xrightarrow{:100}$ dm^2 $\xrightarrow{:100}$ m^2 $\xrightarrow{:100}$ a $\xrightarrow{:100}$ ha

4
a) 18574500 b) 2476 c) 124602

5 230; Verbindungsgesetz
40; Verteilungsgesetz /Klammer zuerst
40; Punkt vor Strich
188; Vertauschungsgesetz

Fitnesstest 8, Seite S 84

1 a) nach rechts b) nach vorne

2 u = 2 · (a + b) A = a · b

	Rechteck 1	Rechteck 2	Rechteck 3	Rechteck 4
Länge a	4 cm	5 cm	10 cm	5 cm (oder 6 cm)
Breite b	2 cm	2 cm	5 cm	6 cm (oder 5 cm)
Umfang U	12 cm	14 cm	30 cm	22 cm
Fläche A	8 cm²	10 cm²	50 cm²	30 cm²

3

a) 6 882 837 b) 42 146 c) 760

4

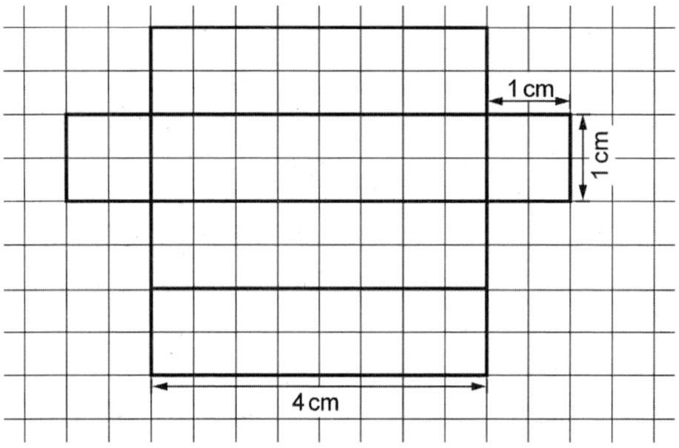

Knack-die-Nuss-Ecke:

a) Das Volumen verdoppelt sich ebenfalls.
b) Das Volumen halbiert sich ebenfalls.
c) Das Volumen vervierfacht sich.
d) Das Volumen bleibt gleich.

1 Natürliche Zahlen

Seite 8

Einstiegsaufgabe

➔ Die Auflistung der Namen mit den angegebenen Bildnummern drückt aus, wer welche Fotos bestellt hat. Die rechte Liste dagegen gibt einen Überblick darüber, welches Bild wie häufig nachbestellt wurde.

1 Strichlisten und Diagramme

Seite 9

1 a) 3; 6; 10

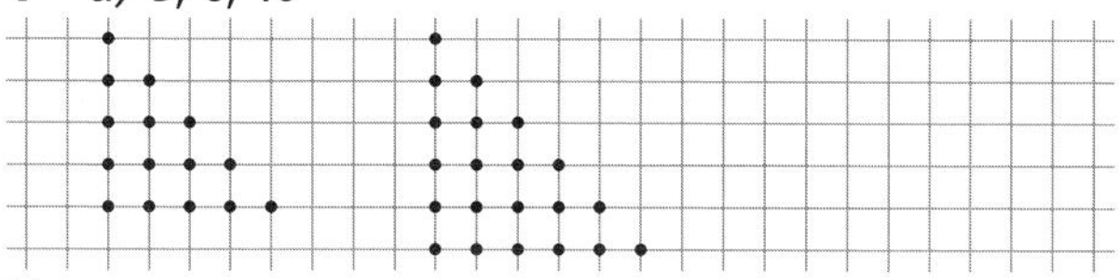

b) 5; 9

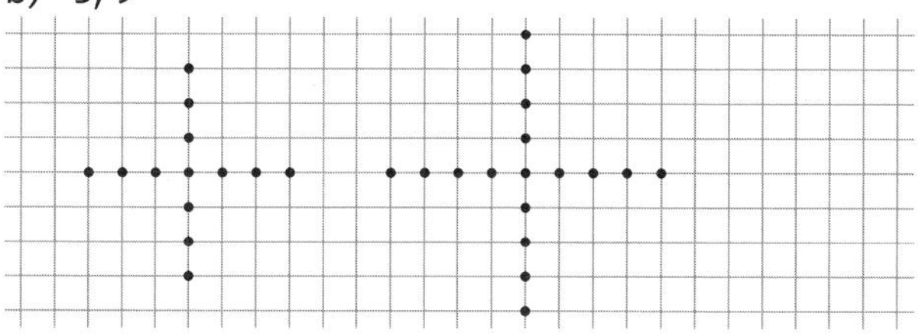

c) 4; 8; 12

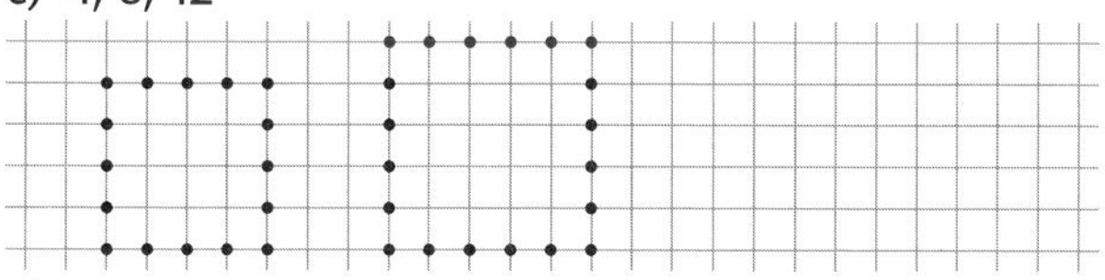

d) 4; 9; 16

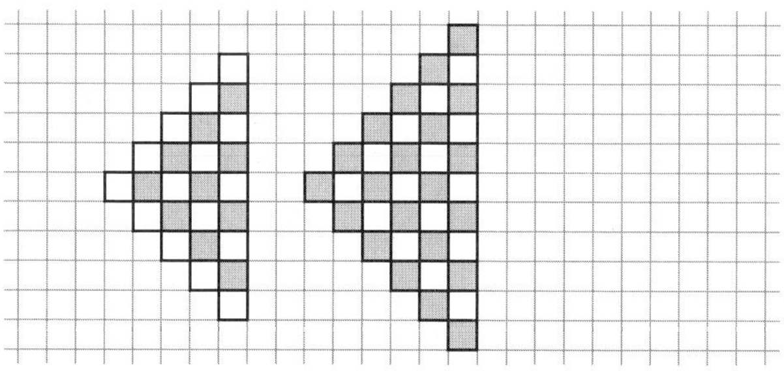

e) 1; 3 (Anzahl der Figuren) oder 6; 13 (Anzahl der beteiligten Punkte.

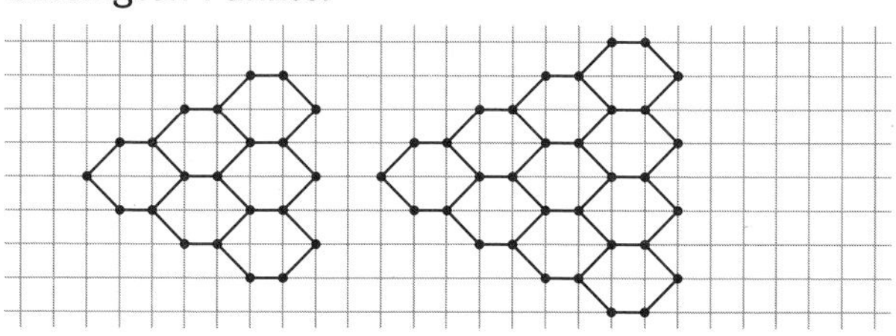

2 a) weitgehend gleiche Häufigkeit
b) Das Ergebnis 7 sollte am häufigsten sein, 2 und 12 am seltensten. Für 7 gibt es sechs Möglichkeiten, für 2 und 12 nur eine.
c) individuelle Lösungen

3

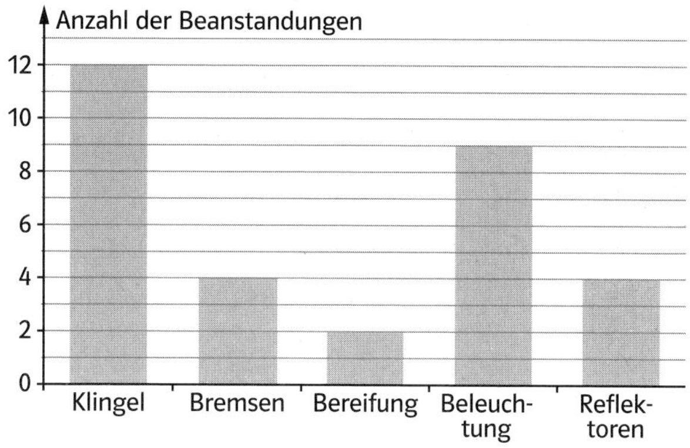

4 Sari hat die Wahl mit 19 Stimmen gewonnen. Es gibt 24 Mädchen und 32 Jungen, die an der Wahl teilnahmen.

5 Die Schülerinnen und Schüler und Schüler aus den Klassen 5 und 6 bevorzugen Milch, die der anderen Klassen mögen am liebsten Säfte.
Betrachtet man alle Klassen, ist Saft das Lieblingsgetränk und Wasser wurde am seltensten gewählt.

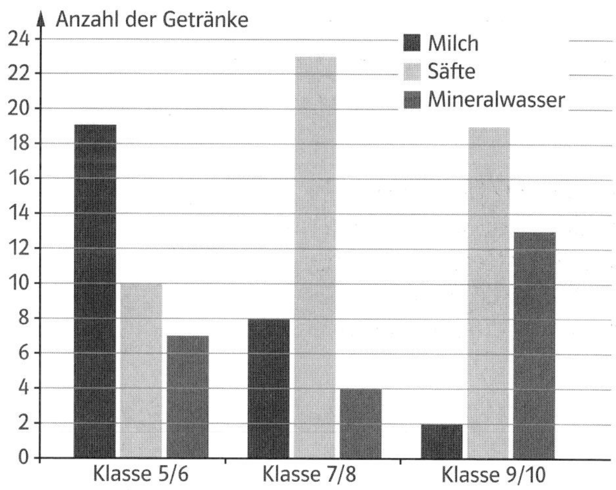

Seite 10

6
a) 2 + 13 = 15 b) 3 + 3 = 6 c) 3 + 4 + 3 = 10
d)

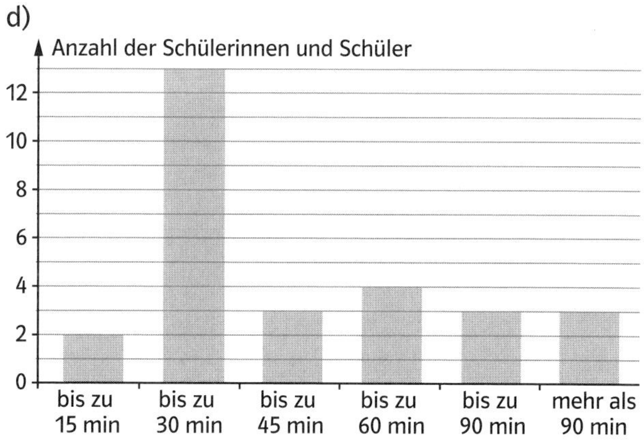

7 a) Pizza
b) Gemeinsamkeiten: In allen Klassen wird gerne Pizza oder Baguette und ungern Salat gegessen.
Unterschiede: In der Klasse 5c gibt es drei Gerichte die gar nicht genannt werden. Dafür gibt es hier ein Kind, das alles isst. In den anderen Klassen sind jeweils nur 2 Gerichte nicht genannt worden.
c) Pizza kommt erst an siebter Stelle aber in der Klassenumfrage wurde nach dem Lieblingsessen Milchreis, das in der Zeitung gewonnen hat, gar nicht gefragt.
d) individuelle Lösungen

8 a) Lesen: 7 Kinder; Basteln: 13; Musik hören: 22; Sport: 29; Haustiere: 19
b) 90 Kinder
c) individuelle Lösungen

9 a) Es würden 9 · 10 Pkw, 10 Busse und 2 · 10 Lkw gezählt. Das macht insgesamt 120 Kraftfahrzeuge. Außerdem zählten die beiden 2 · 10 Fahrräder und 10 Motorräder. Das macht insgesamt 150 Fahrzeuge.
b) Da jedes Symbol für 10 Fahrzeuge steht, gibt es für die „fehlenden" 12 noch kein Symbol. Die 12 Fahrzeuge verteilen sich auf die unterschiedlichen Kategorien.

Strichlisten – ganz neu

- 7; 12; 18
- 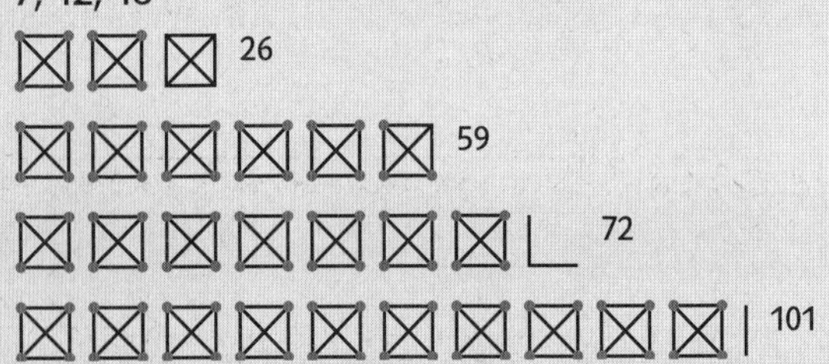

2 Zahlenstrahl und Anordnung

Seite 11

Einstiegsaufgabe

➔ Man misst das Gewicht, die Uhrzeit, die Länge und die Temperatur.
➔ Auf den Waagen und der Uhr sind die Zahlen kreisförmig angeordnet. Die Zahlen steigen dabei jeweils um eine Einheit an. Man liest auf den Skalen „10er Kilogramm" (Personenwaage), Stunden (Uhr) und Kilogramm (Küchenwaage) ab. Die nächstkleinere Einteilung (Kilogramm, Minuten 100 Gramm) ist durch Striche gekennzeichnet. Auf dem Thermometer und dem Lineal sind die Zahlen entlang einer Linie angeordnet. Man kann die Gradzahlen bzw. die Zentimeter ablesen. Die nächstkleinere Einheit ist durch Striche gekennzeichnet.

1 a) < b) > c) >
< < <
> > >
> > <

2 a) 9 < 12 < 22 < 34 < 55 < 67
b) 11 < 14 < 18 < 25 < 30 < 31
c) 21 < 34 < 39 < 45 < 57 < 64
d) 47 < 48 < 49 < 50 < 51 < 52 < 53

3 a) 16, 44, 72, 84 b) 167, 185, 209, 236
c) 250, 375, 525 d) 160, 310, 490

Seite 12

Randspalte

Sie werden der Größe nach sortiert
5, 9, 16, 17, 23, 37; Zusatzzahl: 14

4

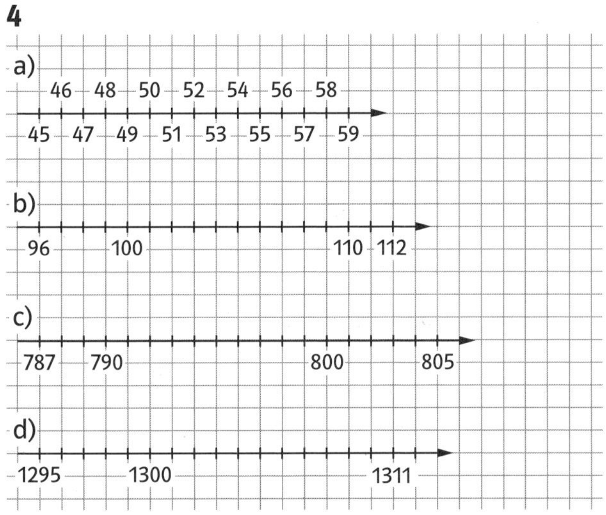

5

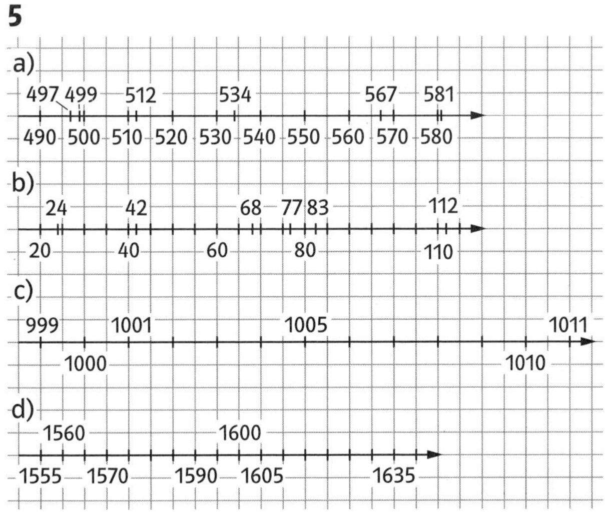

6 a) 

b) 

c) 

d) 

7 a) 11 < 12 b) 7 < 12
c) 7 < 8 < 9 d) 60 < 65 < 70

8

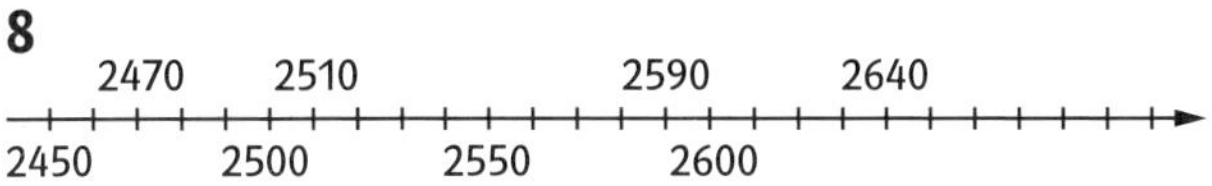

9

a) 7 b) 9 c) 12
d) 20 e) keine f) 101

10 a) 418, 419, 420 und 422, 423, 424
b) 684 und 686, …, 690
c) 754, 755 und 757, 758, 759
d) 990, 991, 992 und 994, … , 998

11 geordnet nach dem Kalender, also sortiert nach Monaten und Tagen

12 a) 17; 20; 23

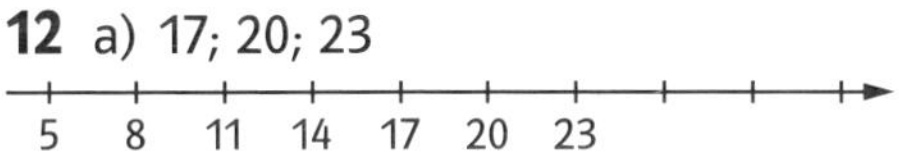

b) 25; 30; 36

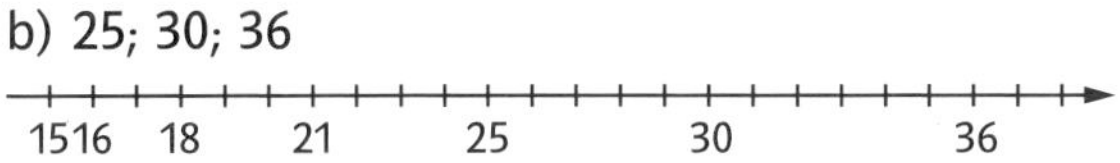

c) 34; 37; 38

d) 400; 350; 290

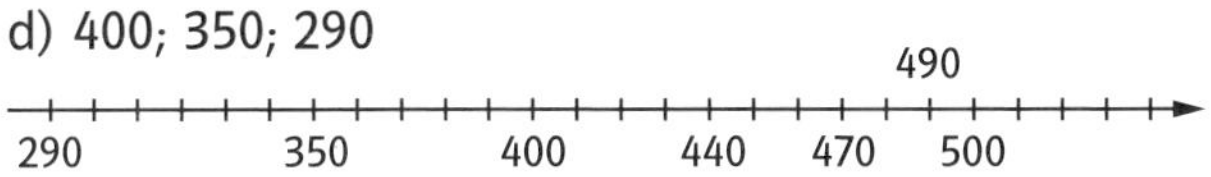

13 a) 1; 4; 9; 16; 25; 36

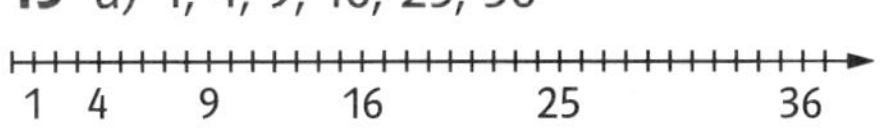

b) 1; 3; 6; 10; 15; 21

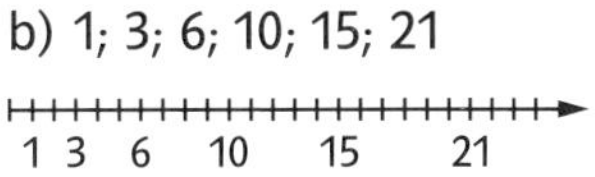

c) 3; 6; 12; 24; 48; 96

d) 5; 12; 22; 35; 51; 70

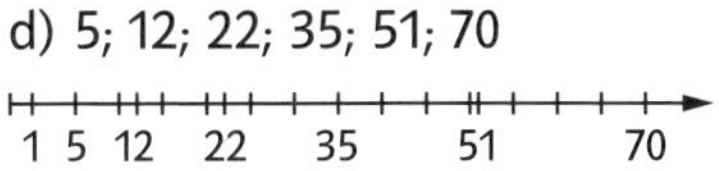

14 Daniel

3 Das Zehnersystem

Seite 13

Einstiegsaufgabe

➔  = 111 ➔  = 0

➔  = 11 111 oder  = 7711

➔  = 119 999

1 a) einhundertfünfundzwanzig
zweihundertneununddreißig
fünfhundertneun
achthundertvierundachtzig
neunhundertneunundneunzig
b) dreihundertdreiunddreißig
dreihundertdrei
dreitausenddreiunddreißig
dreiunddreißigtausenddrei
dreißigtausenddreihundertdrei
c) neunhundertneunundachtzig
achttausendneunhundertneunundachtzig
achtzigtausendneunhundertacht
neunundneunzigtausendachtundachtzig
neunhundertneunundachtzigtausendachthundert-achtundneunzig

2

a) 748 b) 4211 c) 6374
d) 3606 e) 2045

Seite 14

3

Zahl	HT	ZT	T	H	Z	E
780 540	7	8	0	5	4	0
118 034	1	1	8	0	3	4
30 001	0	3	0	0	0	1
90 909	0	9	0	9	0	9
367 056	3	6	7	0	5	6
909 090	9	0	9	0	9	0
100 203	1	0	0	2	0	3
56 065	0	5	6	0	6	5

4 a) $237\,658 = 2 \cdot 100\,000 + 3 \cdot 10\,000 + 7 \cdot 1000 + 6 \cdot 100 + 5 \cdot 10 + 8 \cdot 1$
b) $780\,362 = 7 \cdot 100\,000 + 8 \cdot 10\,000 + 3 \cdot 100 + 6 \cdot 10 + 2 \cdot 1$
c) $1\,604\,006 = 1 \cdot 1\,000\,000 + 4 \cdot 1000 + 6 \cdot 1$
d) 34 596
e) 20 508

5 Frankfurt am Main: einhundertdreiunddreißigtausendeinundvierzig
München: dreiundsechzigtausendeinhundertneunundfünfzig
Düsseldorf: zweiundvierzigtausendeinhundertdreiundachtzig
Stuttgart: neunzehntausendneunhundertsiebenundfünfzig
London: einhundertsechsundsechzigtausendvierhundertzwanzig
Paris: einhunderteinunddreißigtausendvierhundertsiebenundneunzig
Amsterdam: einhundertachttausenddreihundertfünfundzwanzig
Atlanta: zweihundertsiebentausendachthundertundsechs

6 a) 4320, 43 200 b) 5460, 54 600
c) 7830, 78 300 d) 54 600, 546 000
e) 34 000, 340 000 f) 70 000, 700 000
g) 37 120, 371 200 h) 56 170, 561 700
i) 82 930, 829 300

7 a) 555 < 565 < 566 < 655 < 656 < 665 < 666
b) 4003 < 4030 < 4033 < 4300 < 4303 < 4333
c) 1001 < 1010 < 1011 < 1100 < 1101 < 1110
d) 321 < 432 < 1234 < 2345 < 4321 < 12 345

8 a) 7, 8, 9 b) 0 und 3, …, 9
c) 0,1 und 9 und 5, …, 9 und 3, …, 9

9 a) 4T 3H 2Z 1E b) 1ZT
c) 6T 3H 3Z 3E d) 4T 4H 4Z 4E

Zahlen auf Englisch i

- In der deutschen Sprechweise „vertauscht" man beim Lesen die Zehner und die Einer, die Zehntausender und die Eintausender, …
- Die Reihenfolge ist auch in der deutschen Sprechweise richtig, wenn in der Zahl Einer, aber keine Zehner oder Zehner und keine Einer vorkommen, wie in 107 (einhundertsieben) 130 (einhundertdreißig). Gleiches gilt für Tausender und Zehntausender.
- 543 five hundred and forty-three
fünfhundertdreiundvierzig
2689 two thousand six hundred and eighty-nine
zweitausendsechshundertneunundachtzig
10 205 ten thousand two hundred and five
zehntausendzweihundertfünf
98 065 ninety-eight thousand and sixty-five
achtundneunzigtausendfünfundsechzig
234 567 two hundred thirty-four thousand five hundred and sixty-seven
zweihundertvierunddreißigtausendfünfhundertsiebenundsechzig
304 050 three hundred four thousand and fifty
dreihundertviertausendfünfzig

Seite 15

10 a) 98763; 36789
Um die größte in die kleinste Zahl umzuwandeln, kehrt man nur die Ziffernfolge um.
b) 98 736 c) 36 798 d) 69 873

11 a) 1 12 14 2 4 b) 4 2 14 12 1

12 größte Zahl: 953 210; kleinste Zahl: 389

13 Ziffer 3: 120-mal; Ziffer 0: 22-mal;
Ziffer 4: 21-mal; alle anderen Ziffern: 20-mal

14 a) 119 b) 940
c) 400, 301, 202, 103, 310, 220, 130, 211, 121, 112
d) Ja, nur die Ziffern 9,9 und 8 verwendet werden können.
e) 27 = 9 + 9 + 9; Zahl 999

15 Lisa benötigt sieben Schritte (größte Zahl: 98 632). Leon benötigt acht (größte Zahl: 98 632). Bei Lisa haben schon drei Ziffern die richtige Position.

16 a) 59 990; 59 991; 59 992; 59 993; 59 994; 59 995; 59 996; 59 997; 59 998; 59 999; 60 000; 60 001
b) 60 248 c) 60 004

Randspalte

23:45; 34:56; Dies ist jedoch keine Uhrzeit. Man könnte dies als 10:56 Uhr interpretieren, da um 24:00 Uhr die Uhr wieder auf 00:00 überspringt.

4 Große Zahlen

Seite 16

Einstiegsaufgabe

➔ vierundsechzig Milliarden zweiundneunzig Millionen vierhunderviertausendneunhundertvierundzwanzig Euro einundsechzig; acht Milliarden sieben Millionen; fünfzehn Millionen

Seite 17

1 a) zwei Millionen fünfhundertsiebenundsechzigtausendneunhundertvierundachtzig

b) vierunddreißig Millionen fünfhundertsechsundsiebzigtausendsechshundertzehn
c) zehn Millionen siebenhundertachtzigtausendvierhunderteins
d) einundzwanzig Millionen zehntausendzweihundertachtzehn
e) sieben Millionen siebenhunderttausendsieben
f) einhundertdreiundzwanzig Millionen dreihunderteinundzwanzigtausendzweihundertdreizehn
g) einhundert Millionen eintausendzehn
h) eine Million elftausendeinhunderteins
i) zweihundert Milliarden dreihundert Millionen vierhunderttausendfünfhundert
j) zweihundert Milliarden dreißig Millionen viertausendfünfzig
k) einhundertsieben Milliarden sechsundsiebzig Millionen siebenundsechzigtausendvierhundertvier
l) sechshundertsechzig Milliarden sechshundertsechs Millionen sechsundsechzigtausendsechs

2 a) 27 329 712 b) 319 403 111
c) 30 003 300 d) 20 002 200 002

3
a) 8 b) 10 c) 13 d) 7

4 a) 3 452 500 b) 33 000 000
c) 59 990 000 d) 900 000 000

5 a) 499 999 b) 790 900
c) 1 014 899 d) 6 911 999

6 a) 9 5 52 17 104 0 b) 0 104 17 52 59
c) 9 5 52 104 0 17 d) 104 0 17 5
e) 9 552 104 0 f) 0 17 5259
g) 10 401 752

Schätzen von großen Zahlen

- Unterteilt man das Bild ebenfalls in zehn gleich große Rechtecke, zählt man in den Rechtecken zwischen 20 und 32 Flamingos. Zur Abschätzung sollte man mehrere Rechtecke unterschiedlicher Dichte zählen. Auf dem Bild sind etwa 250 Flamingos zu sehen.
- Unterteile die Füllhöhe in zehn Abschnitte. Man zählt die Linsen eines Abschnitts und vervielfacht die Menge. Man kann auch 100 g der Linsen abwiegen, die Anzahl der Linsen bestimmen und die Anzahl dann verzehnfachen.
- Vorgehen wie im zweiten Teilschritt.

5 Runden und Darstellen großer Zahlen

Seite 18

Einstiegsaufgabe

➔ Zu jeder Angabe findet man eine genaue Anzahl und eine ungefähre Anzahl.

Randspalte

0 Millionen

Seite 19

1

a)	3240	1910	81 950
	8760	6000	60 300
	1100	34 890	122 310
b)	150 000	4 560 000	23 460 000
	960 000	8 990 000	1 000 000 000
	810 000	1 060 000	101 010 000
c)	12 000 000	455 000 000	79 000 000
	988 000 000	100 000 000	123 000 000

2 a) „Wir sind 24 km gewandert"
b) 1 kg
c) Minimal 24 € 50 ct, maximal 25 € 49 ct
d) 1 h 13 min
e) 1,30 € + 4,80 € + 1,20 € + 3,00 € + 4,60 € = 15,60 €
Da nur einzelne Centbeträge aufgerundet werden, reichen 15 Euro nicht aus.

3 Als Ergebnis erhält man immer 10 000 000.

4 a) alle Zahlen von 775 bis 784
b) 897 499; 896 500
c) 15 000 049; 15 000 031; 14 999 953

5 a) Leverkusen 12 500, Bochum 12 600, Kaiserslautern 15 600, Köln 23 800, Hamburg 29 700, Nürnberg 33 600, München 43 600, Stuttgart 44 300
b) Leverkusen (LEV): 13 000
Bochum (BO): 13 000
Kaiserslautern (KL): 16 000
Köln (K): 24 000
Hamburg (HH): 30 000
Nürnberg (N): 34 000
München (M): 44 000
Stuttgart (S): 44 000
Das Problem ist, dass Leverkusen und Bochum und genauso München und Stuttgart nun gleich groß erscheinen.

c)

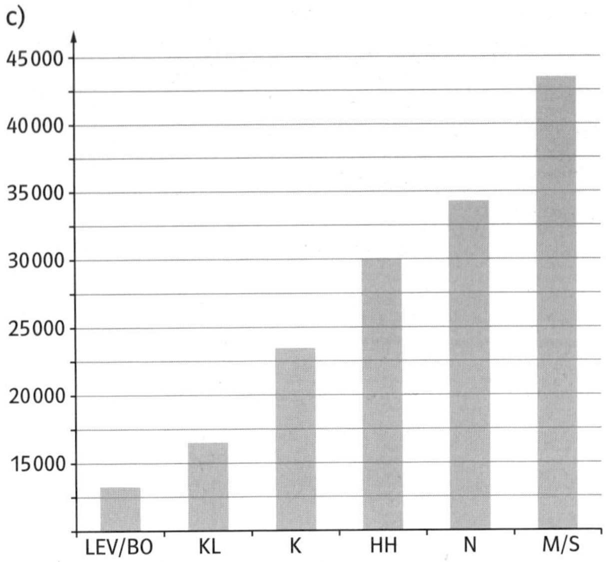

Man verwendet hier die gerundeten Zahlen aus Teilaufgabe b).

Seite 20

Randspalte

4 Uhr; 7:30 Uhr. Die Uhrzeiten auf den unteren beiden Uhren sind nicht genau ablesbar. Ungefähre Uhrzeit: 3:55 Uhr; 10:10 Uhr

6 a) 1:15 Uhr; 3:45 Uhr; 7:15 Uhr; 12:00 Uhr
b) Das Runden auf eine Viertelstunde ist sinnvoll, wenn eine genaue Zeitangabe nicht möglich oder nicht nötig ist.
c) Situationen, in denen man runden darf: Verabredungen („Ich komme etwa um viertel nach drei") Dauer von Filmen, Gesprächen, …
Situationen, in denen man nicht runden darf: Beginn und Ende der Schulstunde, Abfahrtzeiten der öffentlichen Verkehrsmittel

7

a) nein	b) ja	c) ja	d) nein
e) nein	f) ja	g) ja	

Weitere Beispiele:
Bei zu zahlenden Rechnungen, bei der Nummer der Buchseite, bei Preisen der Lebensmittel, bei der Kontonummer, bei Mischungsangaben in der Chemie, …

8 a)

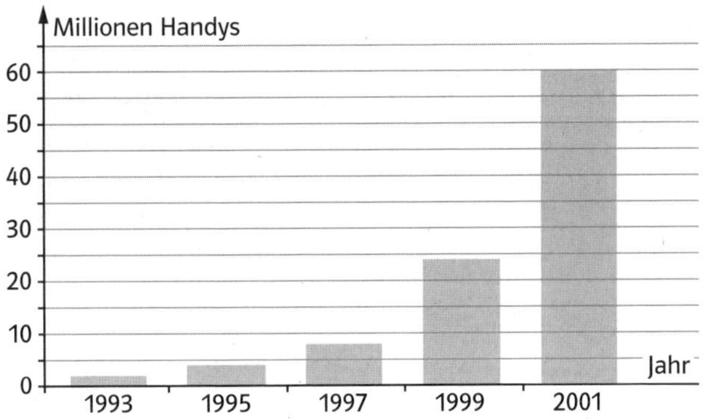

b) 2003: etwa 150 Millionen. Aktuelle Angaben findet man im Internet bei Netzbetreibern oder Umfrageinstuten.

9 Auf dem Zahlenstrahl verteilt man die Entfernungen wie folgt:
Jupiter: 780 Mio km = 10,4 cm
Uranus: 2900 Mio km = 38,7 cm
Neptun: 4500 Mio km = 60 cm
Saturn: 1400 Mio km = 18,7 cm
Mars: 230 Mio km = 3,1 cm
Venus: 110 Mio km = 1,47 cm
Merkur: 60 Mio km = 0,8 cm

10 a)

Hohenzollern (H):	855 m ≈ 900 m
Schneekopf (SE):	978 m ≈ 1000 m
Schauinsland (SA):	1284 m ≈ 1300 m
Feldberg (F):	1493 m ≈ 1500 m
Watzmann (W):	2713 m ≈ 2700 m
Zugspitze (Z):	2963 m ≈ 3000 m

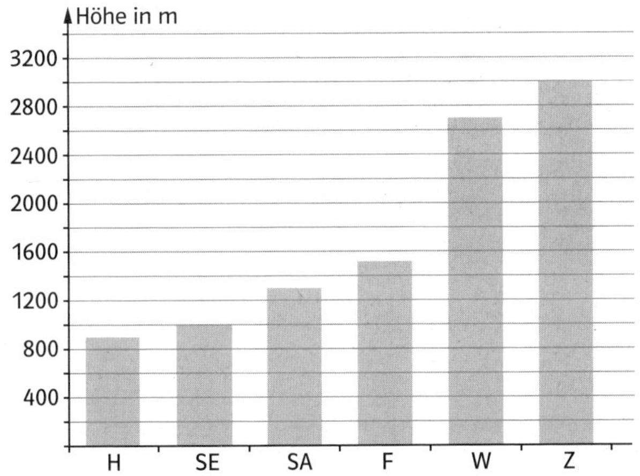

b) individuelle Lösungen

11 Man kann die Zahlenangaben veranschaulichen, wenn man die Einheiten auf der Achse nicht maßstäblich – das heißt, nicht mit gleichen Abständen – wählt, sondern die Größenangaben jeweils direkt angibt. Bei dieser Vorgehensweise geht der Überblick über die tatsächlichen Größenverhältnisse jedoch verloren.

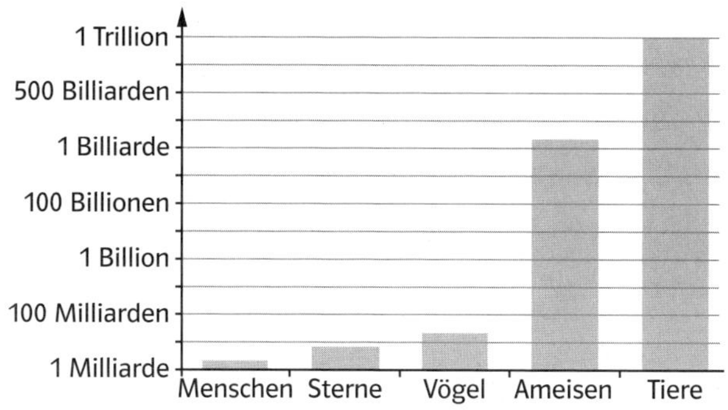

Tabellenkalkulation

- Die Diagramme sind mit MS-Excel leicht zu erstellen. Hier einige Beispiele:

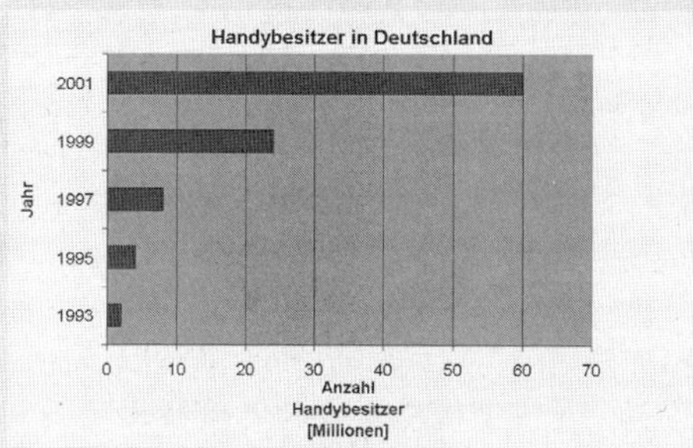

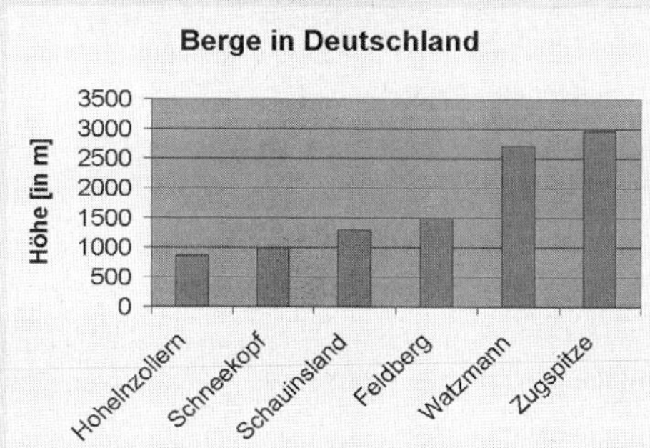

- Sowohl für die Handys als auch die Berghöhen ist ein Säulendiagramm sinnvoll.

Seite 21

12 a) In fast allen Städten wird die Bevölkerung wachsen. In Mumbai (bis 1996 Bombay) wird der größte Zuwachs erwartet. Nur in Tokio wird sie stagnieren und in Shanghai wird sie vermutlich wegen der Geburtenkontrolle sinken.
Es ist allerdings zu beachten, dass die Prognosen sich auf die momentane Entwicklung beziehen. Die Prognose muss nicht der Realität im Jahr 2015 entsprechen. Geburtenregelungen, Epidemien, Kriege o.ä. können die Zahlen kurzfristig beeinflussen.

b)

Land	Sprache
Japan	Japanisch
Indien	Hindi, Englisch
Nigeria	Englisch
Bangladesh	Urdu
Brasilien	Portugiesisch
Pakistan	Urdu
Mexiko	Spanisch
USA	Englisch
Indonesien	Bahasa Indonesia
Philippinen	Englisch, Fapalog, Spanisch
China	Chinesisch

Wachstum der Menschheit

- 1 Milliarde Menschen: 1604
2 Milliarden Menschen: 1927
5 Milliarden Menschen: 1987
- Im Jahr 2054.

- Verdoppelung der Menschheit im 20. Jahrhundert: von 1927–1974: 47 Jahre

-

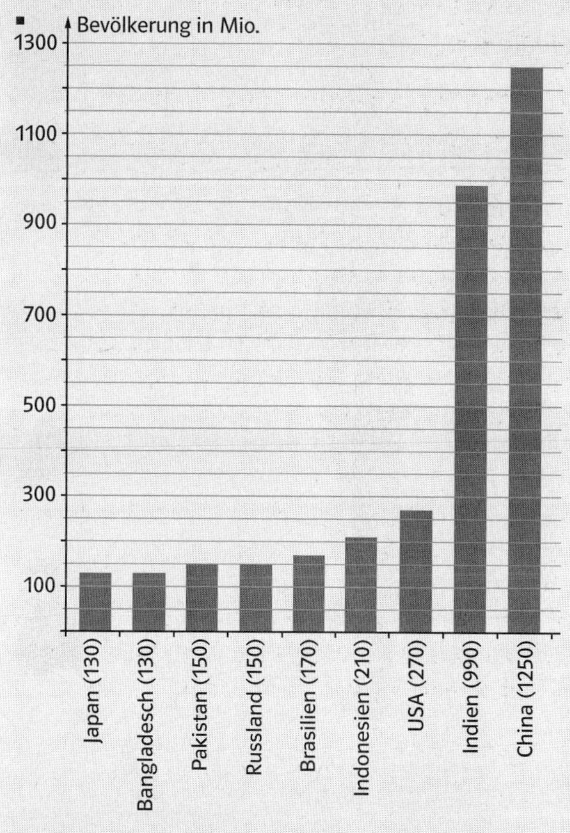

- Wachstum der Menschheit:
pro Tag: 213 120; pro Jahr: 77 788 800
Das heißt, dass die Weltbevölkerung jedes Jahr fast um die Einwohnerzahl Deutschlands wächst.

6 Andere Stellenwertsysteme

Seite 22

Einstiegsaufgabe

➔ Wenn man auf eine Verzweigung trifft, gibt einem die Ziffer an, ob man rechts (I) oder links (O) gehen muss.
➔ Ginge man erst rechts, dann dreimal links und wieder rechts IOOOI fiele man in das tiefe Loch.

Seite 23

1 a)

Zweiersystem	Zehnersystem
I_2	1
IO_2	2
IOO_2	4
$IOOO_2$	8
$IOOOO_2$	16
$IOOOOO_2$	32
$IOOOOOO_2$	64
$IOOOOOOO_2$	128
$IOOOOOOOO_2$	256
$IOOOOOOOOO_2$	512

b)

Zehnersystem	Zweiersystem
1	I_2
2	IO_2
3	II_2
4	IOO_2
5	IOI_2
6	IIO_2
7	III_2
8	$IOOO_2$
9	$IOOI_2$
10	$IOIO_2$
12	$IOII_2$
13	$IIOI_2$
14	$IIIO_2$
15	IIII_2
16	$IOOOO_2$
17	$IOOOI_2$
18	$IOOIO_2$
19	$IOOII_2$
20	$IOIOO_2$

Um eine Zahl im Zweiersystem um 1 zu vergrößern, addiert man in der Stellenwerttafel in der rechten Spalte eine „I". (*) Stand an dieser Stelle eine „O", erhält man nun eine „I". Stand an dieser Stelle eine „I", erhält man 1 + 1 = 2, also IO_2.

Demnach muss man in der rechten Spalte eine „O" und in der zweiten Spalte von rechts eine „I" addieren. Dabei geht man wieder vor wie ab (*) beschrieben.

2

Zehnersystem	Zweiersystem
27	$IIOII_2$
41	$IOIOOI_2$
118	$IIIOIIO_2$
107	$IIOIOII_2$
18	$IOOIO_2$
41	$IOIOOI_2$
102	$IIOOIIO_2$
119	$IIIOIII_2$

3 a) $IOOO_2$; $IOOOO_2$; $IOOOOO_2$; $IOOOOOO_2$
b) II_2; III_2; IIII_2

4 IIII_2; $IIIO_2$; $IIOI_2$; $IOII_2$; $IIOO_2$; $IOIO_2$; $IOOI_2$; $IOOO_2$
Die größte Zahl ist 15 = IIII_2; die kleinste Zahl ist 8 = $IOOO_2$.

5 Gerade Zahlen haben an der letzten Stelle eine O; ungerade eine I.

6 22 < $IIOOI_2$ < 27 < IIII_2 < 32 < $IOOOOI_2$

7 a) Sie verdoppelt sich. Beispiele: II_2 = 3; IIO_2 = 6
b) Sie verdoppelt sich und zusätzlich wird 1 addiert. Beispiel: II_2 = 3; III_2 = 7
c) Sie vervierfacht sich. Beispiel: II_2 = 3; $IIOO_2$ = 12

8 10 000 ≙ $IOOIIIOOOIOOOO_2$
Man braucht 14 Ziffern. Für 100 000 braucht man 3 Ziffern.

Mit Fingern zählen i

- 16
- 3 7 11 17

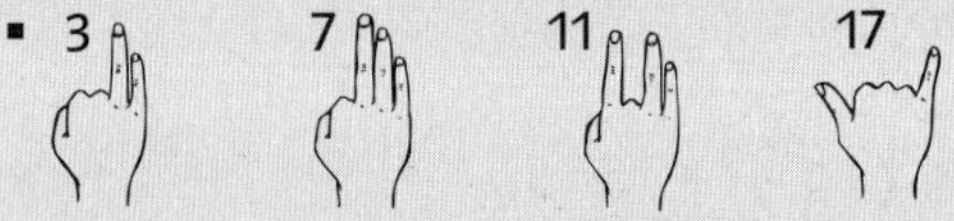

- bis 31
- 173; 508
-

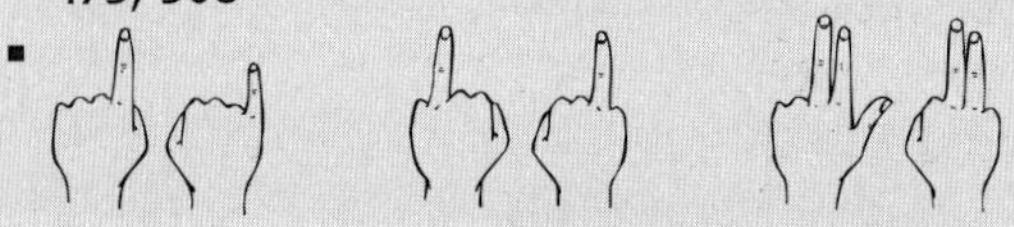

65 130 230

- Sie muss alle Finger hochstrecken.

Seite 24

9
a) 6 b) 27 c) 185
d) 32_4 e) 321_4 f) 1312_4

10

0	1	2	3	4	5	6	7	8	9	10
0_2	I_2	$I0_2$	II_2	$I00_2$	$I0I_2$	$II0_2$	III_2	$I000_2$	$I00I_2$	$I0I0_2$
0_4	1_4	2_4	3_4	10_4	11_4	12_4	13_4	20_4	21_4	22_4

11	12	13	14	15	16	17	18	19	20
$I0II_2$	$II00_2$	$II0I_2$	$III0_2$	IIII_2	$I0000_2$	$I000I_2$	$I00I0_2$	$I00II_2$	$I0I00_2$
23_4	30_4	31_4	32_4	33_4	100_4	101_4	102_4	103_4	110_4

11 a) 64 Hände
b) 2 Hände, 2 Quadrominos, 3 Q-Familien
c) 3 Q-Familien haben 192 Q-Finger
2 Quadrominos haben 32 Q-Finger
1 Q-Hand hat 4 Q-Finger
3 Q-Finger haben 3 Q-Finger
Insgesamt sind das 231 Finger.

Zahlzeichen im alten Babylon

- 19; 25; 41; 33
- 
- individuelle Lösungen
- 18

18	1	18
	2	35
	3	54
	4	72

7 Römische Zahlzeichen

Seite 25

Einstiegsaufgabe

→ römische Zahlzeichen
→ Buchreihe: 1; 2; 3; 4; 5; 6
Würfel: 1; 2; 4
Steintafel: 17 + 19
Torbogen: 1656
Olympiade: 28. Olympische Spiele
Römerstraße: 1971

1

a) 17　b) 23　c) 27　d) 66
e) 64　f) 79　g) 91　h) 244

2 a) LVII, LXXXIX, XCI, CX
b) CXIX, CXLV, CCXXXIV, CDLIX
c) DCIC, DCCLXXXII, DCCCIC, CMLXXVIII
d) MVIII, MCDLVI, MDCIL, MDCCXCV

Seite 26

3 individuelle Lösungen

4 geboren: 30. April 1777
gestorben: 23. Februar 1855

5 a) 1723　b) MCMLXXIX

6

a) IX　b) XL　c) CXL
d) CD　e) MCDX　f) DXLIV

7 a) ↀↀↀCDLVI　b) ↂↀↀCCCXLV
c) ↂↂↂↂↂↂↀↀↀCCCXXXIII
d) ↂↂCMXC

8 51; 83; 72; 123; 150; 237

Randspalte

XXC = 100 − 20 = 80

9 a) 1969　1741
1239　1414
Die arabischen Zahlen sind eindeutig kürzer.
b)

Tausender	Hunderter	Zehner	Einer
1	9	6	9
M	CM	LX	IX
1	7	4	1
M	DCC	XL	I
1	2	3	9
M	CC	XXX	IX
1	4	1	4
M	CD	X	IV

Vorteile:
- hat eine Null
- schriftliche Rechenoperationen sind leichter durchführbar
- große Zahlen lassen sich kürzer – und ohne vorherige „Addition" im Kopf – darstellen

10 a) hier ist keine stellenweise Addition möglich. Man zerlegt die Zahlen, addiert und stellt das Ergebnis dann als römische Zahl dar:
M + M = MM; CD + CC = D − C + C + C = DC;
XIX + VII = X − I + X + V + I + I = XXVI
Ergebnis: MMDCXXVI
b) 1419
+1207
(Übertrag 1)
2626

c) Römische Zahlen lassen sich nicht stellenweise addieren, da eine Ziffer aus mehreren Zahlzeichen besteht. Im Zehnersystem führt man bei der Addition mehrerer Zahlen tatsächlich nur Additionen durch, während man bei der Addition römischer Zahlen auch Subtrahieren muss; vgl. Teilaufgabe a).

Streichholzscherze

- II + I = III　　VII + I = VIII
  V + I = VI　　V + V = X
- XIV + I = XV

Üben • Anwenden • Nachdenken

Seite 28

1 1; 4; 10
Bei 36 Bällen in der untersten Lage kann er insgesamt 120 Bälle aufschichten.

2 a) 34
b) motorisiert: 58; nicht motorisiert: 16
c) 444 in 60 min.

3

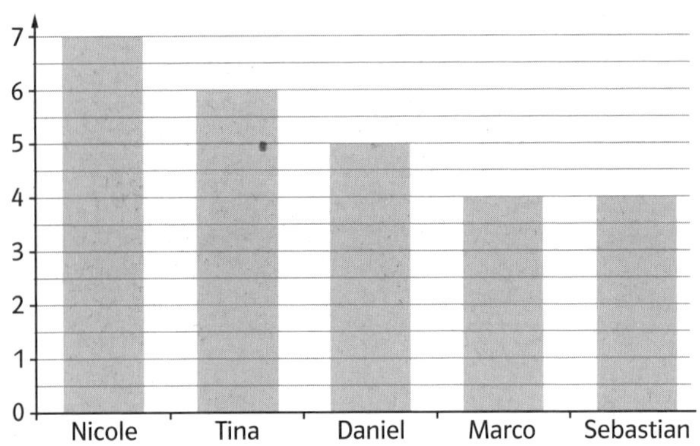

Nicole ist Klassensprecherin, Tina Vertreterin.

4 Abzulesen ist die Notenverteilung im Fach Mathematik (die Werte sind genau):
- 1 Schüler sehr gut
- 3 Schüler gut
- 7 Schüler befriedigend
- 6 Schüler ausreichend
- 3 Schüler mangelhaft

Abzulesen ist die Anzahl der Briefmarken der vier Sammler. Die Werte sind gerundet.
- 330 Hans
- 450 Peter
- 490 Inge
- 610 Ralf

5 a)

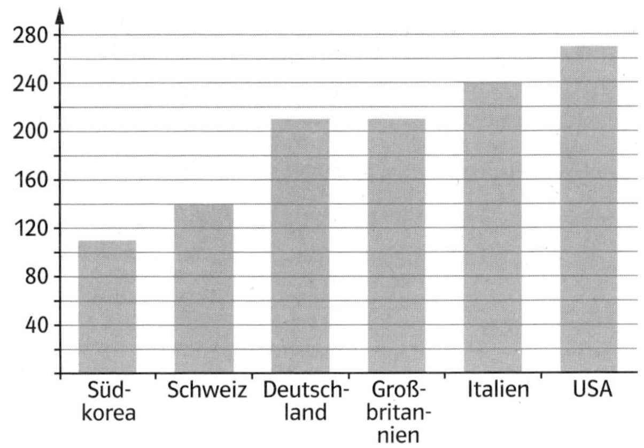

b) etwa 1000 Stunden

6 65; 1950; 38 880

7 a) 100 001 < 100 011 < 100 111 < 101 010 < 110 011 < 110 101 < 111 000 < 111 001
b) 733 337 < 733 737 < 737 737 < 737 777 < 773 337 < 773 377 < 773 737 < 773 773

Seite 29

8 1969; 384 000 km; 45 000 000 – 400 000 000 km; 150 000 000 km; 15 000 000 Grad; 300 000 000 000 000 000 km; 1 000 000 000 000 Grad

9 a) 999 876　　b) 10 002

10 Nein, er ist nicht doppelt so schnell. Die Fehleinschätzung entsteht, da das Diagramm bei 50 km/h anfängt und nicht bei 0 km/h.

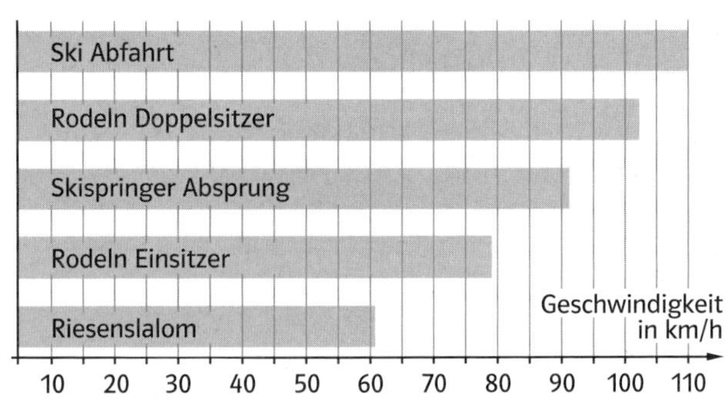

11

172 864 740 000	Bienen
13 478 302 000	Hühner
1 318 386 000	Rinder
1 064 110 000	Schafe
773 476 000	Enten
699 994 000	Ziegen
452 345 000	Kaninchen
60 945 000	Pferde
19 083 000	Kamele
2 600 000	Farmkrokodile

12 a) 7111111111
b) 288 (oder 008)
c) Größte Zahl: 111111111
kleinste Zahl: 208 (oder 000)

13 a) Zweihundertvierunddreißig Milliarden = two hundred and thirty-four billion
b) einhundertdreiundzwanzig Billiarden fünfhundert Billionen = one hundred and twenty-three quadrillion five hundred trillion
c) dreiundzwanzig Trillionen fünfhundertachtundsiebzig Billiarden = twenty-three quintillion five hundred and seventy-eight quadrillion
d) neunhundertneunundneunzig Trilliarden
neunhundertneunundneunzig Trillionen
neunhundertneunundneunzig Billiarden
neunhundertneunundneunzig Billionen
neunhundertneunundneunzig Milliarden
neunhundertneunundneunzig Millionen
neunhundertneunundneunzigtausendneunhundertneunundneunzig = nine hundred and ninety-nine sextillion
nine hundred and ninety-nine quintillion
nine hundred and ninety-nine quadrillion
nine hundred and ninety-nine trillion
nine hundred and ninety-nine billion
nine hundred and ninety-nine million
nine hundred and ninety-nine thousand nine hundred and ninety-nine

Seite 30

Groß und klein in Europa

▪ Sortiert man nach der Einwohnerzahl, erhält man die folgende Tabelle (alle Werte auf Mio. gerundet).

Deutschland (D)	80 Mio
Frankreich (F)	60 Mio
Großbritannien (GB)	60 Mio
Italien (I)	60 Mio
Spanien (E)	40 Mio
Niederlande (NL)	15 Mio
Belgien (B)	10 Mio
Griechenland (GR)	10 Mio
Österreich (A)	10 Mio
Portugal (P)	10 Mio
Schweden (S)	10 Mio
Dänemark (DK)	5 Mio
Finnland (FIN)	5 Mio
Irland (IRL)	5 Mio

Sortiert man nach der Fläche (in km²) erhält man die folgende Tabelle (alle Werte auf 1000 km² gerundet).

Frankreich (F)	552 000
Spanien (E)	504 000
Schweden (S)	450 000
Niederlande (NL)	417 000
Deutschland (D)	357 000
Finnland (FIN)	337 000
Italien (I)	301 000
Großbritannien (GB)	244 000
Griechenland (GR)	132 000
Portugal (P)	92 000
Österreich (A)	89 000
Irland (IRL)	70 000
Dänemark (DK)	43 000
Belgien (B)	30 000
Luxemburg (L)	3 000

▪

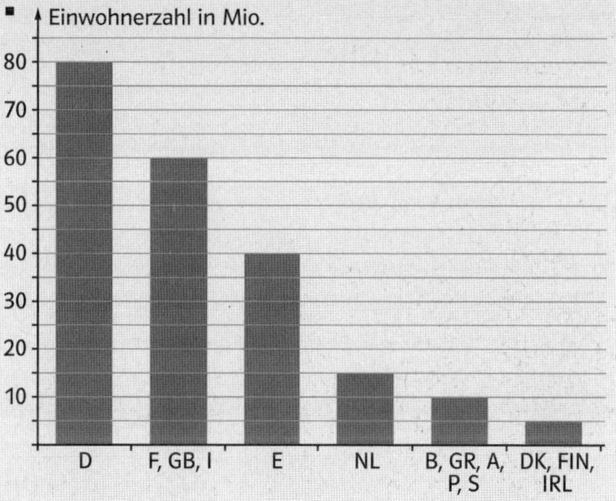

▪

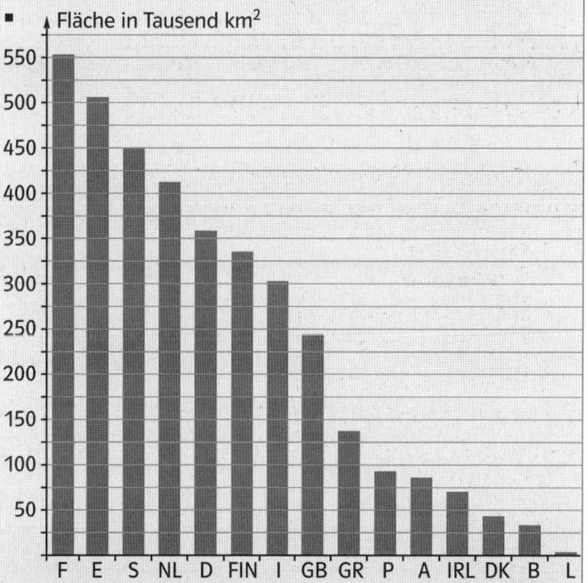

▪ Das bedeutet, dass die Einwohnerdichte höher ist als in anderen Ländern. Auf einem km² leben viel mehr Menschen als in anderen Staaten.

▪ Eine Sortierung dieser Art ermöglicht eine Aussage über die Rangfolge der Einwohnerdichte.

14

a) 102 b) 125 c) 85 d) 64
e) 204 f) 147 g) 255 h) 144

15

Zehnersystem	Zweiersystem	römische Zahlen
27	IIOII_2	XXVII
21	IOIOI_2	XXI
34	IOOOIO_2	XXXIV
89	IOIIOOI_2	LXXXIX
91	IOIIOII_2	XCI
102	IIOOIIO_2	CII

16 a) 1; 3; 7; 15; 31; 63; 127; 255;
b) 5; 9; 17; 33; 64; 129; 257
c) 2; 6; 14; 30; 62; 126; 254

17 IIOI_2 < XXIV < IIOII_2 < IIIOO_2 < 31 < XLIV < 46 < 51

2 Addieren und Subtrahieren

Auftaktseite: Rechenhilfsmittel

Seiten 32 bis 33

Das Linienbrett

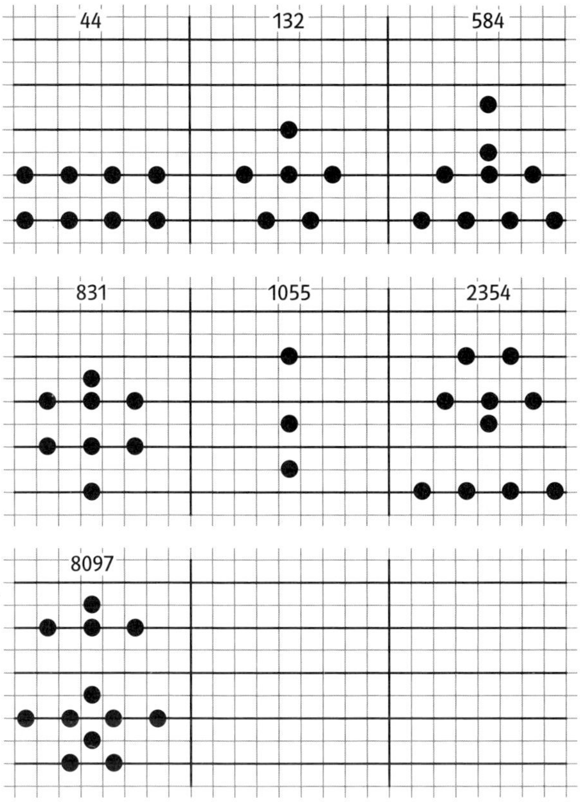

Foto Mitte: linker Teil = 1283; rechter Teil = 632

Foto links unten: 3507 + 7249 = 10 756
komplette Rechnung:

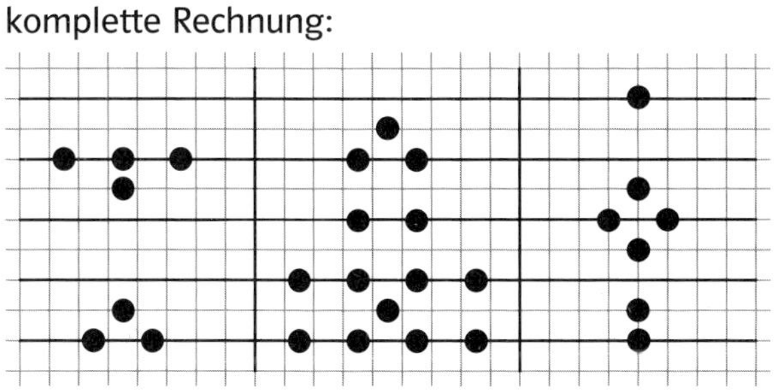

Foto rechts unten: 425 – 279 = 146

1 Addieren

Seite 34

Einstiegsaufgabe

→ 135 km
→ 893 km
→ zum Beispiel:
1. Mühlheim – Senden – Bergen – Walheim – Talhausen – Amberg – Treffelhausen – Baumbach – Mühlheim: 203 km
2. Mühlheim – Zweibrücken – Markstatt – Amberg – Treffelhausen – Baumbach – Mühlheim

Seite 35

1

a) 92	b) 98	c) 202	d) 595
e) 122	f) 161	g) 251	h) 371
i) 525	j) 986		

2

a) 8400	b) 7500	c) 14 330	d) 68 000
e) 110 000	f) 126 400	g) 422 000	h) 350 220

3

a) 19 800	b) 51 900	c) 89 900	d) 46 960
e) 100 100	f) 15 725	g) 13 360	h) 18 227

4

a) 2 027 549	b) 1431	c) 1110	d) 208
e) um 52 größer		f) um 30 kleiner	
g) 42			

Überschlag

- Es ist nicht zu erwarten, dass wieder genau 412 Brötchen verkauft werden. Leas Planung ist allerdings sehr großzügig. Man sollte 420 oder 430 Brötchen einplanen.
- Nein, der 1000. Besucher war noch nicht da, es sind erst 942.
- Wenn jeder Artikel genau einmal gekauft wird, reicht das Geld aus. Zu zahlen sind 19,55 €.

Seite 36

Randspalte

einige Beispiele für die 64 Aufgaben:
347 + 2683 + 517 = 3547
347 + 2683 + 638 = 3668
347 + 2683 + 9187 = 12 217
347 + 2683 + 5263 = 8293
6813 + 2683 + 517 = 10 013
6813 + 2683 + 638 = 10 134
6813 + 2683 + 9187 = 18 683
6813 + 2683 + 5263 = 14 759
715 + 2683 + 517 = 3915
715 + 2683 + 638 = 4036
715 + 2683 + 9187 = 12 585
715 + 2683 + 5263 = 8661
715 + 4572 + 5263 = 10 550

2963 + 683 + 517 = 4163
2963 + 683 + 638 = 4284
2963 + 683 + 9187 = 12 833
2963 + 683 + 5263 = 8909

5 a)

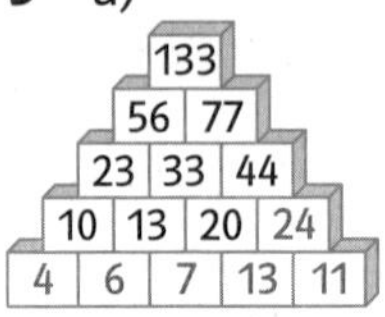

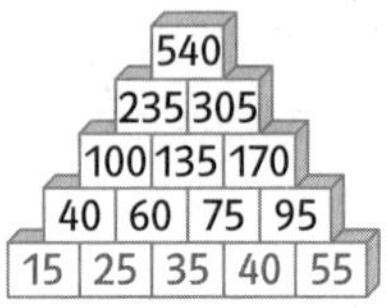

b)

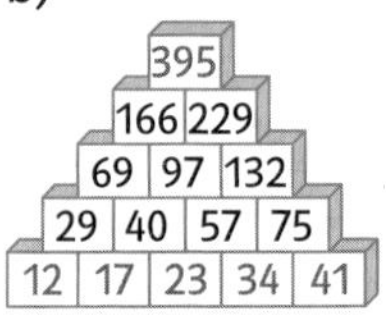

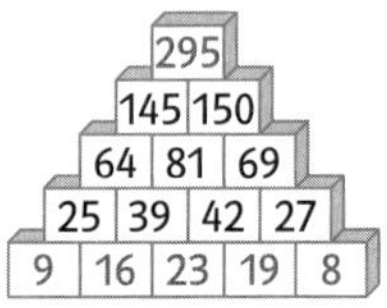

6

a) 9576   b) 8779   c) 8355   d) 9890
e) 7770   f) 9426   g) 397 659   h) 1 375 704

7

a) 10 005   b) 83 304   c) 13 375
d) 600 440   e) 9 272 973

8

612 + 589 + 878 = 2079
1286 + 2463 + 1619 = 5368
637 + 842 + 2185 = 3664
2535 + 3894 + 4682 = 11111

9 Zuordnung der Lösungen in der Reihenfolge der Aufgaben: 1338; 2546; 1278; 12 260; 3393; 2369

10 a) 666 666   b) 333 333   c) 999 999

11

999 + 888 + 777 = 2664
666 + 555 + 444 = 1665
333 + 222 + 111 = 666
1998 + 1665 + 1332 = 4995

Die beiden mittleren Ziffern sind bei den vierstelligen Ergebnissen jeweils gleich. Und die Endsumme 4995 gilt sowohl für die horizontale als auch für die vertikale Addition.

12 Als Ergebnis erhält man 1 083 676 269 bei beiden Rechnungen. Das kommt daher, dass spaltenweise die gleichen Zahlen addiert werden, z. B.:
letzte Spalte:
9 = 1 · 9 oder (1 + 1 + … + 1 + 1) = 9 · 1
zweite Spalte:
8 + 8 = 2 · 8 oder (2 + 2 + … + 2 + 2) = 8 · 2

Seite 37

13

2 + 8 = 10
204 + 806 = 1010
20406 + 80604 = 101010
2040608 + 8060402 = 10101010
2061220 + 8141820 = 10203040

9 135 802 469 136 + 1 975 308 641 975 = 11 111 111 111 111

135 802 469 136 + 197 530 864 197 = 333 333 333 333

35 802 469 136 + 19 753 086 419 = 55 555 555 555

5 802 469 136 + 1 975 308 641 = 7 777 777 777

14 a) 258 + 285 + 528 + 582 + 825 + 852 = 3330
b) 357 + 375 + 537 + 573 + 735 + 753 = 3330
Man erhält das gleiche Ergebnis wie in a).

15

a)

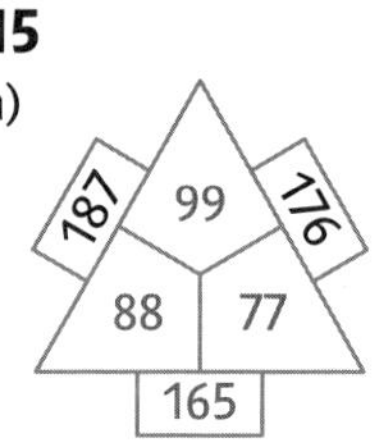

b)

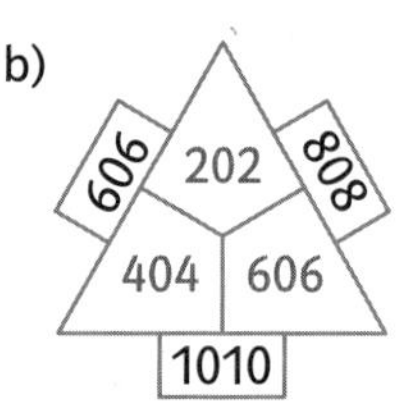

c)

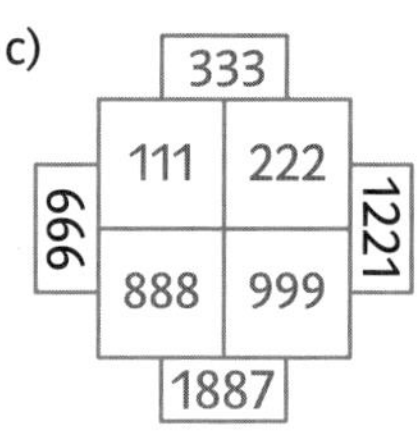

d)

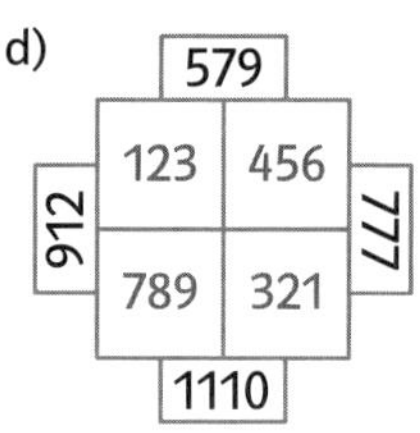

16 a) 87 532 + 246 = 87 778
b) 88 542 + 367 = 88 909

Rechennetze

▪

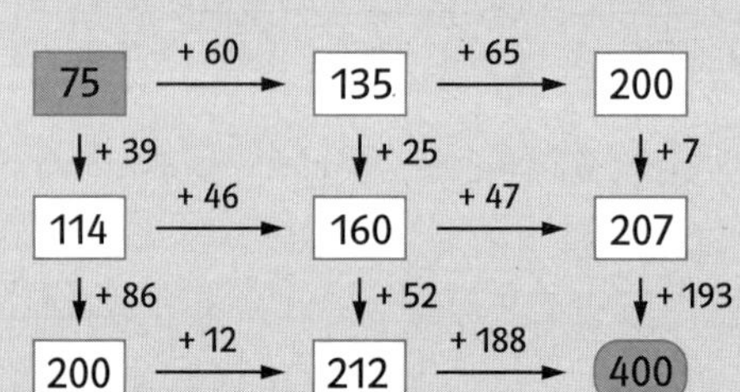

▪

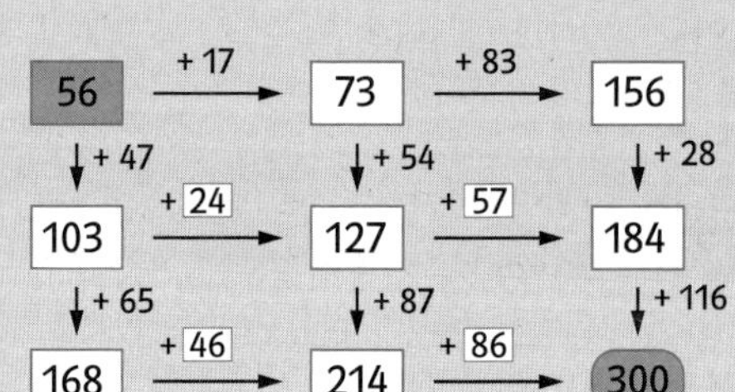

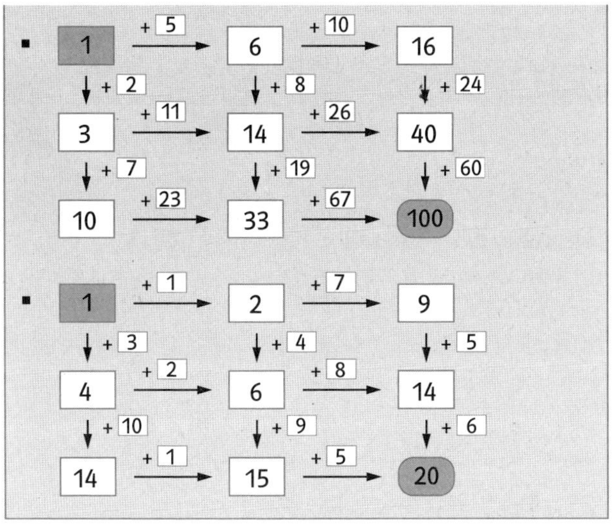

Seite 38

17

a) 862 + 731 = 1593 b) 137 + 268 = 405 c) 613 + 287 = 900

18

a) 2456 + 6323 = 8779 b) 5647 + 3892 = 9539 c) 8267 + 1652 + 3414 = 13333

19 a) Die Zahlen wurden nicht korrekt untereinander geschrieben.
b) Der Übertrag wurde vergessen.
c) Ein Übertrag wurde an die falsche Stelle gesetzt.

20 a) 975 + 864 = 1839 b) 146 + 357 = 503
c) 843 + 157 = 1000 d) 865 + 134 = 999
e) 419 + 358 = 777

21 a) Es wird nach 30 auseinander gerissen:
25 + 26 + 27 + 28 + 29 + 30 = 165
31 + 32 + 33 + 34 + 35 = 165
b) Der linke Ausschnitt beginnt bei 9:
9 + 10 + 11 + 12 = 42
13 + 14 + 15 = 42
c) Der rechte Ausschnitt beginnt bei 21:
16 + 17 + 18 + 19 + 20 = 90
21 + 22 + 23 + 24 = 90

22 a) 68
b) Die Summe ist um 8 größer. Das Ergebnis ist 76.
c) Der Wert ist um 16 größer. Das Ergebnis ist 84.

23 a) 24
b)

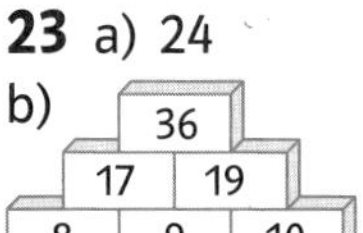

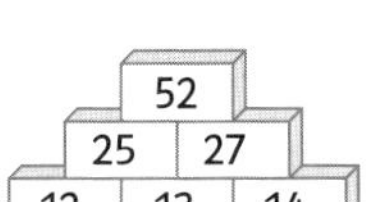

An der Spitze steht immer eine gerade Zahl, unabhängig davon, ob man in der unteren Reihe mit einer geraden oder einer ungeraden Zahl beginnt.

Seite 39

24 Es waren 111 261 Zuschauer, also 11 261 mehr, als der Veranstalter erwartet hatte.

25 Mögliche Fragen:
1. Wie hoch waren die Einnahmen des Blumengeschäftes in jeder Woche?
Einnahmen gesamt in der
- 1. Woche: 11 773 €
- 2. Woche: 12 446 €
- 3. Woche: 11 849 €
- 4. Woche: 11 605 €

2. Wie hoch waren die Einnahmen in den einzelnen Filialen?
Einnahmen gesamt
- Bahnhof: 15 167 €
- Stadtmitte: 24 611 €
- Kurpark: 7895 €

3. Wie hoch waren die Einnahmen insgesamt?
47 673 €

26 Mögliche Fragen:
1. Wie hoch waren die Einnahmen bei der bei der 5. Vorstellung? 66 646 €
2. Wie hoch waren die Einnahmen aller fünf Vorstellungen in der Kategorie 1? 45791 €
3. Wie hoch waren die Einnahmen insgesamt?
1579 · 29 € + 3677 · 39 € + 2858 · 49 € = 329 236 €
4. Bei welcher Vorstellung wurde das meiste Geld verdient?
1. Vorstellung: 65 076 €
2. Vorstellung: 65 216 €
3. Vorstellung: 66 678 €
4. Vorstellung: 65 620 €
5. Vorstellung: 66 646 €
Bei der dritten Vorstellung wurde bisher am meisten Geld verdient.
5. Wie viel Geld wurde ungefähr bei jeder Vorstellung verdient? Zwischen 65 000 und 66 000 Euro.

27
- von jedem Instrument ein Exemplar
  Kosten: 7380 €, Restgeld: 120 €
- ein Horn, eine Tuba, vier Trompeten
  Kosten: 7280 €, Restgeld: 229 €
- neun Klarinetten
  Kosten: 7380 €, Restgeld: 129 €

28 Sonja:
508 km + 343 km + 5585 km + 6318 km = 12 754 km
Michelle:
10432 km + 15134 km + 6916 km + 1117 km
= 33 599 km
Michelle fliegt 20 845 km weiter als Sonja.

29 a) Höhenunterschied zwischen Mount Everest und Marianengraben: 19 870 m
b) Höhenunterschied zwischen dem Feldberg und der tiefsten Stelle des Bodensees: 1352 m

2 Subtrahieren

Seite 40

Einstiegsaufgabe

➔ 314 + 302 = 616
Bisher hat Martina 616 Punkte erreicht.
Wie weit muss sie den Ball werfen, um eine Ehrenurkunde zu erhalten?
900 − 616 = 284; das sind 20,5 m (für 286 Punkte).

Seite 41

1

a) 33	b) 112	c) 411	d) 83
e) 28	f) 408	g) 147	h) 128
i) 197	j) 134		

2

a) 5200	b) 4600	c) 5500	d) 24 500
e) 88 800	f) 500	g) 9900	h) 8800

3

a) 436	b) 560	c) 37 400	d) 222 700
e) 78 765	f) 1 100 100		

4

a) 51	b) 94	c) 47	d) 1369
e) 2746	f) 724	g) 7009	h) 188
i) 18 615	j) 87 330		

5 eine mögliche Umformung:
100 − 99 − 1 + 98 + 2 − 97 − 3 + …
+ 52 + 48 − 51 − 49 + 50 = 50
oder: Die Differenz aus 100 und 99 ist 1, die Differenz aus 98 und 97 ist auch 1 usw. Auf diese Weise erhält man 50 Mal 1 und kommt auch auf diesem Wege zur Endsumme 50.

6

a) 22	b) 47	c) 360	d) 1019
e) 80	f) 154		

7

a) 48	b) 138	c) 44	d) 900
e) 100	f) 160	g) 40	

8 a)

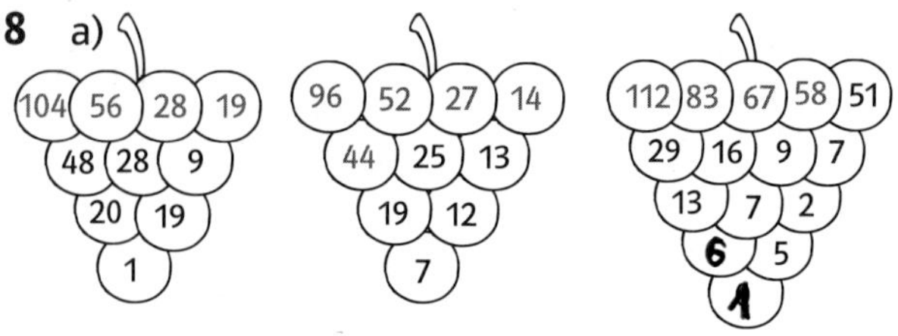

b)

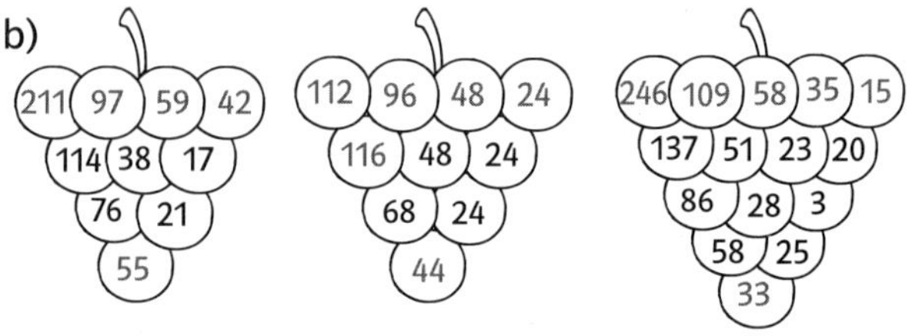

Seite 42

Randspalte

einige Beispiele für die 64 Aufgaben:
3546 − 802 − 1555 = 1189
3546 − 769 − 1221 = 1556
3546 − 953 − 1358 = 1235
3546 − 658 − 1465 = 1423
4286 − 802 − 1221 = 2263
3890 − 953 − 1358 = 1579
4305 − 658 − 1465 = 2182

9

a) 4112	b) 1522	c) 8221	d) 3178
e) 917	f) 7623	g) 3111	h) 6201
i) 5893			

10

a) 2214	b) 6228	c) 5141	d) 3312
e) 4324	f) 17 314	g) 21 331	h) 8713
i) 818 902			

11

a) 1704	b) 68	c) 60	d) 80
e) 47	f) individuelle Lösungen		

12

a)	b)	c)
85 766	68 300	82 199
− 13 065	− 57 993	− 49 809
72 701	10 307	32 390

13 a) Bei der Einer- und Zehnerziffer wurden Minuend und Subtrahend vertauscht.
b) Es wurde falsch untereinander geschrieben.
c) Ein Übertrag wurde vergessen.

14 120 – 84 = 36

a) Der Wert der Differenz wird um 15 größer.
b) Der Wert der Differenz wird um 15 größer.
c) Der Wert der Differenz bleibt gleich.

15 Zuordnung der Lösungen in der Reihenfolge der Aufgaben: 475; 9082; 140; 4746; 1114

16 a) 123 321 b) 321 123

17 111 111; 333 333; 555 555; 777 777; 999 999

18 a) 97 – 25 = 72 b) 92 – 75 = 17
c) 57 – 29 = 28 d) 97 – 52 = 45

Seite 43

19

a) 987 – 235 = 752
b) 923 – 875 = 48
c) 973 – 852 = 121

20

a) 9842 – 2489 = 7353; 7533 – 3357 = 4176; 7641 – 1467 = 6174

b) 9731 – 1379 = 8352; 8532 – 2358 = 6174; 7641 – 1467 = 6174

c) 9832 – 2389 = 7443; 7443 – 3447 = 3996; 9963 – 3669 = 6264; 6642 – 2466 = 4176; 7641 – 1467 = 6174

Man erhält als Endergebnis immer 6174.

21

202
107 | 95
56 | 51 | 44
30 | 26 | 25 | 19
18 | 12 | 14 | 11 | 8

455
235 | 220
125 | 110 | 110
57 | 68 | 42 | 68
12 | 45 | 23 | 19 | 49

beispielhafte Lösung:

500
230 | 270
120 | 110 | 160
50 | 70 | 40 | 120
1 | 49 | 21 | 19 | 101

Rechennetze

- 312 →(– 86) 226 →(– 37) 189
  ↓ – 26, ↓ – 53, ↓ – 72
  286 →(– 113) 173 →(– 56) 117
  ↓ – 97, ↓ – 28, ↓ – 18
  189 →(– 44) 145 →(– 46) 99

- 222 →(– 33) 189 →(– 67) 122
  ↓ – 24, ↓ – 87, ↓ – 44
  198 →(– 96) 102 →(– 24) 78
  ↓ – 76, ↓ – 15, ↓ – 56
  122 →(– 35) 87 →(– 65) 22

- 111 →(+ 43) 154 →(+ 27) 181
  ↓ – 83, ↓ – 77, ↓ – 36
  28 →(+ 49) 77 →(+ 68) 145
  ↓ + 58, ↓ + 98, ↓ – 34
  86 →(+ 89) 175 →(– 64) 111

- 100 →(– 48) 52 →(+ 13) 65
  ↓ – 14, ↓ – 38, ↓ + 11
  86 →(– 72) 14 →(+ 62) 76
  ↓ – 23, ↓ – 14, ↓ – 75
  63 →(– 63) 0 →(+ 1) 1

Seite 44

22 a) Wenn alle Längenunterschiede berechnet werden sollen, kann als Lösungshilfe eine Tabelle angefertigt werden, die alle Differenzen aufführt. Alle Angaben in der Tabelle in km.

	Nil	Am.	Miss.	Jang.	Ob- J.	Hu H	Rio
Nil		155	652	871	1101	1826	1971
Am.	155		497	716	946	1671	1816
Miss.	652	497		219	449	1174	1319
Jang.	871	716	219		230	955	1100
Ob-J.	1101	946	449	230		725	870
Hu H.	1826	1671	1174	955	725		145
Rio	1971	1816	1319	1100	870	145	

b) Donau–Nil: 3821 km
Donau–Amazonas: 3666 km
Donau–Mississippi: 3169 km
Donau–Jangtsekiang: 2950 km
Donau–Ob-Jenissei: 2720 km
Donau–Huanh Ho: 1995 km
Donau–Rio de la Plata: 1850 km

c) Wie lang ist der Rhein? 1360 km
d) Gesamtlänge der Flüsse: 40 121 km. Würde man alle Flüsse aneinander legen, würden sie sich einmal um die Erde legen lassen.

23 a)

Etappe	Länge der Etappe
1	152 km
2	136 km
3	186 km
4	111 km
5	135 km
6	144 km
7	99 km
8	66 km
9	174 km
10	131 km
11	128 km
12	120 km

b) Etappe 3 und Etappe 8: 120 km
c) Die erste Hälfte ist um 146 km länger als die zweite.
d) zwei mögliche Diagramme:

Länge der einzelnen Tagesetappen

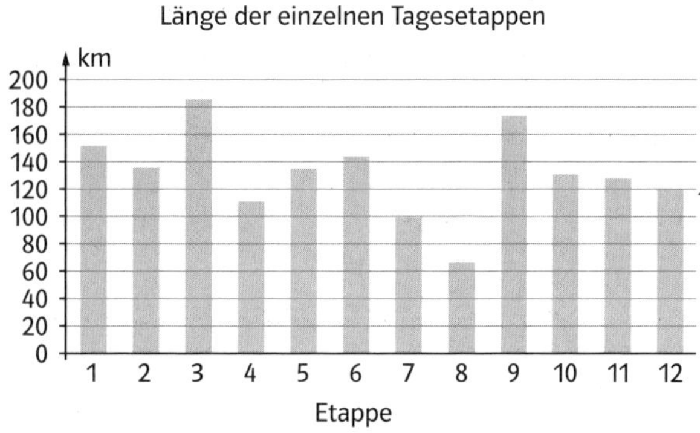

Gesamtlänge am Ende jeden Tages

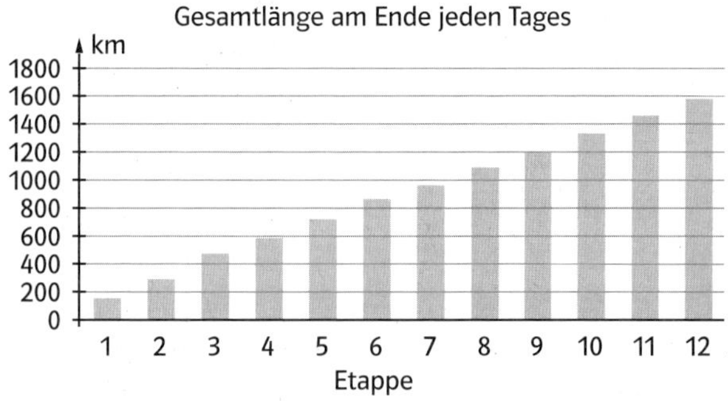

24 a) Rückgang um 87 501 Geburten
b) im Jahr 2001
c) individuelle Lösung

25 32 100 l

26 a) größter Zuwachs: von 1994 auf 1995: 450
größte Abnahme: von 1995 auf 1996: 174
b) Es fehlten 188 Mitglieder zur Erreichung der „3000".
c) Größte Differenz zwischen den Jahren 1994 und 2000: 520

Seite 45

Magische Quadrate ...

- In jeder Zeile und Spalte ergibt sich die Summe 34. Auch wenn man Ecken addiert, erhält man 34.
- Weitere Möglichkeiten machen die folgenden Grafiken deutlich:

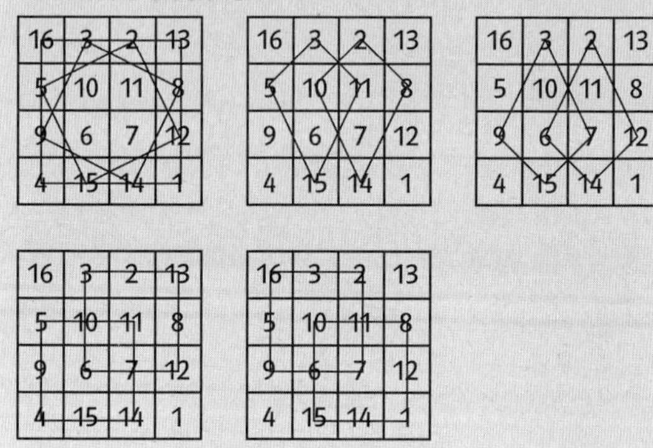

- Die ersten beiden Quadrate sind magische Quadrate, das dritte nicht.
-

21	14	19
16	18	20
17	22	15

6	12	3	13
1	15	8	10
16	2	9	7
11	5	14	4

23	10	17	4	11
6	18	5	12	24
19	1	13	25	7
2	14	21	8	20
15	22	9	16	3

Randspalte:

4	9	2
3	5	7
8	1	6

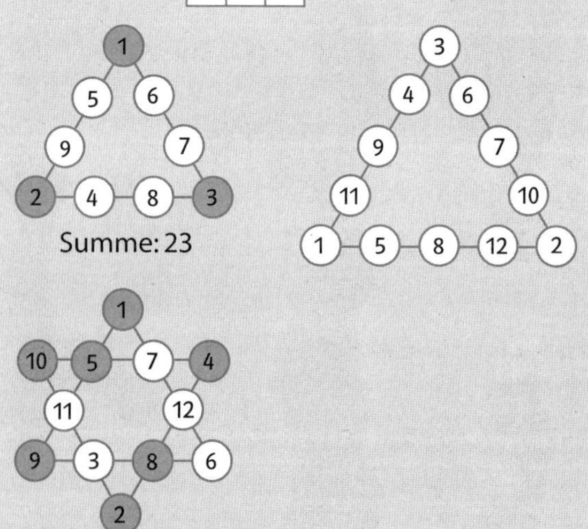

3 Summen und Differenzen. Klammern

Seite 46

Einstiegsaufgabe

➔ Wie viele Personen befinden sich am Ende in der Straßenbahn? 24 − 5 + 12 + 4 − 17 − 14 + 7 = 11
➔ Entweder nach der Reihenfolge des Ein- und Aussteigens rechnen oder zuerst alle einsteigenden Personen addieren und die aussteigenden subtrahieren:
24 + 12 + 4 + 7 − 5 − 17 − 14 = 11 oder
24 + 12 + 4 + 7 − (5 + 17 + 14) = 11

Seite 47

1
a) 14 b) 3 c) 16 d) 17

2
a) 13 b) 18 c) 6 d) 12

3
a) 9 b) 1 c) 19 d) 4

4
a) 7 b) 11 c) 15 d) 8

5
a) 138 b) 382 c) 129 d) 121
e) 2255

6 a) Subtrahiere die Summe von 38 und 25 von 105.
b) Addiere die Differenz von 101 und 91 zu 58.
c) Subtrahiere die Differenz von 198 und 125 von 204.
d) Subtrahiere die Summe von 26 und 15 von der Summe aus 38 und 42.

7 a) (86 − 37) + (24 + 39 + 53) = 165
b) (27 + 54 + 63) − (96 57) = 105
c) (57 − 28) + (112 − 48) = 93
d) (124 + 57) − (86 + 25) = 70

8 Lösungswort: EISBÄR

Seite 48

9
a) 161 b) 145,127 c) 179 d) 127,145
Wenn vor der Klammer ein Pluszeichen steht, hat die Klammer keine Bedeutung. Wird der Ausdruck in der Klammer dagegen subtrahiert, ändert sich das Ergebnis durch das Weglassen der Klammer.

10 a) einige Beispiele:
36 − (12 + 9) + 25 = 40
36 − 25 + (12 − 9) = 14
12 − (36 − 25) + 9 = 10
b) Wenn alle Zahlenkarten verwendet werden müssen, ergibt sich folgende Lösung:
36 + 25 + (12 − 9) = 64
Werden nicht alle verwendet, erhält man
36 + 25 + 12 = 73
c) alle Zahlenkarten: 36 + 9 − (12 + 25) = 8
nicht alle: 36 − 25 − 9 = 36 − (25 + 9) = 2

11 einige Beispiele:
(30 − 8) − 10 + 5 − 4 = 13
30 − 8 − (10 + 5) − 4 = 3
30 − 8 − 10 + (5 − 4) = 13
(30 − 8 − 10) + 5 − 4 = 13
30 − 8 − (10 + 5 − 4) = 11
(30 − 8 − 10 + 5) − 4 = 13

12
a) 0 b) 30 c) 50 d) 60
e) 20 f) 30

13 a) 56 + 44 + 37 + 36 = 173
b) 56 − 44 + (37 − 36) = 13; wenn auch zwei Klammerpaare verwendet werden können:
56 − (44 + (37 − 36)) = 11
c) 56 + 44 − (37 − 36) = 99
56 + 44 − 37 + 36 = 99
56 + (44 − 37) + 36 = 99

Seite 49

14 358 + (434 + 566) = 1358

15 a) 158, 136, 224 b) 226, 166, 198
c) 217, 323, 268 d) 288, 264, 174
e) 254, 204 f) 224, 296

16
a) 534 b) 1056 c) 1412 d) 156 000

17
a) 188 b) 213 c) 254 d) 277

18
a) 177 b) 206 c) 240 d) 265

19
a) 238 b) 202 c) 174 d) 241

20
a) 50 20 b) 135 65 c) 120 0
50 30 135 35 70 50

21
a) 88 b) 639 c) 418 d) 9
e) 559 f) 544

22 a) 30 – (78 – 48) = 0
b) Nein, da (78 + 48) größer als 30 ist.
c) 78 – (30 + 48) = 0 d) (67 – 12) – (19 + 36) = 0

23
a) 20 b) 56 c) 27 d) 21
e) 34 f) 11

24 99; 9; 100

Seite 50

25 a) Wenn man in der kommende Woche mit dem gleichen Stand beginnen möchte, sollte man so viele Getränke nachbestellen, wie verkauft wurden:
Limonade: 160 Flaschen,
Eistee: 194 Packungen,
Fruchtsaft: 101 Flaschen,
Kakao: 122 Päckchen.
Wenn man aber davon ausgeht, dass in der Folgewoche wieder genau die gleiche Anzahl an Getränken verkauft werden und nach der Woche alles verbraucht sein darf, müssen nur folgende Mengen nachbestellt werden:
Limonade: 84 Flaschen,
Eistee: 30 Packungen,
Fruchtsaft: 97 Flaschen,
Kakao: genügend vorhanden.
b)
gesamter Getränkeverkauf pro Tag

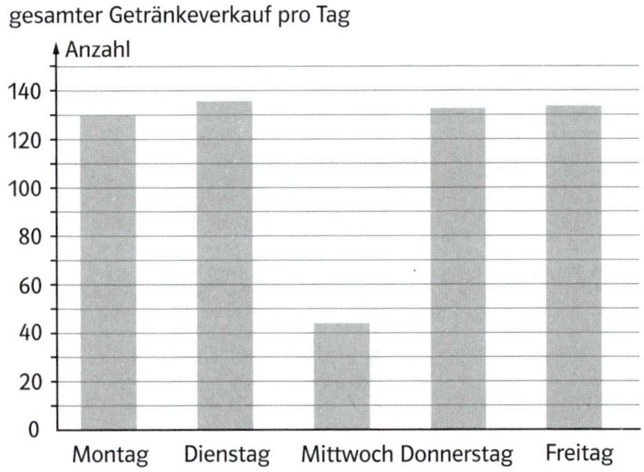

gesamter Getränkeverkauf je Sorte

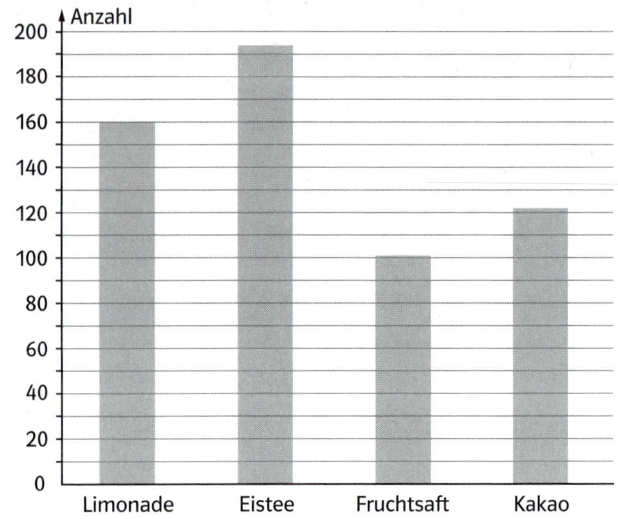

c) Es wurden nur 44 Getränke verkauft. Das sind im Vergleich zu den anderen Tagen ungewöhnlich wenige Getränke. Vielleicht war ein Wandertag und viele Schüler waren nicht im Haus.
d) zwei mögliche Diagramme aus einer Tabellenkalkulation

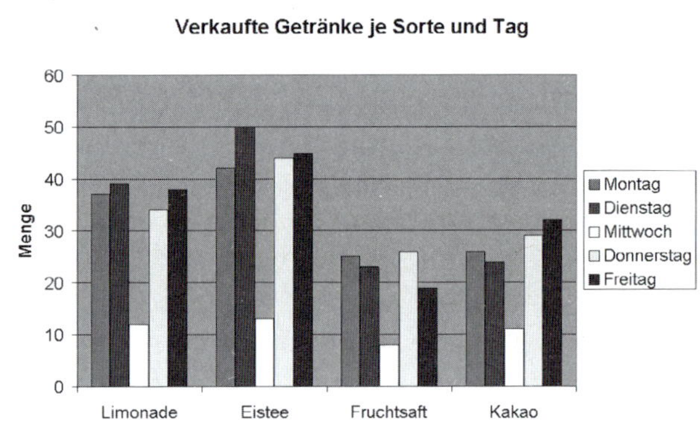

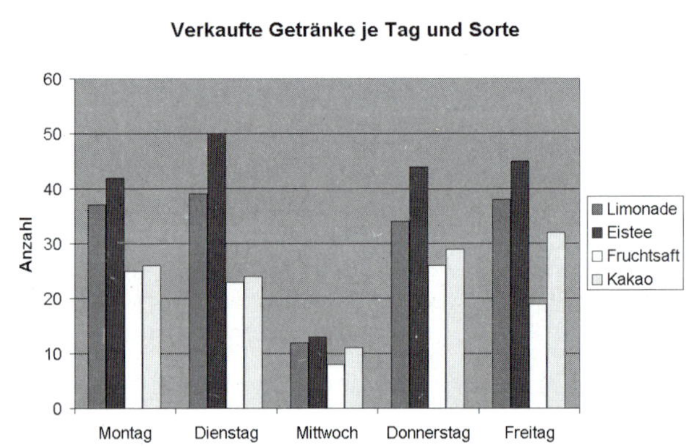

26 a) Endbestand: 92 b) individuelle Lösungen

Üben • Anwenden • Nachdenken

Seite 52

1

a) b) c)

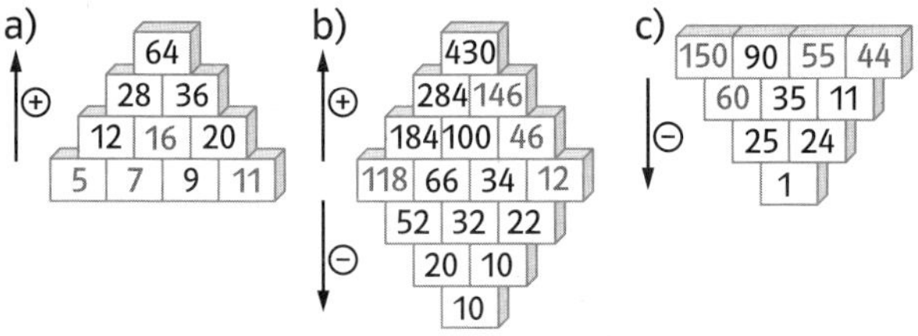

2 a) 81;94; 99; 193 b) 189; 157; 203; 216
c) 163; 138; 198; 176 d) 284; 647; 1236; 912

3 a) 51; 13; 24 b) 59; 16; 187;
c) 39; 23; 61 d) 62; 16; 32
e) 7; 38; 99

4 a) (27 + 73) + (81 + 19) + (44 + 56) = 300
b) (78 + 22) + (17 + 33) + (19 + 31) = 200
c) (64 + 86) + (55 + 45) + (12 + 39) + 17 = 317
d) (99 + 101) + (78 + 122) + (25 + 75) + 18 = 518

5 Einige Beispiele für die Berechnung der Termwerte von 1 bis 10:
1 = 5 + 6 − 4 − 6 2 = 3 + 3 − (6 − 2)
3 = 6 − (2+3) + 2 4 = 2 − 2 + 3 + 1
5 = 3 + 6 − (3 + 1) 6 = 6 − 5 + 6 − 1
7 = 2 + 3 − 4 + 6 8 = 1 + (6 − 3) + 4
9 = 6 −(1 + 1) + 5 10 = 1 + (5 − 2) + 6

6 a) 2043 b) 16 570
c) 39 574 d) 18 889
e) 105 197 f) 13 188

7 a) 172 − (34 + 16 + 41 + 29) = 52
b) 158 − (53 + 27 + 21 + 19) = 38
c) 217 − (48 + 52 + 83 + 17) = 37
d) 333 − (88 + 12 + 83 + 17) = 133

8
a) 98 b) 50 c) 40
d) 16 e) 2 f) 6

9
a) 67 b) 52 c) 39
d) 27 e) 42

10 a)

+	20	8	3
20	40	28	23
8	28	16	11
3	23	11	6

b)

−	20	8	3
20	0	12	17
28	8	20	25
23	3	15	20

11

+	19	31	54	73
19	38	50	73	92
31	50	62	85	104
54	73	85	108	127
73	92	104	127	146

Seite 53

12 a) 18 + 36 = □ □ = 54
b) □ + 27 = 51 □ = 24
c) 98 − 29 = □ □ = 69
d) 38 + □ = 71 □ = 33
e) □ − 48 = 25 □ = 73
f) 19 + 61 = 80
91 − 19 = 72
80 > 72, also 19 + 61 > 91 − 19
g) 78 − 29 + □ = 111 □ = 62
h) □ − (74 + 47) = 121 □ = 242

13
a) 67 + 98 = 165; 68 + 97 = 165
b) 129 + 34 = 163; 124 + 39 = 163; 86 + 57 = 143; 87 + 56 = 143

14
a) 89 436 − 46 213 = 43 223
b) 76 283 − 49 876 = 26 407
c) 4789 − 2682 − 1104 = 1003
d) 54 318 − 7439 − 276 = 46 603

15 a)
15 672 − 8056 = 7616
15 672 − 4378 = 11 294
15 672 − 3736 = 11 936
15 672 − 1111 = 14 561
15 672 − 999 = 14 673

8056 − 4378 = 3678
8056 − 3736 = 4320
8056 − 1111 = 6945
8056 − 999 = 7057

4378 − 3736 = 642
4378 − 1111 = 3267
4378 − 999 = 3379

3736 − 1111 = 2625
3736 − 999 = 2737

1111 − 999 = 112

Summe aller Werte: 94 842

b) Ja, denn die Summe der sechs Zahlen ist nur 33 952.

16 a) größte Summe: 987 654 321 + 0 = 987 654 321
kleinste Summe: 10 468 + 23579 = 34 047
b) größte Summe: 98 765 432 + 1 + 0 = 98 765 433
kleinste Summe: 1047 + 258 + 369 = 1674
c) größte Summe: 98 765 432 + 1 − 0 = 98 765 433
kleinste Summe: 468 + 579 − 1032 = 15
d) individuelle Lösungen

17 a) 37 + 12 − 14 + 23 = 58
b) 11 + 38 − 25 − 14 = 10
c) 99 − 25 − 36 − 11 = 27
d) 78 + 31 − 42 − 18 = 49
e) 98 − 49 + 37 − 17 = 69

Summen

- Summe: 5050
- Summe aller Zahlen von 1 bis 1000: 500 500
- Summe der geraden Zahlen von 2 bis 100: 2550
- 198 + 199 + 200 + 201 + 202 = 1000

Seite 54

18 größte Zahl: 1 + 1 + 1111111 = 1111113
kleinste: 111 + 111 + 111 = 333

19 Es gibt zwei mögliche Wege:
A–D–B–C–A: 96 km
A–C–B–D–A: 96 km

Zahlenfolgen

- 29; 34; 39; 44; 49; …: immer +5
134; 146; 158, 170; 182; …: immer +12
315; 295; 275, 255; 235; …: immer −20
175; 209; 243; 277; 311; …: immer +34
184; 165; 146; 127; 108; …: immer −19
110; 120; 115; 125; 120; …: +10 und −5 im Wechel
- 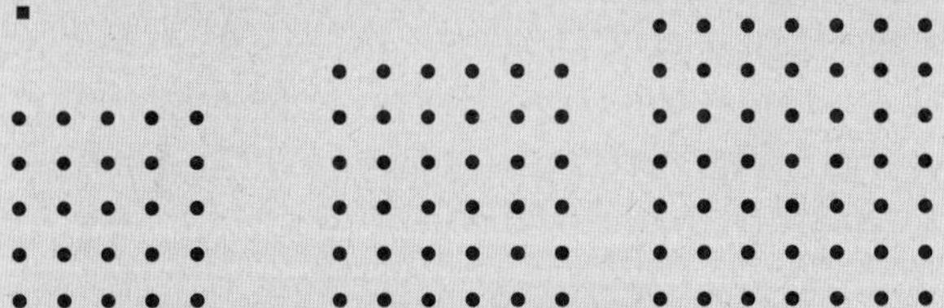
Differenz zweier aufeinander folgender Figuren: 3; 5; 7; … : alle ungeraden Zahlen
- zehnte Figur: 3 · 10 + 1 = 31
hundertste Figur: 3 · 100 + 1 = 301
Hinweis: allgemein gilt:
3 · (Anzahl der Quadrate) + 1

- Man muss immer die beiden letzten Zahlen addieren, um auf die folgende zu kommen
Hinweis: Man nennt diese Zahlenfolge die Fibonacci-Zahlen.

20 Rest: 169 €.

21 a) Kilometerstand zu Beginn der Woche: 95 299 km
b) Kilometerstand der letzten Woche: 93 276 km

22 1. Verbrauch: 2600 l; 2. Verbrauch: 2000 l
Gesamtverbrauch: 4600 l

23 gesamte Reisestrecke der Banane: 13 934 km

Seite 55

24 a) Eine Möglichkeit, die Aufgabe zu lösen, ist die folgende Tabelle (alle Angaben in der Tabelle in m):

	Frederik	Daniel	Kathrin	Anja	Lennard	Lisa
Frederik		1,5	2,5	4	5,5	10,5
Daniel	1,5		1	2,5	4	9
Kathrin	2,5	1		1,5	3	8
Anja	4	2,5	1,5		1,5	6,5
Lennard	5,5	4	3	1,5		5
Lisa	10,5	9	8	6,5	5	

Eine weitere Möglichkeit wäre, die Versuche der Weite nach zu sortieren und die Unterschiede zwischen den Platzierungen zu berechnen:
1. Platz: Frederik 12 m
2. Platz: Daniel 10, 5 m (1,5 m zum Ersten)
3. Platz: Kathrin 9,5 m (1 m zum Zweiten)
4. Platz: Anja 8 m (1,5 m zum Dritten)
5. Platz: Lennard 6,5 m (1,5 m zum Vierten)
6. Platz: Lisa 1,5 m (5 m zum Fünften)

b)

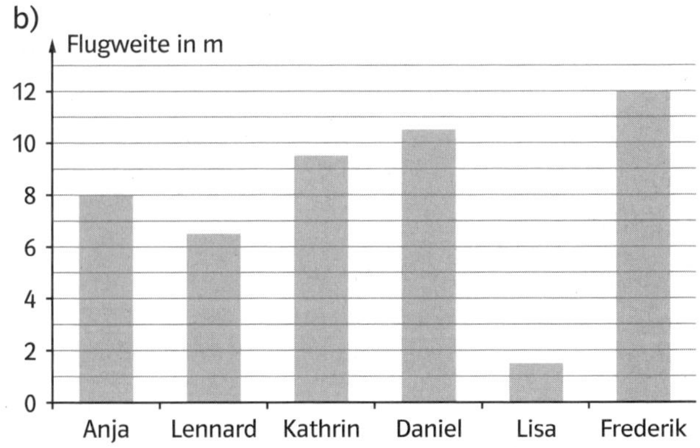

c) Ein mögliches Diagramm der Unterschiede zwischen Frederik und den Anderen:

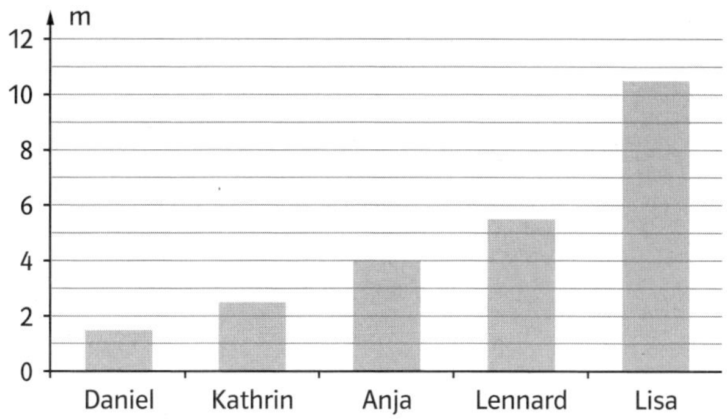

Für die andernen Personen lassen sich entsprechende Diagramme anfertigen.
Ein Diagramm für die Differenz zwischen den einzelnen Platzierungen:

Unterschiede zwischen den Platzierungen

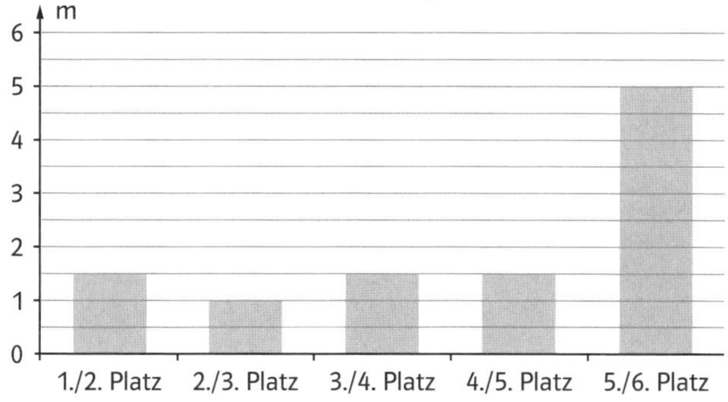

d) Viel Spaß beim Basteln und Wetteifern!

25 a) Anzahl der Schülerinnen: 257
Anzahl der Schüler: 237
b)

Schülerzahlen	Jungen	Mädchen	gesamt
2001	256	233	489
2002	250	238	488
2003	244	248	492
2004	237	257	494

c) 2001 und 2002 waren es noch mehr Jungen als Mädchen. Das hat sich im Jahr 2003 verändert. Seit 2003 sind es mehr Mädchen, da es bei den Mädchen insgesamt mehr Zugänge gegeben hat als Abgänge und bei den Jungen mehr Abgänge als Zugänge.
d) Beispiele:

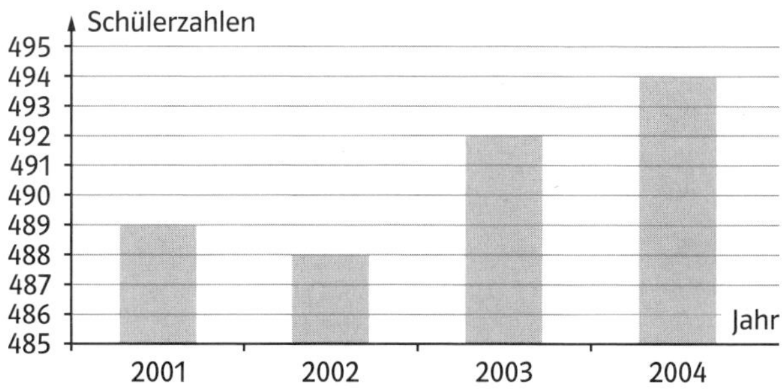

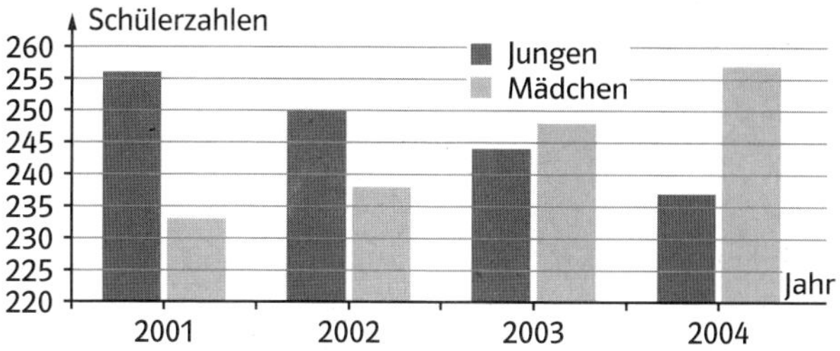

26 a) Sie unterscheiden sich um 3 km.
b) Am kürzesten ist es, von Meersburg nach Konstanz mit der Fähre zu fahren. Steckenlänge: 58 km
c) Man spart 21 km.

27

	Stuttgart	Frankfurt	Düsseldorf	Leipzig	München	Hamburg
Stuttgart		217	409	472	222	668
Frankfurt	217		226	386	393	495
Düsseldorf	409	226		536	612	399
Leipzig	472	386	536		425	397
München	222	393	612	425		775
Hamburg	668	495	399	397	775	

eine mögliche Route: Stuttgart – München – Leipzig – Hamburg – Düsseldorf – Frankfurt – Stuttgart (1886 km)

Seite 56

Bundesrepublik Deutschland

- siehe Karte
-

Bundesland	Fläche in km²
Bayern	70 550
Niedersachsen	47 616
Baden-Württemberg	35 751
Nordrhein-Westfalen	34 082
Brandenburg	29 476
Mecklenburg-Vorpommern	23 173
Hessen	21 114
Sachsen-Anhalt	20 447
Rheinland-Pfalz	19 847
Sachsen	18 413
Thüringen	16 172
Schleswig-Holstein	15 761
Saarland	2 568
Berlin	892
Hamburg	755
Bremen	404

▪

Bundesland	Einwohnerzahl
Nordrhein-Westfalen	18 052 000
Bayern	12 330 000
Baden-Württemberg	10 601 000
Niedersachsen	7 956 000
Hessen	6 078 000
Sachsen	4 384 000
Rheinland-Pfalz	4 049 000
Berlin	3 388 000
Schleswig-Holstein	2 804 000
Brandenburg	2 593 000
Sachsen-Anhalt	2 581 000
Thüringen	2 411 000
Mecklenburg-Vorpommern	1 760 000
Hamburg	1 726 000
Saarland	1 066 000
Bremen	660 000

▪ Größter Unterschied bezogen auf die Fläche:
Bayern – Bremen: 70 146 km²
Kleinster Unterschied bezogen auf die Fläche:
Berlin – Hamburg: 137 km²
Größter Unterschied bezogen auf die Einwohnerzahl:
Nordrhein-Westfalen – Bremen: 17 392 000
Kleinster Unterschied bezogen auf die Einwohnerzahl:
Brandenburg – Sachsen-Anhalt: 12 000

▪

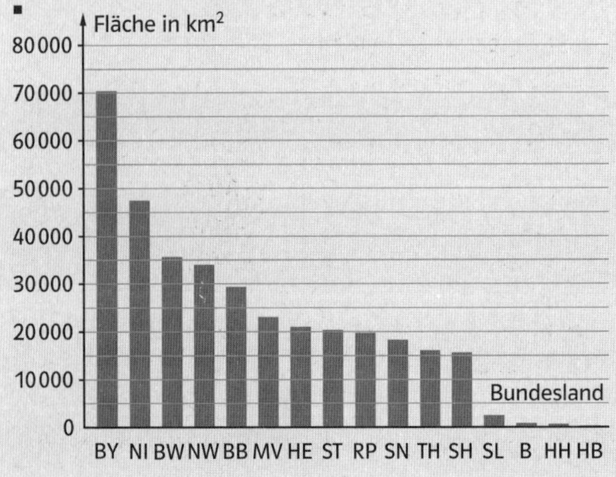

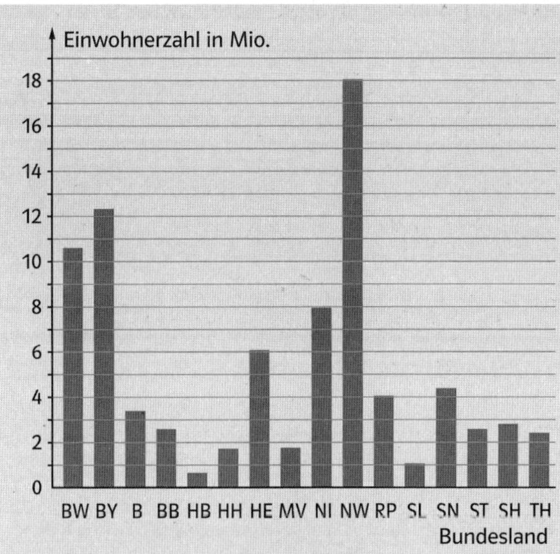

Schwierigkeiten: Die Flächengrößen und Einwohnerzahlen sind in Berlin, Bremen und Hamburg so gering, dass die Werte im Diagramm nur schlecht darstellbar sind.

▪ Gesamtfläche: 357 021 km²
Teilfläche 1: Bayern, Niedersachsen, Baden-Württemberg, Mecklenburg-Vorpommern, Berlin
177 982 km²; 36 035 000 Einwohner
Teilfläche 2: (grün markiert) der Rest
179 039 km²; 46 404 000 Einwohner

▪ individuelle Lösungen

▪

	Füssen	Ulm	Würzburg	Kassel	Hannover	Hamburg	Flensburg
Füssen		161	310	500	661	805	935
Ulm	161		149	339	500	644	774
Würzburg	310	149		190	351	495	625
Kassel	500	339	190		161	305	435
Hannover	661	500	351	161		144	274
Hamburg	805	644	495	305	144		130
Flensburg	935	774	625	435	274	130	

▪ Gesamtlänge der A7: 953 km
Gesamtlänge der Route 66: 3940 km
Differenz: 2987 km

3 Multiplizieren und Dividieren

1 Multiplizieren

Seite 60

Einstiegsaufgabe

➔ 2 · 130 + 5 · 150 + 3 · 170 = 1520
➔ Wie oft hat Timos Herz geschlagen?
8 · 160 = 1280

Seite 61

1

a) 28	b) 54	c) 126
39	68	136
48	57	114
75	96	144

2

a) 63	b) 57	c) 1176
124	116	897
205	195	513
306	294	1674

3 a) 49 = 7 · 7
35 = 7 · 5
54 = 9 · 6 = 27 · 2
81 = 9 · 9 = 27 · 3
42 = 7 · 6 = 21 · 2 = 14 · 3
32 = 8 · 4 = 16 · 2
36 = 6 · 6 = 4 · 9 = 2 · 18
27 = 9 · 3
b) 26 = 2 · 13
28 = 4 · 7 = 2 · 14
78 = 2 · 39 = 3 · 26 = 6 · 13
76 = 2 · 38 = 4 · 19
98 = 2 · 49 = 7 · 14
66 = 2 · 33 = 3 · 22 = 6 · 11
72 = 2 · 36 = 3 · 24 = 4 · 18 = 6 · 12 = 8 · 9
84 = 2 · 42 = 3 · 28 = 4 · 21 = 6 · 14 = 7 · 12
34 = 2 · 17
c) 128 = 2 · 64 = 4 · 32 = 8 · 16
162 = 2 · 81 = 3 · 54 = 6 · 27 = 9 · 18
114 = 2 · 57 = 3 · 38 = 6 · 19
108 = 2 · 54 = 3 · 36 = 4 · 27 = 6 · 18 = 9 · 12
136 = 2 · 68 = 4 · 34 = 8 · 17
112 = 2 · 56 = 4 · 28 = 7 · 16
104 = 2 · 52 = 4 · 26 = 8 · 13

4

a) 300	b) 7000	c) 2800
1500	1200	15 000
480	9000	5200
30 000	9600	56 000

5 8 · 20 = 4 · 40
3 · 75 = 9 · 25

6 a) Lösungswort: BUGS BUNNY
b) Lösungswort: KAROTTEN

7

a) 693	b) 56 812
4880	25 515
906	225 324
2799	190 065

8 980 109 801
989 999 901
Die Multiplikation mit 9 dreht die Abfolge der Zahlen um.

Seite 62

10

a) 22 820	b) 15 760
33 440	13 838
48 240	9162
51 420	14 060
c) 29 664	d) 305 250
42 966	367 236
80 025	544 390

11 a) Lösungswort: REGENBOGEN
b) Lösungswort: SCHIRM
c) Lösungswort: GEWITTER

12

a) 266 240	b) 358 912
98 100	253 116
133 140	259 072
c) 1 458 456	d) 712 062
897 312	1 360 696
4 940 588	1 088 320

13 Ergebnis der ersten Multiplikation: 111 111 111
Sie multipliziert das Ergebnis noch mit 7.

14 a) 24 verschiedene Produkte
b) 73 · 64 = 4672
c) 36 · 47 = 1692
d) Die letzten Ziffern müssen 6 und 3 sein.
e) Es kommt keine 0 oder 5 vor.
f) Nein; man kann durch Ausprobieren leicht nachprüfen, dass schon die 9 an der Einerstelle nicht erzeugt werden kann.

15 253 · 78 = 19734
578 · 19 = 10982
892 · 81 = 72252
436 · 22 = 9592
608 · 64 = 38912
1056 · 14 = 14784

Seite 63

16
a) 140
900
900
1100
1200

b) 1300
17000
19000
7000
23000

17 a) 1500 b) 2400
c) 14000000 d) 70000
e) 40000 f) 750000

18 a) 210 b) 36000
c) 90000 d) 3150
e) 150000 f) 900
g) 300000 h) 4200

19 a) 40000 b) 120000000
c) 90000000 d) 7200000
e) 190000

20 a) 800 b) 6000
c) 2100 d) 1875
e) 3500 f) 6300
g) 15600 h) 5400

Knobelei und Zauberei

- 555 · 555 = 308025
  5555 · 5555 = 30858025
- 111111111 222222222
  444444444 555555555
  666666666 999999999
- 1 · 1 = 1
  11 · 11 = 121
  111 · 111 = 12321
  1111 · 1111 = 1234321
  11111 · 11111 = 123454321
  also:
  111111111 · 111111111 = 12345678987654321
- 811 · 81 699 · 61 4242 · 4
  13 · 131 1111 · 1 555 · 55

Seite 64

21 13 · 245 = 3185

22
a) 439 · 47
1756
3073
20633

b) 209 · 57
1045
1463
11913

c) 2457 · 648
14741
9828
19656
1592136

d) 6048 · 397
18144
54432
42336
2401056

23 beispielhafte Lösung:

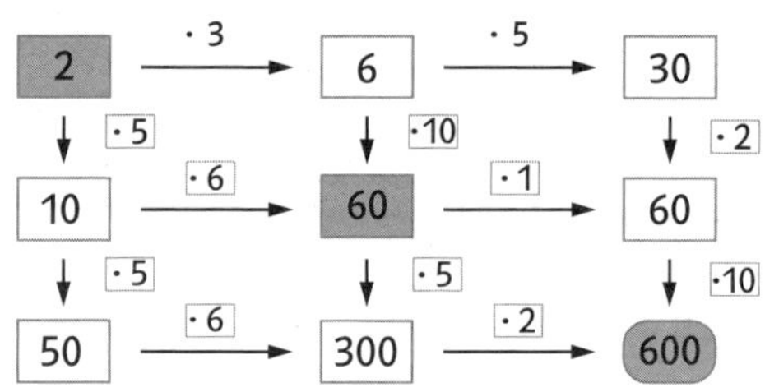

24
a)
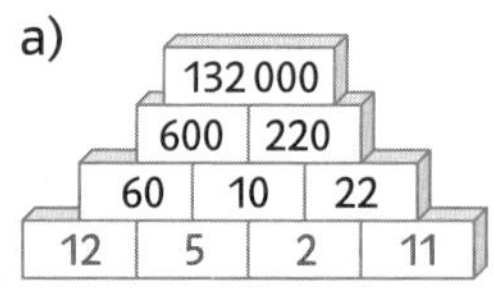

b)
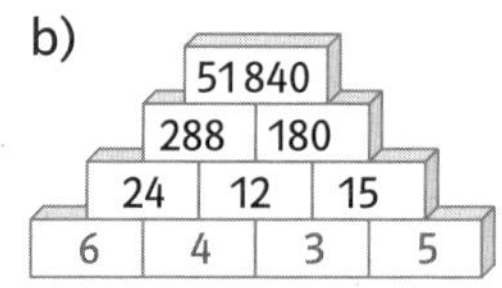

Ja, das Ergebnis ändert sich. Am größten wird das Ergebnis, wenn die beiden größten Zahlen in den mittleren Steinen stehen. Beim kleinsten Ergebnis müssen die beiden größten Zahlen außen stehen:
größtes Ergebnis:
in a): | 5 | 12 | 11 | 2 |
in b): | 4 | 6 | 5 | 3 |
kleinstes Ergebnis:
in a): | 12 | 2 | 5 | 11 |
in b): | 6 | 3 | 4 | 5 |

25 a) 21 · 19 = 399 b) 30 · 24 = 720
c) 12 · 25 = 300 d) 13 · 13 = 169
e) 12 · 8 + 200 = 296 f) 450 + 13 · 5 = 515
g) 1000 − 9 · 12 = 892 h) 27 · 20 − 17 · 10 = 370
i) 11 · 21 · 31 = 7161

26 a) 32; 66; 514; 15078
b) 69; 225; 363; 2526; 7815
c) 540 d) 63 e) 180
f) 270 g) 120 h) 3600

27 16 · 24 = 384

a) Produkt wird vervierfacht
b) Produkt bleibt gleich
c) Produkt · 9 d) –48
e) Produkt · 12 f) +276

Seite 65

Hamburger Hafen

- 14 600 Seeschiffe und 29 200 Binnenschiffe im Jahr
- mögliche Frage: Wie viele Container befördert die „Hamburg Express" pro Jahr?
Etwa 135 000 Container.
- Wie viele Container benötigt man?
600 Container.
- 3600 m
- 180 000 Tonnen
- größter Zuwachs mit China: 247 000 Container
Ja, die Container würden sogar viermal von Hamburg bis Peking reichen, denn es wären 32 244 km.

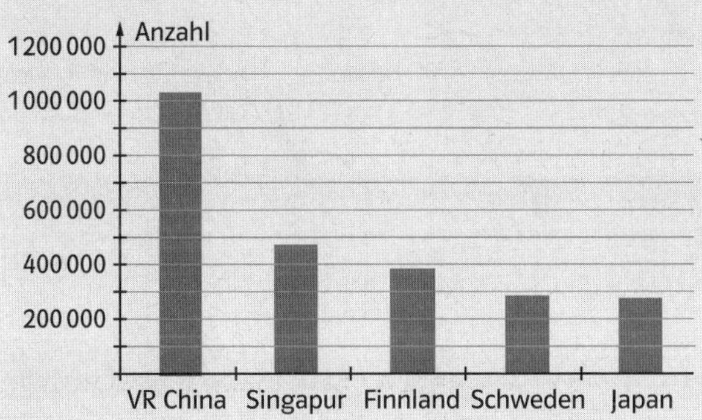

- 6 Tage
- 7900 kg bzw. 7,9 t; 33 750 Bananen

2 Potenzieren

Seite 66

Einstiegsaufgabe

➔ Beispiele: Pi-ko-in oder E-gu-dil
➔ Es gibt insg. $3 \cdot 3 \cdot 3 = 3^3 = 27$ Möglichkeiten.
➔ individuelle Lösungen

1 a) Anzahl der Blätter: 2; 4; 8; 16; 32
b) Anzahl der Blätter: 3; 9; 27; 81

2 a)

Faltung	1	2	3	4	5	6	7	8	9	10
Anzahl der Lagen	2	4	8	16	31	64	128	256	512	1024

b) Schon beim siebten Mal wird es eng, beim achten Mal schafft man es kaum mehr.
c) 10-mal falten (genau: 1024)

3 $2^{12} = 4096$ Personen

4 a) 8; 9; 27 b) 16; 16; 4
c) 32; 256; 64 d) 144; 196; 225
e) 1; 1000; 10 000 f) 729; 400; 900
g) 36; 49; 169 h) 64; 81; 121

5 $2^2 < 2^3 < 3^2 < 2^4 = 4^2 < 5^2 < 3^3 < 2^5 < 6^2 < 4^3$
$= 2^6 < 3^4 < 5^3 < 3^5 < 4^4$

6
a) > b) = c) = d) <
e) > f) = g) = h) <
i) < j) >

7
a) 32 b) 6 c) 10 d) 4
e) 1 f) alle natürlichen Zahlen

8
a) 10^3 b) 10^5 c) 10^6 d) 10^7
e) 10^9 f) 10^{12} g) 10^{15} h) 10^{16}

9 $10^4 = 10\,000$: zehntausend
$10^6 = 1\,000\,000$: eine Million
$10^8 = 100\,000\,000$: hundert Millionen

10 a) 2^5 b) 2^6
c) individuelle Lösungen d) $2^{10} = 1024$

Zahlenzauber

- $6667 \cdot 6667 = 44448889$
$66667 \cdot 66667 = 4444488889$
$666667 \cdot 666667 = 444444888889$
- $5^2 = 3 \cdot 8 + 1$
$7^2 = 6 \cdot 8 + 1$
$11^2 = 15 \cdot 8 + 1$
- $3 \cdot 4 \cdot 5 \cdot 6 + 1 = 361$
$361 = 19^2$
$4 \cdot 5 \cdot 6 \cdot 7 + 1 = 841$
$841 = 29^2$
$5 \cdot 6 \cdot 7 \cdot 8 + 1 = 1681$
$1681 = 41^2$
$6 \cdot 7 \cdot 8 \cdot 9 + 1 = 3025$
$3025 = 55^2$
- Es stimmt tatsächlich!

3 Dividieren

Seite 68

Einstiegsaufgabe

➔ Es können vier Mannschaften mit je sieben Schülern oder sieben Mannschaften mit je vier Schülern gebildet werden.
➔ Drei Mannschaften mit je neun Schülern oder neun Mannschaften mit je drei Schülern. Wenn die Mannschaften der letzten Woche beibehalten werden sollen, hat eine Mannschaft einen Spieler weniger. Die jeweilige Gegnermannschaft muss mit einem Auswechselspieler spielen.
➔ Eine Mannschaft hat einen Spieler mehr und muss mit einem Auswechselspieler spielen.
Oder: ein Schüler als Schiedsrichter.
➔ individuelle Lösungen

Seite 69

1

a)	b)	c)
9	12	6
4	18	6
9	17	8
7	16	7

2 a) 24; 16; 12; 6; 4; 3
b) 25; 10; 5; 2; 1 c) 16; 8; 4; 2; 1
d) 50; 25; 20; 10; 5; 4 e) 45; 30; 15; 10; 6; 3

3 a) 8; 8; 30 b) 50; 7200; 5
c) 108; 12; 7 d) 8; 8400; 2

4

a)

:	3	6	9	12	36
72	24	12	8	6	2
108	36	18	12	9	3

b)

:	2	3	6	12	16
96	48	32	16	8	6
144	72	48	24	12	9

5 a) 8; 7; 56 b) 9; 13; 171
c) 25; 20; 104 d) 720; 160; 12

6

a)	b)	c)	d)
700	200	20	50
8000	200	800	3
80	3000	200	20

7 a) rote Felder

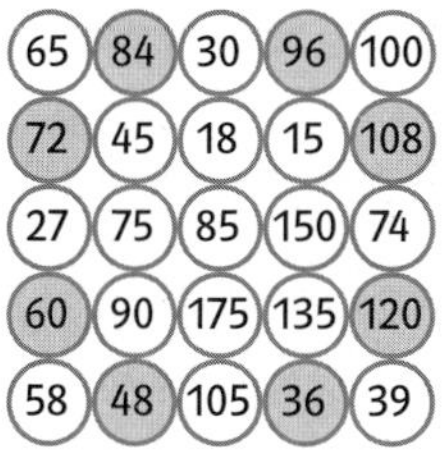

b) blaue Felder

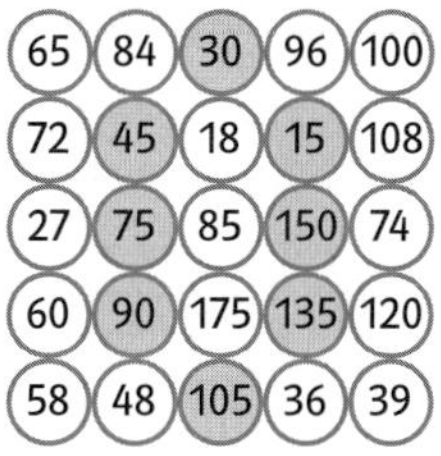

Seite 70

8

a)	b)	c)
147	217	138
133	321	122
189	256	456 R 1

d)	e)	f)
688 R 4	688 R 3	1054 R 4
687	422 R 2	785 R 3
963 R 2	125 R 3	1128 R 4

g)	h)	i)
786	951 R 2	954
234	282 R 16	1123
458 R 1	789	752

9 Lösungswort: SKATEBOARD

10

a)	b)
358	245 R 21
234	102 R 2
637	458 R 7
126	135 R 3
893	951 R 8

11 64 486 : 71 = 908
46 184 : 23 = 2008
28 422 : 202 = 141
70 633 : 37 = 1919
194 526 : 642 = 303
353 790 : 45 = 7862

12 **123** 6027 : 49; 38 991 : 317; 2214 : 18
213 6177 : 29; 16 614 : 78; 46 647 : 219
312 17784 : 57; 30 576 : 98; 129 792 : 416

13

a) 17784 : 741 = 24
− 1482
2964
− 2964
0

b) 3068 : 13 = 236
− 26
46
− 39
78
− 78
0

c) 8520 : 24 = 355
- 72
132
- 120
120
-120
0

d) 228730 : 257 = 890
- 2056
2313
-2313
00
- 0
0

14

a) 100 : 7 = 14 R 2
200 : 7 = 28 R 4
300 : 7 = 42 R 6
400 : 7 = 57 R 1
500 : 7 = 71 R 3
600 : 7 = 85 R 5
700 : 7 = 100
800 : 7 = 114 R 2

b) 100 : 11 = 9 R 1
200 : 11 = 18 R 2
300 : 11 = 27 R 3
400 : 11 = 36 R 4
500 : 11 = 45 R 5
600 : 11 = 54 R 6
700 : 11 = 63 R 7
800 : 11 = 72 R 8
900 : 11 = 81 R 9
1000 : 11 = 90 R 10
1100 : 11 = 100
1200 : 11 = 109 R 1

Die Zahl, ab der sich der Rest wiederholt ist:
100 · Divisor + 100

15 a) 973:2 = 486 R 1
b) 237:9 = 26 R 3
c) 329:7 = 47
d) Es muss beim Dividend an letzter Stelle eine 5 oder 0 stehen können.

16 a) 4072:8 b) 630:35
c) 87:15 d) 856:214
e) 9657:9 f) 6252:12

Seite 71

Rechennetze

▪ 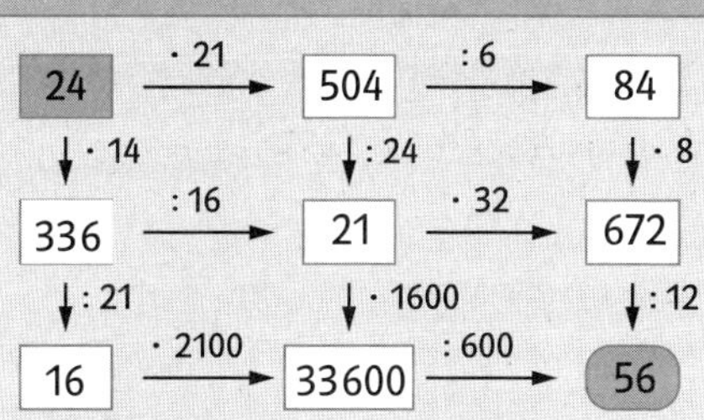

▪ 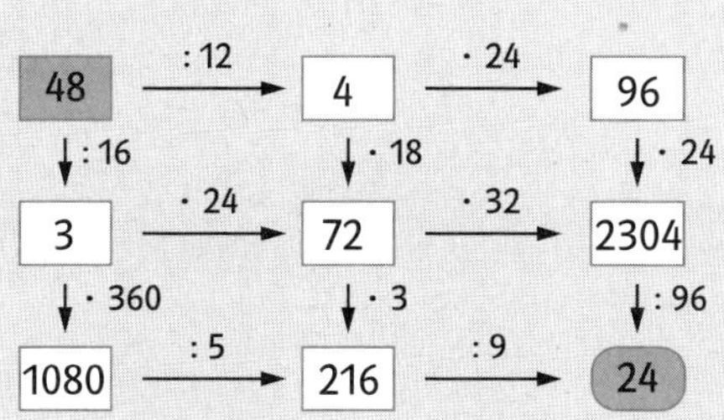

▪ beispielhafte Lösung

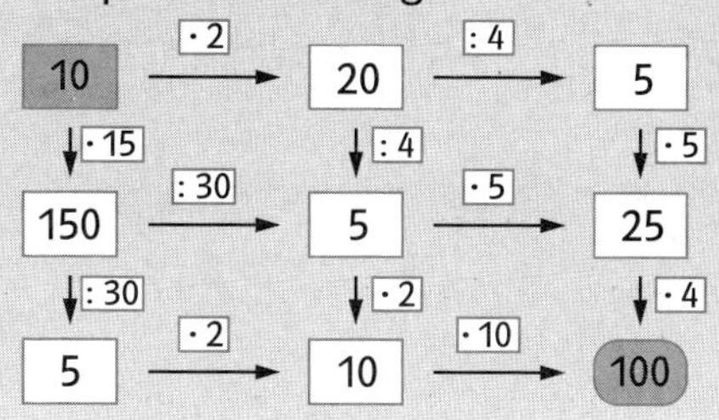

17 a) Endziffer: 4
b) Endziffer: eine ungerade Zahl
c) Endziffer: 3 oder 8
d) Endziffer: 11, 36, 61 oder 86
e) Die Endziffer kann 1, 3, 5, 7, 9 sein. Aber aufgepasst: Nicht bei allen Zahlen mit Endziffer 3 ist Rest 1. Beispiel: 23:4 = 5 R 3 Dies gilt auch für die anderen Endziffern.

18 a) 120:30 = 4 b) 98:7 = 14
c) 120:15 = 8 d) 165:11 = 15
e) (8 + 4):(8 − 4) = 3 f) (6 · 15):(2 + 13) = 6

19 a) Der Quotient bleibt gleich.
b) Der Quotient vervierfacht sich.
c) Der Quotient ist 6. Teil des ursprünglichen Ergebnisses.
Nicht sinnvolles Beispiel: 24:3 = 8; 12:9 = 1 R 3

20 a)

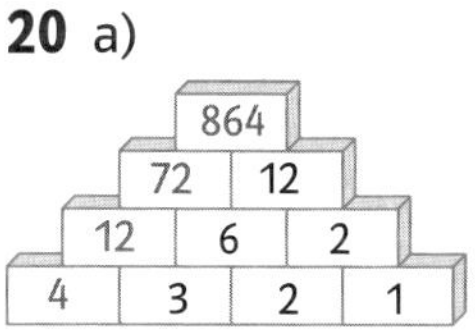

b)

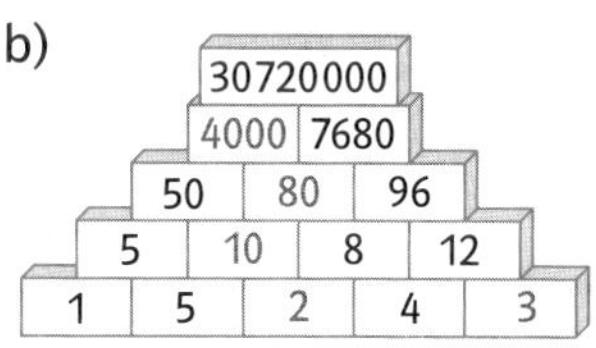

c)

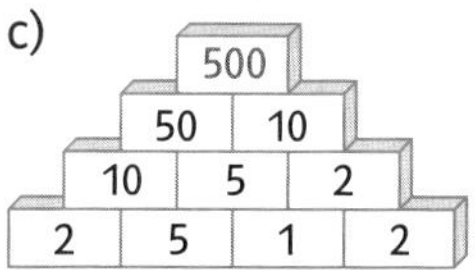

Randspalte

3512:4 = 878

Seite 72

Interessantes aus dem Tierreich

▪ Elefantenbulle: 5500 kg

▪ Tagesleistung: ca. 144 km

Interessante Vergleiche
▪ Strecke einer Weinbergschnecke pro Minute: 7 cm; Strecke eines Geparden pro Minute: 200 000 cm = 2 km

▪ Ein Floh springt das 150fache seiner Körpergröße. Ein Mensch springt das 5fache seiner Körpergröße.

- Antilope pro Sekunde: 24 m; Mensch (Wilson) pro Minute: ca. 8 m, pro Sekunde sind das etwa 13 cm.
- 10 Millionen Blütenbesuche; Einnahmen des Imkers: 900 €
- Sperling: 700 m pro Minute, also etwa 1 m je Flügelschlag
  Turmfalke: 1250 m pro Minute, also etwas mehr als 4 m je Flügelschlag
  Mauersegler: 3000 m pro Minute, also etwa 4 m je Flügelschlag
- pro Minute fast 29 m; pro Sekunde fast 0,5 m
- Tauchtiefen von Meeressäugern und dem Menschen

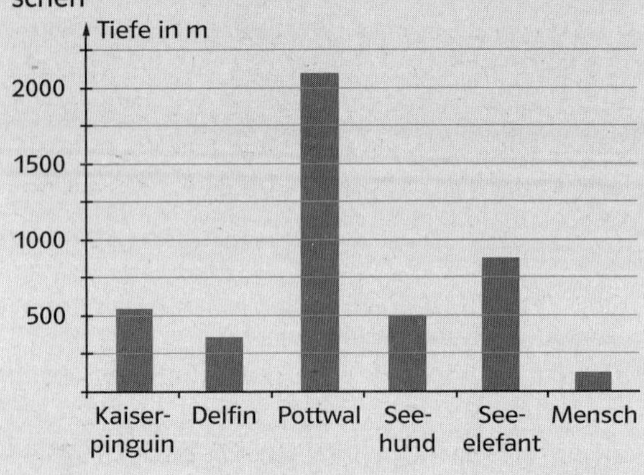

4 Punkt vor Strich. Klammern

Seite 73

Einstiegsaufgabe

15 + 5 · 2

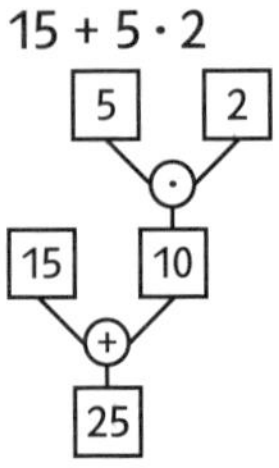

15 – 5 · 2

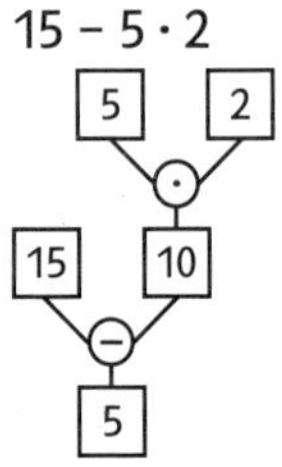

(15 + 5) · 2

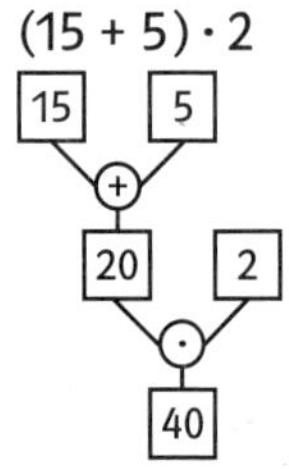

(15 – 5) · 2

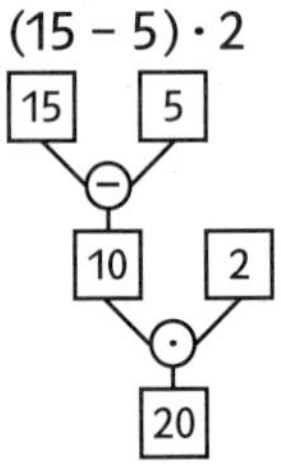

15 · 5 + 2

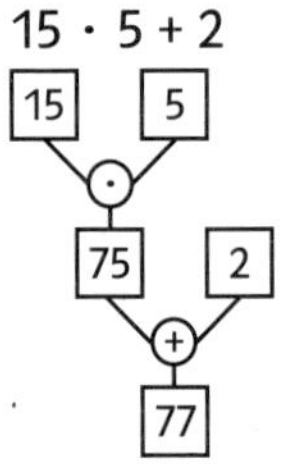

15 · 5 – 2

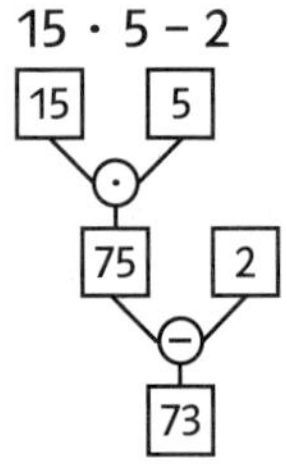

15 · (5 + 2)

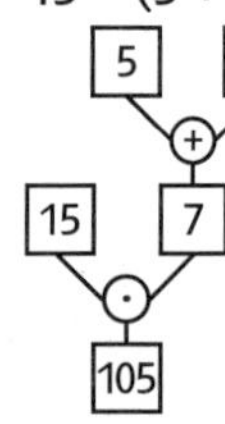

15 · (5 – 2)

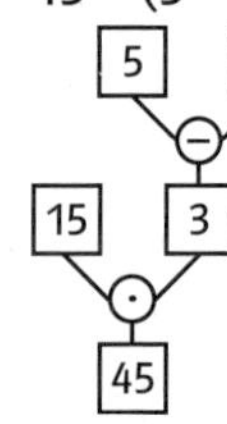

Seite 74

1

a) 17	b) 57	c) 11
27	15	8
23	3	2
d) 18	e) 26	f) 12
3	70	6
10	19	20

2

a) 8 · 4 + 5 = 37
8 + 4 · 5 = 28
5 + 60 : 10 = 11

b) 20 · 3 – 6 = 54
20 – (3 · 6) = 2
60 – (10 : 5) = 58

3

a) 9945
31185

b) 9
1

4

a) 20 : 10 + 5

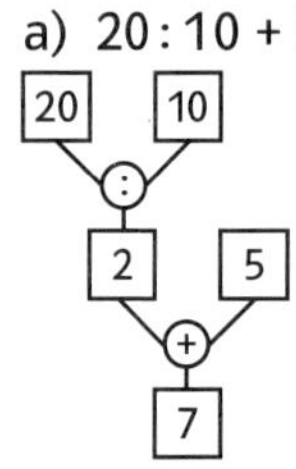

10 + 20 : 5

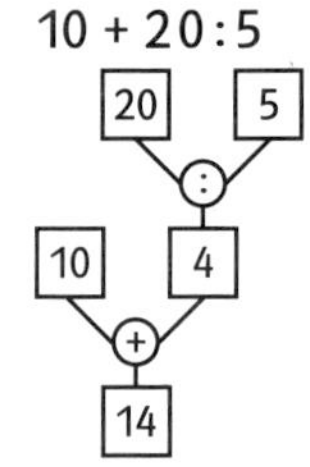

b) (10 + 20) : 5

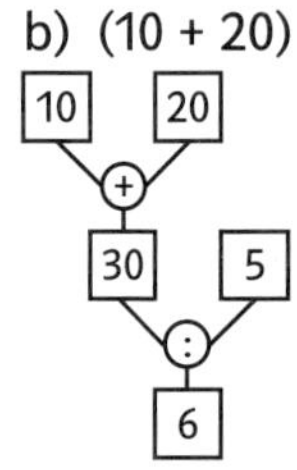

10 · (20 – 5)

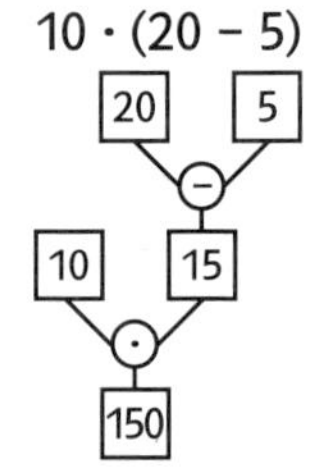

5 a) 5 · (12 + 6) = 90; 12 · (6 + 5) = 132
b) (6 + 4) · (5 + 2) = 100; 2 + 5 · (6 + 4) = 52

6

a) 90	b) 62	c) 115	d) 125
0	38	1500	25
90	62	105	2
0	10	95	5

7

a) 162	b) 134	c) 140	d) 12
e) 56	f) 34	g) 4	h) 11

Seite 75

8 a) $(6 + 5) \cdot 8 : 2 - 3 = 41$
b) $(6 + 2) : 8 \cdot 5 - 3 = 2$

9
a) 350 b) 603 c) 90 d) 18
e) 118 f) 81 g) 175

10
a) 48 b) 13 c) 66
d) 43 e) 30

11
a) 300 b) 249 c) 436
d) 291 e) 160 f) 2139

12 Wenn immer alle Ziffern verwendet werden, ergeben sich folgende Ergebnisse:
Mit den Ziffern 1 kann man die Zahlen von 1 bis 6 darstellen:

$1 + 1 \cdot 1 - 1 \cdot 1 = 1$
$1 + 1 + 1 - 1 \cdot 1 = 2$
$1 + 1 \cdot 1 + 1 \cdot 1 = 3$
$(1 + 1) \cdot (1 + 1) \cdot 1 = 4$
$(1 + 1) \cdot (1 + 1) + 1 = 5$
$(1 + 1 + 1) \cdot (1 + 1) = 6$

Mit der Ziffer 2 lassen sich folgende Zahlen ausdrücken:

$(2 + 2) : 2 - 2 : 2 = 1$
$2 + 2 - 2 + 2 - 2 = 2$
$2 + 2 : 2 \cdot (2.2) = 3$
$2 \cdot 2 \cdot 2 - 2 \cdot 2 = 4$
$(2 + 2 + 2) : 2 + 2 = 5$
$2 + 2 + 2 + 2 - 2 = 6$
$2 + 2 + 2 + 2 : 2 = 7$
$2 \cdot 2 \cdot 2 \cdot 2 : 2 = 8$
$2 \cdot 2 \cdot 2 + 2 : 2 = 9$
$2 + 2 + 2 + 2 + 2 = 10$
$(2 \cdot 2 \cdot 2) + (2 \cdot 2) = 12$
$2 \cdot 2 \cdot 2 \cdot 2 - 2 = 14$
$2 \cdot 2 \cdot 2 \cdot 2 + 2 = 18$
$2 \cdot 2 \cdot 2 \cdot 2 \cdot 2 = 32$

Seite 76

Randspalte

Man findet leicht Gegenbeispiele.

13 a) nein; ja; ja; nein; ja
b) ja; ja; nein; nein; nein

14 27; 21; 97; 106; 455; 112; 4; 26; 39; 10

15 a) $85 + 3 \cdot 15 = 130$ b) $700 + \frac{210}{30} = 707$
c) $444 - 22 \cdot 20 = 4$

16 a) $25 - 42 : 6 = 18$ b) $11 \cdot 8 + 9 \cdot 12 = 196$
c) $12 \cdot 6 - 12 : 6 = 70$

17
a) $(43 + 47) \cdot 20 = 1800$ b) $(257 - 47) : 70 = 3$
c) $420 : (22 + 48) = 6$ d) $7 \cdot (226 - 17) = 1463$

Randspalte

$1^3 + 2^3 + 3^3 + 4^3 = (1 + 2 + 3 + 4)^3$
$1^3 + 2^3 + 3^3 + 4^3 + 5^3 = (1 + 2 + 3 + 4 + 5)^3$
Dies gilt für alle natürlichen Zahlen.

18 a) Multipliziere die Differenz der Zahlen 18 und 12 mit 8. Ergebnis: 48
b) Subtrahiere das Produkt der Zahlen 6 und 4 von 27. Ergebnis: 3
c) Multipliziere die Summe der Zahlen 19 und 11 mit der Differenz der beiden Zahlen. Ergebnis: 240
d) Addiere das Produkt der Zahlen 11 und 12 zum Produkt der Zahlen 3 und 8. Ergebnis: 156
e) Subtrahiere die doppelte Summe der Zahlen 6 und 5 von 35. Ergebnis: 13

19 individuelle Lösungen

20 a) $(3 + 7) \cdot 5 = 50$ b) $(3 + 6) \cdot (11 - 2) = 81$
c) $(3 \cdot 3 + 11) \cdot 2 = 40$ d) $5 \cdot (6 + 3) \cdot 2 = 90$
e) $28 - 2 \cdot (5 + 8) = 2$ f) $(16 + 5) \cdot 4 - 13 = 71$
g) $36 \cdot (2 + 3) - 2 = 178$ h) $(28 \cdot 5 - 56) : 4 = 21$

21
a) 112 b) 4
60 3
92 24

22
a) 25 b) 98
1 3
27 4

Seite 77

23 Ergebnis möglichst groß:
a) $(9 + 9 + 9) \cdot 9 = 243$ b) $(5 + 5) \cdot (5 + 5) = 100$
c) $(1 + 3) \cdot (5 + 7) = 48$ d) $(36 : 4 + 2) \cdot 3 = 33$
e) $4 \cdot (3 + 2) - 1 = 19$ f) $(4 + 6) \cdot 8 - 2 = 78$
g) $(24 + 48 : 12) \cdot 3 = 84$ h) $60 - (18 : 6) + 8 = 65$

Ergebnis möglichst klein:
a) $9 + 9 + 9 \cdot 9 = 99$ b) $5 + 5 \cdot 5 + 5 = 35$
c) $1 + 3 \cdot 5 + 7 = 23$ d) $36 : 4 + 2 \cdot 3 = 15$
e) $4 \cdot 3 + 2 - 1 = 13$ f) $4 + 6 \cdot (8 - 2) = 40$
g) $(24 + 48) : (12 \cdot 3) = 2$ h) $60 - (18 : 6 + 8) = 49$

24
a) 10 b) 9 c) 50 d) 7
e) 1 f) 3 g) 6

25 a) Was kosten Einzel- und Doppelzimmer nach der Erhöhung?
Einzelzimmer: 44 €; Doppelzimmer: 68 €
b) 16 · (35 + 8) + 4 · (60 + 8) = 960
c) Gesamteinnahmen im April:
14 · 3 · 60 + 14 · 12 · 36 + 8 · 2 · 60 + 8 · 14 · 36
= 13 560
d) 5 · 2 · 58 + 5 · 8 · 34 = 1940
oder: 5 · (2 · 58 + 8 · 34) = 1940
e) individuelle Lösungen

26 a) 2 · 3 · 4 · 6 = 144 b) 2 − (3 + 4 − 6) = 1
c) 2 + 3 + 4 · 6 = 29 d) 2 + 3 · 4 · 6 = 74

27 a) 2596 € b) 1582 €
c) Angaben aus a) 2912 € Einnahmen
Angaben aus b) 1808 € Einnahmen

5 Ausklammern. Ausmultiplizieren

Seite 78

Einstiegsaufgabe

16 · 15 + 24 · 15 = 600 oder (16 + 24) · 15 = 600

Seite 79

1
a) 138 b) 732 c) 918
238 792 1624
459 1053 3570

2
a) 232 b) 429 c) 686
351 588 1194
288 767 1996

3
a) 168 b) 343 c) 612
217 312 1592
306 392 484
558 693 348

4
a) 85 b) 126 c) 156 d) 156
e) 234 f) 423 g) 216 h) 306

5 a) Ausklammern; 250
b) Berechnung ohne Umformung; 720
c) Ausklammern; 630
d) Ausmultiplizieren; 192
e) Berechnung ohne Umformung; 7
f) Ausklammern; 620
g) Berechnung ohne Umformung; 850
h) Ausklammern: 2000

6 a) 9 · (7 + 23) = 270
b) 17 · 38 + 17 · 12 = 850
c) 144 : 12 − 96 : 12 = 4
d) 662 · 13 − 412 · 13 = 3250

7 a) Multipliziere 7 mit der Summe von 13 und 27. Ergebnis: 280
b) Multipliziere die Differenz von 112 und 12 mit 31. Ergebnis: 3100
c) Addiere das Produkt von 18 und 28 zum Produkt von 18 und 22. Ergebnis: 900
d) Subtrahiere das Produkt von 13 und 21 vom Produkt von 13 und 25. Ergebnis: 52
e) Addiere das Produkt von 13 und 12 zum Produkt von 37 und 12. Ergebnis: 600

8 a) 9 · (5 + 6) b) (55 − 5) · 4
c) (5 + 9) · 10 d) 3 · (11 − 7)
e) (5 + 13 + 12) · 8 f) (27 + 22 + 21) · 8
g) 29 · (7 + 14 − 11) h) 15 · (21 + 37 − 43)
i) 25 · (16 + 14) − 20 j) 26 + 15 · (14 + 36)

9 240 €

10 180 €

11 a) 2 · 3 + 4 · 5 = 26 b) 6 · 5 + 3 − 4 = 29
c) 6 · 7 + 5 + 4 = 51 d) 5 · (6 + 7) · 8 = 520

Üben • Anwenden • Nachdenken

Seite 81

1
a) 26 624 b) 289 842
13 314 158 948
9585 168 480
15 768 396 288
c) 48 864 d) 538 936
33 768 2 459 664
52 936 8 262 810
243 232 444 444

2
a) 12 b) 21
23 9
13 39

3

a) 4	b) 7	c) 700	d) 800
400	700	7	800
4	700	7	80 000

4

a) + b) : c) –
d) + e) : f) ·

5

a) 3 b) 1230 c) 0
d) 27 e) 20

6

a) 66 b) 59 c) 40 d) 134

7

a) 1500 b) 11 c) 2190 d) 788

8 6 · 24 = 144 5 · 47 = 235
6 · 43 = 258 3 · 56 = 168
4 · 26 = 104 7 · 35 = 245

9 a) (83 + 56) · (312 – 85) = 31 553
b) (221 : 13) · (713 + 829) = 26 214
c) $\frac{(11510 - 1214)}{(11 \cdot 13)} = 72$
d) (51 – 18) · 35 + 1001 : 13 = 1232

Rechennetze

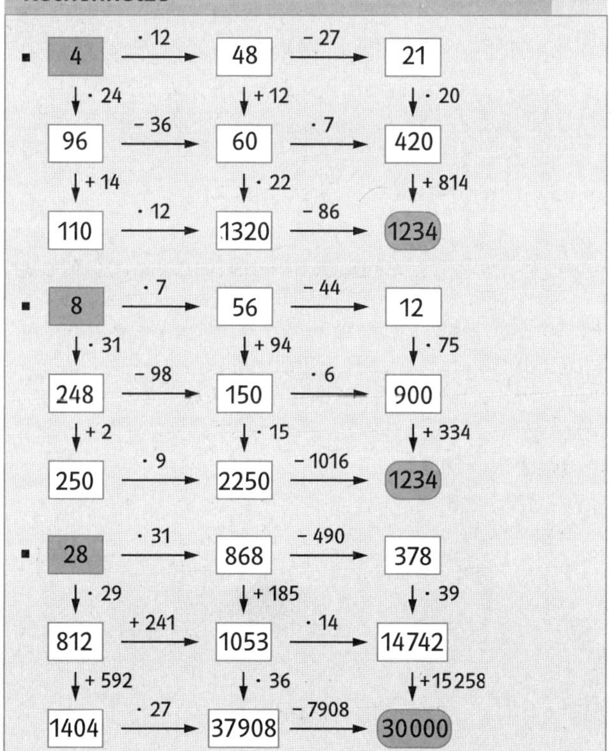

Seite 82

Randspalte

Die magische Zahl heißt 216.

3	4	18
36	6	1
2	9	12

10

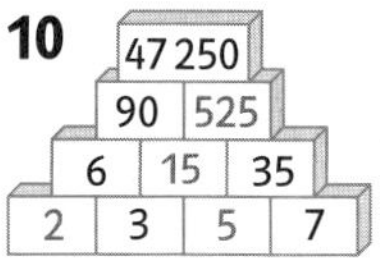

11

a) 250 b) 360 c) 420 d) 720
e) 880 f) 1600 g) 1400 h) 444
i) 600 j) 840

12

a) 360	b) 660
350	95
880	66
630	2400
160	1100

13

a) 182 · 17
182
1274
3094

b) 637 · 27
1274
4459
17199

c) 377 · 538
1885
1131
3016
(Übertrag: 1 1)
202826

d) 781 · 1001
78100
781
781781

e) 28348 : 746 = 38
–2238
5968
–5968
0

f) 6105 : 111 = 55
–555
555
–555
0

g) 27 820 : 65 = 428
–260
182
–130
520
–520
0

h) 35 632 : 68 = 524
–340
163
–136
272
–272
0

14 $2^3 + 3^3 + 4^3 = 8 + 27 + 64 = 99$

15

a) 120 b) 0 c) 35
d) 189 e) 26 f) 56

16 a) 64; 12; 7; 81 b) 32; 10; 7; 25
c) 27; 9; 6 d) 5; 5; 6; 1

17 individuelle Lösungen
kleinste Zahlen: $(3 - 3) \cdot 3 = 0$; $4 + 4 - (4 + 4) = 0$
größte Zahlen: 3^{33}; 4^{444}

18 individuelle Lösung

19
$(4 + 3) - (5 + 2) + 1 = 1$
$(5 + 4) - (3 \cdot 2) - 1 = 2$
$(5 - 4) + (3 - 2) + 1 = 3$
$((5 - 3) \cdot (4 - 2)) \cdot 1 = 4$
$1 + 2 + 3 + 4 - 5 = 5$
$(4 - 5) \cdot 1 \cdot 2 \cdot 3 = 6$
$((4 \cdot 5) : 2 - 3 \cdot 1 = 7$
$(3 + 1) \cdot 2 \cdot (5 - 4) = 8$
$1 + 2 - 3 + 4 + 5 = 9$
$(1 + 5) \cdot 3 - (2 \cdot 4) = 10$

Seite 83

20
a) 0 b) 1 c) 0
d) 100 e) 1 f) 237

21
a) $1 \cdot 2 + 3 = 5$ (+5)
$2 \cdot 3 + 4 = 10$ (+7)
$3 \cdot 4 + 5 = 17$ (+9)
$4 \cdot 5 + 6 = 26$ (+11)
$5 \cdot 6 + 7 = 37$
...
Zum vorigen Ergebnis wird von 5 aufwärts die nächstgrößere ungerade Zahl addiert.
b) $1 + 2 \cdot 3 = 7$ (+7)
$2 + 3 \cdot 4 = 14$ (+9)
$3 + 4 \cdot 5 = 23$ (+11)
$4 + 5 \cdot 6 = 34$ (+13)
$5 + 6 \cdot 7 = 47$
...
Zum vorigen Ergebnis wird von 7 aufwärts die nächstgrößere ungerade Zahl addiert.
c) $(1 + 2) \cdot 3 = 9$ (+11)
$(2 + 3) \cdot 4 = 20$ (+15)
$(3 + 4) \cdot 5 = 35$ (+19)
$(4 + 5) \cdot 6 = 54$ (+23)
$(5 + 6) \cdot 7 = 77$
...
Es wird von 11 aufwärts die um 4 größere Zahl zum vorigen Ergebnis addiert.
d) $1 \cdot (2 + 3) = 5$ (+9)
$2 \cdot (3 + 4) = 14$ (+13)
$3 \cdot (4 + 5) = 27$ (+17)
$4 \cdot (5 + 6) = 44$ (+21)
$5 \cdot (6 + 7) = 65$
...
Es wird von 9 aufwärts die um 4 größere Zahl zum vorigen Ergebnis addiert.
e) $1 \cdot 9 + 1 = 10$
$21 \cdot 9 + 11 = 200$
$321 \cdot 9 + 111 = 3000$
$4321 \cdot 9 + 1111 = 40000$
$54321 \cdot 9 + 11111 = 50000$
...
Die erste Ziffer erhöht sich immer um 1 und die Zahl hat eine dem Wert der ersten Ziffer entsprechende Anzahl von Nullen.
f) $1 \cdot 9 + 1 = 10$
$12 \cdot 9 + 2 = 110$
$123 \cdot 9 + 4 = 1110$
$1234 \cdot 9 + 5 = 11110$
$12345 \cdot 9 + 6 = 111110$
...
Letzte Ziffer ist immer Null; und für jedes weitere Ergebnis kommt eine 1 an erster Stelle hinzu.
g) $1 \cdot 9 + 2 = 11$
$12 \cdot 9 + 3 = 111$
$123 \cdot 9 + 4 = 1111$
$1234 \cdot 9 + 5 = 11111$
$12345 \cdot 9 + 6 = 111111$
...
Für jedes weitere Ergebnis kommt eine zusätzliche 1 zu der 11 vom ersten Ergebnis hinzu.
h) $9 \cdot 9 + 7 = 88$
$98 \cdot 9 + 6 = 888$
$987 \cdot 9 + 5 = 8888$
$9876 \cdot 9 + 4 = 88888$
$98765 \cdot 9 + 3 = 888888$
...
Für jedes weitere Ergebnis kommt eine zusätzliche 8 zu der 88 vom ersten Ergebnis hinzu.
i) 82
j) 189
k) 9 000 000 000
l) 1 111 111 110
m) 88 888 888
n) 111 111 111

22
a) 1 b) 1 c) 1 d) 1
e) 1 f) 1 g) 1 h) 1

23

a) $5^2 = 25$	b) $41^2 = 1681$
$15^2 = 225$	$42^2 = 1764$
$25^2 = 625$	$43^2 = 1849$
$35^2 = 1225$	$44^2 = 1936$
$45^2 = 2025$	$45^2 = 2025$
$55^2 = 3025$	$46^2 = 2116$
$65^2 = 4225$	$47^2 = 2209$
$85^2 = 7225$	$48^2 = 2304$
$95^2 = 9025$	$49^2 = 2401$

Seite 84

Der Bodensee – unser Trinkwasserspeicher

- tägliche Trinkwasserentnahme: 354 240 000 l
täglicher Abfluss in den Rhein: 31 536 000 000 l
jährliche Trinkwasserentnahme: 129 297 600 000 l

- Wasserbedarf einer Person: 125 l
fünf-köpfige Familie: 625 l pro Tag
ein mögliches Diagramm:

- sehr grober Überschlag: etwa 3 Millionen Menschen; genauerer Überschlag: etwa 2 800 000 Menschen

- bei mittlerer Wasserführung in einer Woche:
700 000 l · 60 · 60 · 24 · 7 = 423 360 000 000 l
bei Hochwasser ergeben sich 419 200 000 000 l
Anzahl der Badewannen pro Sekunde: 25 000

- Aus (8500 Mio : 114) ergeben sich etwa 75 Millionen Personen.

- 225 Mio : (10 · 75 000) = 300; sie ist 300 Tage im Jahr in Betrieb.

4 Geometrie

Auftaktseite: Die Geometrie fängt an!

Seiten 86 bis 87

Faltlinien

Durch weiteres Falten erhält man die übrigen drei geraden Kanten.

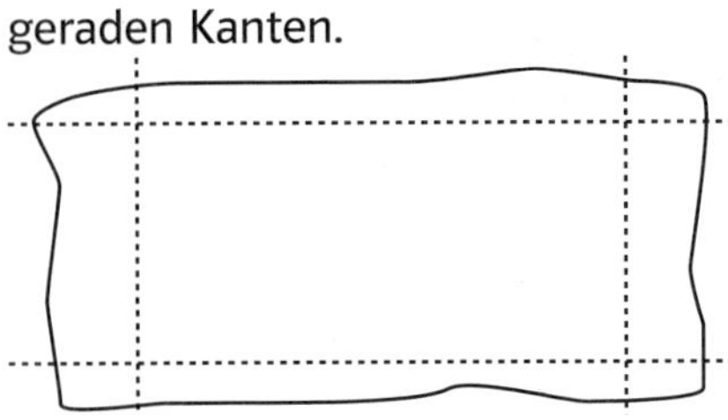

Kreuzungen

Faltet man den Papierbogen zweimal, erhält man eine Kreuzung der beiden Faltlinien.
Durch das Anwenden der ersten Faltart erhält man zwei komplette Talfalten.
Klappt man den Bogen nach dem ersten Falten nicht auf, so ist die zweite Faltlinie aus einer Tal- und einer Bergfalte zusammengesetzt.

Besondere Kreuzungen

Führt man die zweite Faltung so durch, dass die erste Faltlinie mit sich selbst zur Deckung kommt, erhält man eine Faltlinie, die senkrecht zur ersten ist.

Ausrisse wieder zu Bögen machen

Möchte man einen möglichst großen Bogen mit geraden Kanten, sollten die Kreuzungen der Faltlinien soweit wie möglich am Rand liegen. Man muss jedoch darauf achten, dass sie noch komplett auf dem Papier verlaufen.

Keine Kreuzung

Beginnt man mit einer Faltlinie und faltet alle weiteren Linien so, dass sie mit der ersten Faltlinie eine „besondere Kreuzung" bilden, so kreuzen sich die weiteren Faltlinien nicht; sie sind parallel zueinander.

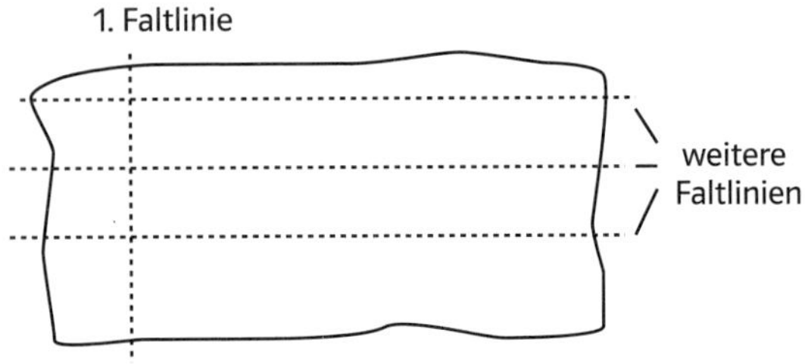

Viele Kreuzungen

Faltet man einen Papierbogen mehrmals so, dass sich alle Faltlinien schneiden, erhält man die größtmögliche Anzahl an Feldern.

Faltlinien	Kreuzungen	Felder
2	1	4
3	1 + 2 = 3	4 + 3 = 7
4	3 + 3 = 6	7 + 4 = 11
5	6 + 4 = 10	11 + 5 = 16
6	10 + 5 = 15	16 + 6 = 22
7	15 + 6 = 21	22 + 7 = 29
8	21 + 7 = 28	29 + 8 = 37

Durch jede neu hinzugefügte Faltlinie erhält man zu den bereits vorhandenen Kreuzungen jeweils eine weitere mit jeder bereits vorhandenen Faltlinie (vgl. Schülerbuchseite 90, Aufgabe 8).
Außerdem erhält man so viele neue Felder, wie nun insgesamt Faltlinien vorhanden sind.

1 Strecken und Geraden

Seite 88

➔ Vorteile:
- Man hat die kürzeste Verbindung zwischen zwei Orten.
- Man hat keine Kurven.
- Man spart Baumaterial.

Nachteile:
- Man kann auf natürliche Gegebenheiten (Berge, Flussläufe, Wald, …) und bauliche Gegebenheiten (Bauwerke, bereits ausgebaute Strecken, …) keine Rücksicht nehmen.

➔ Stuttgart
➔ Ja, den Rand von Aalen.
➔ Beispielhafte Lösungen: Nürtigen–Kirchheim–Göppingen; Bissingen–Ludwigsburg–Esslingen; Rottenburg–Tübingen–Ellwangen

Randspalte

Die „Zielgerade" und die „linke Gerade" sind die kürzeste Verbindung zweier Punkte, also eine Strecke. Die „Wanderstrecke" und die „10-km-Strecke" sind keine Strecken, da es keine geradlinigen Verbindungen sind.

Seite 89

1

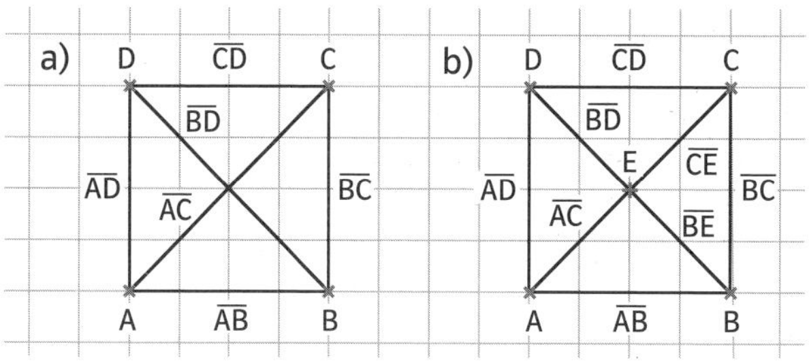

2

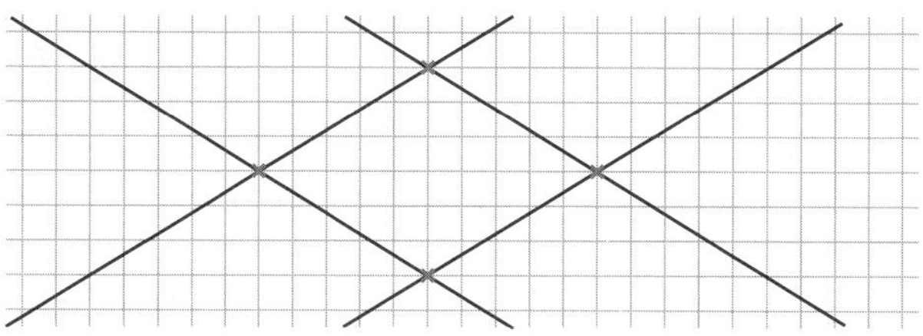

3

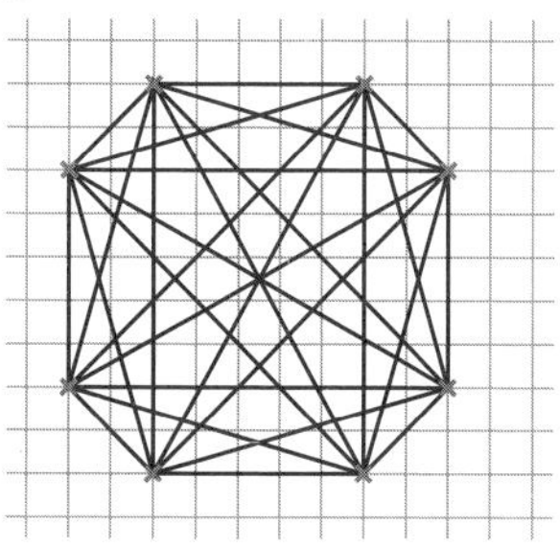

4

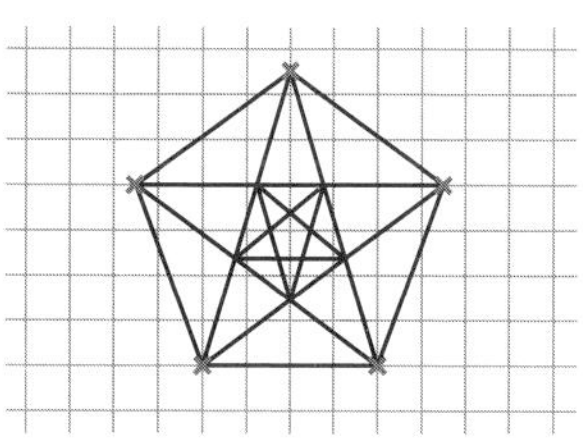

5

a) 1 Gerade
3 Strecken

b) 1 Gerade
5 Strecken

c) 2 Geraden
10 Strecken

d) 4 Geraden
24 Strecken

e) 6 Geraden
12 Strecken

6 Auf jeder Diagonalen gibt es 10 Strecken. Insgesamt gibt es als $10 \cdot 9 + 6 = 96$ Strecken.
Fragt man nach der Anzahl der Strecken, aus denen die Figur zusammengesetzt ist, so erhält man $4 \cdot 9 + 6 = 42$ Strecken.
Falls eine Zusatzaufgabe mit einem Sechseck gestellt wird, bei dem sich die Diagonalen niemals zu dritt schneiden, so ist zu beachten, dass es zwei Typen von Diagonalen gibt: 6 „kurze" Diagonalen mit je 10 Strecken und 3 „lange" Diagonalen mit je 15 Strecken. Schon die Abzählung der 15 Strecken erfordert ein systematisches Vorgehen; beispielsweise so: Auf der Diagonalen liegen 6 Punkte, von jedem Punkt zu jedem der 5 anderen gibt es eine Verbindungsstrecke, da man so aber jede Strecke doppelt zählt, sind es nicht $6 \cdot 5 = 30$ Strecken, sondern $30 : 2 = 15$ Strecken.

7 a) $4 \cdot 5 = 20$
b) $7 \cdot 5 = 35$
c) Anzahl der Schnittpunkte = (Anzahl der Geraden aus dem einen Punkt) · (Anzahl der Geraden aus dem anderen Punkt)

Randspalte

beispielhafte Lösung:

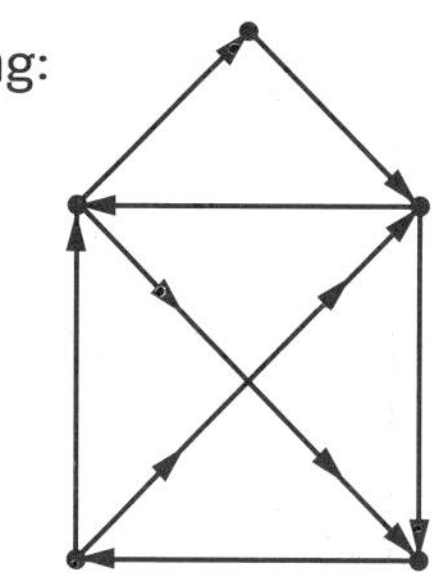

Seite 90

8 Mit drei Schnitten kann man 4; 5; …; 7 Stücke erhalten. Schnitte, die sich auf dem Rand treffen, ergeben keine zusätzlichen Möglichkeiten. Mit vier Schnitten kann man 5, 6, …, 11 Stücke erhalten. Die Maximalzahl ergibt sich, wenn der zusätzliche Schnitt alle vohandenen kreuzt, aber nicht durch einen schon vorhandenen Kreuzungspunkt geht. Mit fünf Schnitten kann man maximal 16 Stücke erhalten.

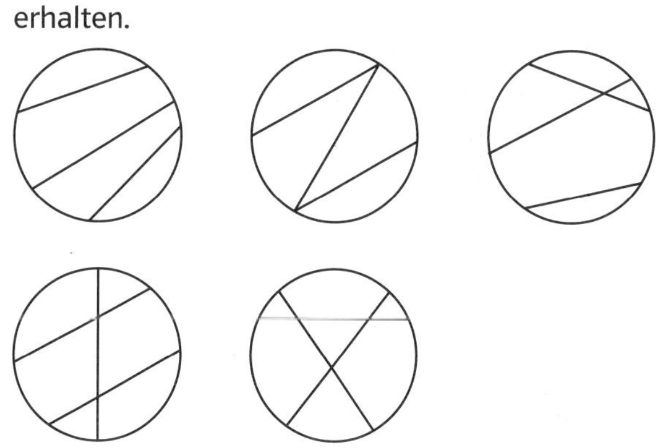

9

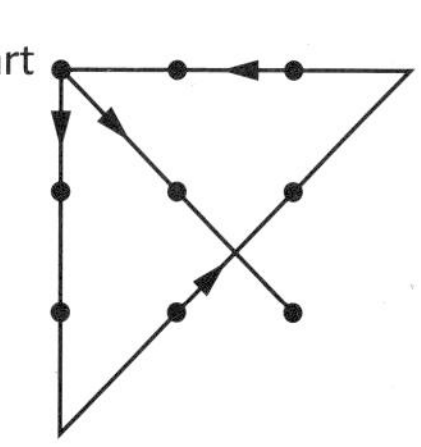

10 Man faltet ein Blatt Papier und legt das Lineal an der so entstandenen geraden Kante an.

Oder: Man zeichnet mit dem Lineal eine Linie und faltet das Blatt Papier entlang dieser Linie.

11 Partner 1 läuft ein Stück, steckt die Stange in den Sand und läuft ein weiteres Stück. Dabei peilt Partner 2 so, dass die Stange, sein Partner und die Oase in einer Linie sind. Nun geht Partner 2 mit seiner Stange an Stange 1 und Partner 1 vorbei. Er geht weiter und steckt seine Stange in den Sand. Dabei peilt er so, dass Stange 1, Partner 1 und Stange 2 in einer Linie sind. Partner 2 geht ein Stück weiter und Partner 1 achtet darauf, dass Stange 2 und Partner 2 in einer Linie sind. Partner 1 holt seine Stange, läuft an Stange 2 und Partner 2 vorbei und verfährt dann wie Partner 2 zuvor. So fahren sie fort bis zur Oase.

2 Zueinander senkrecht

Seite 91

Einstiegsaufgabe

➔

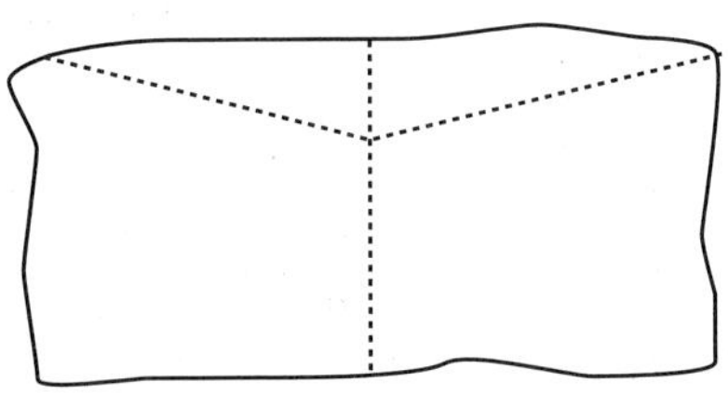

➔ Es muss so gefaltet werden, dass die erste Faltkante beim zweiten Falten auf sich selbst zu liegen kommt.

➔

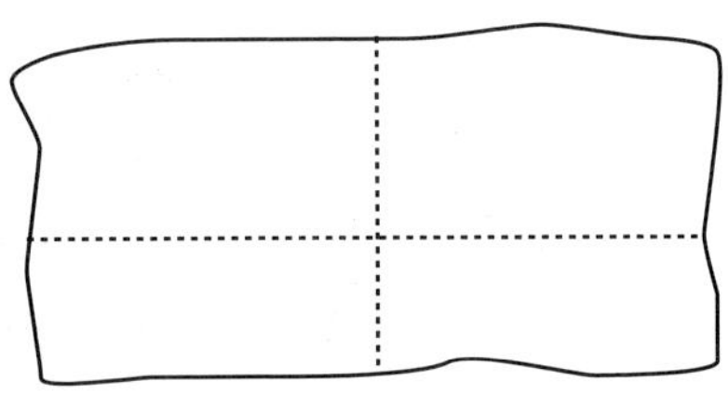

➔

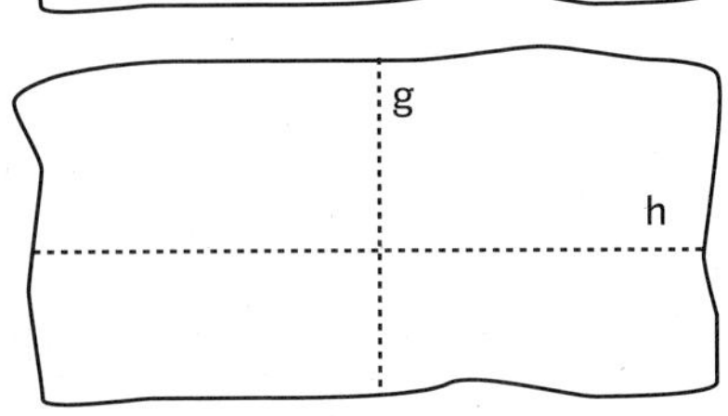

➔ Man erhält auch dann zwei Faltlinien, die senkrecht zueinander sind. Die Reihenfolge des Faltens ändert nichts.

1 Dort findet man senkrechte Geraden:
Ecken des Klassenzimmers; der Tafel; Karokästchen auf der Tafel, im Heft; Fliesen im Schulgebäude und auf dem Schulhof; Fensterkreuze; Latten von Zäunen; Straßenkreuzungen und vieles andere.

2 $j \perp m$; $m \perp h$; $j \perp l$; $h \perp l$

Seite 92

3

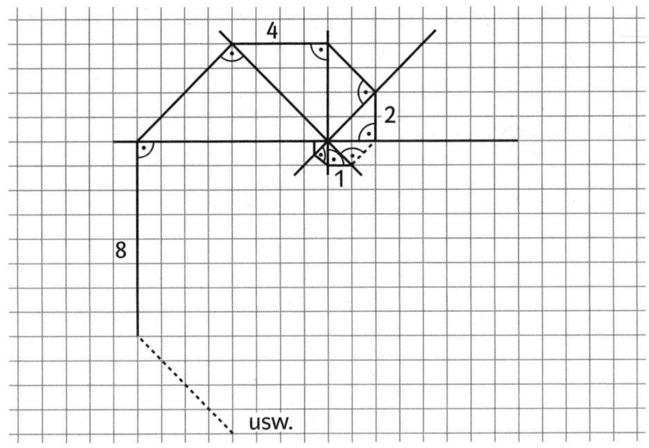

4

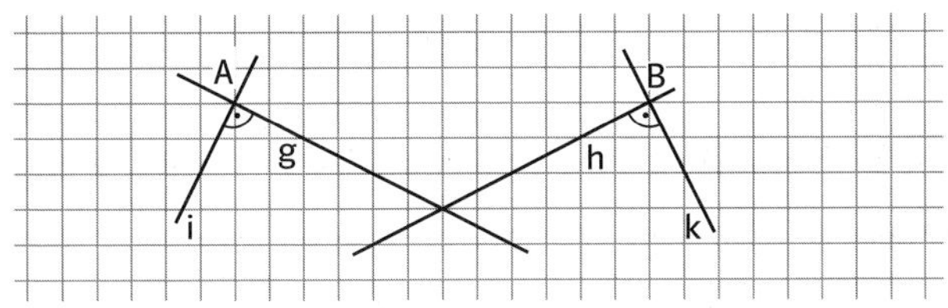

5

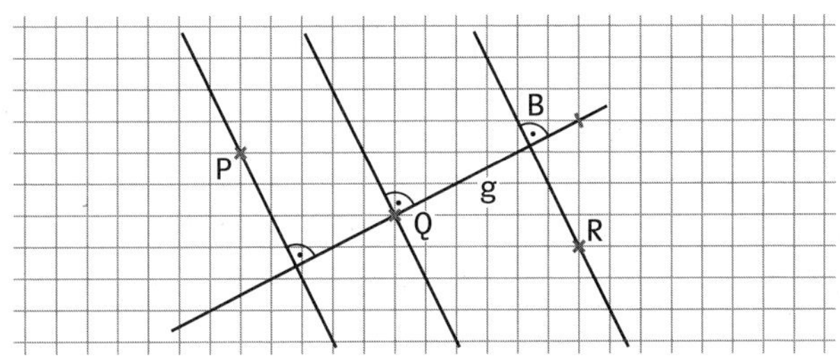

6

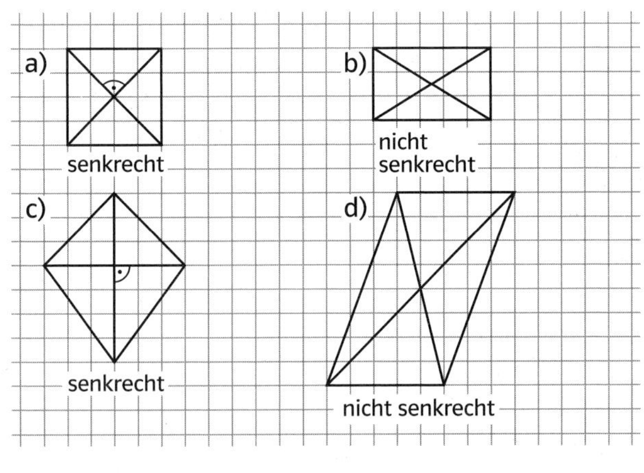

7 Für den Fahrradfahrer ist es schwierig, die Autos, die aus nordöstlicher Richtung kommen, zu sehen, da er fast rückwärts schauen muss. Den Verkehr aus südwestlicher Richtung überblickt er gut. Der LKW wird Schwierigkeiten haben diese spitze Kurve zu nehmen. Ein Abbiegen nach links wäre dagegen sehr einfach, da er einen großen Bogen fahren könnte.
Für die anderen Kreuzungen gelten analoge Überlegungen: Die Kreuzung K3 ist schwierig von S nach SO oder von W nach NW einzusehen. Da sie weni-

ger spitzwinklig als K1 ist, ist sie jedoch etwas übersichtlicher. An Kreuzung K2 treffen die Geraden im rechten Winkel aufeinander. Sie ist somit aus allen Richtungen gut einzusehen.

5 × 5 Nagelbrett

▪ 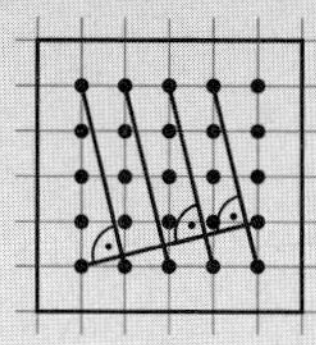

▪ Durch Probieren stellt man fest, dass man zu jeder Strecke eine Senkrechte finden kann. Am einfachsten findet man eine Senkrechte, indem man das Nagelbrett um 90° dreht und die Strecke nochmals spannt.

3 Parallel

Seite 93

Einstiegsaufgabe

➔ Man muss den Papierstreifen an der rechten Seite so knicken, dass die Falte senkrecht zu den Falten entlang der langen Seiten sind.
➔ Die Faltlinien rechts und links sind jeweils senkrecht zu den Faltlinien oben und unten. Die rechte und linke bzw. die obere und untere Faltlinie würden sich auch dann nicht schneiden, wenn der Papierstreifen länger wäre. Sie sind parallel.

Seite 94

1 Parallele Strecken findet man zum Beispiel bei gegenüberliegenden Tischkanten; bei den Streifen des Zebrastreifens; bei den Dielen des Bodens, bei den Außenlinien und der Mittellinie des Fußballfeldes; …

2 o||q; j||k; i||h

3

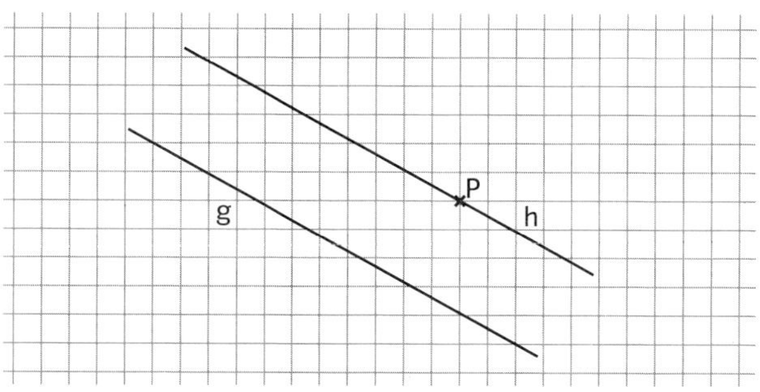

4

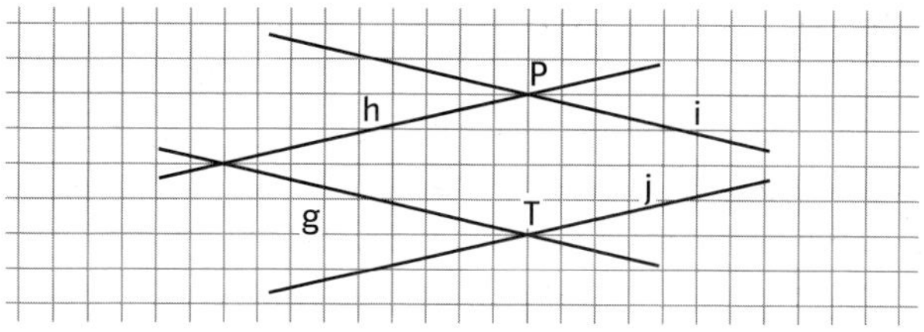

Parallele Geraden?

Die parallelen Geraden (rote Linien) werden durch die zusätzlich Grafik verformt. Die sich überschneidenden Konturen leiten das Auge fehl. Mit einem Lineal oder einer flachen Peilung kann man die Parallelität überprüfen.

Seite 95

5

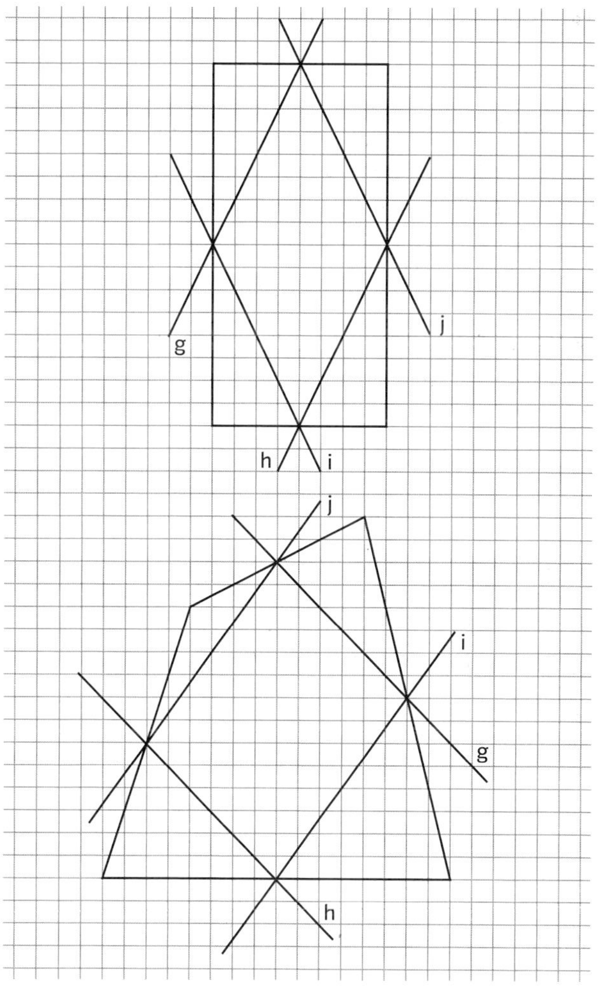

g || h; i || j   g || h; i || j
Gegenüberliegende Verbindungsgeraden sind immer parallel.

6 individuelle Lösungen

4 Quadratgitter

Seite 96

Einstiegsaufgabe

→ Man gibt die Nummer der Spalte und der Zeile an.
→ Alle Wege von A nach B sind neun Häuserblocks lang, wenn man nur nach rechts oder oben und nicht über die 4. Spalte und die 5. Zeile hinaus geht.
→ Von allen markierten Punkten aus ist der Weg bis zum Rathaus drei Häuserblocks lang.

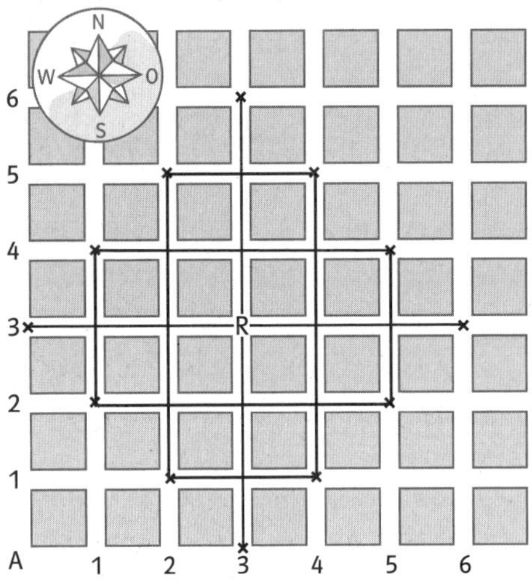

Seite 97

1 Fußballplatz/Kino: mit Reihe und Sitzplatznummer; Planquadrate: mit Zahlen und Buchstaben

2 A(1|3); B(3|4); C(4|5); D(4|7); E(6|7); F(7|7); G(9|7); H(10|5); I(11|4); J(13|3); K(11|0)

3

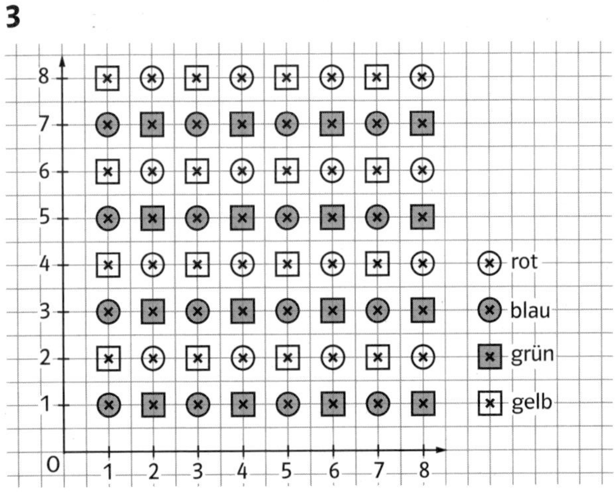

4 a)

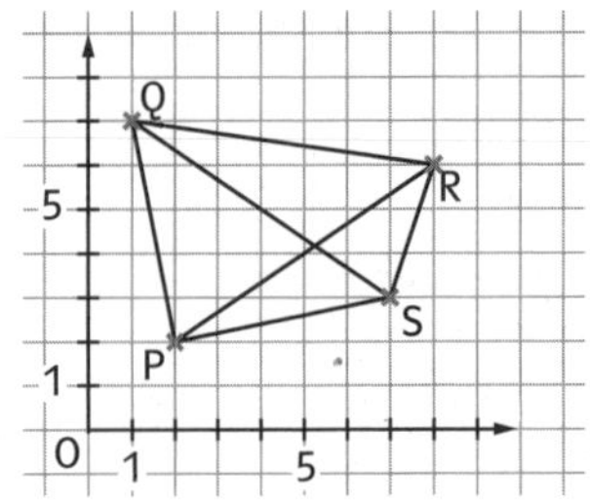

b)

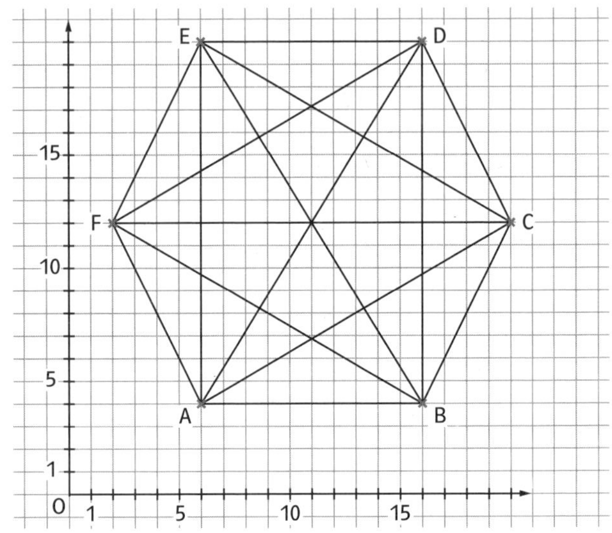

5

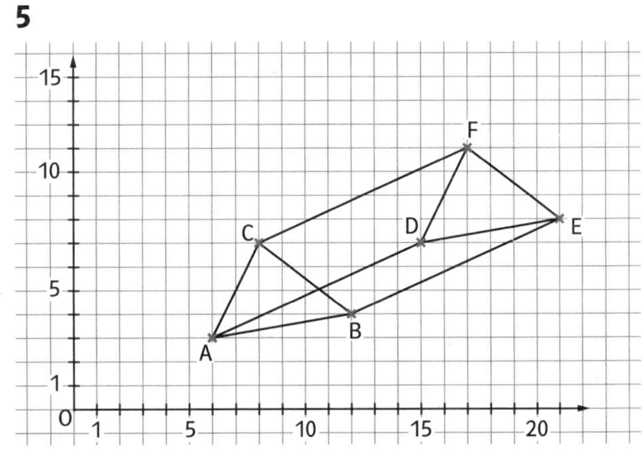

6

•

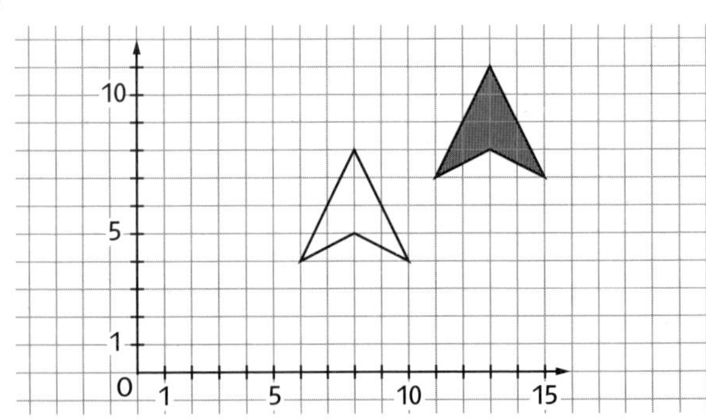

- 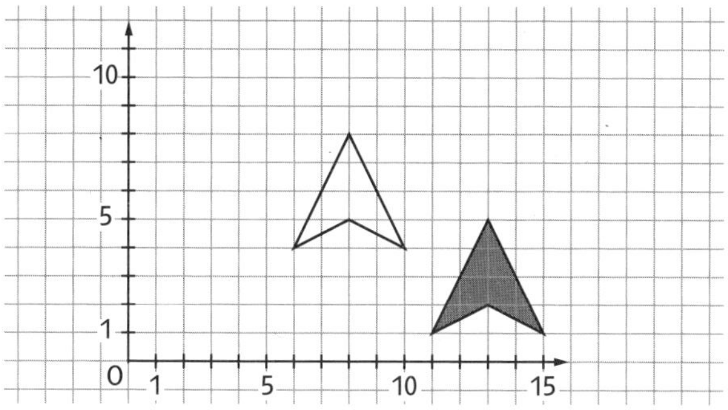

- 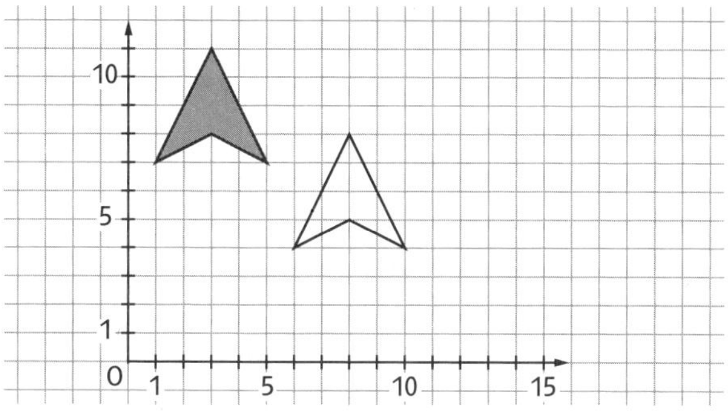

- Die vierte Kopie erhält man durch Rechtswerte −5, Hochwerte −3.

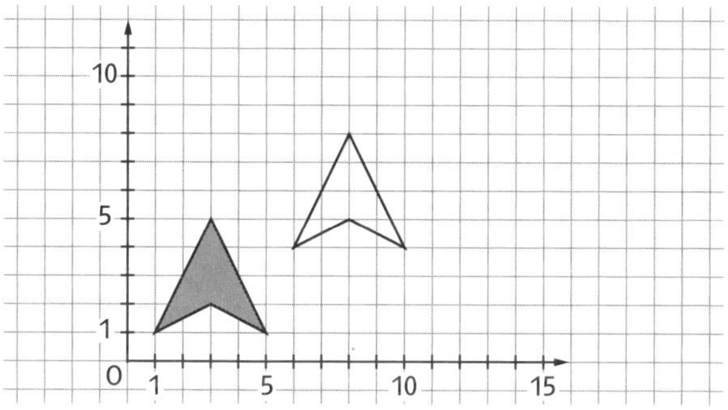

7 A(5|3); B(5|9); C(2|9); D(2|12); H(9|3); G(9|5); F(12|5); E(12|12)

8 a)

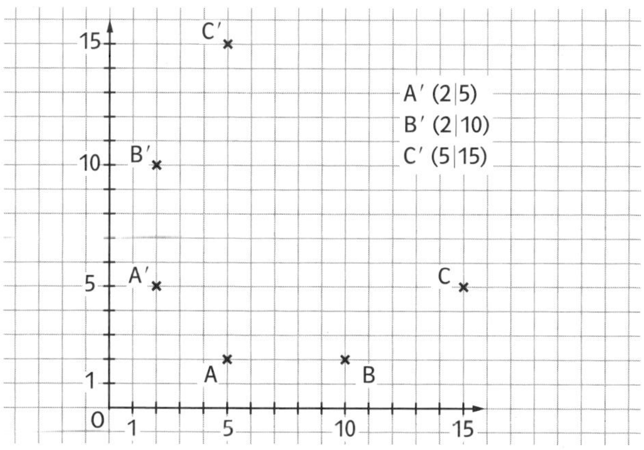

b) individuelle Lösungen

Seite 98

9 a) parallele Geraden spannen:
Man zählt die Gitterpunkte zwischen dem ersten und zweiten Punkt der Geraden. Um zum zweiten Gitterpunkt der parallelen Geraden zu kommen muss man genauso viele Punkte nach rechts bzw. nach oben gehen, wie bei der ersten Geraden.
senkrechte Geraden spannen:
Um die senkrechte Gerade zu spannen, zählt man die Gitterpunkte zwischen erstem und zweitem Nagel. Dann legt man den ersten Nagel der senkrechten Geraden fest und geht die Gitterpunkte, die man bei der ersten Geraden nach rechts (links) gegangen ist, nach oben (unten); die Punkte die man nach oben (unten) gegangen ist, geht man nach links (rechts).
b) und c) Durch Probieren findet man heraus, dass es zu jeder Gittergeraden mehrere senkrechte und parallele Geraden gibt.

Gitterspiele

- 10 Schritte nach rechts, 10 Schritte nach links, 11 Schritte nach oben, 11 Schritte nach unten
- Wenn man im Uhrzeigersinn geht, muss man 7-mal nach links und 10-mal nach rechts abbiegen.
- Die Anzahl der Schritte nach oben und unten und die Anzahl der Schritte nach links und rechts stimmen jeweils überein. Da Start und Ziel in einem Punkt liegen, müssen sich die Bewegungen nach oben und unten bzw. nach rechts und links gerade ausgleichen. Die Anzahl der Richtungswechsel unterscheidet sich immer genau um drei, weil man im einfachsten Fall 3-mal nach rechts oder 3-mal nach links abbiegen muss, um zum Ausgangspunkt zurückzugelangen. Jeder weitere Richtungswechsel muss durch einen entgegengesetzten Richtungswechsel ausgeglichen werden.
- 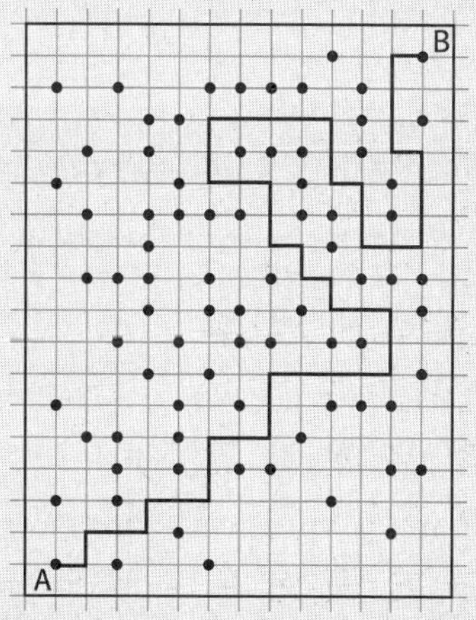

- individuelle Lösungen
- Das Labyrinth ist interessant, wenn man nicht in einer einfachen Treppenform von Punkt A nach B gelangt, das bedeutet, wenn Bewegungen nach rechts und links und nach oben und unten nötig sind.

5 Entfernung und Abstand

Die Entfernungen und Abstände in den Aufgaben dieser Lerneinheit unterscheiden sich, je nachdem, ob man anhand der Zeichnungen im Buch misst oder die Geraden, Strecken und Punkte ins Heft überträgt.

Seite 99

Einstiegsaufgabe

➔ Die angegebenen Punkte sind von A aus sichtbar. Man muss aber nur drei verschiedene Strecken messen, da viele Entfernungen gleich groß sind. Es gilt:

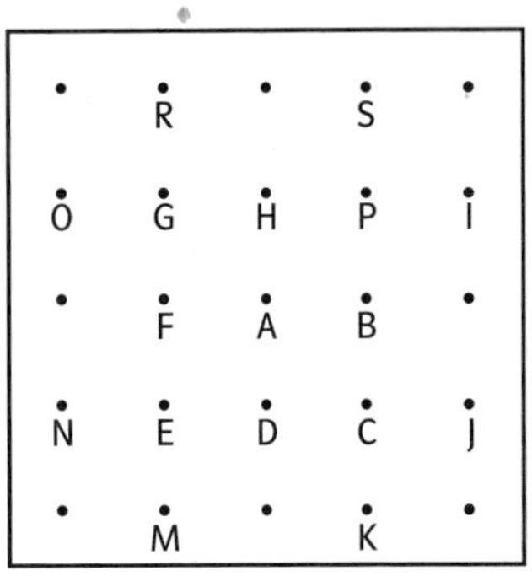

$\overline{AB} = \overline{AF} = \overline{AD} = \overline{AH}$
$\overline{AP} = \overline{AC} = \overline{AE} = \overline{AG}$
$\overline{AI} = \overline{AJ} = \overline{AK} = \overline{AM} = \overline{AO} = \overline{AN} = \overline{AR} = \overline{AS}$

➔ Die markierten Punkte sind von A aus sichtbar. Es gibt sieben verschiedene Streckenlängen.

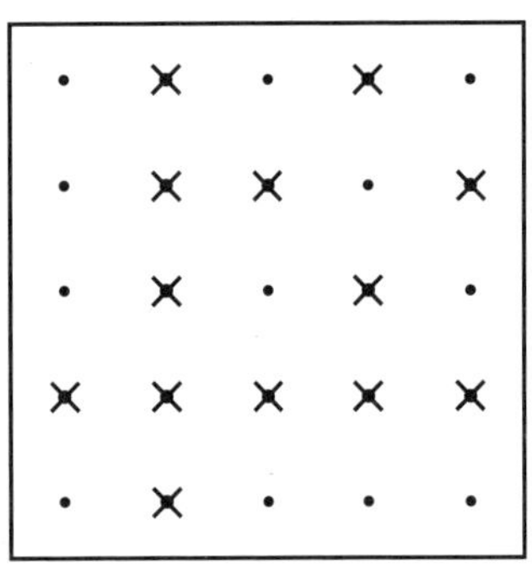

➔ Entfernungen zwischen den acht Nägeln auf den Geraden
von g und h:
4,2 cm; 6 cm; 8,5 cm; 9,5 cm; 12,7 cm; 13,4 cm;
von g und i:
4,2 cm; 6,7 cm; 8,5 cm; 9 cm; 12,4 cm; 14,7 cm

Seite 100

1

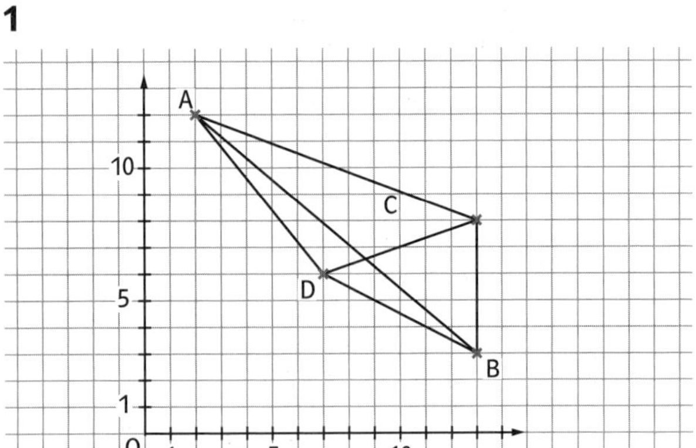

a) gemessen im Heft:
$\overline{AB}$ = 72 mm, $\overline{BC}$ = 25 mm, $\overline{AC}$ = 59 mm,
$\overline{BD}$ = 34 mm, $\overline{AD}$ = 39 mm, $\overline{CD}$ = 31 mm

b) Ja, da $\overline{AB}$ = 72 mm und $\overline{AD} + \overline{BD}$ = 73 mm.

2 gemessen im Schülerbuch: $\overline{PQ}$ = 18 mm
Abstand von g und h: 18 mm
Abstand P zu g: 16 mm
Abstand Q zu g: 34 mm
Abstand P zu h: 34 mm
= Abstand h zu g + Abstand g zu P
Abstand Q zu h: 82 mm
= Abstand h zu g + Abstand g zu Q

3

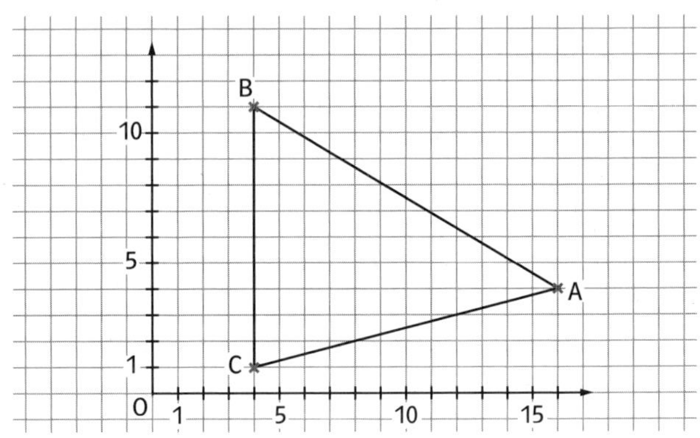

gemessen im Heft:
Abstand A zu $\overline{BC}$: 60 mm
Abstand B zu $\overline{AC}$: 48 mm
Abstand C zu $\overline{AB}$: 43 mm

4 Um eine Gesetzmäßigkeit zu entdecken, müssen die Abstände auf zwei Dezimalen genau angegeben werden.
gemessen im Schülerbuch:
Abstand P zu g = 1,15 cm
Abstand Q zu g = 2,3 cm
Abstand R zu g = 3,45 cm
Abstand S zu g = 4,6 cm
Die Abstände werden von Punkt zu Punkt um 1,15 cm größer.
Abstand T zu g = 5,75 cm
Der zehnte Punkt hätte einen Abstand zu g von 11,5 cm.

5

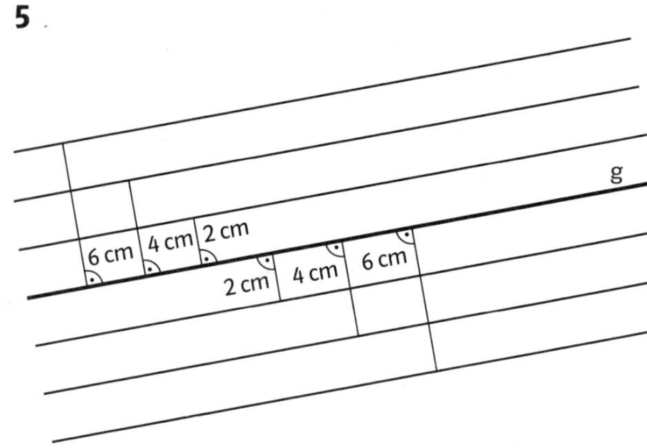

6

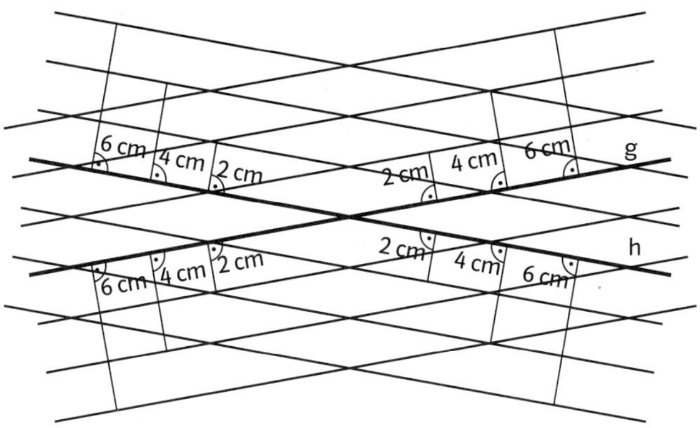

7 gemessen im Schülerbuch:
Abstand P zu g: 1,2 cm

P zu h: 1,2 cm — Q zu g: 1,2 cm
Q zu h: 1,2 cm — R zu g: 1,2 cm
R zu h: 1,2 cm — S zu g: 1,2 cm
S zu h: 1,2 cm

Alle vier Punkte haben sowohl zur Geraden g als auch zur Geraden h den gleichen Abstand. Das liegt daran, dass h parallel zu $\overline{PS}$ und $\overline{QR}$ ist und genau in der Mitte zwischen den beiden Strecken $\overline{PS}$ und $\overline{QR}$ liegt. Dasselbe gilt für die Geraden g und die beiden Strecken $\overline{PQ}$ und $\overline{SR}$.

8 a) Die markierten Nägel sind von A genau 15 cm entfernt.

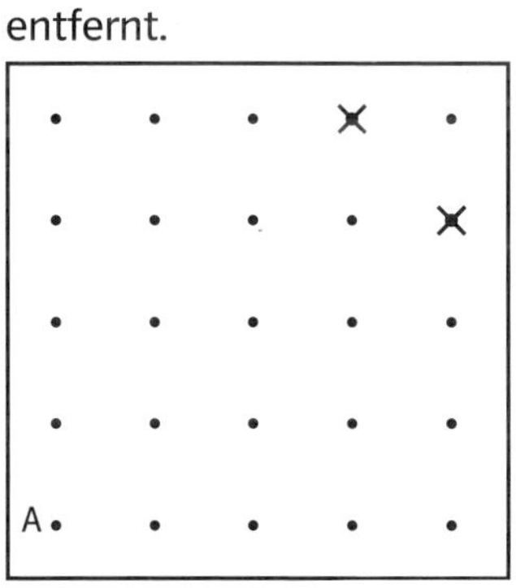

b) Alle gekennzeichneten Verbindungen haben eine Länge von 15 cm.

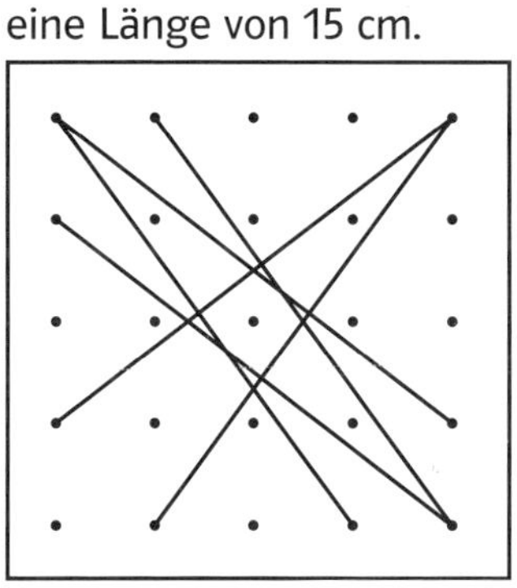

c) alle markierten Nägel

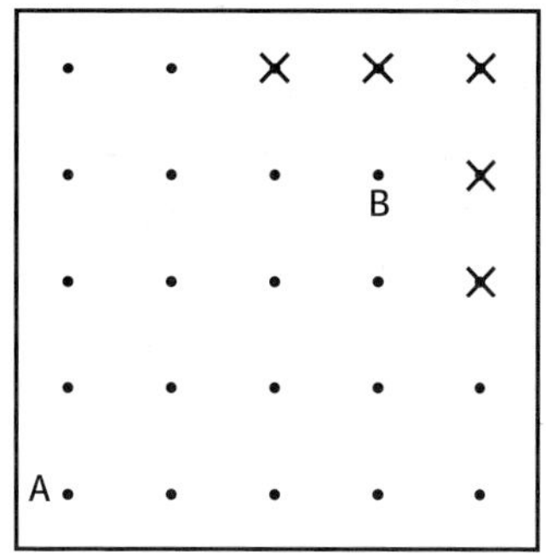

d), e) Alle angekreuzten Nägel sind von A weiter entfernt als von B. Alle umkreisten Nägel sind von A und B gleich weit entfernt.

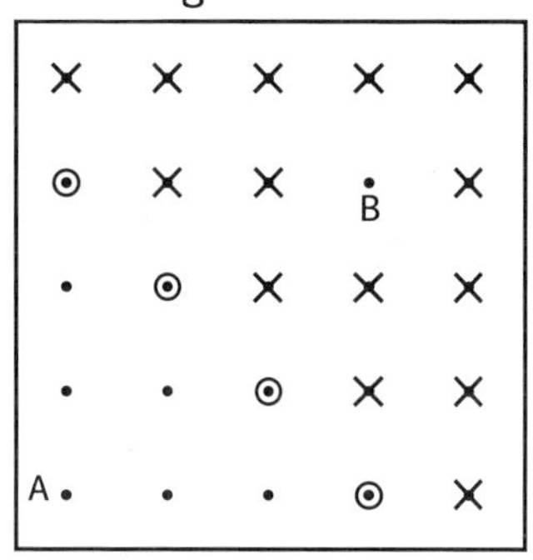

Seite 101

9

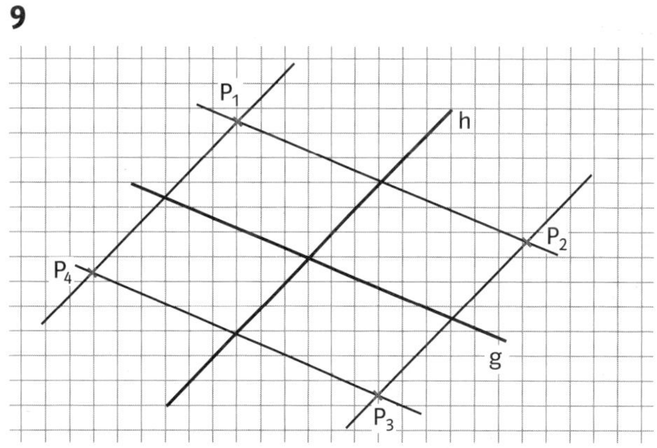

Es gibt vier solcher Punkte, da es sowohl zu g als auch zu h zwei Parallelen mit diesen Abständen gibt. Die vier Schnittpunkte dieser Parallelen erfüllen alle die vorgegebenen Bedingungen.

10

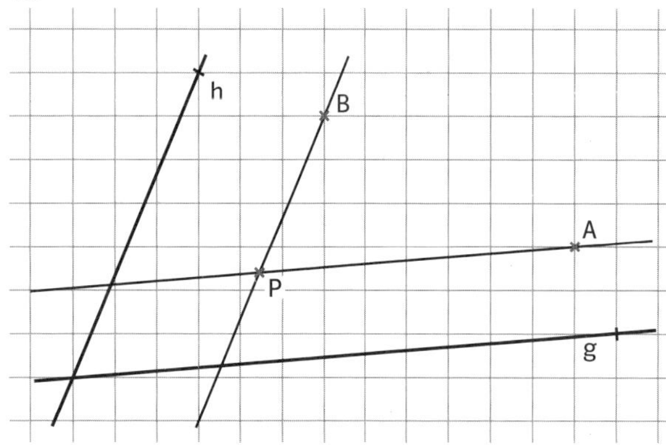

2 Parallelen zeichnen! Schnittpunkt ist Punkt P.

11 a) Der Abstand von P zu g ist die Länge der Strecke, die von P aus senkrecht auf g steht. Man zeichnet eine Parallele durch P zu g. Man misst dann den Abstand der parallelen Geraden.
b) Man zeichnet eine Zwischenparallele und misst jeweils den Abstand von h und von g zu dieser Parallelen und addiert diese beiden Abstände.

12 Man stellt sich am besten vor, Hund und Fressnapf seien durch einen Gummizug verbunden, der an den Mauerecken abknickt.
gemessen im Heft bzw. auf der Kopiervorlage:
a)

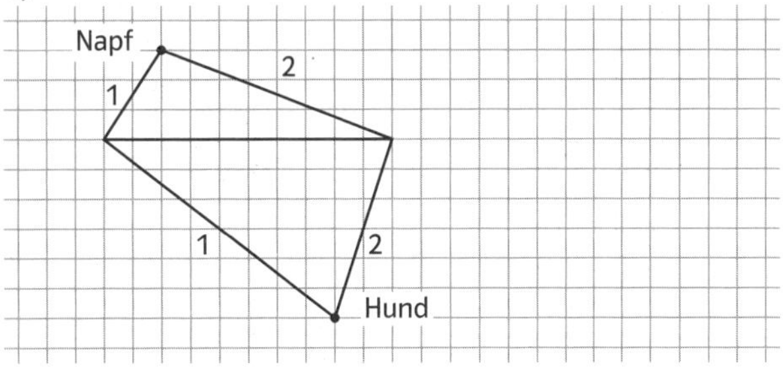

Weg 1: 50 mm + 18 mm = 68 mm
Weg 2: 32 mm + 43 mm = 75 mm
Weg 1 ist der kürzere.
b)

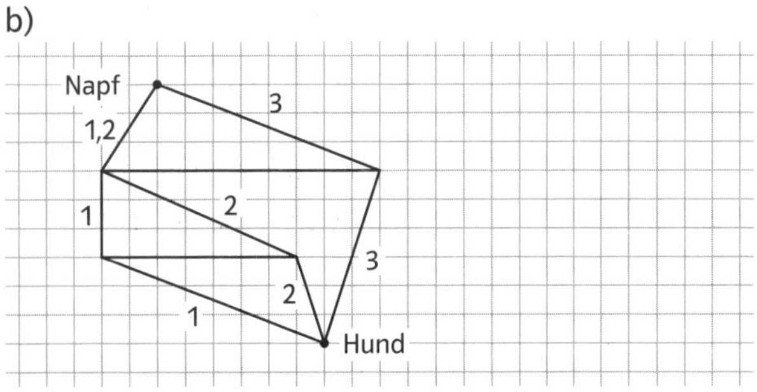

Weg 1: 43 mm + 15 mm + 18 mm = 76 mm
Weg 2: 16 mm + 38 mm + 18 mm = 72 mm
Weg 3: 32 mm + 43 mm = 75 mm
Weg 2 ist am kürzesten.
Der von der linken Ecke der unteren Mauer über die rechte Ecke der oberen Mauer führende Weg braucht offenbar nicht betrachtet zu werden.

Karten

- 72 mm auf der Karte (von Ortsmitte zu Ortsmitte); 10 mm entspricht 1 km. Also beträgt die Entfernung etwa 7,2 km.
- Man misst mit einem Faden etwa 100 mm, das entspricht 10 km. Die Entfernung ist um 2,8 km größer.
- 26 mm; 2,6 km

6 Symmetrische Figuren

Seite 102

Einstiegsaufgabe

➔ Durch einmalige Falten eines Papierbogens und Ausschneiden einer „halben" Blüte erhält man ein schönes Blütenbild. Die Blüte hat doppelt so viele Spitzen wie auf dem gefalteten Bogen gezeichnet. Für sechs Spitzen muss man drei Spitzen zeichnen, für acht bräuchte man vier. Soll die Blüte fünf Spitzen haben, muss man eine halbe Spitze an die Faltkante zeichnen:

➔

➔ individuelle Lösungen

Seite 103

1 Die Anzahl der Symmetrieachsen entspricht der der Faltungen.

2

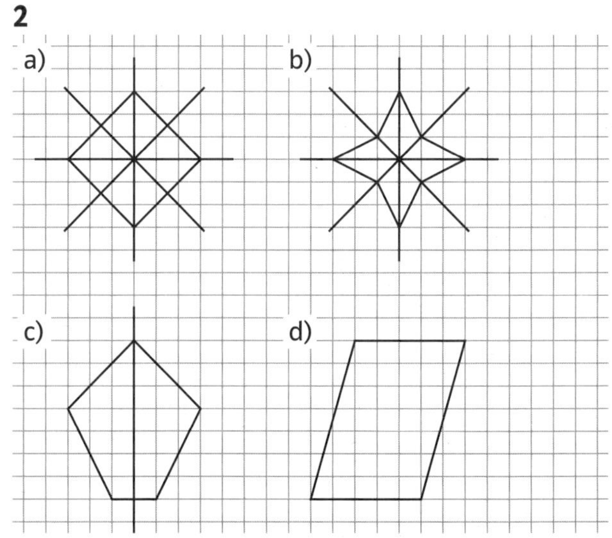

3

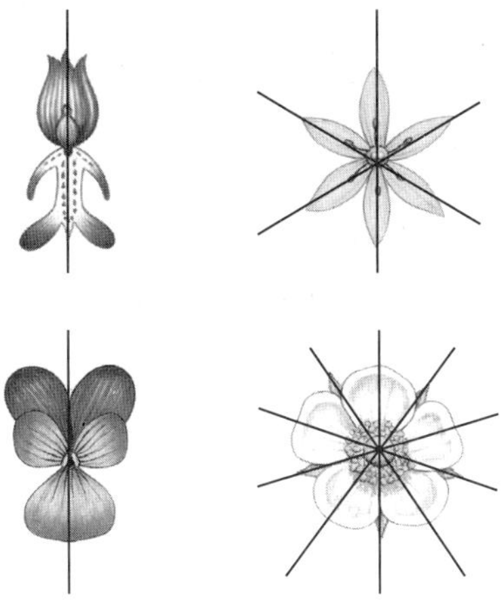

4 a) 16 Buchstaben: A, B, C, D, E, K, M, T, U, V, W, Y
b) 4 Buchstaben: H, I, O, X
c) kein Buchstabe

5 a)

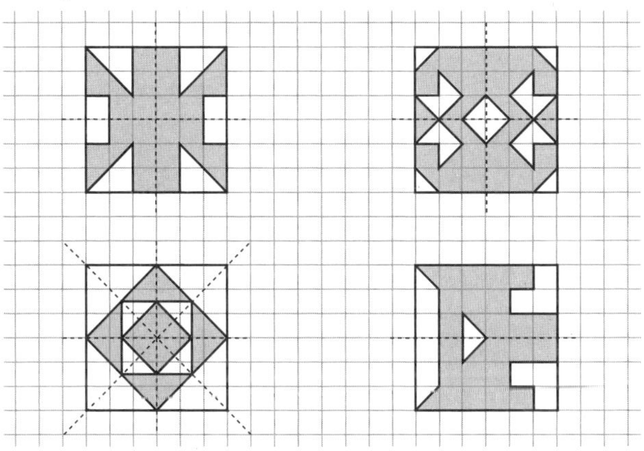

b) individuelle Lösungen

Seite 104

6

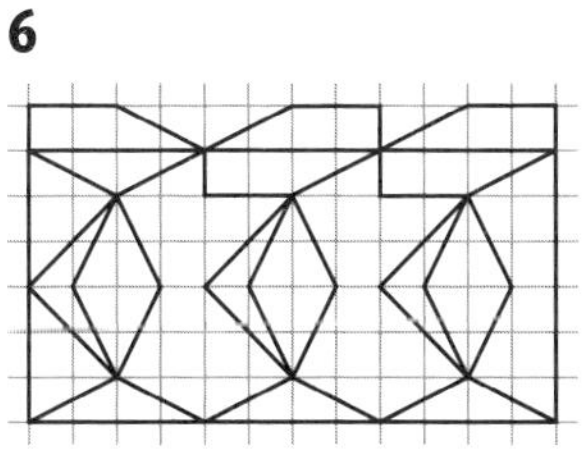

7

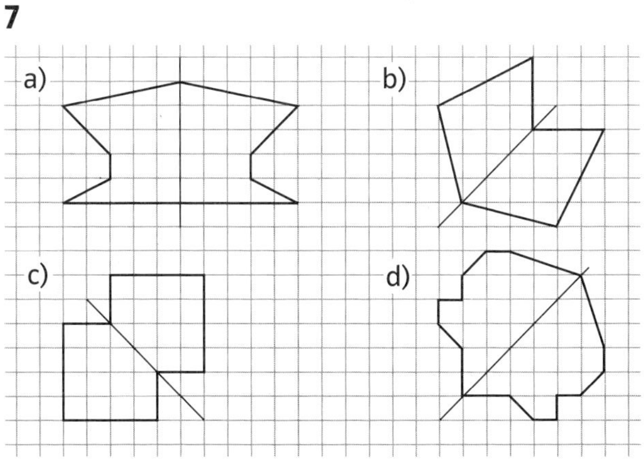

Liegt die Symmetrieachse auf einer Gitterlinie, ist das Abzählen sehr einfach: Für die Ermittlung der Symmetriepunkte muss nur rechts und links – bzw. wenn die Achsen vertikal verläuft – oben und unten getauscht werden.
Wenn die Symmetrieachse aber schräg verläuft, muss rechts/links, und oben/unten untereinander vertauscht werden.

Blätter

Im Hinblick auf die Spiegelexperimente mit den Blättern sind individuelle Lösungen erwünscht.

Üben • Anwendungen • Nachdenken

Seite 106

1 acht Symmetrieachsen

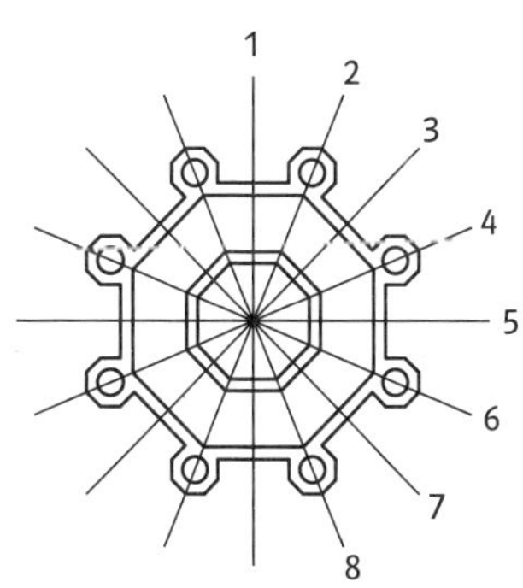

2 gemessen im Schülerbuch:
a) 24 mm b) 30 mm

3 vier Geraden: sechs Schnittpunkte

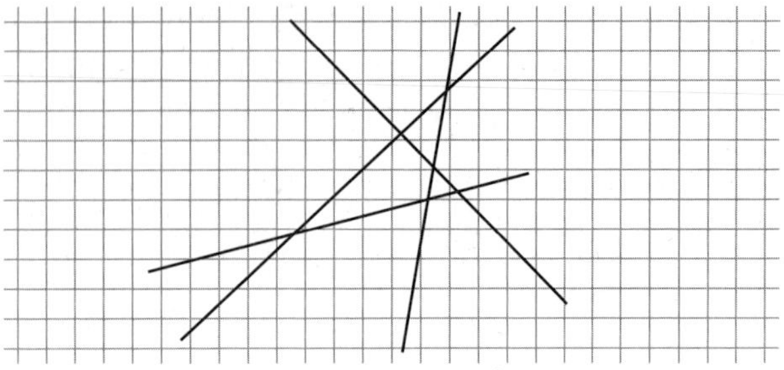

fünf Geraden: zehn Schnittpunkte

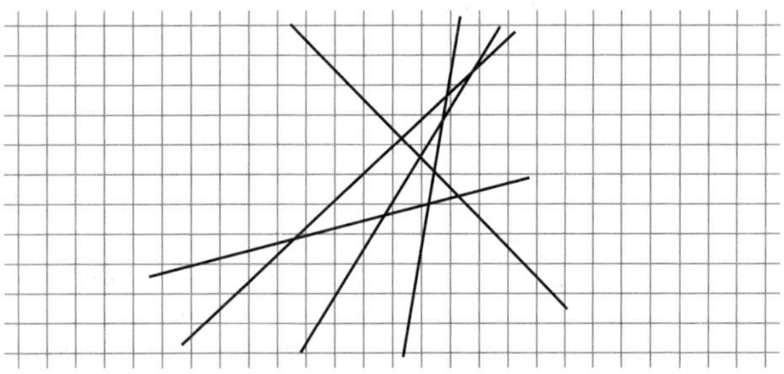

sechs Geraden: 15 Schnittpunkte

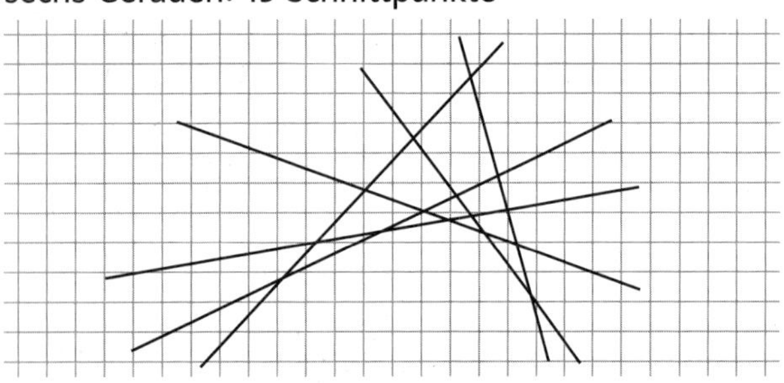

4 Dänemark: 1 Symmetrieachse (Farbe und Muster)
Frankreich: 2 Symmetrieachsen (nur eine, wenn man die Farben betrachtet)
Japan: 2 Symmetrieachsen (Farben und Muster)

5

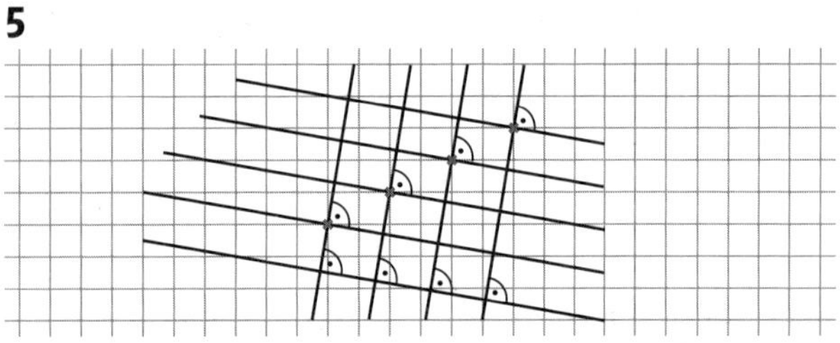

6

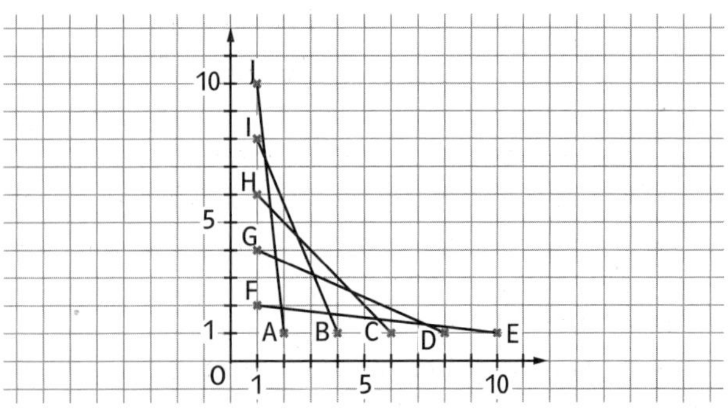

7 a)

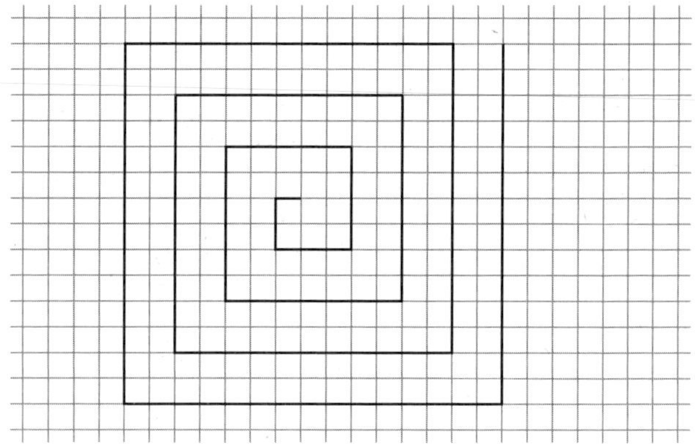

b) 1. Runde: 1 + 2 + 3 + 4 = 10 Kästchen
2. Runde: 5 + 6 + 7 + 8 = 26 Kästchen
3. Runde: 9 + 10 + 11 + 12 = 42 Kästchen
4. Runde: 13 + 14 + 15 + 16 = 58 Kästchen
5. Runde: 17 + 18 + 19 + 20 = 74 Kästchen
5 Runden insgesamt: 210 Kästchen
10 Runden: (1 + 2 + 3 + … 39 + 40)
$= (40 + 1) \cdot \frac{40}{2} = 410$ Kästchen
100 Runden: (1 + 2 + 3 … + 399 + 400)
$= (400 + 1) \cdot \frac{400}{2} = 80\,200$ Kästchen

c) 3 Runden.

d) Sie ist in der 4. Runde.

8

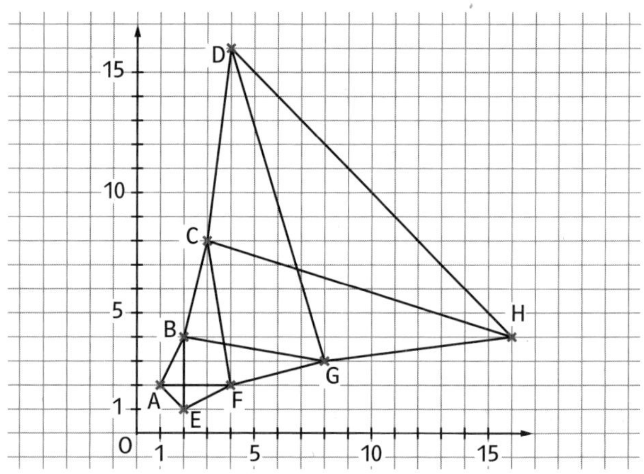

Seite 107

9

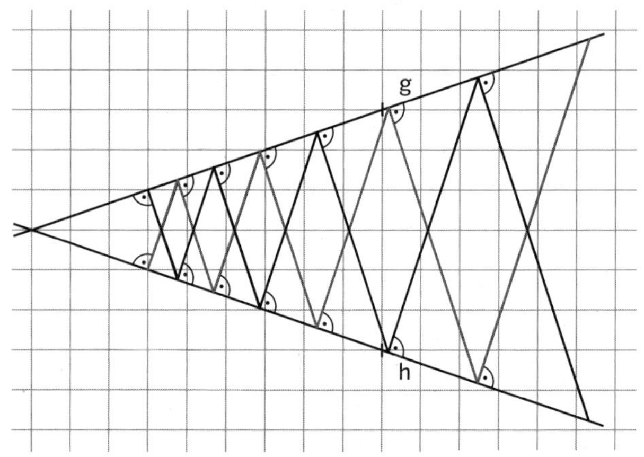

10 gemessen im Schülerbuch:

a)

$\overline{AP}$ = 4,7 cm
$\overline{BP}$ = 1,8 cm
$\overline{CP}$ = 2,4 cm $\overline{AP} + \overline{BP} + \overline{CP}$ = 8,9 cm
$\overline{AQ}$ = 1,7 cm
$\overline{BQ}$ = 3,6 cm
$\overline{CQ}$ = 4,8 cm $\overline{AQ} + \overline{BQ} + \overline{CQ}$ = 10,1 cm
$\overline{AR}$ = 4,6 cm
$\overline{BR}$ = 2,7 cm
$\overline{CR}$ = 1,8 cm $\overline{AR} + \overline{BR} + \overline{CR}$ = 9,1 cm

Für den Punkt P ist die Summe der Entfernung am kleinsten.

b)

Abstand P zu $\overline{AB}$ = 1,6 cm
$\overline{BC}$ = 0,6 cm
$\overline{AC}$ = 1,6 cm   Summe: 3,8 cm

Abstand Q zu $\overline{AB}$ = 0,4 cm
$\overline{BC}$ = 3,5 cm
$\overline{AC}$ = 0,7 cm   Summe: 4,6 cm

Abstand R zu $\overline{AB}$ = 2,4 cm
$\overline{BC}$ = 0,9 cm
$\overline{AC}$ = 0,7 cm   Summe: 4 cm

Auch hier ist die Summe der Entfernung für P am kleinsten.

11 Die Kiwi hat unendlich viele Symmetrieachsen.

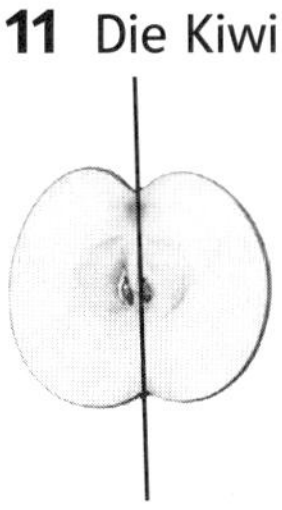
Apfel

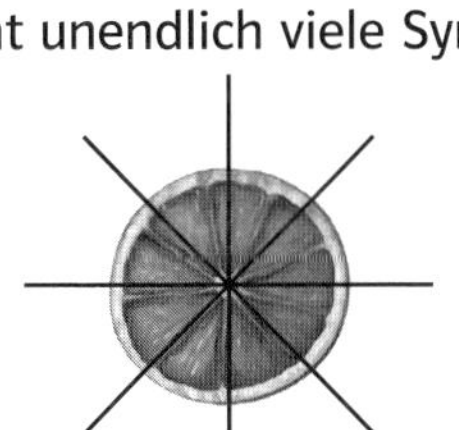
Blutorange

Wege im Gitter

- Der längste Weg hat eine Länge von 21. Eine mögliche Abfolge (die Zahlen geben die Reihenfolge an):

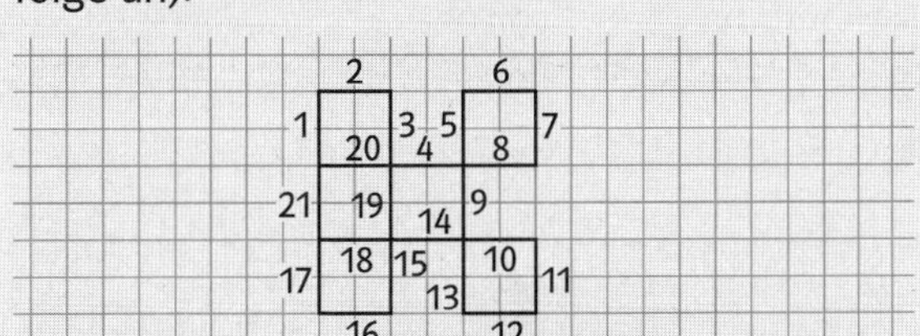

- Der maximale Weg der linken Gitters hat eine Länge von 33. Der des rechten eine Länge von 15.

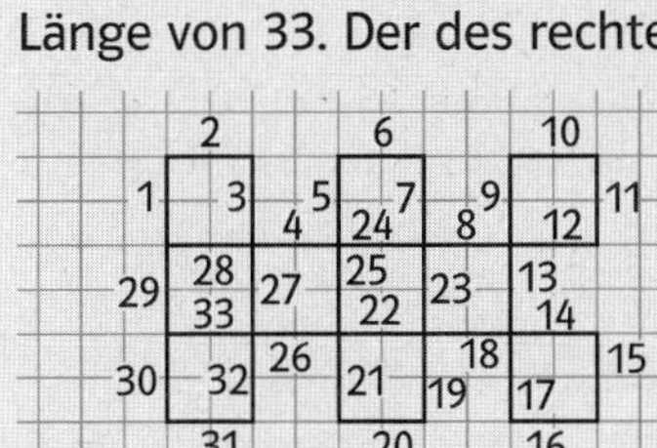

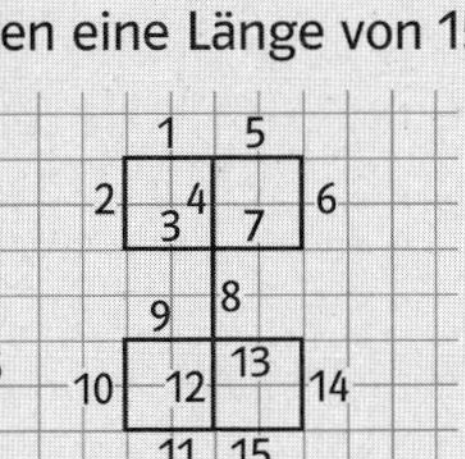

- Der kürzeste Weg sieht wie folgt aus:

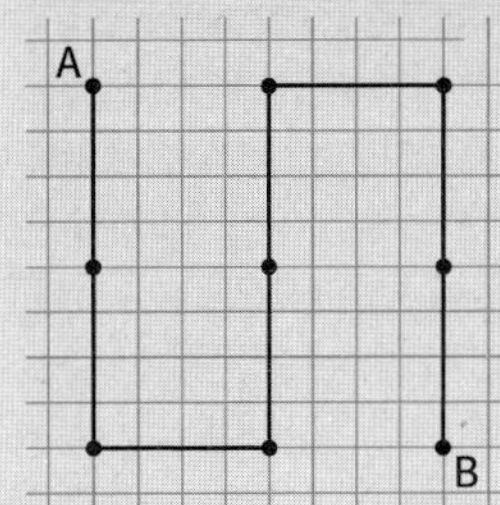

Der längste Weg ist etwas schwieriger zu finden, die beiden folgenden Wege bieten sich an. Der zweite ist ein klein wenig länger:

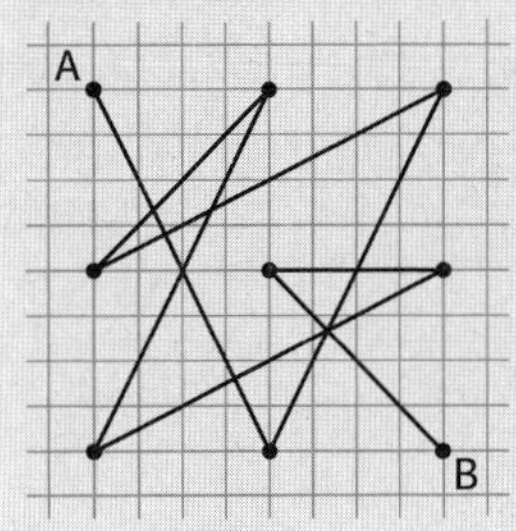

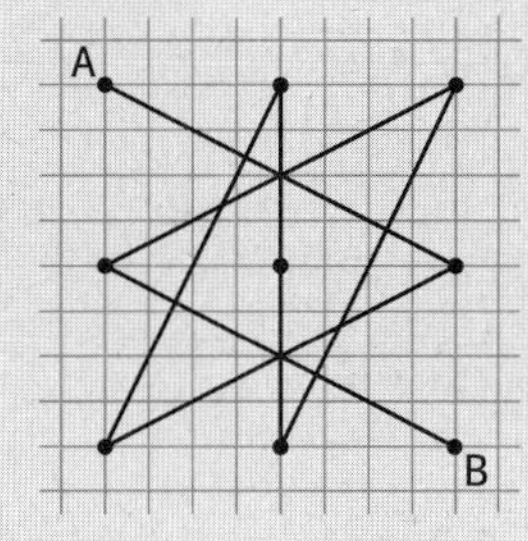

- Der Gärtnermeister sagt sich, dass „Reihen" nicht parallel sein müssen. Also zieht er vier sich jeweils schneidende Geraden und pflanzt in jedem der 6 Schnittpunkte einen Baum.

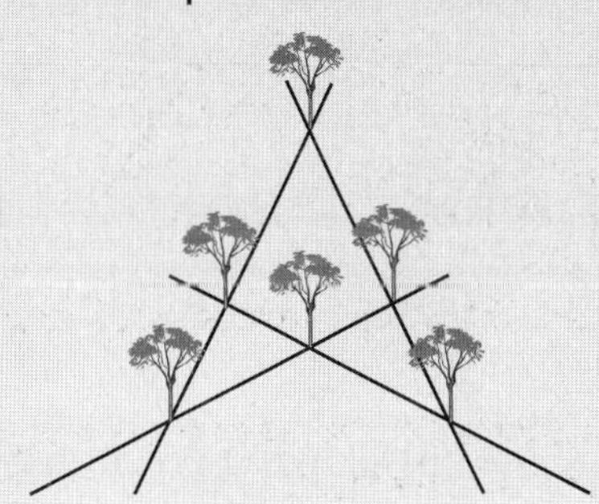

Randspalte

Die blaue und die rote Strecke einer Figur sind jeweils gleich lang.

Seite 108

12

- Folgende Strecken sind jeweils parallel:
  - $\overline{AH}$; $\overline{BG}$; $\overline{CF}$; $\overline{DE}$
  - $\overline{AB}$; $\overline{CH}$; $\overline{DG}$; $\overline{EF}$
  - $\overline{AC}$; $\overline{HD}$; $\overline{GE}$
  - $\overline{CG}$; $\overline{BH}$; $\overline{DF}$
  - $\overline{BC}$; $\overline{AD}$; $\overline{EH}$; $\overline{FG}$
  - $\overline{CD}$; $\overline{BE}$; $\overline{AF}$; $\overline{HG}$
  - $\overline{CE}$; $\overline{BF}$; $\overline{AG}$
- Folgende Strecken sind jeweils senkrecht zueinander: $\overline{AH}$ zu $\overline{AD}$, $\overline{HE}$; $\overline{BG}$ zu $\overline{AD}$, $\overline{HE}$ usw.
- Gleich lange Strecken:
  Alle blauen Strecken sind gleich lang.
  Alle gelben Strecken sind gleich lang.
  Alle schwarzen Strecken sind gleich lang.
  Alle roten Strecken sind gleich lang.
- Alle roten Strecken sind Symmetrieachsen.

Es gibt noch vier weitere Symmetrieachsen:

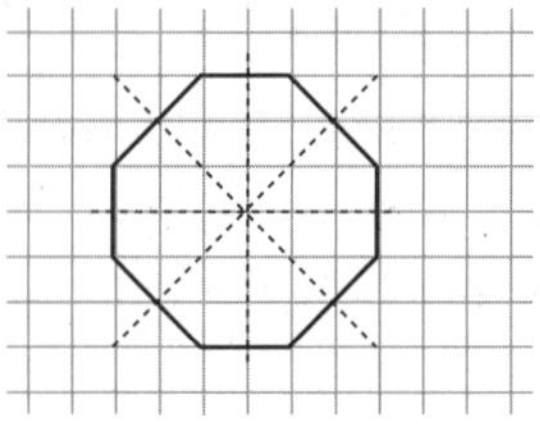

13 a) etwa 45 km
b) Warnemünde–Gedser: etwa 18 km
Travemünde–Helsinki: etwa 15 km
c) 2 Stunden

Auf See

- Der schnellere Kurs ist der Fähre, der langsamere dem Tanker zuzuordnen.

Uhrzeit	Entfernung in km
6:00	6
6:02	4,5
6:04	3,5
6:06	2,5
6:08	2
6:10	2,25
6:12	3,25
6:14	4,5
6:16	5,75
6:18	9,5
6:20	8,25

Um 6:08 Uhr sind die beiden Schiffe sich am nächsten. Ihr Abstand beträgt 2 km.

- Fähre sieht Tanker querab backbords: zwischen 6:06 Uhr und 6:08 Uhr.
Tanker sieht Fähre querab Steuerbords: um 6:00 Uhr.

- Entfernung der Schiffe etwa 2 km

- Um 6:13 Uhr kreuzt der Tanker den Kurs der Fähre

- Tanker: 5 km in 10 min., also $30\frac{km}{h}$.
Fähre: 5 sm in 10 min., also $30\frac{sm}{h}$, das sind etwa $60\frac{km}{h}$.

- individuelle Lösungen

5 Flächen und Körper

Auftaktseite: Sechs Quadrate – ein Würfel

Seiten 110 bis 111

Schachteln

Die beiden äußeren Figuren sind Schnittmuster einer Schachtel.

Würfel

Die beiden oberen Würfel sind spiegelbildlich zueinander. Die Summe gegenüberliegender Augen ergibt bei einem Spielwürfel immer 7.
Bei den unteren Fotos zeigen die ersten beiden Fotos denselben Spielwürfel. Es ist der Würfel, der auch oben rechts abgebildet ist.

1 Rechteck und Quadrat

Seite 112

Einstiegsaufgabe

➔ Man faltet die erste Linie beliebig. Den ersten rechten Winkel und somit auch die zweite Linie erhält man, indem man die erste Faltlinie auf sich selbst faltet. Die weiteren rechten Winkel erhält man entsprechend.
➔ Durch die vier rechten Winkel sind gegenüberliegende Seiten parallel. Eine Seite schneidet die zwei zu ihr senkrechten Seiten in gleichem Abstand wie die zu ihr parallele Seite.
➔ individuelle Lösungen
➔ Man faltet wie oben beschrieben die erste Linie, die erste Senkrechte zur ersten Linie (1. Ecke) und die Senkrechte zur ersten Senkrechten (2. Ecke). Man faltet nun so in der 1. Ecke, dass die erste Senkrechte genau auf der ersten Faltlinie liegt. An der Stelle, an der die 2. Ecke die erste Faltkante berührt, faltet man die noch fehlende Senkrechte.

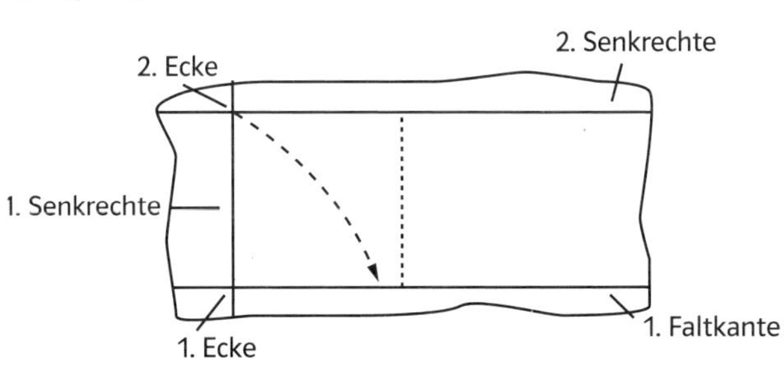

Seite 113

1 a) 18 Rechtecke, von denen 10 Quadrate sind
b) 9 Rechtecke, von denen keines ein Quadrat ist

2 individuelle Lösungen

3 individuelle Lösungen

4 a) D(12|9) b) D(2|8) c) D(2|6)

5 beispielhafte Lösungen:

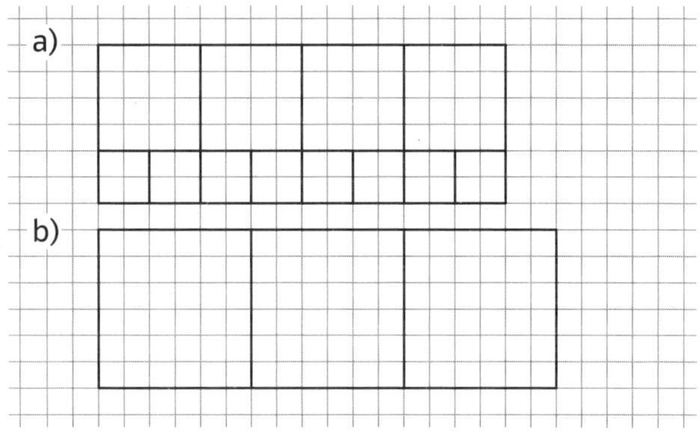

6 quadratisch; wenn sie verschieden lang wären: rechteckig

7 individuelle Lösungen

Randspalte

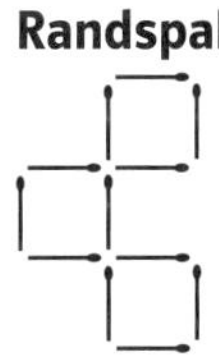

Zerlegungstricks

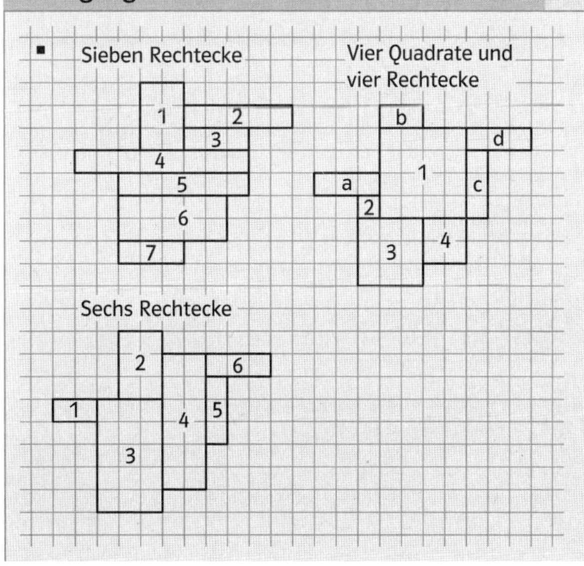

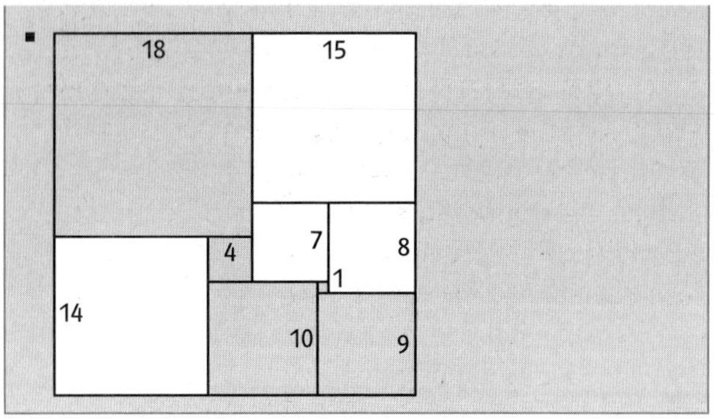

2 Parallelogramm und Raute

Seite 114

Einstiegsaufgabe

➔ Verlegt man einen der Punkte, erhält man jeweils ein Parallelogramm.
➔ Die gegenüberliegenden Seiten der Vierecke sind parallel und gleich lang.
➔ Ja, man verlegt B oder D einen Nagel nach unten. Wird B einen Nagel nach unten verlegt, erhält man ein Viereck, das zusätzlich zu den oben genannten Eigenschaften auch noch vier gleich lange Seiten hat.
➔ Man verlegt C um einen Nagel nach rechts oder A um einen Nagel nach rechts. Ebenso kann man B oder D um einen Nagel nach links verlegen.

Seite 115

1 Parallelogramme: a); d); h). d) ist sogar ein Rechteck.
Rauten: f); g); i)
i) ist sogar ein Quadrat.

2

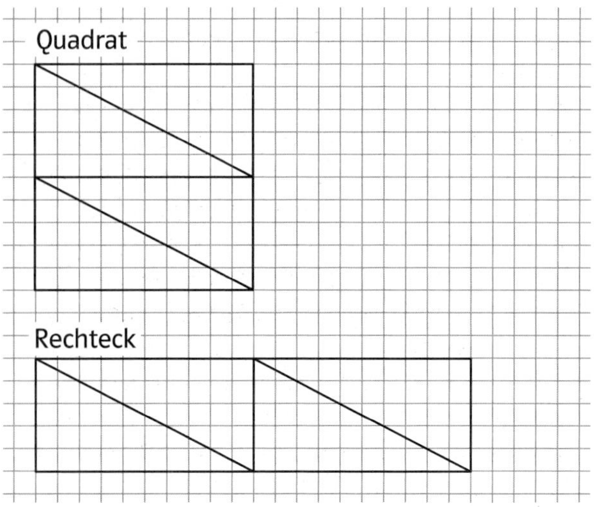

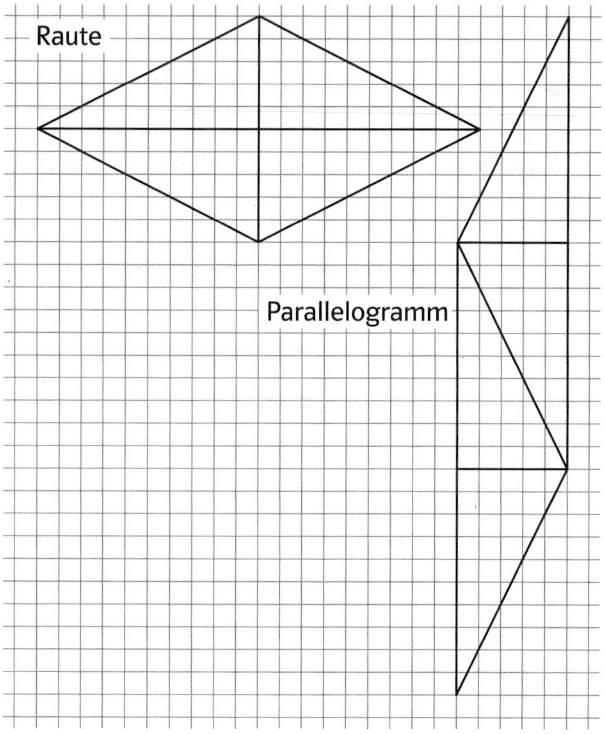

3 19 Parallelogramme, davon sind 9 Rauten.

4 a) D(5|10) b) D(3|14)
c) C(17|9) d) A(6|5)

5

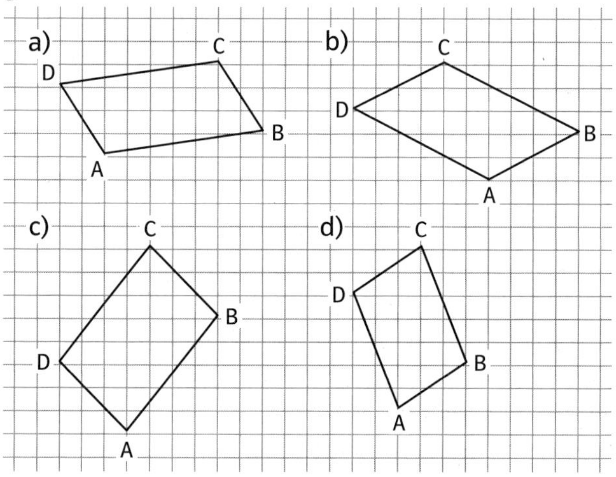

6 Es entsteht immer ein Parallelogramm.

Randspalte

individuelle Lösungen

Seite 116

7 Durch die Gelenke an den Ecken kann man die Winkel des Parallelogramms und damit seine Höhe verändern. Man verwendet solche Gelenkparallelogramme auch bei Greifarmen und Hebebühnen.

8 Nein, sie hat nicht zuviel versprochen, denn sie zeichnet ein Quadrat.

9 1. FLMG 2. CGHD
3. EFDB 4. EJGB

10 a) D(1|11); B(9|1); C(19|17)
Die Parallelogramme findet man in der Zeichnung von Teilaufgabe b).
b)

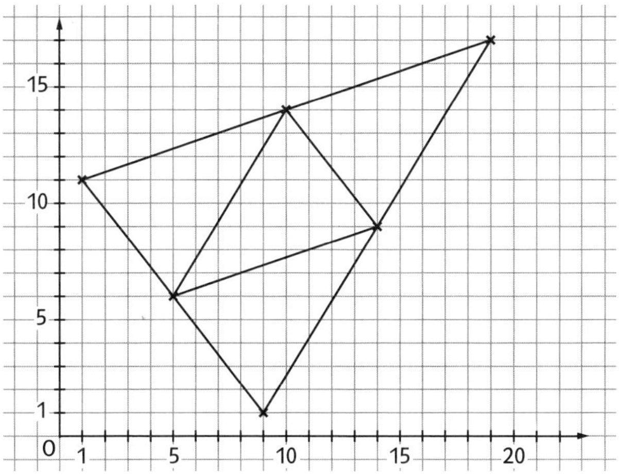

Als Figur ergibt sich ein großes Dreieck, das aus vier kleineren gleichen Dreiecken zusammengesetzt ist.

11 1. Raute: i, g 2. Rechteck: h, j
3. Quadrat: g, h, i, j 4. Raute: g, i

12 Die Faltlinien schneiden sich im Schnittpunkt der Diagonalen. Das heißt, dass die Diagonalen sich gegenseitig halbieren.

13 linkes Viereck: Man verlegt die obere linke Ecke oder die untere rechte Ecke um einen Nagel nach links und einen nach unten. Ebenso kann man eine der beiden anderen Ecken um einen Nagel nach rechts und einen nach oben verlegen.
Rechtes Viereck: Man verlegt die linke untere oder die rechte obere Ecke um einen Nagel nach unten und einen nach links. Ebenso kann man eine der beiden anderen Ecken um einen Nagel nach oben und einen nach rechts verlegen.
Aus einem bereits vorhanden Parallelogramm erzeugt man weitere Parallelogramme, indem man die benachbarten Ecken in gleicher Weise oder die gegenüberliegenden Ecken in entgegengesetzter Weise verlegt.

3 Noch mehr Vierecke

Seite 117

Einstiegsaufgabe

➔ Man zerschneidet die Parallelogramme entlang der Höhe oder der Diagonalen.

➔ Bei der ersten Zerlegung erhält man ein Rechteck oder durch Wenden eines Teils ein Trapez. Bei der zweiten erhält man ein Parallelogramm oder durch Wenden eines Teils einen Drachen.

➔ Rechteck: zwei Symmetrieachsen
Trapez: eine Symmetrieachse
Parallelogramm: keine Symmetrieachse
Drachen: eine Symmetrieachse

1

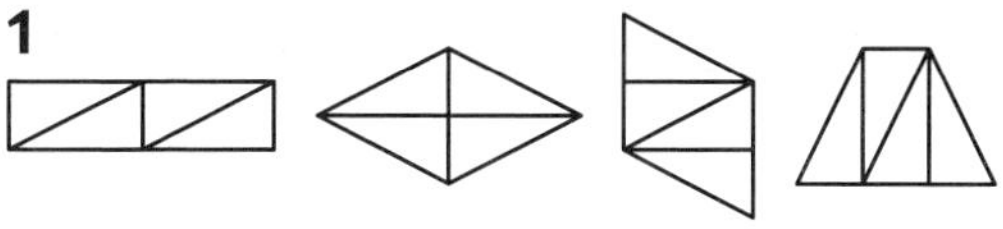

2 fehlende Eckpunkte:
a) D(14|13) b) D(3|14) c) D(7|8) d) B(2|6)

3 Sie zeichnet ein Quadrat.

4 a) D(9|12) b) C(18|10) c) D(12|10)

5 individuelle Lösungen

Randspalte

Der Pfeil erfüllt alle Kriterien eines Drachens.

Seite 118

Viereckspakette

- individuelle Lösungen:
Generell wird an die lange Seite eines Parkettsteins ein weiterer Parkettstein mit der kurzen Seite angelegt.
Mit dieser L-förmigen Grundform wird die Fläche lückenlos bedeckt.
- linke Spalte:
1. Parkett: Parallelogramme werden in einer Reihe aneinandergelegt. Die Grenzlinie ist Symmetrieachse der ersten und der zweiten Parallelogramm-Reihe. An jeder Ecke stoßen vier Steine aneinander.
2. Parkett: Jede zweite Reihe besteht aus Quadraten. Die anderen entstehen durch das Aneinanderlegen von Parallelogrammen, deren linke Seite der Seitenlänge des Quadrats entspricht. An jeder Ecke stoßen vier Steine aneinander.
3. Parkett: Um ein Quadrat werden vier Parallelogramme gelegt; an diese wird jeweils wieder ein Quadrat gelegt. Es gibt Ecken, an denen drei und solche, an denen sechs Ecken aneinanderstoßen.
4. Parkett: Das Parkett entsteht durch stufenförmiges Aufeinandersetzen gleicher Parallelogramme. Die anschließende „Spalte" entsteht durch andere Parallelogramme, die lückenlos und ebenfalls stufenförmig angelgt werden. An jeder Ecke stoßen drei Parkettsteine aneinander.

rechte Spalte:
1. und 2. Parkett: Die kleinste Baueinheit besteht aus einem Trapez an das ein gedrehtes Trapez angelegt wird. Aus dieser Baueinheit werden Reihen gelegt. Die Grundseiten von Trapezen benachbarter Reihen können gegeneinander verschoben sein.
Treffen jeweils die langen Seiten der Trapeze aus benachbarten Reihen zusammen, erhält man sechseckige Grundeinheiten. An jeder Ecke treffen dann vier Steine zusammen.
3. Parkett: Der Bau entspricht dem Bau des 1. Parketts aus der ersten Reihe. An einigen Stellen bilden die Seitenkanten der Trapeze verschiedener Reihen eine durchgängige Linie.
4. Parkett: Aus zwei Trapezen wird ein Parallelogramm gelegt. Diese Parallelogrammformen werden so übereinandergelgt, dass rechts und links eine durchgehende Linie entsteht. An diesen Linien werden andere Trapeze im Wechsel mit ihrer Grundseite und der dazu parallelen Seite angelegt. Die angrenzenden Streifen bestehen erneut aus den Parallelformen. Es gibt Ecken, an denen zwei und solche, an denen vier Steine aneinanderstoßen.

- Es besteht aus Drachen, die jeweils gedreht aneinander gelegt werden. Es liegen jeweils lange und kurze Seiten aneinander.

individuelle Lösungen
Beispiel eines Pfeilparketts

- 1. Parkett: Es besteht aus Quadraten, die von Rauten umgeben sind, deren Seitenlängen denen des Quadrates entsprechen. An jede Raute schließt sich wieder ein Quadrat an.

2. Parkett: Es besteht aus Drachen und Quadraten. Jedes Quadrat ist von vier Drachen umgeben, die mit ihrer langen Seite an die Quadratseite grenzen. Die Längen sind so gewählt, dass aus einem kleinen Quadrat und vier umgebenden Drachen ein großes Quadrat entsteht. Die Seitenlänge ergibt sich aus einer kurzen und einer langen Seite eines Drachens. Die großen Quadrate werden so aneinandergelegt, dass sie jeweils in einem Drachen „überlappen“.

4 Würfel

Seite 119

Einstiegsaufgabe

➔ Sieben Klebelaschen müssen aufgetrennt werden; fünf bleiben ganz.
➔ 14
➔ Der Würfel hat 12 Kanten, die sich beim Würfelnetz in die aufgetrennten und die ganzen aufteilen lassen. Jede aufgetrennte Kante ergibt zwei Quadratseiten, die den Rand des Musters bilden. Andere Würfelnetze liefern gleiche Ergebnisse.

2 E, F, D, J

Seite 120

Randspalte

Gemeint sind die Augen der Würfelflächen, af denen die Würfel liegen (oben und unten).
Obere und untere Fläche des
- untersten Würfels: 3 und 4
- 2. Würfels: 6 und 1
- 3. Würfels: 3 und 4
- 4. Würfels: 2 und 5
- 5. Würfels: 6

Summe der nicht sichtbaren Augen: 34
Die Lösung ist aber auch schneller zu finden: Da die Summe der Augen sich gegenüberliegender Würfelflächen immer 7 ergibt, kann man auch wie folgt rechnen: $4 \cdot 7 + 6 = 34$

3

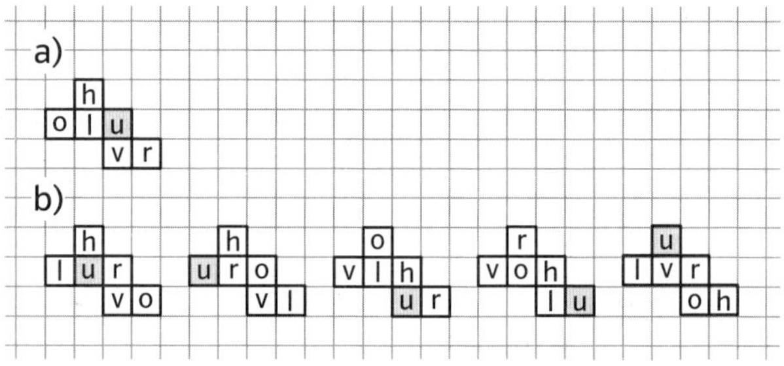

4 a); b); d)

5

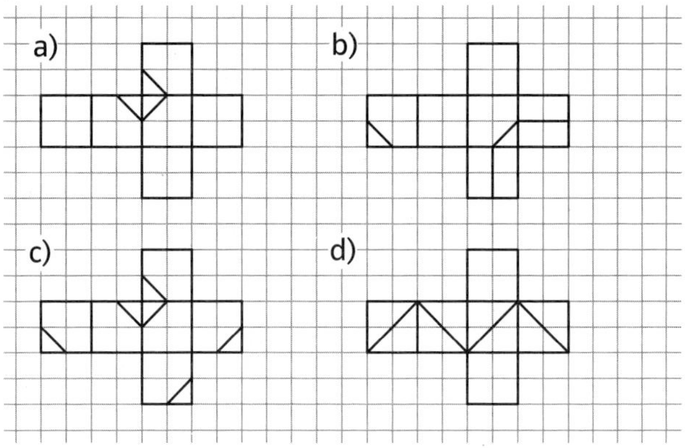

6 a) 1 b) 4

7 Es gibt insgesamt elf verschiedene Würfelnetze.

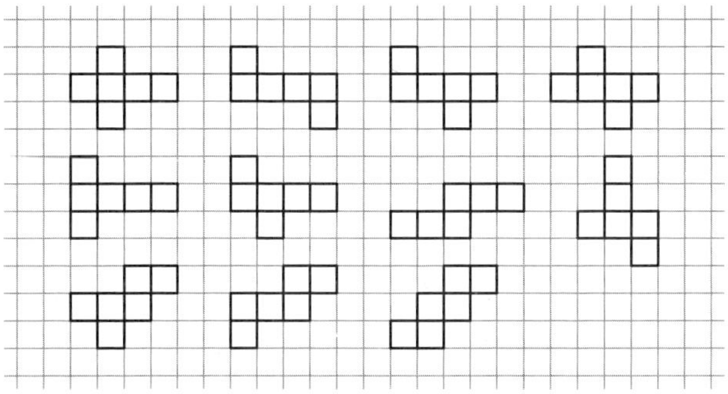

8

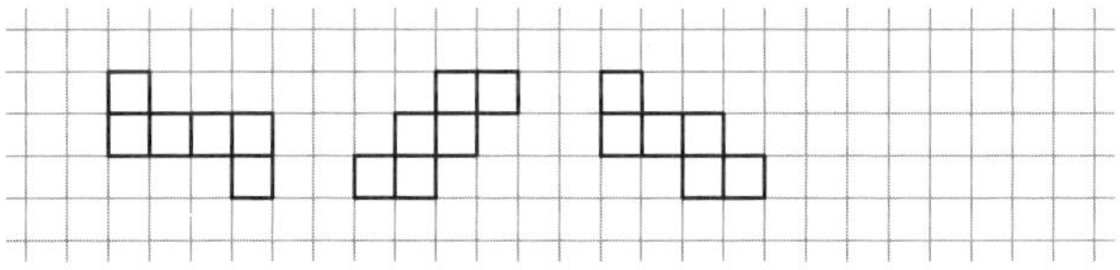

5 Quader

Seite 121

Einstiegsaufgabe

➔ 6 Würfel: zwei Möglichkeiten (1 × 1 × 6; 1 × 2 × 3)
8 Wurfel: drei Möglichkeiten
(1 × 1 × 8; 1 × 2 × 4; 2 × 2 × 2)
18 Würfel: vier Möglichkeiten
(1 × 1 × 18; 1 × 2 × 9; 1 × 3 × 6; 2 × 3 × 3)
➔ 100 Würfel: sechs Möglichkeiten
(1 × 1 × 100; 1 × 2 × 50; 1 × 4 × 25; 1 × 5 × 20; 1 × 10 × 10; 2 × 2 × 25; 4 × 5 × 5; 10 × 5 × 2)

1 a) drei Möglichkeiten
b) sechs Möglichkeiten
c) individuelle Lösungen

Seite 122

2 individuelle Lösungen

3 b); d)

4 a) Es gibt vier Möglichkeiten, das fehlende Rechteck anzubringen.
b) Das fehlende Quadrat kann an vier Seiten angebracht werden.

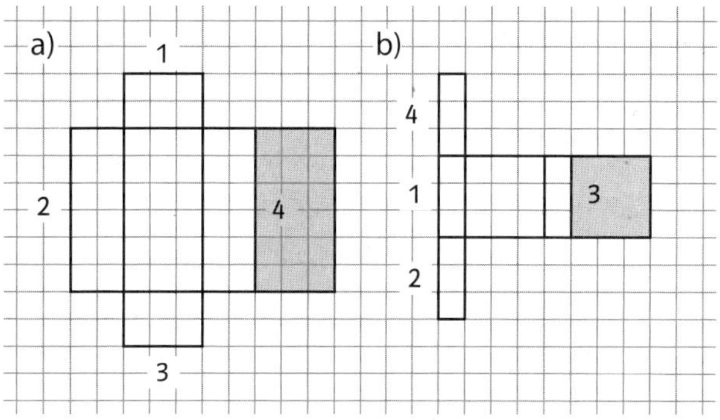

Kopfgeometrie

- o
- a) 1; b) 3; c) 2
- 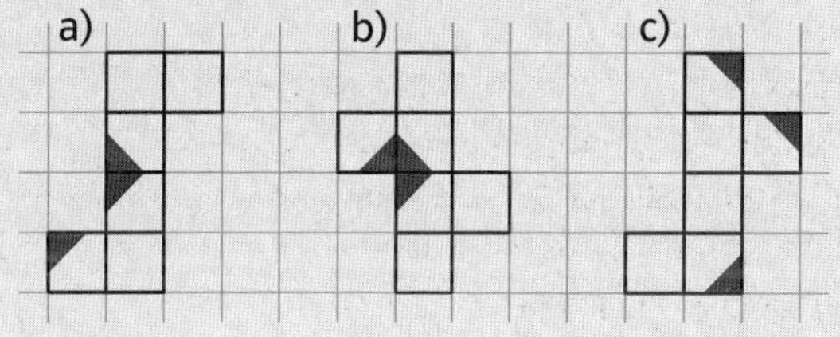

- A und D

Seite 123

5 individuelle Lösungen

6

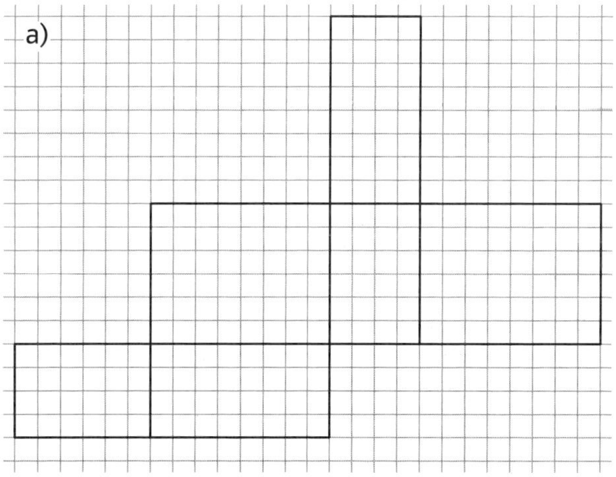

b)

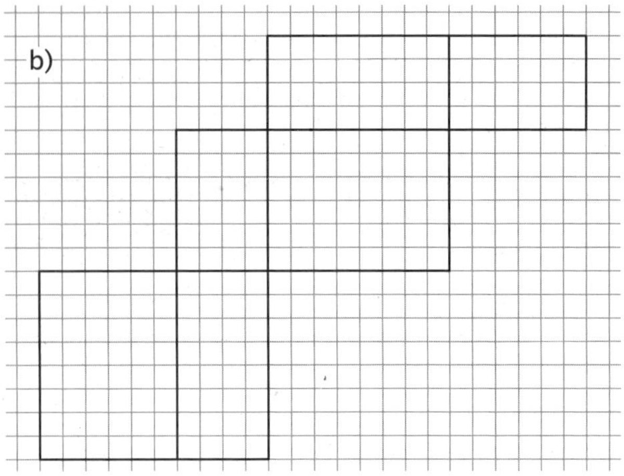

7

a) b)

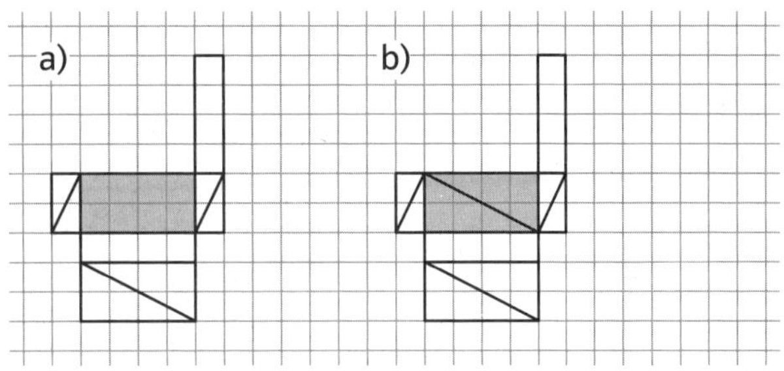

Zählen mit Verstand

▪

gelbe Flächen	3	2	1	0	Ges.
3er-Teilung	8	12	6	1	27
4er-Teilung	8	24	24	8	64
5er-Teilung	8	36	54	27	125

Die Eckwürfel haben jeweils drei gelbe Flächen, der Würfel hat acht Ecken.
Die Kantenwürfel haben je zwei gelbe Flächen, der Würfel hat zwölf Kanten.
Eine gelbe Fläche haben alle kleinen Würfel, die keine Kantenwürfel oder Eckwürfel sind. Man bestimmt ihre Anzahl auf einer Fläche und multipliziert sie mit sechs (denn der Würfel hat sechs Flächen). Keine gelbe Fläche haben die Würfel im Inneren, also alle restlichen Würfel.
Für die 10er-Teilung gilt
3 gelbe Flächen: 8 Würfel
2 gelbe Flächen: $(10 - 2) \cdot 12 = 96$ Würfel
1 gelbe Fläche: $(10 - 2) \cdot (10 - 2) \cdot 6 = 384$ Würfel
0 gelbe Flächen:
$(10 - 2) \cdot (10 - 2) \cdot (10 - 2) = 512$ Würfel
▪ 44 Würfel, dies entspricht allen Kanten- und Eckwürfeln.

6 Würfel und Quader im Schrägbild

Seite 124

Einstiegsaufgabe

➔ a) von links unten
b) von rechts unten
c) direkt von vorne
d) von links oben
e) von rechts oben
➔ direkt von vorne

1

a)

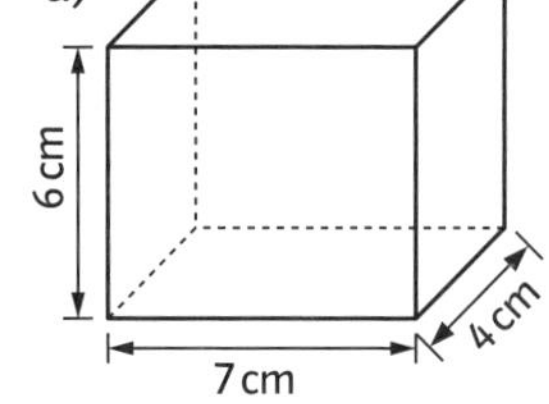

b)

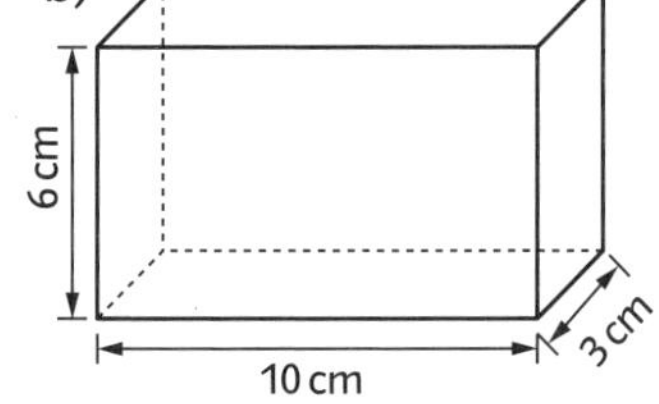

c)

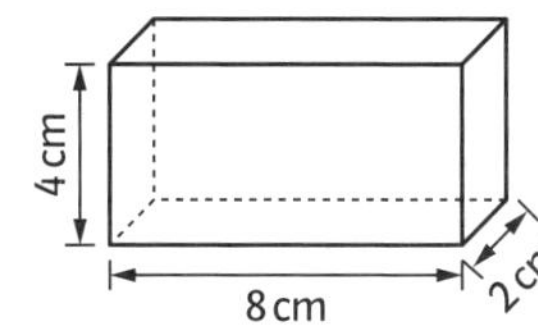

d)

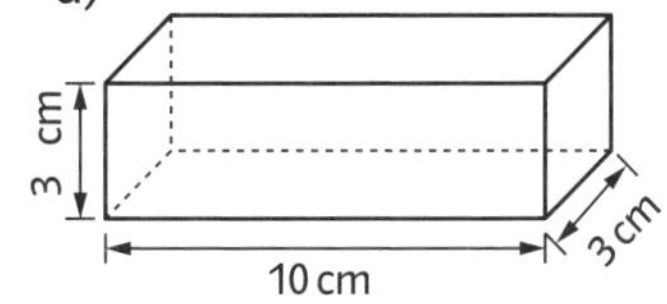

e)

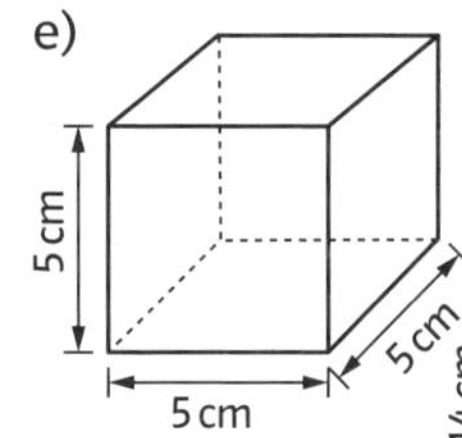

f)

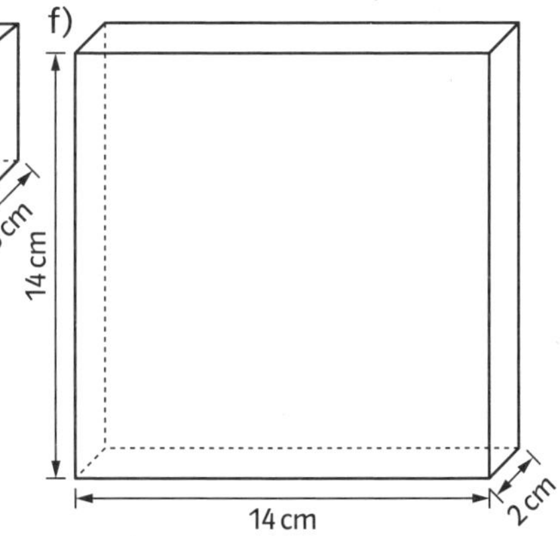

2

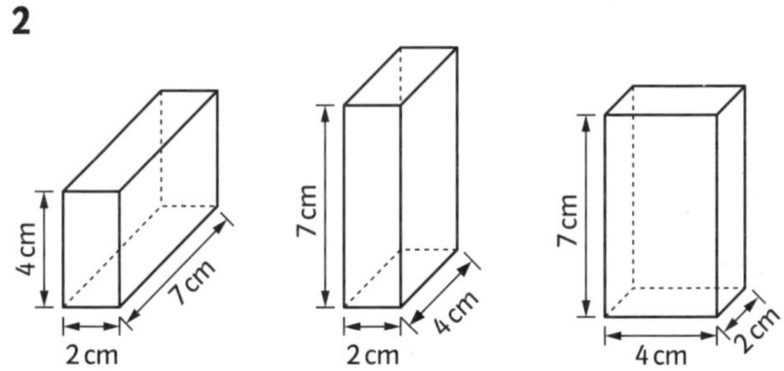

Seite 125

3

a)

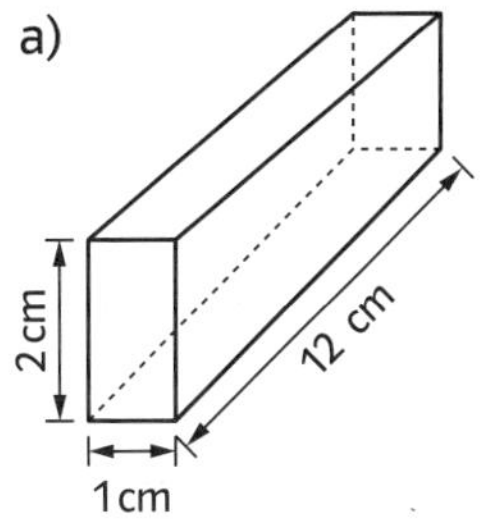

b)

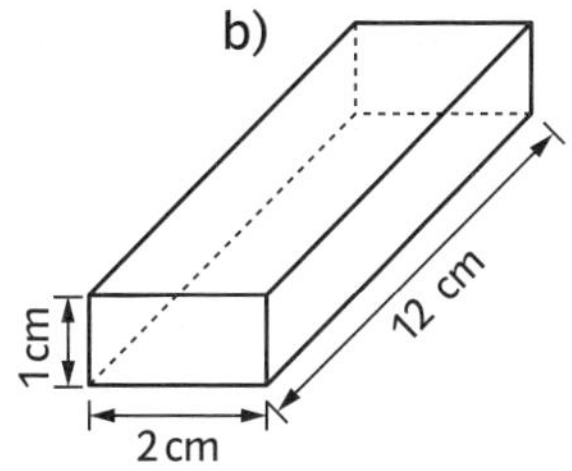

c)

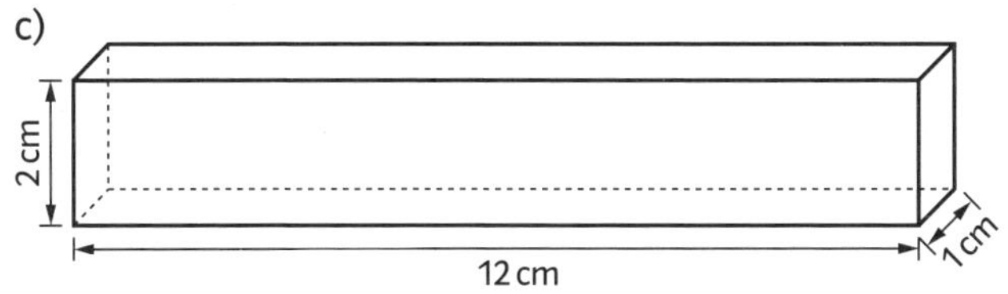

4 a)

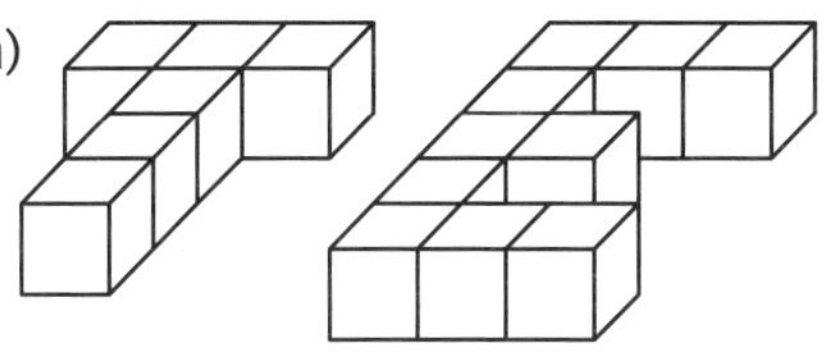

b) beispielhafte Lösung:

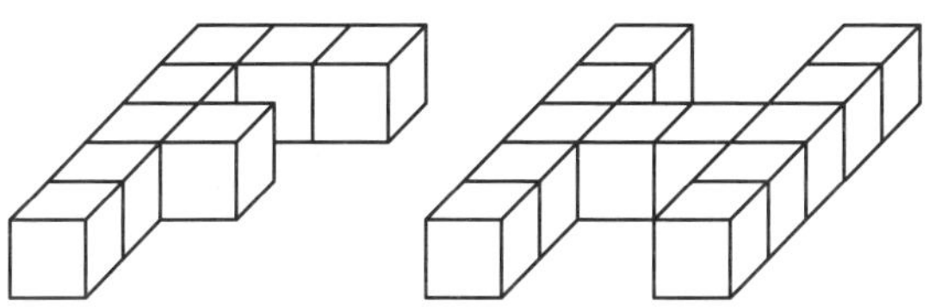

5

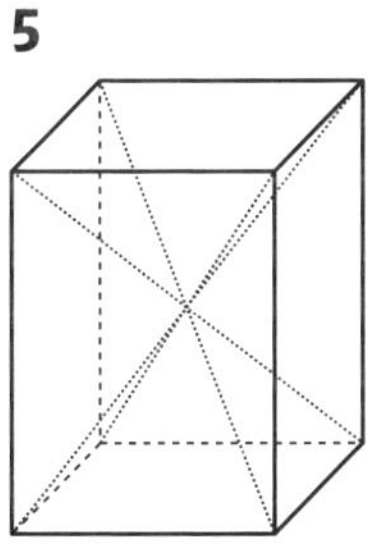

6

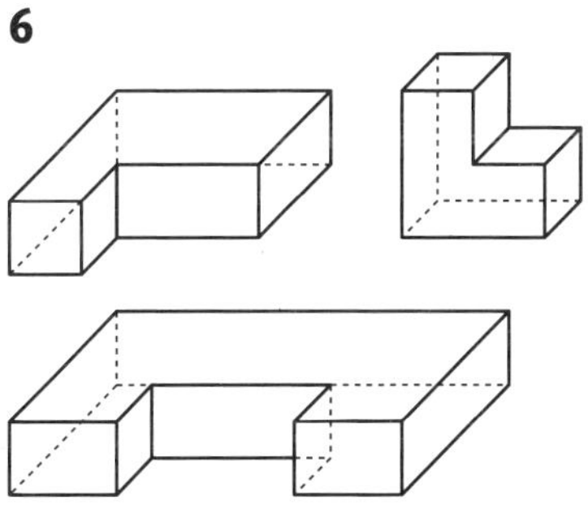

7

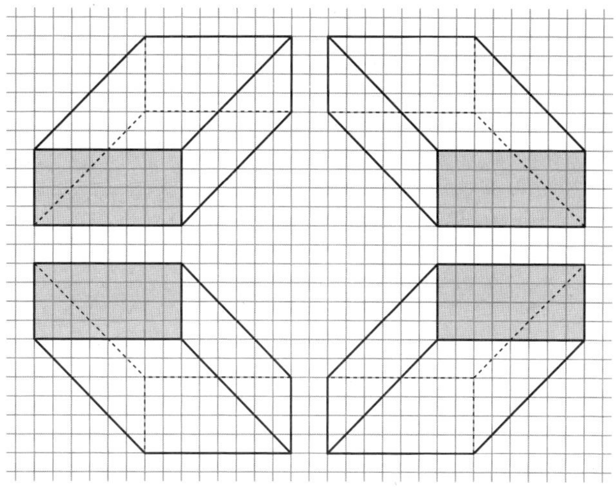

Schrägbilder auf Dreieckspapier

- von schräg oben
- beispielhafte Lösungen:

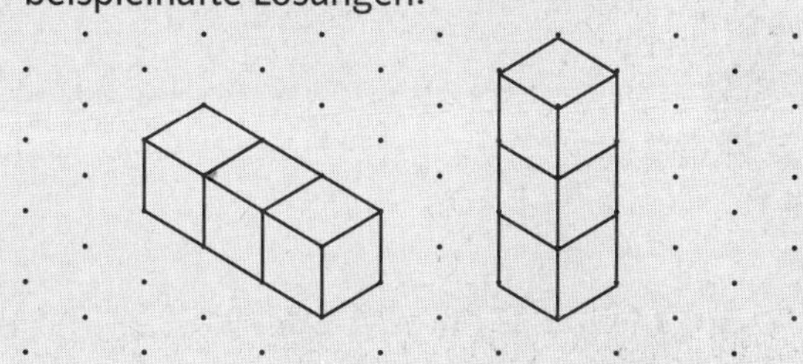

- 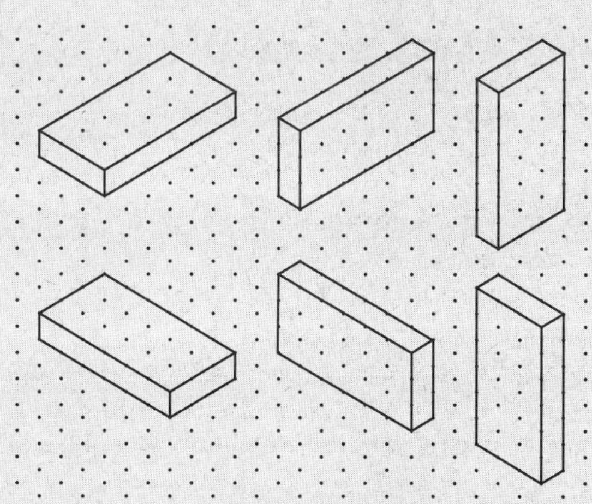

- 1 Würfel; 4 Würfel; 9 Würfel; 10.
Mauer: 1 + 3 + 5 + 7 + 9 + 11 + 13 + 15 + 17 + 19
= 100 Würfel
- 30 Würfel

Üben • Anwenden • Nachdenken

Seite 127

1 Quadrat: K und D
Rechteck: I und G
Raute: J und E
Parallelogramm: L und F
Drachen: A und C
Trapez: H und B

2

a)

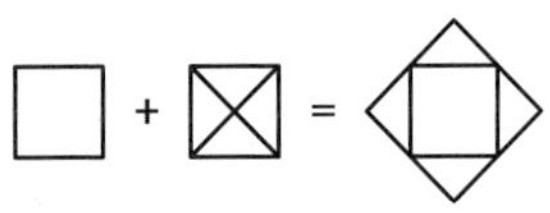

b)

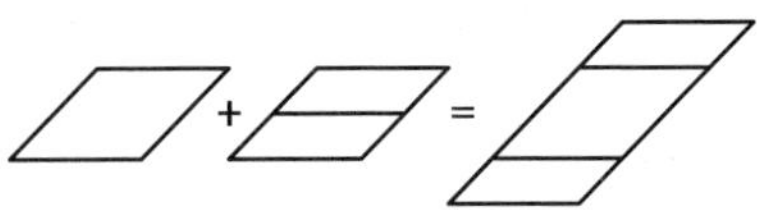

c) Aus zwei Rechtecken ergeben sich ein Parallelogramm, ein Rechteck oder ein Trapez:

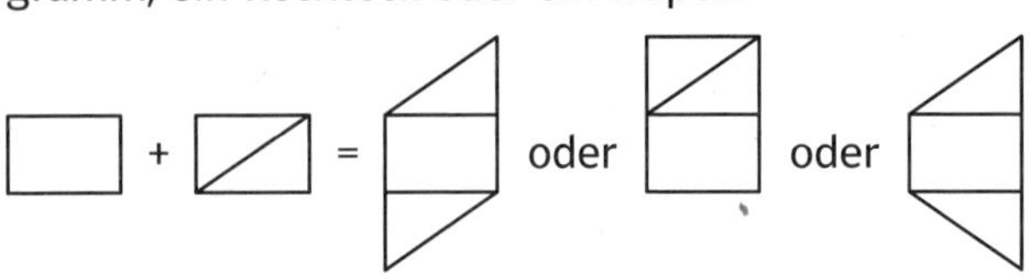

Aus zwei Rauten ergeben sich zwei Parallelogramme oder ein Drachen:

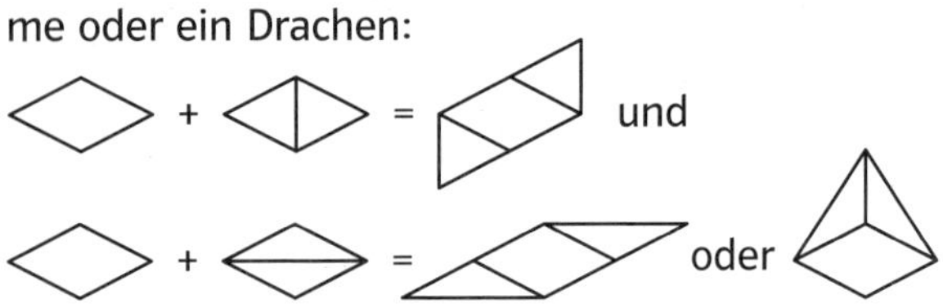

3 a) b) c)

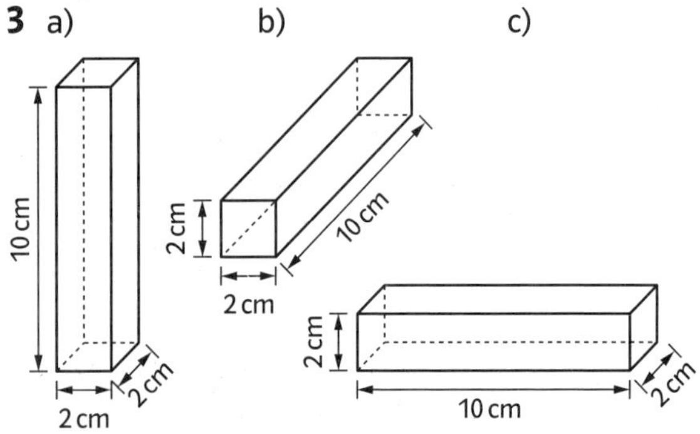

4

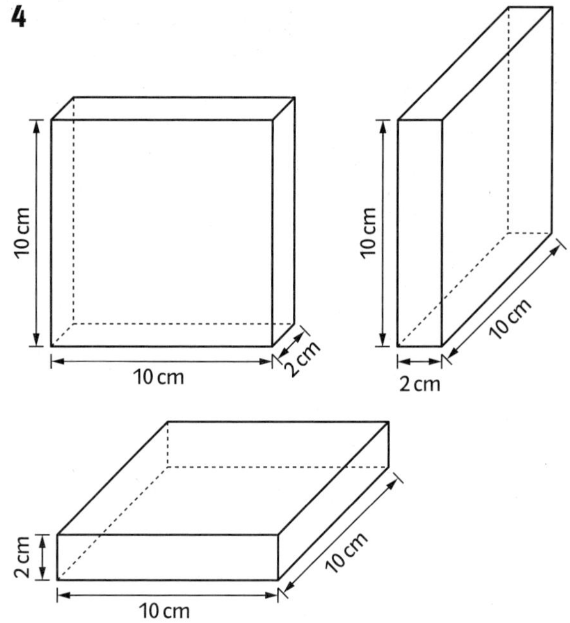

5 Das Parallelogramm ist im 1. Druck ein Kästchen zu schmal. Wenn man es um dieses Kästchen vergrößert, ergibt sich folgende Lösung:

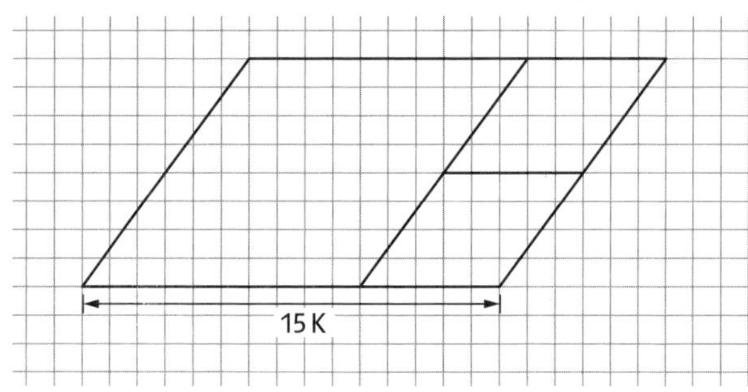

6

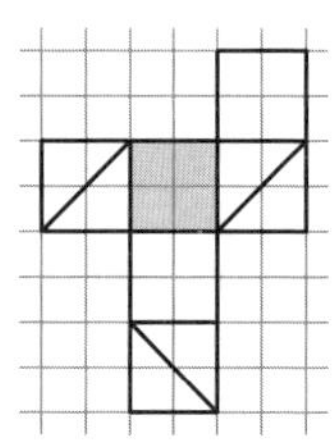

7

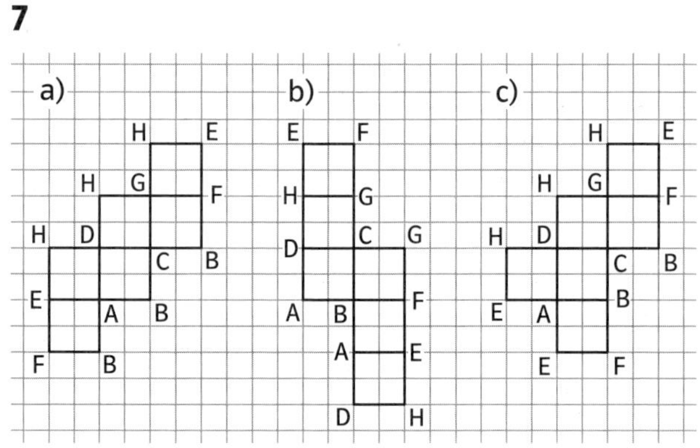

8 a) Man legt die beiden kleinen Quader mit der 5 × 3-Seite aneinander; nun legt man sie mit der (7 + 6) × 5-Seite auf die 13 × 5-Seite des großen Quaders.

b)

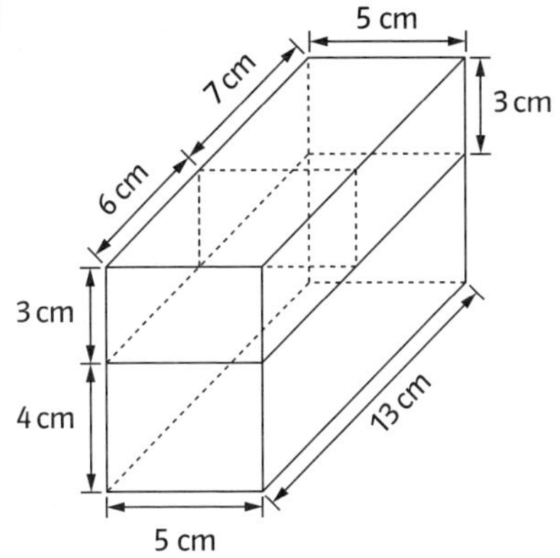

Seite 128

9 Der Körper besteht aus 6 Quadraten und 8 gleichseitigen Dreiecken.

10 Die beiden unteren Kantenbilder sind unmögliche Quader.

11 Die Quader haben die folgenden Seitenlängen:
A: 35 cm; 30 cm; 10 cm
B: 35 cm; 20 cm; 10 cm
C: 35 cm; 30 cm; 15 cm
D: 35 cm; 20 cm; 15 cm
E: 25 cm; 30 cm; 10 cm
F: 25 cm; 20 cm; 10 cm
G: 25 cm; 30 cm; 15 cm
H: 25 cm; 20 cm; 15 cm

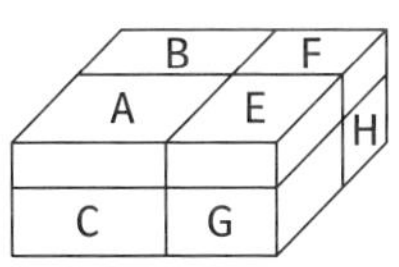

D liegt unter B.

12 a)

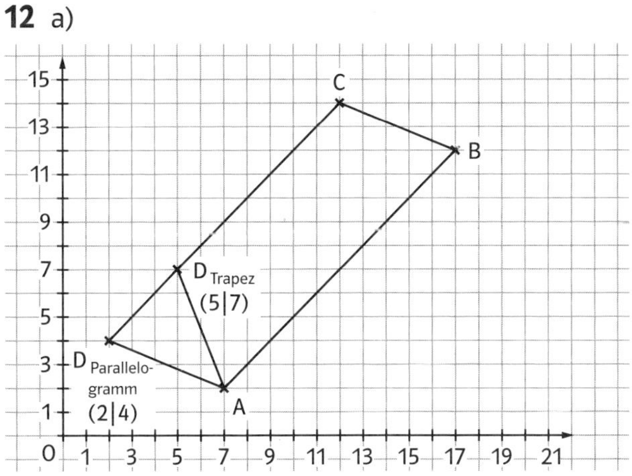

b)

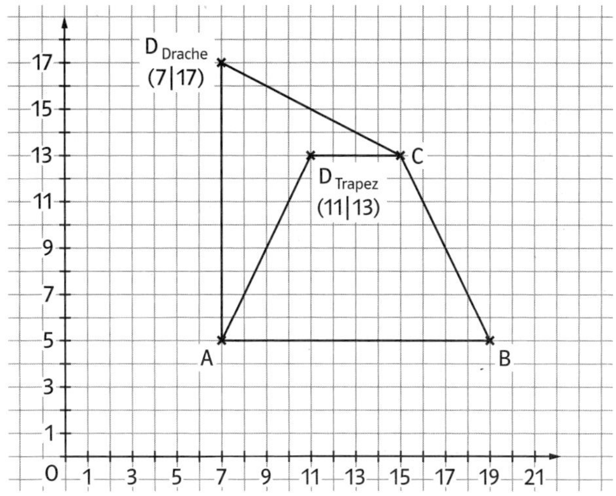

13

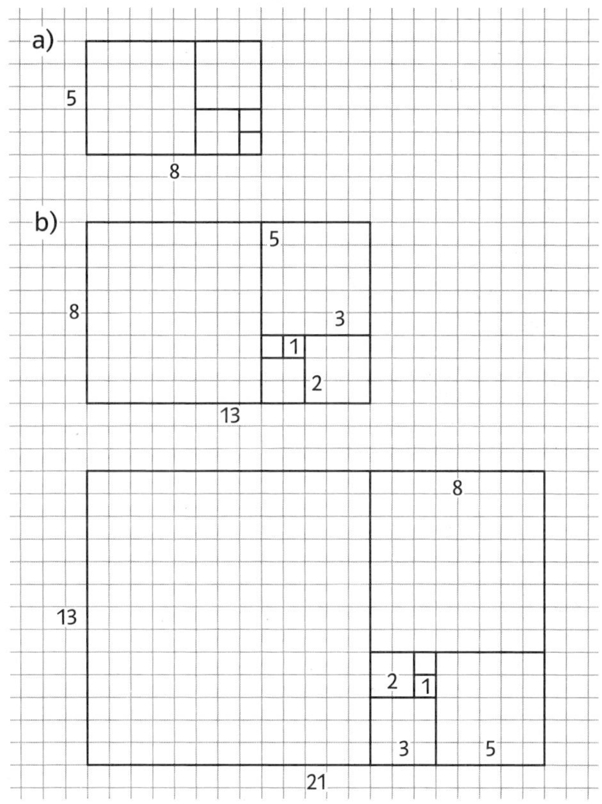

c) Die lange Seite des vorigen, kleineren Rechtecks entspricht der kurzen Seite des neuen größeren Rechtecks. Die lange Seite des großen Rechtecks erhält man durch Addition der langen und der kurzen Seite des kleineren Rechtecks.

14 sechs Rauten und sechs Trapeze

Seite 129

Viele Vierecke auf dem Nagelbrett

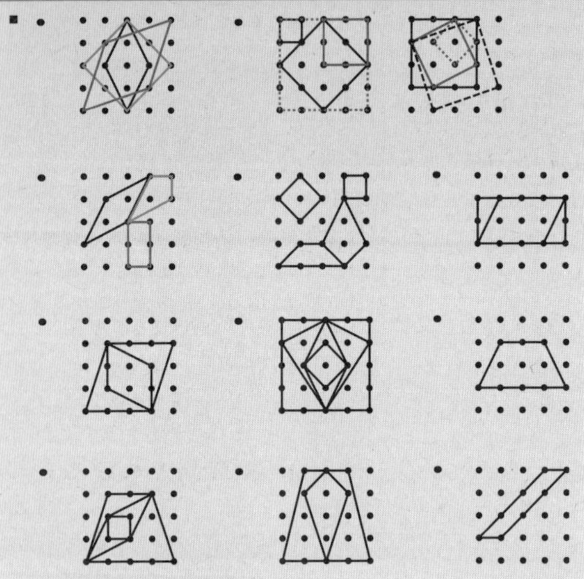

- mögliche Aufgaben:
- Rechteck und Parallelogramm mit einer gemeinsamen Seite
- Quadrat im Drachen
- Parallelogramm mit genau zwei Nägeln im Inneren
- ...

15

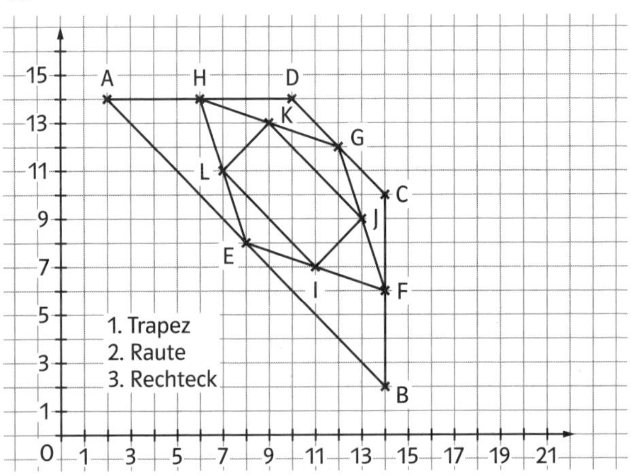

16 a)

von rechts von links von hinten

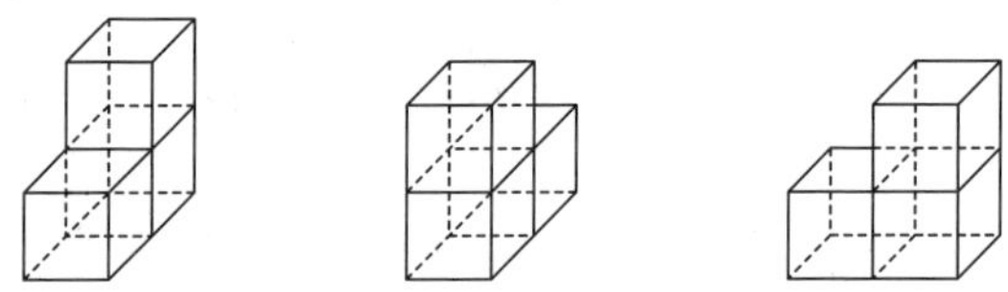

b)

von rechts und von links von hinten

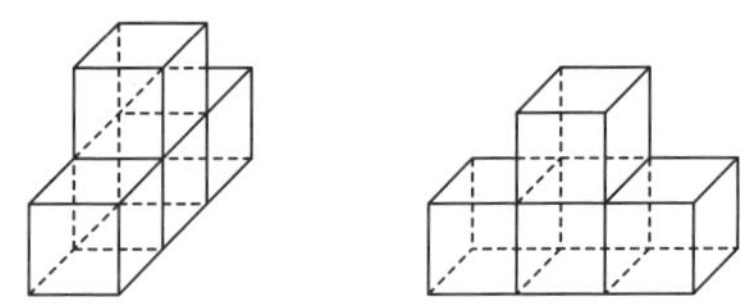

c)

von rechts von links von hinten

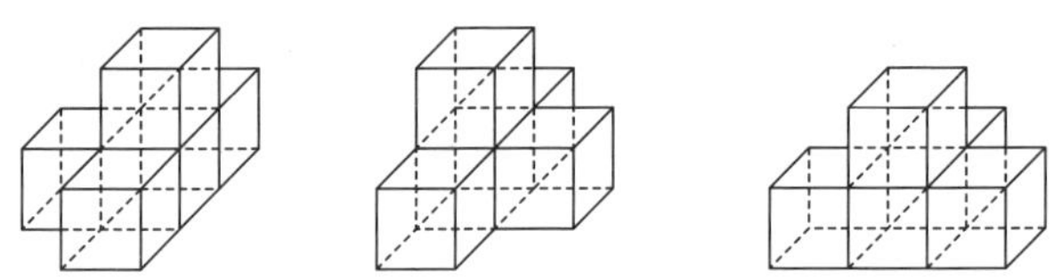

d)

von rechts von links von hinten

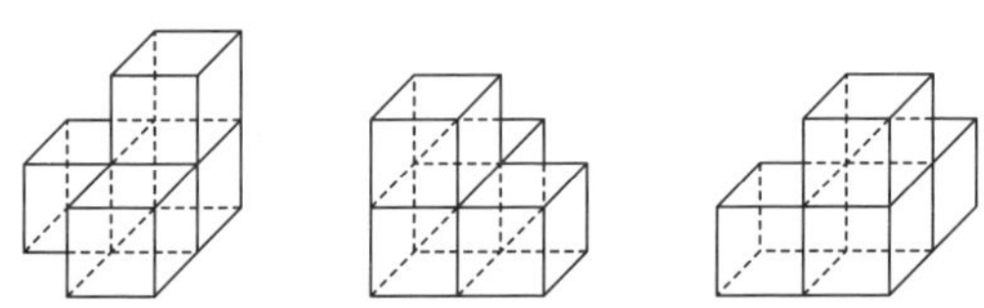

17 a); b); f) gehören zu einem Körper; ebenso gehören c) und d) und e) zusammen; es sind also zwei verschiedene Körper.

Seite 130

Körpernetze

- Trapeze und Rechtecke

Der Bastelbogen ergibt einen Pyramidenstumpf mit einem Rechteck als Grundfläche. Lässt man das kleine Rechteck außer Acht, hat das Körpernetz zwei Symmetrieachsen. Die fehlenden Maße lassen sich also leicht ermitteln.

- Flechtquader: Aus den blauen Linien wird eine zusammenhängende geschlossene Linie.

- Es besteht aus Parallelogrammen. Man erhält einen „schiefen Quader“ (mit einem Parallelogramm als Grundfläche) dessen Deckel in die Richtung einer Ecke verzogen wurde.

- Man erhält einen „schiefen Würfel“, dessen Deckel in Richtung einer Kante verschoben wurde.

6 Sachrechnen

Auftaktseite: Pakete, Gebühren, Kosten

Seiten 132–133

Paketgebühren

- 1 Paket zu 11 kg von Frankfurt/Main nach Berlin: 62,75 €
- 1 Paket zu 15 kg von Frankfurt/Main nach Freiburg: 72,75 €
- 2 Pakete zu jeweils 16,1 kg von Frankfurt/Main nach Kopenhagen: 244 €

individuelle Lösungen

Es lohnt sich nicht, ein schweres Paket in zwei kleinere aufzuteilen.

Zeit und Treibstoff

- von Frankfurt/Main nach Brüssel: 400 km;
  Transportzeit: ca. 5 h 45 min;
  Treibstoffkosten: 36 l Verbrauch ergeben bei einem Preis von 0,90 € je Liter etwa 32 €.
- von 0,89 € je Liter Frankfurt/Main nach Wien: 719 km;
  Transportzeit: ca. 10 h;
  64,7 l Verbrauch ergeben bei einem Preis von 0,90 € je Liter etwa 58 €.
- von 0,89 € je Liter Frankfurt/Main nach Rom: 1261 km;
  Transportzeit: ca. 18 h;
  ca. 113,5 l Verbrauch ergeben bei einem Preis von 0,90 € je Liter etwa 102 €.

1 Geld

Seite 134

Einstiegsaufgabe

➔ Durch Aufrunden finde ich schnell heraus, dass 12 € ausreichen.
➔ Nein, 10 € reichen nicht, denn ich muss 10,12 € zahlen.
➔ Ja, ich muss dann insgesamt 19,06 € zahlen.
➔ Münzen: 1 ct, 2 ct, 5 ct, 10 ct, 20 ct, 50 ct, 1 ct, 2 ct; Scheine: 5 €, 10 €, 20 €, 50 €, 100 €; 200 €, 500 €

1

a)	b)	c)
7 € 76 ct	9 € 36 ct	9 € 99 ct
9 € 84 ct	8 € 4 ct	9 € 9 ct
15 € 70 ct	10 € 1 ct	9 € 90 ct
38 € 7 ct	12 € 12 ct	9 € 90 ct

2

a)	b)	c)
500 ct	218 ct	348 ct
800 ct	1638 ct	1026 ct
1500 ct	7012 ct	51 ct
24 500 ct	2002 ct	1 ct

Seite 135

3

a)	b)	c)
8,70 €	5,36 €	0,99 €
14,35 €	12,75 €	0,09 €
7,09 €	10,02 €	0,50 €

4 a) 513 ct = 5,13 € b) 543 ct = 5,43 €
c) 829 ct = 8,29 €

5
a) 26,86 € b) 260,80 € c) 119,07 €

Überschlagsrechnungen

- a) 13 € b) 5 € c) 14 € d) 53 €
- a) mehr als 100 € b) mehr als 100 €
  c) weniger als 100 €
- a) 10 € reichen b) 20 € reichen nicht

6 Überschlag: 68 €; genauer Preis: 67,08 €

7 Paul bekommt 5 ct zurück.

8 a) Susanne bekommt 14,65 € zurück.
b) Matthias bekommt 1,30 € zurück.

9 a) **3,25 €**: 2-Euro-Münze, 1-Euro-Münze, 20-Cent-Münze, 5-Cent-Münze
17,68 €: 10-Euro-Schein, 5-Euro-Schein, 2-Euro-Münze, 50-Cent-Münze, 10-Cent-Münze, 5-Cent-Münze, 2-Cent-Münze, 1-Cent-Münze
112,30 €: 100-Euro-Schein, 10-Euro-Schein, 2-Euro-Münze, 20-Cent-Münze, 10-Cent-Münze
b) **426 €**: zwei 200-Euro-Scheine, 20-Euro-Schein, 5-Euro-Schein, 1-Euro-Münze
2650 €: fünf 500-Euro-Scheine, 100-Euro-Schein, 50-Euro-Schein
600,04 €: 500-Euro-Schein, 100-Euro-Schein, zwei 2-Cent-Münzen
c) **12,52 €**: 10-Euro-Schein, 2-Euro-Münze, 50-Cent-Münze, 2-Cent-Münze
1011,19 €: zwei 500-Euro-Scheine, 10-Euro-Schein, 1-Euro-Münze, 10-Cent-Münze, 5-Cent-Münze, zwei 2-Cent-Münzen

998,50 €: 500-Euro-Schein, zwei 200-Euro-Scheine, 50-Euro-Schein, zwei 20-Euro-Scheine, 5-Euro-Schein, 2-Euro-Münze, 1-Euro-Münze, 50-Cent-Münze

10 a) **9,33 €**: 5-Euro-Schein, vier 1-Euro-Münzen, 20-Cent-Münze, 10-Cent-Münze, drei 1-Cent-Münzen **oder** 5-Euro-Schein, zwei 2-Euro-Münzen, drei 10-Cent-Münzen, 2-Cent-Münze, 1-Cent-Münze
b) **17,82 €**: drei 5-Euro-Scheine, 2-Euro-Münze, 50-Cent-Münze, drei 10-Cent-Münzen, 2-Cent-Münze **oder** 10-Euro-Schein, 5-Euro-Schein, zwei 1-Euro-Münzen, 50-Cent-Münze, 20-Cent-Münze, 10-Cent-Münze, 2-Cent-Münze
c) **26,45 €**: 20-Euro-Schein, drei 2-Euro-Münzen, zwei 20-Cent-Münzen, 5-Cent-Münze **oder** zwei 10-Euro-Scheine, 5-Euro-Schein, 1-Euro-Münze, vier 10-Cent-Münzen, 5-Cent-Münze

11 a) neun 2-Euro-Münzen, zwei 1-Euro-Münzen
b) fünf 2-Euro-Münzen
c) zum Beispiel:
5 €: vier 1-Euro-Münzen, zwei 50-Cent-Münzen oder zwei 2-Euro-Münzen, 1-Euro-Münze
50 €: zwanzig 2-Euro-Münzen, acht 1-Euro-Münzen, vier 50-Cent-Münzen oder zehn 2-Euro-Münzen, zwanzig 1-Euro-Münzen, zwanzig 50-Cent-Münzen

2 Zeit

Seite 136

Einstiegsaufgabe

➔ Auf den Fotos sieht man eine Schachuhr, die die noch verbleibende Zeit bis zum nächsten Zug stoppt, eine digitale Armbanduhr mit Stoppuhr, eine Sonnenuhr und eine Sanduhr.

1

eine Schulstunde	45 min
einmal niesen	1 s
ein Ei weich kochen	3 min
100 km Autobahnfahrt	1 h
Flug rund um die Welt	40 h
1 km gehen	15 min

2 a) 420 s; 720 s; 1200 s
b) 180 min; 300 min; 540 min; 660 min; 2220 min
c) 48 h; 120 h; 192 h; 264 h; 2940 h
d) 4 min; 12 min; 18 min
e) 3 h; 7 h; 11 h
f) 2 d; 3 d; 5 d

Seite 137

3 a) 5 min; 9 min; 19 min; 55 min
b) 8 h; 12 h; 23 h
c) 2 d; 3 d; 5 d; 15 d

4 a) 1 h 15 min; 1 min 55 s; 5 h 10 min; 15 min 30 s; 3 min 20 s
b) 80 min; 3 h; 150 min = 2 h 30 min; 10 h

5 a) 3 min; 22 s; 59 min; 50 s; 1 min
b) 1 s; 47 min 52 s; 36 min 37 s

6 a) 1 h 25 min
b) 2 h 40 min
c) 3 h 35 min
d) 1 h 45 min
e) 4 h 35 min

7 a) 13.35 Uhr
b) 21.34 Uhr
c) 17.35 Uhr
d) 18.30 Uhr
e) 8.45 Uhr
f) 2.07 Uhr

8 a) 1 h 12 min
b) 1 min 6 s; 1 min 47 s
c) 1 d 1 h; 1 d 13 h
d) 4 h 10 min; 4 h 15 min
e) 10 min 2 s; 4 min 50 s

9 a) Bei uns ist es 0.00 Uhr.
b) In New York ist es 6.30 Uhr, in Sydney 22.30 Uhr.
c) Weil es in New York 4.00 Uhr nachts ist.
d) In Stuttgart war das um 8.00 Uhr morgens, in New York um 2.00 Uhr nachts.

10 a) individuelle Lösungen
b) Fabian schaut freitags 170 min fern, samstags 195 min, sonntags 100 min. Das sind insgesamt 465 min. Auf die drei Tage umgerechnet sind das täglich 155 min. Verteilt man sie aber auf die ganze Woche, schaut er täglich etwa 66 min fern. Er schaut also in jedem Fall weniger fern als der durchschnittliche deutsche Fernsehzuschauer.
c) Freitags erhöht sich die Fernsehzeit um 130 min, samstags um 140 min, sonntags um 25 min. Schaltet Fabian den Fernseher nicht ab, erhöht sich seine Fernsehzeit also insgesamt um 295 min. Er schaut dann 760 min fern, das sind umgerechnet auf die ganze Woche etwa 108 min, also immer noch weniger als der Durchschnitt. Rechnet man die Dauer aber wiederum nur auf die drei Tage um, kommt er auf etwa 253 min.

11 a) 28 min
b) Die Fahrt Grunbach–Fellbach dauert 15 min und damit länger als die Fahrt Schorndorf–Endersbach (14 min).
c) 23 min
d) Er kann mit der S2 um 7.55 Uhr in Waiblingen sein.
e) individuelle Lösungen
f) Bei acht zusätzlichen Haltestationen braucht die S-Bahn 7 min. länger. Dies entspricht etwa 53 s pro Halt.

Randspalte

beispielhafte Lösung:
Zehntel: Bundesjugendspiele
Hundertstel: 100-m-Lauf
Tausendstel: Bobfahren, Rodeln

Seite 138

12 Annette von Droste-Hülshoff: 51 Jahre
Hildegard Knef: 76 Jahre
Esther von Kirchbach: 51 Jahre

13 individuelle Lösungen

14
a) 19 Jahre   b) 27 Jahre   c) 31 Jahre

15 a) Kevin ist 199 Tage älter.
b) Stefan ist 155 Tage jünger.

16 Sara ist am jüngsten, Tim am ältesten:
Sara: 11 Jahre; Tim: 11 Jahre 335 Tage;
Ali: 11 Jahre 90 Tage; Mareen: 11 Jahre 6 Monate

17 a) 23 Tage   b) 90 Tage
c) 177 Tage   d) 226 Tage

18 a) Jack London, Enid Blyton, Erich Kästner, Astrid Lindgren, R.L. Stine, Joanne K. Rowling
b) Alter der noch lebenden Autoren im Jahr 2004:

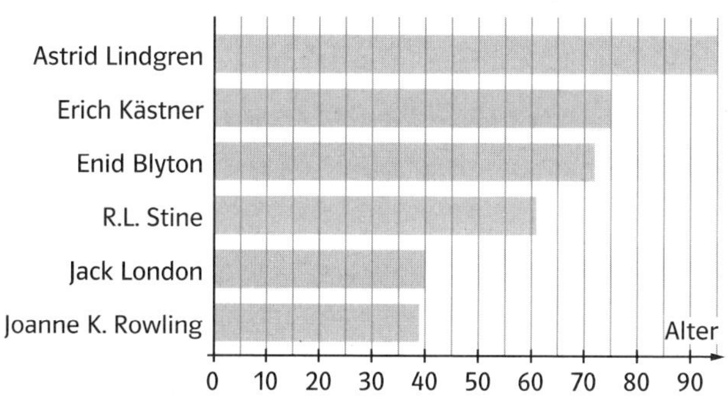

19 a) um 21.24 Uhr   b) um 19.16 Uhr

20 a) Die Postkarte war 19 Jahre und 6 Monate unterwegs.
b) Er war zwischen 23 und 24 Jahre alt.
c) Juni 1980

Systematisches Probieren

- Florian ist 7 Jahre alt.
- Der Sohn ist jetzt 14 Jahre, der Vater ist 47.
- Julia ist jetzt 7 Jahre, Kerstin 17 Jahre.

Seite 139

21 individuelle Lösungen

22 a)

Datum	16.1.	27.2.	10.10.	3.4.	29.8.	22.5.	10.7.
Sonnen-dauer	8 h 25 min	10 h 47 min	11 h 3 min	13 h 4 min	13 h 45 min	15 h 54 min	16 h 20 min

b)

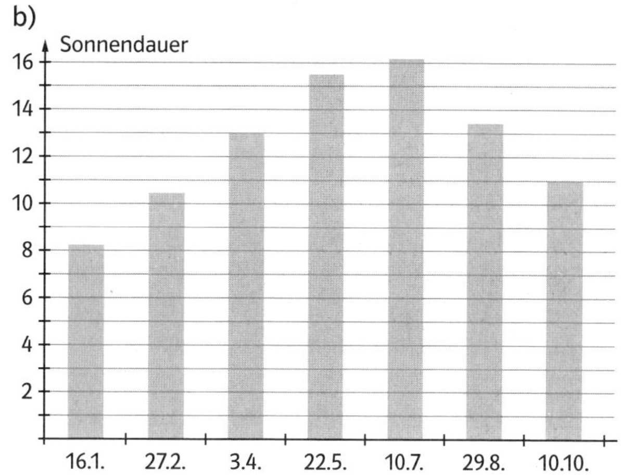

c) 21. März und 23. September

23 a) Bei einer Fünf-Tage-Woche verdient Nathalie 386 €.
b) Ihr Lohn hat sich auf 10,20 € pro Stunde erhöht.

24

Parkdauer	$\frac{1}{2}$	1	$1\frac{1}{2}$	2	$2\frac{1}{2}$	3	$3\frac{1}{2}$
Gebühren in €	2	2	3	4	5	6	7

Parkdauer	4	$4\frac{1}{2}$	5	$5\frac{1}{2}$	6	$6\frac{1}{2}$	7...
Gebühren in €	8	9	10	11,50	13	14,50	15

Kalender

- Während die Erde sich um die Sonne dreht, dreht sie sich auch um sich selbst. Aus diesem Grund wird immer nur eine Seite der kugelförmigen Erde von der Sonne beschienen. Auf dieser Seite ist Tag, während auf der anderen Nacht ist.
- Wie man auf der Abbildung erkennen kann, steht die Erde nicht ganz „gerade" zur Sonne. Die Achse durch Nord- und Südpol verläuft ein wenig schräg. Dadurch bekommen wir während des Umlaufs der Erde um die Sonne mal mehr und mal weniger Sonnenlicht ab. Dadurch entstehen unterschiedliche Jahreszeiten.

Genaue Erklärung der vier Positionen der Erde:
1 Die nördliche Halbkugel, auf der auch Europa liegt, ist der „der Sonne zugewandt" – wir bekommen mehr Sonne ab. Dadurch haben wir längere und wärmere Tage. Auf der Südhalbkugel ist es genau umgekehrt. Hier ist Winter und die Tage sind kürzer und auch kälter.

2 Die nördliche Halbkugel wendet sich langsam wieder von der Sonne ab. Es wird Herbst. Auf der Südhalbkugel wird es dagegen gerade wieder wärmer und die Tage werden länger. Hier wird es langsam Frühling.
3 Die obere Hälfte der Erde ist der Sonne wieder ein wenig abgewandt. Auf der nördlichen Halbkugel ist Winter. Weniger Sonne erreicht uns, es ist kälter. Auf der Südhalbkugel ist jetzt Sommer.
4 Langsam wendet sich die Nordhalbkugel wieder der Sonne zu. Es wird wieder wärmer, die Tage werden länger. Bei uns ist Frühling. Auf der Südhalbkugel wird es Herbst.

- Die Nächte sind im Winter am längsten, im Sommer am kürzesten.
- Tag und Nacht sind sowohl an einem Tag im Herbst als auch an einem Tag im Frühling gleich lang. Man spricht von Tagundnachtgleiche. Wenn man im Internet oder Büchern nachschaut, findet man die genauen Termine: am 21. März und am 23. September.
- Julius Cäsar rechnete mit einer durchschnittlichen Jahreslänge von 365d 6h. Der Unterschied zur genauen Dauer eines Jahres beträgt 11min 14s
- 1600 und 2000

3 Gewicht

Seite 140

→ Eine andere Möglichkeit zum Vergleich: 60 Elefanten wiegen so viel wie ein Blauwal.
→ Nein, sie wiegen zusammen noch 150kg weniger.
→ Ein Nilpferd wiegt so viel wie vier Meeresschildkröten und sieben Strauße.
→ zum Beispiel: Ein Blauwal wiegt soviel wie 60 Elefanten.

Seite 141

1 Buch: kg — Paketwaage
Lokomotive: t — Fahrzeugwaage
Fußball: kg oder g — Küchenwaage
Brotlaib: kg oder g — Küchenwaage
Körpergewicht: kg — Personenwaage
Vogelfeder: mg — Briefwaage
Flugzeug: t — Fahrzeugwaage
Briefmarke: mg — Briefwaage
Apfel: g — Küchenwaage
Fahrrad: kg — Federwaage

2 Meise: 10g; Elefant: 4t; Pferd: 300kg; Katze: 6kg
Blauwal: 180t; Gorilla: 700kg; Fliege: 1g; Hund: 30kg

3
a) 7,5kg b) 5kg c) 12kg

4 a) 6000g, 0,7g, 700 000g, 5625g, 7080g, 3003g
b) 2000kg, 50kg, 908kg, 8436kg, 9090kg, 1001kg
c) 4000mg, 40 000mg, 2 000 000mg, 17 425mg, 65 050mg, 6006mg
d) 5t, 63t, 210t, 22t, 3,5t

5 a) 5000kg, 8000g, 7000mg, 555 000mg, 4 200 000mg, 36 000 000mg
b) 5800g, 4940kg, 170 070g
c) 8100kg, 8010kg, 8001kg, 8 000 100g

Schätzen

- Elefant: ca. 3t; erwachsene Frau: ca. 60–70kg; Kind: ca. 10kg
- individuelle Lösungen
- geordnete Tabelle:

Art	tatsächliches Gewicht
Blaumeise	ca. 10g
Feldmaus	30–50g
Hamster	35–50g
Brieftaube	bis zu 900g
Igel	800–1500g
Storch	3300–4000g
Blauhai	bis zu 150kg

Seite 142

7 a) 7,845g; 54,638g; 111,111g; 9,045g; 14,736g
b) 4,732kg; 3,038kg; 8,4kg; 1,8kg; 5,078kg; 15,005kg
c) 12,8t; 99,999t; 4,707t; 9,009t; 100,1t

8 a) 2,365kg; 3,48kg; 2508kg; 2,78kg; 1,2kg; 2003kg
b) 15018kg; 4505kg; 3232kg; 16 900kg; 425g; 999,999g

9 a) 16,5kg; 41,25kg b) 151,8kg; 637kg
c) 0,35kg; 1,23kg d) 0,25kg; 3,021kg
e) 16; 625kg f) 75; 200

10 Der Lastwagen kann neun Kisten transportieren ohne die zulässige Höchstlast der Brücke zu überschreiten.

11 Ein Bundesbürger erzeugte im Jahr 1999 durchschnittlich 438 kg Hausmüll.

12 a) **128 g**: 100 g, 20 g, 5 g, 2 g, 1 g
340 g: 200 g, 100 g, 20 g, 20 g
498 g: 200 g, 200 g, 50 g, 20 g, 20 g, 5 g, 2 g, 1 g
1768 g: 1 kg, 500 g, 200 g, 50 g, 10 g, 5 g, 2 g, 1 g
603 g: 500 g, 100 g, 2 g, 1 g
823 g: 500 g, 200 g, 100 g, 20 g, 2 g, 1 g
1 kg 7 g: 1 kg, 5 g, 2 g
956 g: 500 g, 200 g, 200 g, 50 g, 5 g, 1 g
2109 g: 1 kg, 500 g, 200 g, 200 g, 100 g, 50 g, 20 g, 20 g, 10 g, 5 g, 2 g, 2 g
1 kg 999 g: 1 kg, 500 g, 200 g, 200 g, 50 g, 20 g, 20 g, 5 g, 2 g, 2 g
b) **8 g 250 mg**: 5 g, 2 g, 1 g, 200 mg, 50 mg
85 g 140 mg: 50 g, 20 g, 10 g, 5 g, 100 mg, 20 mg, 20 mg
101 g: 50 g, 20 g, 10 g, 10 g, 5 g, 2 g, 2 g, 1 g, 500 mg, 200 mg, 200 mg, 100 mg
101 g 90 mg: 50 g, 20 g, 10 g, 10 g, 5 g, 2 g, 2 g, 1 g, 500 mg, 200 mg, 200 mg, 100 mg, 50 mg, 20 mg, 20 mg
4220 mg: 2 g, 2 g, 200 mg, 20 mg
16 340 mg: 10 g, 5 g, 1 g, 200 mg, 100 mg, 20 mg, 20 mg
100 230 mg: 50 g, 20 g, 10 g, 10 g, 5 g, 2 g, 2 g, 1 g, 200 mg, 20 mg, 10 mg
43 210 mg: 20 g, 10 g, 10 g, 2 g, 1 g, 200 mg, 10 mg

13 Ja, es geht gut. Alle Personen und die Fliesen wiegen zusammen 401,5 kg.

14 a) In Stuttgart wird am wenigsten umgeschlagen, in Heilbronn und Karlsruhe mehr als das $2\frac{1}{2}$-fache, in Mannheim mehr als das $3\frac{1}{2}$-fache.
b)

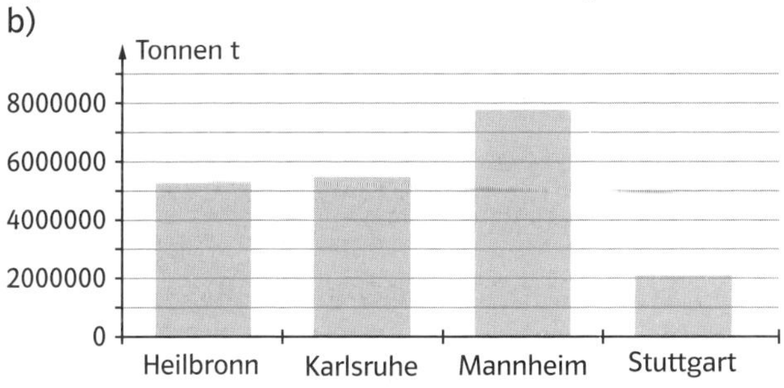

15 Der Lottogewinn würde 14 t wiegen. Ein Kofferraum eines Pkw könnte diese Last nicht fassen.

16 Es müssten 200 000 Packungen verkauft werden. Diese wiegen zusammen 50 t.

17 a) Die Zeitungen von einem Jahr wiegen zusammen 45 kg.
b) Sie kosten in diesem Zeitraum 450 €.

4 Länge

Seite 143

Einstiegsaufgabe

individuelle Lösungen

Seite 144

1 Radiergummi: ca. 4 cm — Bleistift: ca. 15 cm
Heft: ca. 30 cm — Bett: ca. 2 m
Pkw: ca. 5 m — Lkw: ca. 10 m

2
- Dicke eines Buchs: mm
- Größe eines Säuglings: cm
- Weltrekord im Weitsprung: m
- Beinlänge einer Spinne: mm
- Entfernung der Erde von der Sonne: km

3 a) 50 mm, 200 mm, 4000 mm, 78 mm
b) 70 cm, 130 cm, 3200 cm, 505 cm
c) 3000 m, 3 m, 35 m, 3005 m

4 a) 506 cm, 48 cm, 578 dm
b) 5987 m, 6075 m, 2008 m
c) 2608 cm, 40 040 cm

5 a) 3 cm 5 mm, 13 m 2 dm 4 cm, 2 km 342 m
b) 3 m 2 cm, 5 km 70 m, 33 km 4 m
c) 3 m 4 cm, 13 m 5 mm, 45 dm 1 mm

6 a) 14 dm 8 cm 2 mm = 1482 mm
b) 6 m 18 dm 1 cm < 6181 cm
c) 2 m 6 dm 2 cm > 26,02 dm
d) 4 km 5 m < 4,05 km

7 a) 4,06 m < 4 m 6 dm < 466 cm
b) 1 km 3 m < 1030 m < 10 km 30 m
c) 0,85 m < 8 dm 50 cm < 85 dm
d) 1,21 dm < 1,12 m < 1 m 2 dm
e) 4 m 44 dm < 40 m 4 dm < 44,44 m

8 5 m 5 cm = 5,05 m
2 km 20 m = 2,02 km
550 mm = 5,5 dm
30 m 30 dm 30 mm = 33,03 m
18 cm 18 mm = 19,8 cm
richtig: 7 km 77 m = 7,077 km
richtig: 5 dm 5 mm = 0,505 m

9
a) 455 cm
795 cm
b) 35 cm
203,5 cm
c) 12,45 km
97,65 km
d) 1599,5 cm
9890,1 cm

10 Daniel: 2 m; Bernd: 2,46 m; Elise: 2,58 m; Christa: 2,62 m; Anke: 2,63 m; Frank: 2,64 m

11

a) 12,88 m
10,71 m

b) 10,35 m
51,72 m

c) 113,6 cm
2115,7 m

d) 14,5 dm
67,1 cm

12

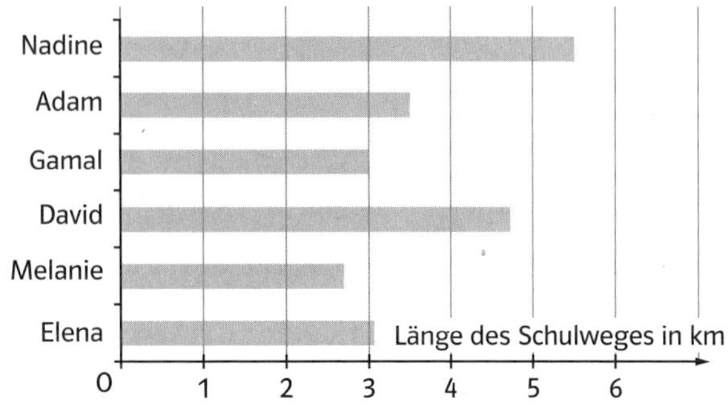

Nadine hat den weitesten Schulweg und Melanie den kürzesten.

13 Die Autoschlange wäre 199,8 Mio. m lang. Dies entspricht 199800 km.
Nord-Süd-Richtung (ca. 1000 km): ca. 200-mal;
Äquator (40 000 km): ca. 5-mal;
Mond (384 400 km): Bis zum Mond reicht die Autoschlange nicht.

Seite 145

14

a) 22 m
73,6 m

b) 5,08 m
15,33 m

c) 58,5 m
961,8 m

d) 140,42 m
598,29 m

e) 56 mm
89 km

f) 25 m
99 cm

15 Michael kann berechnen, wie viele km er durchschnittlich in einer Woche, an einem Tag oder in einem Monat mit seinem Fahrrad fährt.

16 a) Es wurden 1360 m Wolle verbraucht.
b) Für den Schal wurden 425 m Wolle verbraucht.

17 a) 1 080 000 000 km/h
b) Das Licht könnte diese Strecke in einer Sekunde 7,5 mal zurücklegen.
c) 9 460 800 000 000 km = $9{,}4608 \cdot 10^{12}$ km

5 Maßstab

Seite 146

Einstiegsaufgabe

➔ Ihre Wanderung ist ungefähr 5 km lang.

1 Plan eines Klassenzimmers: 1:100
Bebauungsplan: 1:200
Stadtplan: 1:7500
Straßenkarte: 1:25000
Teilkarte Deutschland Nord: 1:200 000
Deutschlandkarte: 1:3 000 000
Europakarte: 1:12 500 000
Weltkarte: 1:60 000 000

Seite 147

2 a) Im Maßstab 1:50 000 entspricht 1 cm auf der Karte 50 000 cm = 500 m in der Wirklichkeit.
b) Im Maßstab 1:10 000 entspricht 1 cm auf der Karte 10 000 cm = 100 m in der Wirklichkeit.
c) Im Maßstab 1:5000 entspricht 1 cm auf der Karte 5000 cm = 50 m in der Wirklichkeit.
d) Im Maßstab 1:100 000 entspricht 1 cm auf der Karte 100 000 cm = 1 km in der Wirklichkeit.
e) Im Maßstab 1:200000 entspricht 1 cm auf der Karte 200 000 cm = 2 km in der Wirklichkeit.
f) Im Maßstab 1:1 000 000 entspricht 1 cm auf der Karte 1 000 000 cm = 10 km in der Wirklichkeit.

3 a) 500 m; 12 km b) 315 m; 14,7 km
c) 450 m; 3,675 km

4 a) 10 cm; 5 cm b) 7,6 cm; 29,33 cm
c) 11,6 cm; 51,2 cm

5 a) 10 cm; 50 cm; 7,5 m; 250 m
b) 5 m; 12,5 m; 75 m; 2 km

6 a) Die Spurweite der Modelleisenbahn beträgt 1,65 cm.
b) Die Gesamtlänge der Dampflok beträgt in Wirklichkeit 11,745 m.
c) Spurweite N: 1:160
Spurweite Z: 1:220
Spurweite 0: 1:45
Spurweite TT: 1:120
Spurweite 1: 1:32

7 a) 1:100000 b) 1:20 000 000
c) 1:3000

8 a) individuelle Zeichenarbeit

b) Alle Längenangaben in der Skizze in m:

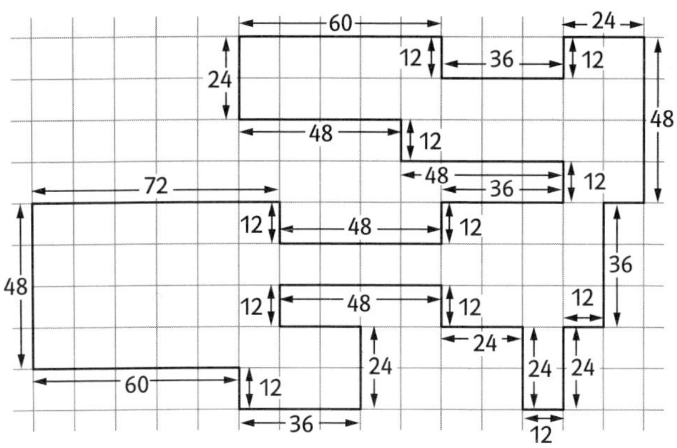

9 1:4 000 000; die Zeichnung wird dann 27,5 cm hoch.

10 Karte 1 (große Karte): 1:12 000 000
Karte 2 (mittlere Karte): 1:15 000 000
Karte 3 (kleine Karte): 1:20 000 000

6 Sachaufgaben

Seite 148

Einstiegsaufgabe

➔ Futterkosten pro Tag: Hund: 1,20 €;
Katze: 0,20 €; Wellensittich: 0,05 €; gesamt: 1,45 €

	Vogel	Katze	Hund	gesamt
1 Tag	0,05 €	0,20 €	1,20 €	1,45 €
2 Tage	0,10 €	0,40 €	2,40 €	2,90 €
3 Tage	0,15 €	0,60 €	3,60 €	4,35 €
7 Tage/ 1 Woche	0,35 €	1,40 €	8,40 €	10,15 €
2 Wochen	0,70 €	2,80 €	16,80 €	20,30 €

Seite 149

1 a) und b) In der ersten Tabelle werden die Leistungen von CD-Brennern verglichen, also die Größe des Zwischenspeichers, die Überschreibgeschwindigkeit und die Lesegeschwindigkeit.
Die zweite Tabelle zeigt die Rangordnung in der Handballbundesliga. Die erste Zahl gibt die Anzahl der gespielten Spiele an, die zweite die Anzahl der Siege, die dritte Zahl ist die Anzahl der unentschiedenen Spiele, die vierte die Anzahl der Niederlagen und die letzten Zahlen stellen das Torverhältnis dar. Die linke Zahl ist die Anzahl der geschossenen Tore und die rechte die der Tore, die die Mannschaft von Gegnern hinnehmen musste.
c) individuelle Lösungen

2 a) Eine Möglichkeit:

Mädchen	Jungen
12 m	9 m
14 m	11 m
15 m	12 m
17 m	15 m
21 m	16 m
22 m	18 m
23 m	19 m
26 m	20 m
29 m	21 m
30 m	23 m
32 m	27 m
	28 m
	32 m
	34 m
	38 m
	39 m
	40 m

Auch eine Darstellung in Form einer Strichliste oder eines Diagramms ist möglich.
b) Man kann an dieser Tabelle ablesen, in welchen Bereichen die Weiten liegen. Der schlechteste Junge ist zwar schlechter als das schlechteste Mädchen, aber insgesamt werfen die Jungen weiter als die Mädchen. Man könnte für einen genauen Vergleich die durchschnittlichen Weiten der Jungen und Mädchen berechnen.

3 a) individuelle Lösungen
b) individuelle Lösungen, z. B.:
Stuttgart – Berlin: 634 km
München – Hamburg: 782 km
c) Frankfurt/Main lässt sich von allen anderen Städten aus am günstigsten erreichen (es liegt etwa in der Mitte Deutschlands), Hamburg am ungünstigsten (es liegt ganz im Norden).
d) individuelle Lösungen

4 a)

€	dkr
3,00	21,30
12,00	85,20
8,00	56,80
0,50	3,55
1,20	8,52
100,00	710,00
153,00	1086,30

b)

dkr	€
100,00	13,00
200,00	26,00
1,50	0,19
58,00	7,54
9,30	1,20

5 a) 5000 2-Euro-Münzen wiegen 50 kg.
b) Eine Million in 2-Euro-Stücken wiegt 5000 kg.
c) individuelle Lösungen

6 a) Die Zahlen zeigen, wie viele Stifte im jeweiligen Monat verkauft wurden.
b) individuelle Lösungen; z. B.: 4 Kartons, 1 Schachtel, 0 Stifte
c) individuelle Lösungen; z. B.: 6 Kartons, 3 Schachteln, 9 Stifte oder 7 Kartons, 20 Schachteln, 10 Stifte

Seite 150

7 a) gesamte laufende Kosten jährlich: 2245 €
gesamte laufende Kosten im Monat: etwa 187 €
b) Anschaffungskosten und Reitkleidung: 2853 €
c) Sie hätten im Monat, wenn jede 50 € Zuschuss von den Eltern bekäme, zusammen 150 € zur Verfügung. Das würde aber nicht reichen.
d) Beide Mädchen müssten zusammen täglich 1 h 30 min und zusätzlich wöchentlich 8 h Zeit aufbringen. Das sind für jedes Mädchen täglich 45 min und zusätzlich 4 h wöchentlich; insgesamt also 9 h 15 min für jede pro Woche. Insgesamt fällt in einer Woche eine Arbeitszeit von insgesamt 18 h 30 min an.
e) Für ein Mädchen würde das Reiten 110 € (zehn Stunden zum Sonderpreis + zwei einzelne Stunden) im Monat kosten.
f) Nachteil: sehr teuer; man muss sich immer um das Pferd kümmern, auch wenn man mal keine Lust hat oder nicht da ist.
Vorteil: Man lernt, Verantwortung zu tragen.

8 a) Der folgende Spielplan geht davon aus, dass für den Seitenwechsel nach der ersten Halbzeit keine Zeit verloren geht. Der Plan ist im Hinblick auf die eingeteilten Klassen allerdings nicht ganz realistisch, da man niemals die Klasse 5a alle Spiele hintereinander spielen lassen würde.

Zeit	Spiele
14:00 Uhr – 14:10 Uhr	5a – 5b
14:12 Uhr – 14:22 Uhr	5a – 5c
14:24 Uhr – 14:34 Uhr	5a – 6a
14:36 Uhr – 14:46 Uhr	5a – 6b
15:48 Uhr – 15:58 Uhr	5a – 6c
15:00 Uhr – 15:10 Uhr	5b – 5c
15:12 Uhr – 15:22 Uhr	5b – 6a
15:24 Uhr – 15:34 Uhr	5b – 6b
15:36 Uhr – 15:46 Uhr	5b – 6c
15:48 Uhr – 15:58 Uhr	5c – 6a
16:00 Uhr – 16:10 Uhr	5c – 6b
16:12 Uhr – 16:22 Uhr	5c – 6c
16:24 Uhr – 16:34 Uhr	6a – 6b
16:36 Uhr – 16:46 Uhr	6a – 6c
16:48 Uhr – 16:58 Uhr	6b – 6c

b) Ja, die Spielzeit kann auf zweimal 7 Minuten erhöht werden. Man bräuchte nur eine Stunde länger und wäre dann also gerade um 17:58 Uhr fert ist allerdings fraglich, ob wirklich alle Spiele p lich beginnen können.

9 a) Es bleiben noch 72,60 € in der Klassenkasse.
b) Die Preisliste könnte zum Beispiel so aussehen:

Anzahl der Karten	Preis
1	0,40 €
3	1,20 €
5	1,60 €
7	2,40 €
10	3,20 €
17	5,60 €
20	6,40 €

Seite 151

Wasserstraße Rhein

- Wie viele Ananas hat das Frachtschiff geladen? Das Frachtschiff hat 3 750 000 Ananas geladen.
Wie schwer sind die Schachteln zusammen? Alle Schachteln wiegen zusammen 4500 t.
Wie viele Binnenmotorschiffe oder Güterwaggons braucht man für die Ware? Sie könnte mit zwei Binnenmotorschiffen oder 180 Güterwaggons transportiert werden.
- Dies sind ungefähr 415 Schiffe im Monat und 14 Schiffe am Tag.
- Der Güterzug wäre 1320 km lang, die Lastwagenkolonne wäre 3600 km lang.
- Die Schiffe kommen pro Stunde 25 km weit.
- Der Rhein steigt durchschnittlich pro Flusskilometer 0,7 m an.

Üben • Anwenden • Nachdenken

Seite 153

1 a) 7 t 851 kg; 9 kg 466 g; 22 t 340 kg; 11 g 976 mg
b) 44 kg 44 g; 2 t 35 kg; 92 g 6 mg; 100 kg 1 g

2 a) 120 min; 300 min; 1440 min; 2 min; 72 min; 234 min; 366 min
b) 540 s; 900 s; 3600 s; 465 s; 915 s; 3900 s
c) 3 h; 12 h; 6 h; 1 h 15 min = $1\frac{1}{4}$ h; $1\frac{3}{4}$ h; 25 h

3 a) 15 min; 24 min; 6 min; 54 min
b) 30 min; 15 min; 50 min

4 a) 7 € 76 ct; 9 € 84 ct; 15 € 7 ct; 38 € 7 ct
b) 9 € 36 ct; 8 € 4 ct; 12 € 12 ct

c) 9€ 99ct; 9€ 9ct; 9€ 90ct; 9€ 90ct
d) 18€ 18ct; 80€ 80ct; 80€ 8ct

5 a) 30mm; 200mm; 4000mm; 52mm; 710mm; 93mm; 5005mm
b) 80cm; 2cm; 26cm; 480cm; 340cm; 25cm; 105cm
c) 6m; 4m; 2000m; 45m; 2800m; 2080m

6 a) 506cm; 48cm; 5707cm
b) 8985m; 6034m; 13007m
c) 6120g; 1080g; 1050kg
d) 32032mg; 5005g; 80002kg
e) 375ct; 909ct; 1001ct
f) 195min; 338s; 66min
g) 51h; 7560s; 74h

7 a) 24,25m; 3,3kg; 2,5€
b) 4,85km; 5,2t; 0,75€
c) 9,05€; 3,2dm; 1,025kg
d) 4,003kg; 12,01€; 8,2cm
e) 2,05m; 6,0002kg; 3,003km

8 a) 42,89€ b) 61,25kg c) 9,15m
d) 61,3cm e) 26,64€ f) 12,04kg
g) 2,95km h) 3,6t i) 93,65€

9 120g; 0,12kg

10 a) Es wird mit einem durchschnittlichen Gewicht von 75kg gerechnet.
b) individuelle Antwort möglich

11 a) Die Angebote vergleicht man, indem man jeweils den Preis für eine Dose berechnet:
3 Dosen zu 3,81€: 1 Dose kostet 1,27€
6 Dosen zu 7,50€: 1 Dose kostet 1,25€
5 Dosen zu 6€: 1 Dose kostet 1,20€
4 Dosen zu 4,76€: 1 Dose kostet 1,19€.
Die 4 Dosen zu 4,76€ sind also am billigsten, gefolgt von 5 Dosen zu 6€ und von 6 Dosen zu 7,50€. 3 Dosen zu 3,81€ sind am teuersten.

12 Es müssten ungefähr 1444 Zwerggrundeln hintereinander schwimmen.

Seite 154

13 a) 2,5km b) 50km c) 65m d) 3,48m

14 1:200

15 a) in Ost-West-Richtung: 3,9km
in Nord-Süd-Richtung: 5,1km
b) Auf dem Plan beträgt diese Strecke 30cm.

16 Er bekommt 25000km Golddraht.

17 a) Christian muss 31,60€ bezahlen.
b) Susanne muss 39,20€ bezahlen.
c) Frau Seiter muss 75,60€ bezahlen.

18 Eine mögliche Veranschaulichung durch ein Balkendiagramm:

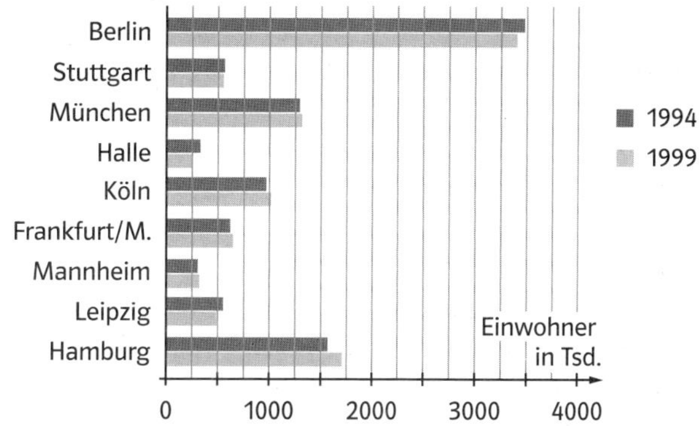

Auffälligkeiten: In München, Köln, Frankfurt/Main und Hamburg nahmen die Einwohnerzahlen von 1994 bis 1999 zu. In Berlin, Stuttgart, Halle und Leipzig nahmen sie dagegen ab. In Mannheim blieben sie ungefähr auf dem gleichen Stand. Es fällt außerdem auf, dass Berlin eindeutig die größte Stadt Deutschlands ist.

19 a)

Montag	90 min
Dienstag	120 min
Mittwoch	45 min
Donnerstag	120 min
Freitag	140 min
Samstag	210 min
Sonntag	120 min

Man könnte außer dieser Tabelle auch ein Diagramm erstellen.
b) Jens schaut samstags am meisten und mittwochs am wenigsten fern. Durchschnittlich sieht er 120min am Tag fern.
c) individuelle Lösungen

20 a) Der Zug wiegt insgesamt 640t.
b) Der Zug ist um 684t schwerer, das Gesamtgewicht beträgt dann also 1324t.
c) Jeder Waggon könnte eine Ladung von ca. 32t tragen.

21 a) 100000 Tütchen
b) Ein Kilogramm Safran würde 49000€ kosten und ist damit mehr als viermal so teuer wie ein Kilogramm Gold!

Seite 155

22 Das Schaubild ermöglicht einen schnellen Vergleich. Man sieht auf den ersten Blick, dass die

Briten am meisten und die Italiener am wenigsten Chips pro Person pro Jahr essen. Außerdem kann man die genauen Werte ablesen: Die Briten essen pro Person 2,39 kg Chips im Jahr, die Niederländer 1,83 kg, die Belgier 1,17 kg, die Deutschen 0,67 kg, die Franzosen 0,53 kg, die Spanier 0,47 kg und die Italiener 0,32 kg.

23 a) Es fällt auf, dass die Einwohner und die Tiere zusammen sehr viel weniger wiegen als alle Pflanzen. Außerdem kann man Vergleiche zwischen den Tieren vornehmen.
b) Die Veranschaulichung ist zwar über ein Diagramm möglich, aber die Masse der Hunde, Katzen, Regenwürmer und der anderen Tiere ist im Vergleich zu den Pflanzen verschwindend gering und deshalb zum Beispiel in einem Balkendiagramm kaum sichtbar.

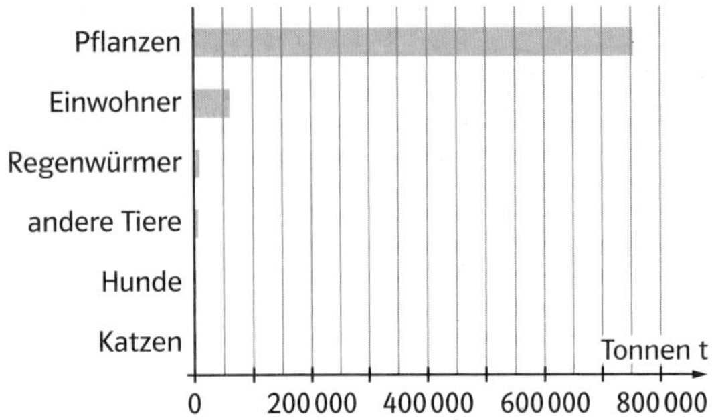

24 Es darf 170 kg Gepäck zugeladen werden.

25 Mit den Belastungen aus dem Rhein könnte man 3045 Güterwaggons beladen. Das gäbe einen Zug von 45,675 km Länge.

26 individuelle Lösungen

27 a)

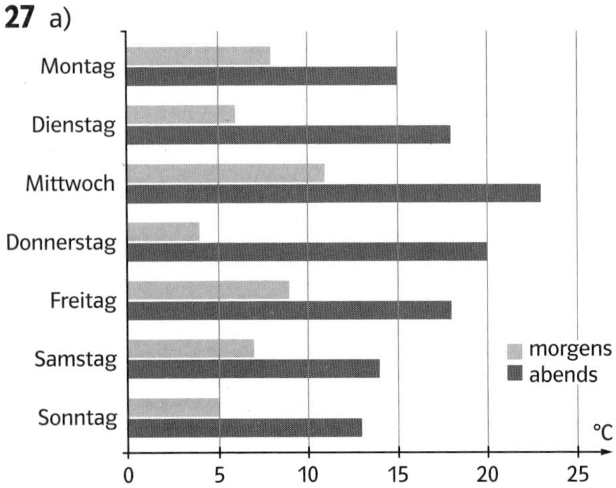

b) tiefste Tagestemperatur: Donnerstag morgens
höchste Tagestemperatur: Mittwoch abends
kleinste Tagesschwankung: Montag und Samstag
größte Tagesschwankung: Donnerstag

28 a) Beispiele:
- Was kostete es durchschnittlich, einen km zu bauen? 2 Mio. €
- Wie viele Gleisschwellen wurden insgesamt verlegt? 156 000 Gleisschwellen
- Wie viel wiegen die Gleisschwellen für einen Streckenkilometer? 405,6 t
- Wie viel wiegen die Gleisschwellen für die gesamte Strecke? 40 560 t
- Wie viel wiegen die Gleisstücke der gesamten Strecke? 6000 t
- Was wiegt die gesamte Strecke? 46 560 t

b) 240 km; 25 min
c) Das bedeutet, dass die Geschwindigkeit des ICE doppelt so hoch ist wie die des Autos. Der ICE kann aber nur halb so schnell fahren, wie ein Flugzeug fliegen kann.
d) Er ist mit mehr als 100 km/h unterwegs. Dies ist davon abhängig wie lang der Zwischenhalt ist.
e) Reine Fahrtzeit: 1 h 20 min. Dazu kommen aber noch die Zwischenhalte.

Seite 156

29 a) Man kann entnehmen, wie viel Liter Farbe in einem Eimer ist, was dieser Eimer kostet und für wie viel Fläche er ausreicht. Man kann aus diesen Angaben auch berechnen, wie viel die Farbe für 1 m² kostet:
kleiner Eimer: 1 m² kostet 0,80 €
mittlerer Eimer: 1 m² kostet 0,70 €
großer Eimer: 1 m² kostet 0,64 €
b) Ein Liter Farbe ist im größten Eimer am günstigsten. Es ist aber nicht immer sinnvoll, diesen Eimer zu besorgen, da bei einem kleinen Zimmer (z. B. 35 m²) zu viel Farbe übrig bleibt und dann der Kauf zweier mittlerer Eimer günstiger wäre.
c) Ich würde den Kunden so beraten, dass er die für sich billigste Variante wählen kann. Diese ist natürlich abhängig von der Fläche, die er streichen möchte.

30 a)

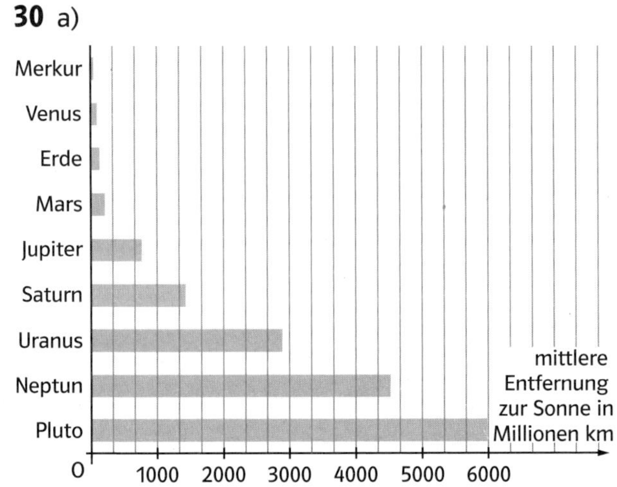

b) individuelle Lösungen
c) individuelle Lösung

31 a) Tropfen pro Tag: 72 000
Tropfen pro Woche: 504 000
Tropfen pro Monat: 15 120 000
b) Es dauert 400 Stunden bis eine 300-l-Badewanne überläuft, also 16 Tage und 6 Stunden.
c) individuelle Lösungen, z. B: ca. 100 000 tropfende Wasserhähne; das wären dann 7 200 000 000 Tropfen pro Tag, was 1 800 000 l entspricht. Das kostet dann am Tag 5400 €.

32 a)

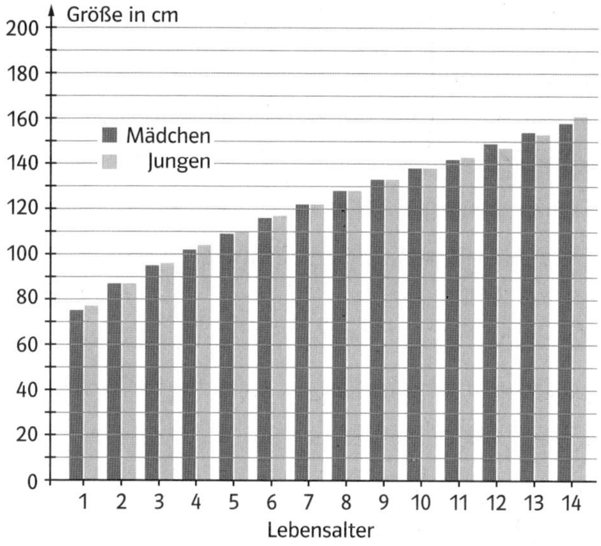

b) Bis zum Alter von 7 Jahren sind die Mädchen ein bisschen kleiner als die Jungen. Dann sind sie bis zum 10. Lebensjahr gleich groß, ab 12 wachsen die Mädchen dann schneller, aber ab dem 14. Lebensjahr sind die Jungen wieder größer.
c) Größe der 15-Jährigen: Jungen: etwa 169 cm; Mädchen: etwa 162 cm

7 Flächeninhalt und Rauminhalt

Auftaktseite: Zusammengewürfelt

Seiten 158 – 159

Flächen auslegen

Das Dreieck wird wie folgt ausgelegt:

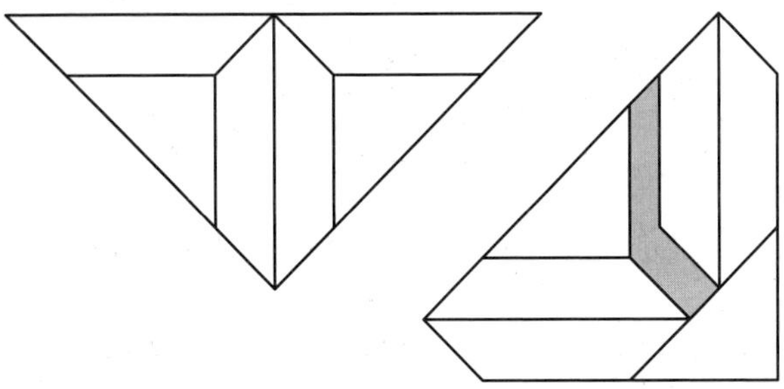

Die rechte Figur lässt sich nicht mit den Teilfiguren auslegen. Sie ist größer als das obige Quadrat und das nebenstehende Dreieck.
Die beiden linken Flächen sind gleich groß, die rechte Figur ist größer:

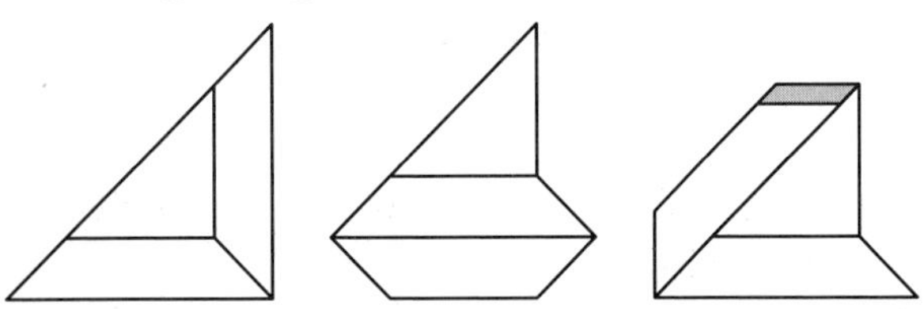

Schlussfolgerung: Kann man Flächen mit den gleichen Flächenteilen auslegen, haben sie dieselbe Größe. Will man neue Flächen legen, muss man auf durchgehende Linien und lückenlos ausgefüllte Flächen achten.

Aus kleinen Würfeln große bauen

Der 2 cm-Würfel enthält vier kleine Würfel.

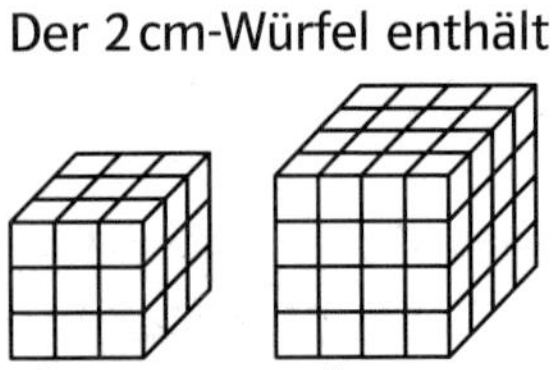

Der 3 cm-Würfel enthält 27 kleine Würfel, der 4 cm-Würfel 64.

Kantenlänge des großen Würfels	1 cm	2 cm	3 cm	4 cm	5 cm
Anzahl der ausfüllenden Würfel	1	8	27	64	125

Kantenlänge des großen Würfels	7 cm	10 cm	12 cm	15 cm
Anzahl der ausfüllenden Würfel	343	1000	1728	3375

Ein großer Würfel mit der Kantenlänge 100 cm hat 1 000 000 kleine Würfel.

Es kann keinen großen Würfel geben, der aus 10 kleinen Würfeln besteht. Aber es kann einen großen Würfel geben der aus 216 kleinen Würfeln besteht. Dieser hat dann die Kantenlänge 6 cm.

Aus kleinen Würfeln Schlangen bilden

Anzahl der Würfel in der Würfelschlange	1	2	3	4	5	6	7	8
Anzahl der zu streichenden Quadrate	6	10	14	16	20	22	26	28

1 Flächen vergleichen

Seite 160

Einstiegsaufgabe

➔ Alle Figuren bestehen aus zwölf Teilflächen.
➔ Die beiden Parallelogramme sind gleich groß; die Treppe und das linke untere Rechteck sind gleich groß; das rechte obere Rechteck und die mittlere untere Figur sind gleich groß. Da alle Figuren die gleiche Anzahl von Teilflächen haben, kann man sie über die jeweilige Größe ihrer Teilflächen miteinander vergleichen.
➔ Ein Vergleich der Flächen ist nur dann möglich, wenn die Teilflächen die gleiche Größe haben.

1 Figur 1: 18 Kästchen
Figur 2: 18 Kästchen
Figur 3: 20 Kästchen

2 Figur 1: 16 Kästchen
Figur 2: 15 Kästchen und ein halbes Kästchen
Figur 3: 12 Kästchen

Seite 161

3 Die rechte Fläche ist größer.

4 Eine große Fliese der rechten Terrasse besteht aus vier kleinen Fliesen der linken Terrasse. Setzt man nun immer vier kleine Fliesen zu einer großen Fliese zusammen, kommt man auf die gleiche Anzahl von großen Fliesen (zehn große Fliesen). Die Terrassen sind also gleich groß.

5 Die Fläche in Teil d) ist am größten, die Fläche in a) am kleinsten. Die Flächen in c), e) und f) sind gleich groß.

6 individuelle Lösungen

7 Alle drei Flächen sind gleich groß. Wenn man alle Flächen in gleich große Dreiecke unterteilt, zählt man in jeder Figur 16 Stück.

Bestimmung der Flächengröße ...

- von klein nach groß: d); a); c); b). Zunächst zählt man die ganzen Kästchen und dann setzt man die übrigen immer ungefähr zu einem Ganzen zusammen.
- Das gelbe Gespenst ist ein wenig größer.

2 Flächeneinheiten

Seite 162

Einstiegsaufgabe

➔ Eine solche Zählung funktioniert nur dann, wenn die Pflastersteine dieselbe Größe haben. Da die Steine auf den beiden Schulhöfen aber unterschiedlich groß sind, ist ein Vergleich der Anzahl der Steine für den Vergleich der Schulhofgröße nicht korrekt.

Seite 163

1 a) Kinderzimmer: m^2 b) Freibad: a
c) Waldstück: ha d) Schulgelände: a
e) Foto: cm^2 f) Teppich: m^2
g) Plakat: dm^2 h) Briefmarke: mm^2
i) Stuttgart: km^2 j) Postkarte: cm^2
k) Heft: cm^2 l) Schaufenster: m^2

2 CD-Hülle: 170 cm^2
Bodensee: 538 km^2
Golfplatz: 50 ha
Fingernagel: 140 mm^2
Klassenzimmer: 1 a
Heft: 6 dm^2
Baugrundstück: 1080 m^2
Mathebuch: 530 cm^2
Turnhalle: 750 m^2

3 a) 400 dm^2; 100 mm^2; 700 a; 800 m^2; 600 cm^2
b) 4600 ha; 3200 cm^2; 12800 dm^2; 55 300 m^2; 9200a
c) 935 m^2; 4261 dm^2; 54 670 m^2; 73 925 a

4 a) 5 dm^2; 2 m^2; 8 cm^2; 4 a
b) 67 a; 43 m^2; 640 m^2
c) 8 km^2; 54 km^2; 980 ha

5 a) 7 m^2; 99 ha; 13 dm^2
b) 85 m^2; 1005 ha; 23 km^2
c) 43 a; 356 dm^2; 23 m^2

6 a) 100 1-dm-Quadrate b) 10 000 1-cm-Quadrate

Randspalte

Ein Fuß ist ein altes Maß, das regional sehr unterschiedlich sein kann. So findet man Angaben zwischen 25 und 40 cm. Wenn man von 30 cm ausgeht, ist ein Quadratfuß 900 cm^2, also 9 dm^2.
Ähnliche Maßeinheiten: Quadratelle, Quadratspanne, Quadratklafter etc. (vgl. Schülerbuchseite 143).

Seite 164

7 a) 12,45 a; 9,3 km^2; 2,14 m^2
b) 27,12 ha; 10,05 dm^2; 8,08 cm^2
c) 70,01 km^2; 200,02 a; 1,0001 m^2

8 a) in m^2: 1200 m^2; 4 m^2; 25 000 m^2; 90 000 m^2; 3040 m^2; 10 500 m^2; 120 502 m^2
b) in cm^2: 400 cm^2; 50 000 cm^2; 9 cm^2; 533 cm^2; 103 400 cm^2; 505 cm^2

9 a) 534 cm^2; 406 m^2 b) 1625 cm^2; 11 548 a
c) 3 m^2; 38 mm^2 d) 744 dm^2; 40 cm^2
e) 3140 a; 78 160 mm^2

10 a) 70 m^2; 216 cm^2; 198 ha
b) 8 ha; 30 m^2; 15 dm^2

11 a) 9570 mm^2 = 95,7 cm^2; 15 680 cm^2 = 156,8 dm^2; 25305 m^2 = 253,05 a
b) 506 a = 5,06 ha; 2108 m^2 = 21,08 a; 380 ha = 3,8 km^2

12 a) 30-mal; 20-mal b) 6-mal; 11-mal
c) 30-mal; 12-mal

13 a) bis zu 1 m^2: 10 dm^2; 98 dm^2; 9930 cm^2
b) bis zu 1 ha: 64 a; 99 a; 96 a; 9999 m^2
c) bis zu 5 a: 2 a; 2,2 a; 70 m^2; 405 m^2

14 Dies kostet insgesamt 9072 €.

15 a) Ihr Bauspardarlehen muss 15 416 € betragen, damit Familie Mauch das Grundstück finanzieren kann.
b) Die Gartenfläche ist 288 m^2 groß.
c) Es bleiben 207 m^2 Rasenfläche übrig.

16 Es können höchstens fünf gleich große Grundstücke gebildet werden. Diese wären dann 409 m^2 groß.

Wusstest du ...

- Auf der Handoberfläche eines Erwachsenen sitzen durchschnittlich 100 Mio. Nervenzellen.
- Die Oberfläche der gesamten Lunge beträgt 100 m^2.

3 Berechnungen am Rechteck

Seite 165

Einstiegsaufgabe

➔ Der Flächeninhalt des Klassenzimmers wird durch die Länge mal Breite des Zimmers bestimmt. Die Länge der benötigten Fußleisten wird dadurch bestimmt, dass die Länge aller vier Seiten des Zimmers addiert werden.

Seite 166

1 a) DIN-A4-Heft: Das Heft ist 21 cm breit und 29,7 cm lang. Der Flächeninhalt beträgt also 623,7 cm^2, der Umfang beträgt 101,4 cm.
b) Länge: 26 cm; Breite: 19,5 cm;
Flächeninhalt: 507 cm^2; Umfang: 91 cm
c) 104 Seiten à 507 cm^2, also beträgt der Flächeninhalt aller Seiten ungefähr 5,3 m^2

2 a) Flächeninhalt: 12 cm^2; Umfang: 14 cm
b) Flächeninhalt: 24 cm^2; Umfang: 20 cm
c) Flächeninhalt: 6 cm^2; Umfang: 14 cm
d) Flächeninhalt: 24 cm^2; Umfang: 28 cm

3 a) Flächeninhalt: 77 cm^2; Umfang: 36 cm
b) Flächeninhalt: 1352 m^2; Umfang: 234 m
c) Flächeninhalt: 6 dm^2; Umfang: 11 dm
d) Flächeninhalt: 20 cm^2; Umfang: 21 cm
e) Flächeninhalt: 1,35 km^2; Umfang: 6,9 km
f) Flächeninhalt: 102 cm^2; Umfang: 66,8 cm
g) Flächeninhalt: 28,81 dm^2; Umfang: 22 dm
h) Flächeninhalt: 6,3 m^2; Umfang: 22,2 m

4 a) Länge 2. Seite: 20 m
b) Länge 2. Seite: 900 m^2
c) Länge 2. Seite: 100 dm^2
d) Länge 2. Seite: 5 m^2

5 a)

Länge	verdoppelt	verdreifacht	vervierfacht	verfünffacht	…
Flächeninhalt	verdoppelt sich	verdreifacht sich	vervierfacht sich	verfünffacht sich	…

b)

Breite	verdoppelt	verdreifacht	vervierfacht	verfünffacht	…
Flächeninhalt	verdoppelt sich	verdreifacht sich	vervierfacht sich	verfünffacht sich	…

c)

Länge u. Breite	verdoppelt	verdreifacht	vervierfacht	verfünffacht	…
Flächeninhalt	4-mal so groß	9-mal so groß	10-mal so groß	25-mal so groß	…

6 a)

Seitenlängen		Flächeninhalt	Umfang
1 cm	1 cm	1 cm^2	4 cm
2 cm	2 cm	4 cm^2	8 cm
3 cm	3 cm	9 cm^2	12 cm
4 cm	4 cm	16 cm^2	16 cm
5 cm	5 cm	25 cm^2	20 cm

b)

Seitenlängen		Flächeninhalt	Umfang
1 cm	2 cm	2 cm^2	6 cm
2 cm	3 cm	6 cm^2	10 cm
3 cm	4 cm	12 cm^2	14 cm
4 cm	5 cm	20 cm^2	18 cm
5 cm	6 cm	30 cm^2	22 cm

c)

Seitenlängen		Flächeninhalt	Umfang
2 cm	3 cm	6 cm^2	10 cm
3 cm	4 cm	12 cm^2	14 cm
4 cm	5 cm	20 cm^2	18 cm
5 cm	6 cm	30 cm^2	22 cm
6 cm	7 cm	42 cm^2	26 cm

Gesetzmäßigkeit: Der Umfang wird mit jedem Schritt um 4 cm größer. Die Differenz der aufeinander folgenden Flächeninhalte wird immer um 2 größer.

Jede Menge Quadrate i

▪

Seitenlänge	1	2	3	4	5
Flächeninhalt	1	4	9	16	25
Umfang	4	8	12	16	20

Seitenlänge	6	7	8	9	10
Flächeninhalt	36	49	64	81	100
Umfang	24	28	32	36	40

▪ Seitenlänge 19: Flächeninhalt: 361; Umfang: 76
▪ Um den Flächeninhalt zu berechnen, multipliziert man die Seitenlänge mit sich selbst; um den Umfang zu berechnen multipliziert man die Seitenlänge mit 4.
▪

Anzahl der Quadrate	1	2	3	4	5	6	7	8	9	10	11
Umfang der Schlange	4	6	8	8	10	10	12	12	12	14	14

Anzahl der Quadrate	12	13	14	15	16	17	18	19	20	21
Umfang der Schlange	14	16	16	16	16	18	18	18	18	20

- Der Umfang erhöht sich immer in Zweierschritten. Der Umfang bleibt jedoch gleich, bis das Rechteck „vollständig“ ist, erst dann wird der Umfang größer.

Seite 167

7 a) Flächeninhalt: $144\,cm^2$; Umfang: 48 cm
b) Flächeninhalt: $324\,dm^2$; Umfang: 72 dm
c) Flächeninhalt: $729\,mm^2$; Umfang: 108 mm
d) Flächeninhalt: $10\,816\,m^2$; Umfang: 416 m
e) Flächeninhalt: $72{,}25\,cm^2$; Umfang: 34 cm
f) Flächeninhalt: $151{,}29\,dm^2$; Umfang: 49,2 dm
g) Flächeninhalt: $16\,m^2$
h) Flächeninhalt: $25\,dm^2$
i) Flächeninhalt: $225\,cm^2$

8 Länge: 4 cm; Breite: 4 cm; Flächeninhalt: $16\,cm^2$; Umfang: 16 cm;
Länge: 4 dm; Breite: 4 dm; Flächeninhalt: $16\,dm^2$; Umfang: 16 dm;

9 Ismails Behauptung stimmt. Der kleinstmögliche Umfang ist 24 cm, einen größtmöglichen gibt es nicht, da der Umfang wächst, wenn man das Rechteck immer schmaler werden lässt.
Die Maße der fünf verschiedenen Rechtecke sind z. B.:

Länge	36 cm	18 cm	12 cm	9 cm	6 cm
Breite	1 cm	2 cm	3 cm	4 cm	6 cm

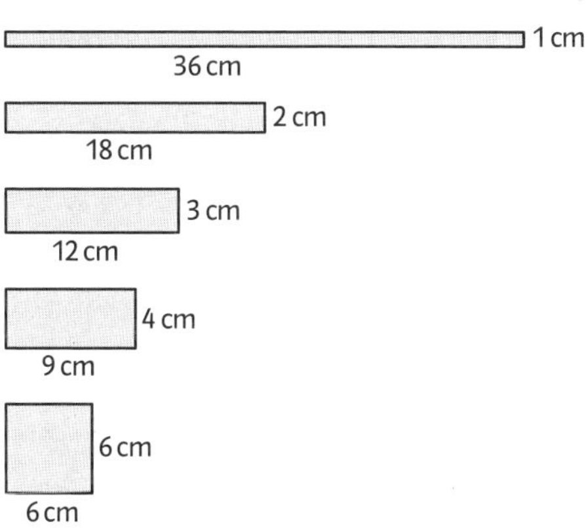

10 Petras Behauptung stimmt. Der größtmögliche Flächeninhalt beträgt $36\,cm^2$, einen kleinstmöglichen gibt es nicht.
Die Maße der fünf verschiedenen Rechtecke sind z. B.:

Länge	6 cm	7 cm	8 cm	9 cm	10 cm
Breite	6 cm	5 cm	4 cm	3 cm	2 cm

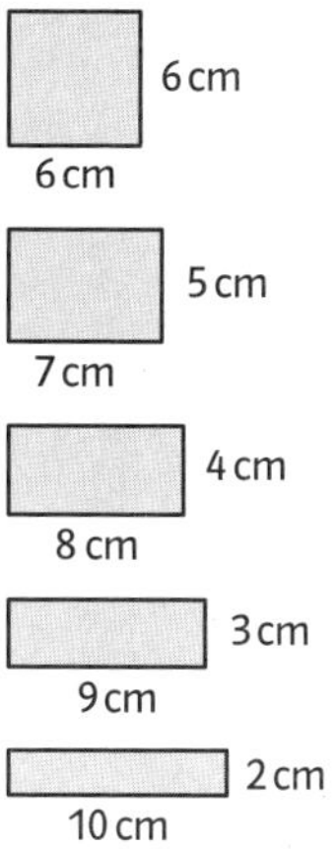

11 kleinstmögliches Spielfeld:
Flächeninhalt: $4050\,m^2$; Umfang: 270 m
größtmögliches Spielfeld:
Flächeninhalt: $10\,800\,m^2$; Umfang: 420 m

12 Das Grundstück von Familie Jürgens hat den Flächeninhalt $674\,m^2$ und den Umfang 126 m.
Das Grundstück von Familie Maurer hat den Flächeninhalt $764\,m^2$ und den Umfang 126 m.

13 A: Flächeninhalt: $500\,m^2$; Kosten pro m^2: 70 €
B: Flächeninhalt: $525\,m^2$; Kosten pro m^2: 68 €
C: Flächeninhalt: $840\,m^2$; Kosten pro m^2: 65 €
Familie Reiser sollte Bauplatz C kaufen, weil dort der Quadratmeter am wenigsten kostet.

14 Das Gemälde hat eine Fläche von $3900\,m^2$.

15 Quadratische Flächen haben den kleinstmöglichen Umfang, also kommen Quadrate mit Maßen zwischen 22,4 m und 24,4 m in Frage.

16 a) Das größte Gehege bekommt Melanie wenn sie eine Seite 6 m lang macht, die anderen beiden Seiten 3 m lang (Flächeninhalt: $18\,m^2$).
b) In diesem Fall muss sie eine quadratische Form wählen. Die Seitenlänge beträgt 3 m, der Flächeninhalt ist $9\,m^2$. Das Gehege wäre also nur halb so groß wie in Teilaufgabe a).

Seite 168

17 Insgesamt werden 3280 Fliesen benötigt. Diese kosten zusammen 7872 €.

18 Von den 15 × 10-Spiegelfliesen bräuchte Frau Hauser 180 Stück, von den 15 × 15-Spiegelfliesen 120 Stück, von den 30 × 30 Spiegelfliesen 30 Stück und von den 30 × 45-Spiegelfliesen 20 Stück.

19 a) Es werden 57 laufende Meter Zaun benötigt.
b) Frau Bauer muss 32 Zaunelemente kaufen und dafür 1024 € bezahlen.

20 Auf einer Länge von 27 m werden fast 11 Rohre benötigt. Zur gesamten Bepflasterung werden 4500 Pflastersteine benötigt.

Wohnen

- Die Wohnfläche beträgt 105,6 m^2. Familie Peters bezahlt monatlich 633,60 €.
- Die Fläche beträgt 30,6 m^2. Der Teppichboden kostet 550,80 €.
- Der Umfang beträgt 22,4 m. Man benötigt neun Leisten. Sie kosten 72 €.
- Die Fläche, die gestrichen werden muss, beträgt 48,3 m^2. Von der Farbe für 23 € muss man drei Eimer kaufen und 69 € bezahlen. Von der Farbe für 28 € muss man zwei Eimer kaufen und so nur 56 € bezahlen.
- Die Flächen von Küche, Diele und Bad betragen: Küche: 7,8 m^2; 195 Fliesen
Diele und Bad: 8,15 m^2; 204 Fliesen
Man muss 423 Fliesen für insgesamt 507,60 € kaufen.

4 Rauminhalte vergleichen

Seite 169

Einstiegsaufgabe

➔ Reihenfolge von klein nach groß: Körper unten rechts; Körper oben links; Körper oben rechts; Körper unten links.
➔ Um die Reihenfolge festzulegen, muss man die Anzahl der Bausteine pro Körper zählen und dann vergleichen.

1 1. Körper: 7 Würfel   2. Körper: 8 Würfel
3. Körper: 7 Würfel

2 Man kann in alle Kisten gleich viel Sand füllen.

Seite 170

3 Auf Palette a) liegt ein Ziegelstein mehr als auf Palette b).

4 Tier c) hat den größten Rauminhalt.

5 a) Es passen noch 18 Würfel hinein.
b) Es passen noch 42 Würfel hinein.

6 Würfel d) ist falsch halbiert worden.

Quader bauen

- bei 12 Würfeln gibt es vier: 3-2-2-Quader; 2-1-6-Quader; 3-4-1-Quader; 12-1-1-Quader
bei 15 Würfeln gibt es zwei: 15-1-1-Quader; 5-3-1-Quader
bei 18 Würfeln gibt es vier: 18-1-1–Quader; 9-2-1-Quader; 6-3-1 –Quader; 3-3-2-Quader
bei 24 Würfeln gibt es sechs: 24-1-1-Quader; 12-2-1-Quader; 6-4-1-Quader; 8-3-1-Quader; 4-3-2-Quader; 6-2-2-Quader
- Je nachdem, wie viele Zerlegungen der Würfelanzahl in Produkte es gibt, findet man verschiedene Kombinationen für Länge, Breite und Höhe.

5 Raumeinheiten

Seite 171

Einstiegsaufgabe

➔ Als 7-Sitzer beträgt das Kofferraumvolumen 138 dm^3 (l), als 5-Sitzer 540 dm^3 (l) und ohne Rücksitze beträgt es 1860 dm^3 (l).
➔ In den 7-Sitzer würden 138 Milchkartons passen, in den 5-Sitzer 540 Milchkartons und ohne Rücksitze würden 1860 Milchkartons in den Kofferraum passen.

Seite 172

1

a) Klassenzimmer: m^3	b) Konservendose: ml
c) Wassereimer: l	d) Wasserflasche: l
e) Stecknadelkopf: mm^3	f) Badewanne: l
g) Rucksack: l	h) Trinkglas: ml
i) Schrank: m^3	j) Haus: m^3

2 individuelle Lösungen

3 a) 4 cm^3; 82 dm^3; 120 dm^3
b) 325 m^3; 50 mm^3; 85 dm^3 c) 5 l; 7 l; 23 l; 45 l

4 a) 34 000 dm^3; 80 000 cm^3; 115 000 cm^3; 200 000 dm^3
b) 17 000 ml; 230 000 ml; 5300 ml; 14 090 ml

5 a) in cm^3: 3 000 000 cm^3; 17999 cm^3; 5000 cm^3
b) in dm^3: 5000 dm^3; 0,045 dm^3; 3005 dm^3
c) in l: 605 l; 3000 l; 75 l
d) in ml: 13000 ml; 4550 ml; 2030 ml

6 a) 2452 cm^3; 7064 dm^3; 112 025 mm^3
b) 90 864 mm^3; 40 280 mm^3; 15 700 cm^3

7 a) in m^3: 4,5 m^3; 7,8 m^3; 2,05 dm^3
b) in dm^3: 66,84 dm^3; 3003,003 dm^3
c) in cm^3: 1030,0 cm^3; 1324,5 cm^3
d) in l: 5,3 l; 4,005 l

8 a) 12 m^3 50 dm^3 > 1250 dm^3
b) 436 l = 436 000 cm^3
c) 8,32 cm^3 > 832 mm^3
d) 2 m^3 3 dm^3 > 2 m^3 300 cm^3
e) 5,555 cm^3 < 5,5 dm^3
f) 4 dm^3 44 cm^3 < 4 l 400 ml

9 a) 3186 cm^3 b) 1,535 dm^3
c) 1,48 m^3 d) 2522 l

10 a) 150 cm^3; 84 l; 480 dm^3
b) 50 l; 500 m^3; 20 ml

Seite 173

Hektoliter *i*

- Die Brauerei nimmt täglich 8075 € ein.

11 a) 9100 hl b) 3321500 hl
c) Für einen 4-Personen-Haushalt betragen die Wasserkosten pro Jahr 572,32 €.
d) Das Mehrfamilienhaus verbraucht jährlich 34237 hl Wasser. Dies kostet 9586,36 €.

12 Das Trinkglas lässt sich mit einer Kiste Sprudel 42-mal füllen.

13 49,5 km^3 = 49 500 000 000 m^3. Bei Hochwasser würde es 6 600 000 Sekunden, also etwa 76 Tage dauern, bei Niedrigwasser 198 000 000 Sekunden, also etwa 2291 Tage.

14 a) 1 kg b) 1 t c) 10 kg
d) 1 kg Wasser nimmt einen Raum von 1 dm^3 ein, also von 1 dm × 1 dm × 1 dm.

15 a) Das Aquarium wiegt 104 kg.
b) Ist das Aquarium zur Hälfte gefüllt, ist es schon zu schwer für den Schrank.

16 a) Das sind 100 000 m^3 Erde.
b) Ein Schaufelradbagger könnte täglich 2500 LKW beladen.
c) 350 Mio. Tonnen Deckschicht müssen entfernt werden.

6 Berechnungen am Quader

Seite 174

Einstiegsaufgabe

➔ Es werden 158 cm^2 Karton benötigt.
➔ Das Volumen beträgt 120 cm^3.
➔ Man rechnet: $8 \cdot 5 \cdot 3 = 120$.

Seite 175

1 a) 2 Würfel Breite; 2 Würfel Höhe; 3 Würfel Länge. Der Quader enthält 12 Würfel.
b)

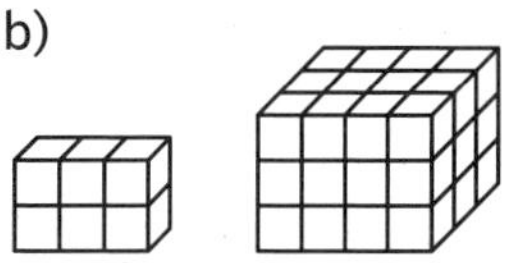

6 Würfel 36 Würfel

c) Der 12-15-21-Quader hat 3780 Würfel. Der 36-125-212-Quader hat 954 000 Würfel.

2 individuelle Lösungen

3 a) Volumen: 3872 cm^3; Oberfläche: 1540 cm^2
b) Volumen: 6000 dm^3; Oberfläche: 2080 dm^2
c) Volumen: 6552 mm^3; Oberfläche: 3000 mm^2

4 a) Volumen: 192 cm^3; Oberfläche: 208 cm^2
b) Volumen: 525 m^3; Oberfläche: 542 m^2
c) Volumen: 800 dm^3; Oberfläche: 600 dm^2
d) Volumen: 58,08 cm^3; Oberfläche: 133,76 cm^2

5 a) Volumen: 252 cm^3 b) Höhe: 4 cm
c) Breite: 6 m d) Länge: 4 dm

6 a) Volumen: 432 cm^3 b) Volumen: 67,5 cm^3
c) Volumen: 37,5 dm^3 d) Volumen: 15 cm^3

7 1. Körper: Volumen: 252 cm^3
2. Körper: Volumen: 180 dm^3

8 a) 4 nach oben, 5 in die Breite, 4 in die Länge, also passen 64 Kartons in den Transporter.
b) Ja, dann könnten mehr Kartons geladen werden und zwar max. 90 Kartons.

9 drei Beispiele:
1. Möglichkeit: 3 cm × 6 cm × 10 cm; Oberfläche: 216 cm^2
2. Möglichkeit: 3 cm × 3 cm × 20 cm; Oberfläche: 258 cm^2
3. Möglichkeit: 4 cm × 9 cm × 5 cm; Oberfläche: 202 cm^2

Es fällt auf, dass die Oberfläche kleiner wird, je näher die Maßzahlen von Länge, Breite und Höhe beieinander liegen.

10 Ein Würfel mit der Kantenlänge 5 cm.

Seite 176

Jede Menge Würfel

▪

Kantenlänge	1	2	3	4	5
Anzahl kleiner Würfel	1	8	27	64	125
Anzahl kleiner Quadrate	6	24	54	96	150

Kantenlänge	6	7	8	9	10
Anzahl kleiner Würfel	216	343	512	729	1000
Anzahl kleiner Quadrate	216	294	384	486	600

▪ Bei der Kantenlänge 6.

▪ 12 Würfel: 3-2-2 $32\,cm^2$
27 Würfel: 3-3-3 $54\,cm^2$
42 Würfel: 3-2-7 $82\,cm^2$
64 Würfel: 4-4-4 $96\,cm^2$
Die Quader sind so „würfelförmig" wie möglich, das heißt, die Kantenlängen liegen möglichst nah beieinander.

▪ a) Volumen: $26\,cm^3$; Oberfläche: $53\,cm^2$
b) Volumen: $23\,cm^3$; Oberfläche: $51\,cm^2$
c) Volumen: $22\,cm^3$; Oberfläche: $50\,cm^2$

11 a) Volumen: $216\,cm^3$; Oberfläche: $216\,cm^2$
b) Volumen: $1728\,mm^3$; Oberfläche: $864\,mm^2$
c) Volumen: $54{,}872\,dm^3$; Oberfläche: $86{,}64\,dm^2$

12 a) Volumen: $125\,cm^3$ b) Oberfläche: $216\,cm^2$

13 a) Oberfläche: $744\,cm^2$
b) Oberfläche: $384\,cm^2$ c) Oberfläche: $686\,m^2$

14 a) Volumen: $280\,cm^3$ Oberfläche: $276\,cm^2$
b) Volumen: $433{,}125\,cm^3$ Oberfläche: $415{,}5\,cm^2$

Seite 177

Verpackung

▪ individuelle Lösungen
▪ individuelle Lösungen
▪ Für 1 cm Seitenlänge: $256\,cm^3$
Für 3 cm Seitenlänge: $432\,cm^3$
Für 1 cm Seitenlänge (Würfel): $216\,cm^3$
▪

Seitenlänge des kleinen Quadrats	1 cm	2 cm	3 cm	4 cm
Volumen der Schachtel	$256\,cm^3$	$392\,cm^3$	$432\,cm^3$	$400\,cm^3$

Seitenlänge des kleinen Quadrats	5 cm	6 cm	7 cm	8 cm
Volumen der Schachtel	$320\,cm^3$	$216\,cm^3$	$112\,cm^3$	$32\,cm^3$

15 a) Es sind insgesamt $1368\,m^3$ Schutt abzutransportieren. Das macht etwa 274 Ladungen und dauert damit $205\frac{1}{2}$ Stunden. Wird nur ein Transporter 8 Stunden am Tag eingesetzt, würde es über 25 Tage dauern.
b) Es werden $744\,m^3$ Mutterboden nötig. Diese kosten insgesamt 4464 €.
c) Der Sandkasten fasst, wenn er bis oben gefüllt wird, $4{,}83\,m^3$ Sand. Es bleiben $0{,}83\,m^3$ des Volumens des Sandkastens ohne Sand. Das ist etwa der 6. Teil des gesamten Volumens. Damit bleiben bis zum Rand etwa 10 cm frei.

16 a) $144\,m^3 = 144\,000\,dm^3 = 1400\,hl$ Wasser
b) $48\,m^3 = 48\,000\,dm^3 = 480\,hl$ Wasser
$192 - 144 = 48\,m^3$

17 a) Jeder Schüler bekommt genügend Luft.
b) Der Raum ist für 34 Kinder zugelassen.
c) Für 28 Kinder könnte der Raum 8 m lang, 7 m breit und 3 m hoch sein.

Üben • Nachdenken • Anwenden

Seite 179

1 a) Umfang: 32 cm; Flächeninhalt: $31\,cm^2$
b) Umfang: 60 cm; Flächeninhalt: $68\,cm^2$

2 a) 15 cm b) 12 cm c) 5 cm

3

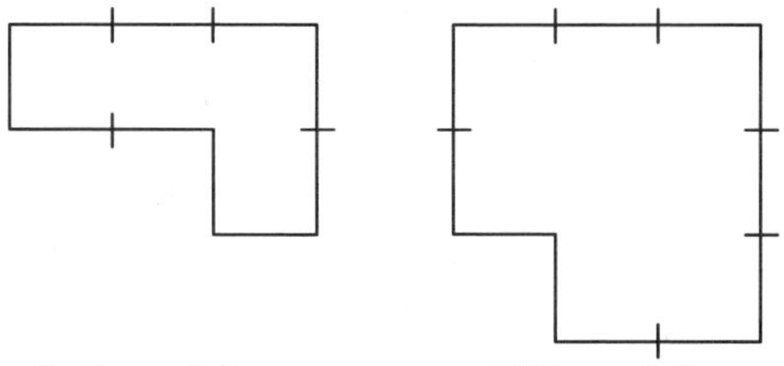

zehn Zaunanteile: vier Flächeneinheiten

zwölf Zaunanteile: acht Flächeneinheiten

4 a) Sie braucht mindestens einen 96 cm langen Draht.
b) Die größtmögliche Kantenlänge des Würfels ist 20 cm.
c) Die Kantenlänge eines Würfels beträgt 6 cm.

5 Flächeninhalt Quadrat: $400\,cm^2$
Flächeninhalt Rechteck: $375\,cm^2$

6 Mit dem Wasser (19 656 l) können vier Löschfahrzeuge ganz und ein Löschfahrzeug etwas mehr als bis zur Hälfte gefüllt werden.

7 Volumen: $125\,dm^3$; Oberfläche: $150\,dm^2$

Postpakete

- Volumen XS: 1141,875 cm^3
Volumen S: 4375 cm^3
Volumen M: 10 500 cm^3
Volumen L: 15 000 cm^3
Volumen XL: 30 000 cm^3
Volumen F: 6337,5 cm^3
- In Größe L passen elf Pakete der Größe XS; in Größe XL passen 21 Pakete der Größe XS
- 10 CDs passen in ein Paket der Größe S.
10 Mathebücher passen in ein Paket der Größe L.
- Schnur beim Paket XL:
Möglichkeit A: 355 cm
Möglichkeit B: 395 cm
Möglichkeit C: 495 cm
Möglichkeit D: 255 cm
- Schnur beim Paket M:
Möglichkeit A: 257 cm
Möglichkeit B: 277 cm
Möglichkeit C: 351 cm
Möglichkeit D: 183 cm

Seite 180

Menschen brauchen Platz

Auf dem Foto sind 13 Kinder.
- individuelle Lösungen
- individuelle Lösungen
- In Deutschland leben ungefähr 228 Menschen auf 1 km^2 Fläche, in Neuseeland nur 11 Menschen auf einem km^2 Fläche.
- In Ägypten wohnen eigentlich viel weniger Menschen pro km^2 als in Baden-Württemberg. Aber in Kairo wohnen sehr viele Menschen pro km^2. Das heißt also, dass sehr viele Ägypter in Kairo leben, nur sehr wenige leben außerhalb der Hauptstadt.
- individuelle Lösungen

8 a) Alle Blätter zusammen ergeben eine Fläche von 396 m^2.
b) Der Apfelbaum hat 20 000 Blätter.

9 a) Das Grundstück kostet 76 160 €.
b) Familie Busch hat für den Quadratmeter 290 € bezahlt.
c) Jede Familie erhält nach der Teilung einen 500 m^2 großen Bauplatz. Addiert man die Kaufpreise und rechnet den Gesamtbetrag auf das gesamte Grundstück um, kostet jeder Quadratmeter 133,80 €. Für Familie Kurth betrug der Quadratmeterpreis vorher 120 €, für Familie Lay 150 €. Wenn jede Familie für das Grundstück nach der Teilung gleich viel bezahlen soll, muss Familie Kurth an Familie Lay noch 2100 € zahlen.

10 Die Stadt braucht 12,5 t Pflastersteine. Diese kosten 2000 €.

11 a) Das Wasser wird 45,7 cm hoch eingefüllt.
b) 1500 l Wasser laufen über.
c) Frau Müller kann 24 000 l Wasser kaufen. Damit kann sie das Becken mehr als 2-mal füllen.

12 a) rechter Baustein: Volumen: 40 000 cm^3
linker Baustein: Volumen: 28 000 cm^3
b) Der rechte Baustein wiegt 100 kg.
Der linke Baustein wiegt 70 kg.
c) Wenn der linke Stein auch innen gestrichen wird, werden bei beiden Steinen 0,84 m^3 Fläche gestrichen. Man benötigt also 0,42 l Farbe.

13 a) Für Niederschlagsmessungen wird der Regen in einem genormten Auffangbehälter gesammelt. Wenn dann der Niederschlag in mm angegeben wird, ist gemeint, wie hoch das Regenwasser in diesem Messbecher steht.
b) Bei 23 mm Niederschlag ist die Wassersäule in dem Behälter 23 mm hoch. Es kommen dann auf einen Quadratmeter Fläche 23 l Wasser.

8 Brüche

Auftaktseite: Brüche im Alltag

Seiten 182 bis 183

Mengenangaben

individuelle Lösungen
Die angegebene Mengen kann man mit einem Messbecher und einer Waage abmessen.
Flüssigkeiten werden in folgenden Mengen angeboten:
- Wasser meist in 0,7- oder 0,75-l-Flaschen
- Milch ist meist in 1-l-Tetra-Packs oder Flaschen zu erhalten; manchmal gibt es 0,5-l-Packs
- Cola gibt es in 0,2-; 0,33-; 0,5-; 1-; 1,5- und 2-l-Flaschen
- Bier in 0,33- oder 0,5-l-Flaschen
- Wein in 0,7- oder 1-l-Flaschen

Zutaten für 2 Personen:
$\frac{3}{8}$ l Orangensaft
75 g Zucker
$\frac{1}{2}$ Dose Mandarinen
$\frac{1}{4}$ l Sahne
1 Päckchen Puddingpulver

Zutaten für 8 Personen:
$\frac{3}{2}$ l Orangensaft
300 g Zucker
2 Dosen Mandarinen
1 l Sahne
4 Päckchen Puddingpulver

Zutaten für 6 Personen:
$\frac{9}{8}$ l Orangensaft
225 g Zucker
$1\frac{1}{2}$ Dosen Mandarinen
$\frac{3}{4}$ l Sahne
3 Päckchen Puddingpulver

Flüssigkeiten

individuelle Lösungen
Es verbleiben $\frac{3}{4}$ l Flüssigkeit im Messbecher. Wenn die Schüssel noch gefüllt wird, ist noch $\frac{1}{4}$ l Flüssigkeit im Messbecher. Um die Vase vollständig zu füllen, muss noch $\frac{1}{2}$ l Flüssigkeit nachgefüllt werden.

Geldbeträge

Folgende Geldbeträge sind zeilenweise abgebildet:
2,43 €; 3,15 €; 1,04 €; 0,26 € (oder: 26 Cent); 1,10 €
Die Geldbeträge lassen sich wie folgt darstellen:
- **4,27 €:** zwei 2-Euro-Stücke, 20-Cent-Stück, 5-Cent-Stück, 2-Cent-Stück
- **81 ct:** 50-Cent-Stück, 20-Cent-Stück, 10-Cent-Stück, 1-Cent-Stück
- **3,06 €:** 2-Euro-Stück, 1-Euro-Stück, 5-Cent-Stück, 1-Cent-Stück
- **142 ct:** 1-Euro-Stück, 20-Cent-Stück, 20-Cent-Stück, 2-Cent-Stück
- **17 ct:** 10-Cent-Stück, 5-Cent-Stück, 2-Cent-Stück
- **0,80 €:** 50-Cent-Stück, 20-Cent-Stück, 10-Cent-Stück
- **35,27 €:** 20-Euro-Schein, 10-Euro-Schein, 5-Euro-Schein, 20-Cent-Stück, 5-Cent-Stück, 2-Cent-Stück
- **1281 ct:** 10-Euro-Schein, 2-Euro-Stück, 50-Cent-Stück, 20-Cent-Stück, 10-Cent-Stück, 1-Cent-Stück
- **421,63 €:** zwei 200-Euro-Scheine, 20-Euro-Schein, 1-Euro-Stück, 50-Cent-Stück, 10-Cent-Stück, 2-Cent-Stück, 1-Cent-Stück
- **305,02 €:** 200-Euro-Schein, 100-Euro-Schein, 5-Euro-Schein, 2-Cent-Stück
- **2110 ct:** 20-Euro-Schein, 1-Euro-Stück, 10-Cent-Stück

Maßangaben mit Kommasetzung

Angaben in Kommaschreibweise:
3,87 m; 53,1 cm; 79,32 dm oder 7,932 m; 5,03 m; 4,4 dm; 2,8 dm; 0,005 km; 0,1 dm
Schreibweise ohne Komma: 325 cm; 27 cm; 284 mm; 7021 mm; 83 mm; 5 cm

1 Bruchteile erkennen und darstellen

Seite 184

Einstiegsaufgabe

➔ Die verschiedenen Felder eines Papierbogens sind bei allen Abbildungen gleich groß, da jedes Blatt regelmäßig gefaltet wurde. Außerdem sind alle Felder der drei unteren Papierbögen gleich groß, weil alle Blätter in vier Teile geteilt wurden. Zwar haben die Felder unterschiedliche Formen, aber es ist immer ein Viertel des Bogens.
➔ individuelle Lösungen
➔

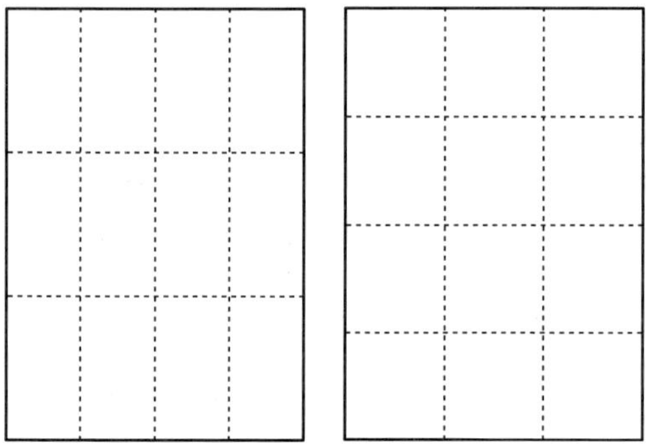

1 a) $\frac{1}{2}$; $\frac{1}{3}$; $\frac{2}{3}$; $\frac{3}{8}$; $\frac{7}{10}$ b) $\frac{1}{7}$; $\frac{6}{7}$; $\frac{9}{7}$; $\frac{11}{7}$
c) $\frac{3}{2}$; $\frac{3}{8}$; $\frac{3}{11}$; $\frac{3}{4}$

2 Das Quadrat ist jeweils in vier Teile zerlegt, ein Teil heißt $\frac{1}{4}$.

Seite 185

Falten und Schneiden

- Die Teile sind gleich groß, weil sie jeweils die Hälfte vom gleich großen Rechteck sind.
- individuelle Lösungen
- Durch Ausschneiden und neu Zusammensetzen lässt sich die gleiche Größe zeigen.
- individuelle Lösungen

3 a) Die Fürsten wollten immer $\frac{1}{10}$ der Ernten der Bauern für sich haben.
b) Wir teilen gerecht auf, jeder bekommt eine Hälfte, also $\frac{1}{2}$.
c) Kleinhausen ist ein Stadtteil von Hoehenburg.
d) Ein Eishockeyspiel besteht aus drei Dritteln. Das Team hat also das erste Drittel schon gespielt, war in der Pause und kommt jetzt zum zweiten Drittel wieder aufs Eis.

4 Selvi hat ein halbes Hähnchen, einen halben Laib Brot, $\frac{1}{4}$ Wurst, $\frac{1}{6}$ Käse und $\frac{3}{16}$ Kuchen gekauft.

5 a) sechs Teile; $\frac{2}{6}$ b) zehn Teile; $\frac{3}{10}$
c) drei Teile; $\frac{1}{3}$ d) sechs Teile; $\frac{3}{6}$
e) acht Teile; $\frac{3}{8}$ f) 16 Teile; $\frac{3}{16}$
g) 15 Teile; $\frac{5}{15}$ h) acht Teile; $\frac{2}{8}$
i) neun Teile; $\frac{2}{9}$ k) acht Teile; $\frac{1}{8}$

Seite 186

Randspalte

Mittlere Säule: $\frac{1}{2}$ der linken Säule
Rechte Säule: $\frac{1}{4}$ der linken Säule

6 a) $\frac{9}{25}$ b) $\frac{13}{25}$
c) individuelle Lösungen

7 a) $\frac{1}{6}$ b) $\frac{1}{9}$ c) $\frac{1}{8}$ d) $\frac{2}{6}$

8 für $\frac{1}{2}$: 12 Kästchen für $\frac{1}{3}$: 8 Kästchen
für $\frac{1}{4}$: 6 Kästchen für $\frac{1}{6}$: 4 Kästchen
für $\frac{1}{8}$: 3 Kästchen für $\frac{1}{12}$: 2 Kästchen
für $\frac{1}{24}$: 1 Kästchen

9 a) Es handelt sich jeweils um $\frac{1}{3}$ der gesamten Fläche, obwohl die Figuren und Teilflächen unterschiedlich groß sind.
b) Es handelt sich jeweils um $\frac{3}{16}$ der gesamten Fläche, obwohl die Figuren und Teilflächen unterschiedlich groß sind.

Der Bruchzauber

- Sobald ein Teil – ursprünglich ein Viertel des gesamten Blattes – abgeschnitten wird, ist die Fläche kleiner. Bezogen auf das neue Blatt ist das ursprüngliche Viertel nur noch ein Drittel, später dann nur noch ein Halbes. Der Nenner des Bruches reduziert sich bei jedem Schnitt um eins.

10 a) $\frac{2}{3}$; man kann die gefärbte Fläche halbieren und teilt den Kreis dadurch in drei gleich große Teile, von denen zwei eingefärbt sind.
b) $\frac{1}{5}$; man kann das Rechteck noch mit vier weiteren $\frac{1}{5}$-Streifen auslegen.
c) $\frac{3}{5}$; es ist mehr als die Hälfte.
d) $\frac{1}{3}$; man kann die nicht gefärbte Fläche halbieren und erhält dann drei gleich große Teile, von denen einer eingefärbt ist.

11 a) Falsch; die Teilstücke sind nicht gleich groß: die Teile in der unteren Reihe sind kleiner als die in der oberen.
b) Falsch, die Teilstücke sind nicht gleich groß: Die beiden äußeren sind kleiner als die drei mittleren.
c) richtig
d) richtig

Seite 187

12 a) $\frac{1}{4}$ des Brettes sind umspannt.
b) $\frac{3}{4}$ des Brettes sind umspannt.
c) $\frac{1}{2}$ des Brettes sind umspannt.
d) $\frac{11}{16}$ des Brettes sind umspannt.

13

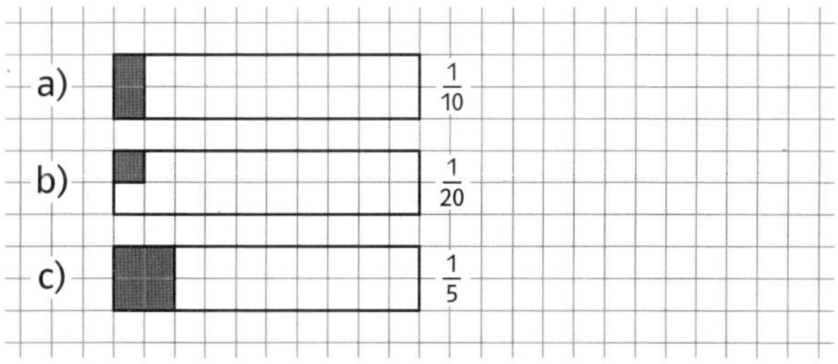

14

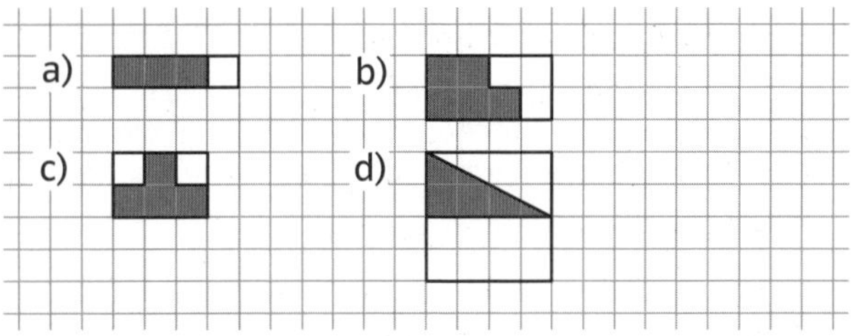

15 beispielhafte Lösungen:

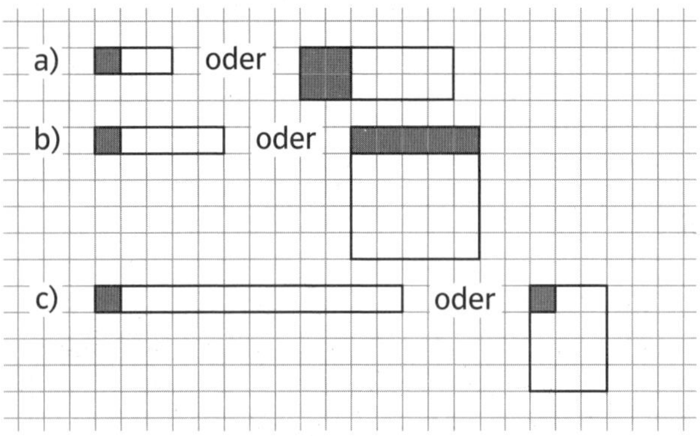

16 beispielhafte Lösungen:

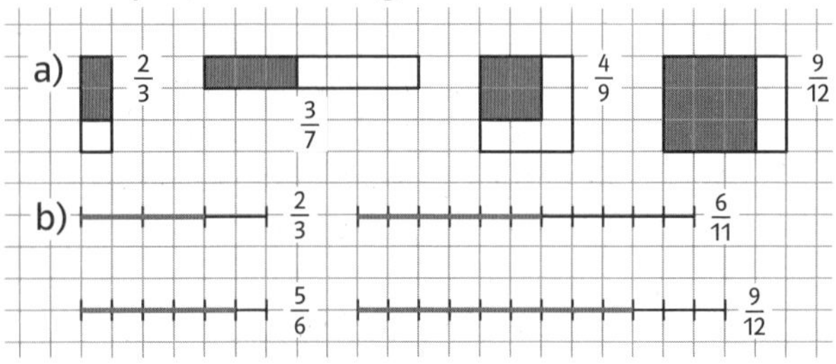

17 $\frac{4}{72}$ bleiben frei.

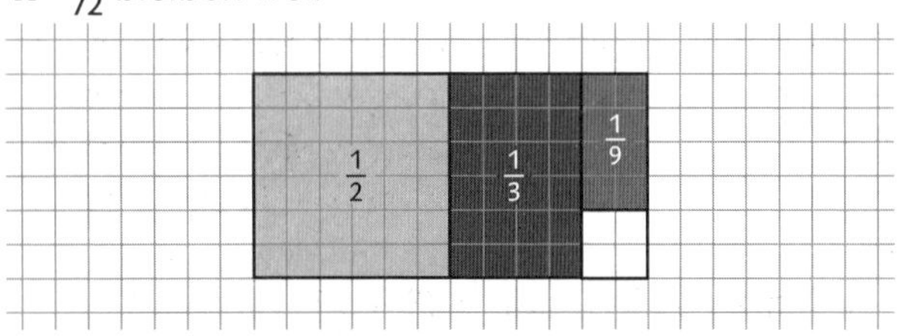

Alte Zahlzeichen

- Es ist die Hälfte eines Halben dargestellt.

Randspalte

Polen: $\frac{1}{2}$ Weiß, $\frac{1}{2}$ Rot
Spanien: $\frac{1}{2}$ Gelb, $\frac{2}{4}$ oder $\frac{1}{2}$ Rot
Frankreich: $\frac{1}{3}$ Blau, $\frac{1}{3}$ Weiß, $\frac{1}{3}$ Rot
Vereinigte Arabische Emirate: je $\frac{1}{4}$ rot, grün, weiß und schwarz

2 Bruchteile von Größen

Seite 188

Einstiegsaufgabe

➔ individuelle Lösungen
➔ individuelle Lösungen
➔ $\frac{1}{4}$ m oder 25 cm; $\frac{3}{4}$ l oder 750 ml; $\frac{1}{2}$ h oder 30 min; $\frac{1}{2}$ kg oder 250 g

1 Flasche Sprudelwasser: (meist) 0,7 l
Glas Wein: (meist) $\frac{1}{4}$ l
Becher Quark: $\frac{1}{4}$ kg oder $\frac{1}{2}$ kg
Sack Kartoffeln: $\frac{1}{2}$ Zentner
Stück Pizza: $\frac{1}{8}$ Pizza

2 $\frac{1}{2}$ kg = 500 g $\frac{1}{4}$ l = 250 ml
$\frac{2}{5}$ km = 400 m $\frac{1}{10}$ m = 1 dm
$\frac{1}{4}$ km = 250 m $\frac{3}{4}$ m = 75 cm

Seite 189

Längenmaße

3 a) $\frac{3}{10}$ m = 3 dm; $\frac{4}{10}$ m = 4 dm; $\frac{5}{10}$ m = 5 dm
b) $\frac{3}{100}$ m = 3 cm; $\frac{4}{100}$ m = 4 cm; $\frac{5}{100}$ m = 5 cm
c) $\frac{3}{100}$ dm = 3 mm; $\frac{4}{100}$ dm = 4 mm; $\frac{5}{100}$ dm = 5 mm
d) individuelle Lösungen

4 $\frac{6}{10}$ m = 60 cm $\frac{4}{10}$ m = 40 cm
$\frac{2}{10}$ m = 20 cm

5 a) $\frac{1}{4}$ m = 25 cm   b) $\frac{3}{5}$ dm = 6 cm
c) $\frac{7}{10}$ km = 700 m   d) $\frac{2}{5}$ cm = 4 mm

6 a) $\frac{1}{4}$ m = 25 cm
$\frac{1}{5}$ m = 20 cm
$\frac{1}{20}$ m = 5 cm
b) $\frac{1}{5}$ km = 200 m
$\frac{1}{8}$ km = 125 m
$\frac{1}{50}$ km = 20 m
c) $\frac{1}{2}$ dm = 5 cm
$\frac{1}{25}$ dm = 4 mm
$\frac{1}{250}$ m = 4 mm

7 a) Den kürzesten Schulweg hat Benita, den längsten Schulweg hat Ali.
b) Einen längeren Schulweg als Marvin haben Anke, Stefan und Ali.

Flächenmaße

8 a) $\frac{1}{2}$ dm² = 50 cm²   b) $\frac{1}{4}$ cm² = 25 mm²
c) $\frac{9}{25}$ m² = 36 dm²   d) $\frac{2}{8}$ cm² = 25 mm²

9

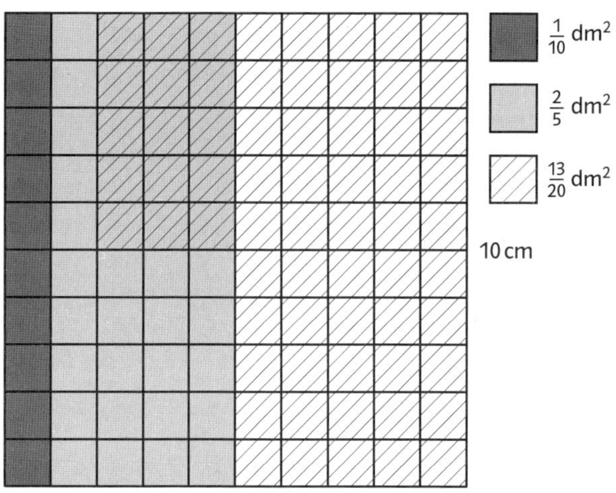

10 a) $\frac{1}{3}$ m², weil die eingefärbte Fläche 3-mal in das Ganze passt.
b) $\frac{1}{8}$ dm², weil die eingefärbte Fläche 8-mal in das Ganze passt.
c) 25 dm², weil die eingefärbte Fläche $\frac{1}{4}$ des Ganzen ist.
d) 20 cm², weil die eingefärbte Fläche 5-mal in das Ganze passt.

11 a) Ein Karo nimmt eine Fläche von $\frac{1}{400}$ ein.
b) Ein Karo hat eine Fläche von 25 cm².

Seite 190

Randspalte

$\frac{1}{2}$ l = 500 ml
$12\,\text{cl} = \frac{12}{100}$ l
400 ml = 4 dl = $\frac{400}{1000}$ l
300 ml = $\frac{3}{10}$ l = 30 cl

Raummaße

12 a) $\frac{1}{4}\,\text{m}^3 = 250\,\text{dm}^3$
$\frac{1}{5}\,\text{m}^3 = 200\,\text{dm}^3$
$\frac{1}{8}\,\text{m}^3 = 125\,\text{dm}^3$
$\frac{1}{10}\,\text{m}^3 = 100\,\text{dm}^3$
$\frac{2}{10}\,\text{dm}^3 = 200\,\text{cm}^3$
$\frac{3}{10}\,\text{dm}^3 = 300\,\text{cm}^3$
$\frac{4}{10}\,\text{dm}^3 = 400\,\text{cm}^3$
$\frac{5}{10}\,\text{dm}^3 = 500\,\text{dm}^3$

b) individuelle Lösungen

13 a) Volumen Würfel: $1\,\text{dm}^3 = 1000\,\text{cm}^3$
Volumen gefärbter Teil: $\frac{1}{4}\text{dm}^3 = 250\,\text{cm}^3$
b) Volumen Würfel: $1\,\text{m}^3 = 1000\,\text{dm}^3$
Volumen gefärbter Teil: $\frac{2}{10}\text{m}^3 = 200\,\text{dm}^3$
c) Volumen Würfel: $1\,\text{dm}^3 = 1000\,\text{cm}^3$
Volumen gefärbter Teil: $\frac{1}{4}\text{dm}^3 = 250\,\text{cm}^3$
d) Volumen Würfel: $1\,\text{m}^3 = 1000\,\text{dm}^3$
Volumen gefärbter Teil: $\frac{3}{8}\text{dm}^3 = 375\,\text{dm}^3$

14 a)
- $1\,\text{m}^3$: $\frac{1}{4}\text{m}^3$ Zink = $250\,\text{dm}^3$ Zink; $\frac{3}{4}\text{m}^3$ Kupfer = $750\,\text{dm}^3$ Kupfer
- $1\,\text{dm}^3$: $\frac{1}{4}\text{dm}^3$ Zink = $250\,\text{cm}^3$ Zink; $\frac{3}{4}\text{dm}^3$ Kupfer = $750\,\text{cm}^3$ Kupfer
- $100\,\text{dm}^3$: $25\,\text{dm}^3$ Zink = $25\,000\,\text{cm}^3$ Zink; $75\,\text{dm}^3$ Kupfer = $75\,000\,\text{dm}^3$ Kupfer
- $800\,\text{cm}^3$: $200\,\text{cm}^3$ Zink = $200\,000\,\text{mm}^3$ Zink; $600\,\text{cm}^3$ Kupfer = $600\,000\,\text{mm}^3$ Zink

b) Die Glocke hat ein Volumen von $400\,\text{dm}^3$.

Hohlmaße

$1\,\text{ml} = \frac{1}{1000}\,\text{l}$ und $1\,\text{cm}^3 = \frac{1}{1000}\,\text{dm}^3$, also ist $1\,\text{ml} = 1\,\text{cm}^3$

15 Nur das mittlere Gefäß ist halb voll. Das linke Gefäß ist weniger als halb voll, weil es nach oben hin breiter wird, das rechte Gefäß ist mehr als halb voll, weil es nach oben hin schmaler wird.

16 a) Es können 4 Weingläser gefüllt werden.
b) Es können 2 Bierkrüge gefüllt werden.
c) Es können 50 Likörgläser gefüllt werden.
d) Es können 5 Saftgläser gefüllt werden.
e) Es können 10 Probiergläser gefüllt werden.
f) Es können 8 Tassen gefüllt werden.

17 a) 500 ml; 250 ml; 125 ml; 375 ml
b) $\frac{1}{1000}\,\text{dm}^3$; $\frac{1}{2}\text{dm}^3$; $\frac{1}{4}\text{dm}^3$; $\frac{1}{20}\text{dm}^3$; $\frac{317}{1000}\text{dm}^3$

18 a) Der Stein wird in den Messbecher gelegt, dadurch steigt der Wasserspiegel an. Am Messbecher kann man dann ablesen, um wie viel der Wasserspiegel gestiegen ist. Das ist das Volumen des Steins.
b) Volumen Stein: $\frac{1}{4}\,\text{dm}^3 = 250\,\text{cm}^3$
c) • von 3 l auf 5 l: $2\,\text{l} = 2000\,\text{cm}^3$
- von $\frac{3}{8}$ l auf $\frac{5}{8}$ l: $\frac{2}{8}\,\text{l} = 250\,\text{cm}^3$
- von 0,2 l auf 0,8 l: 0,6 l – $600\,\text{cm}^3$
- von $\frac{1}{4}$ l auf $\frac{2}{5}$ l: $0{,}15\,\text{l} = 150\,\text{cm}^3$

Seite 191

Gewichtsmaße

19 250 g: bis zum 2. Messstrich
500 g: bis zum 4. Messstrich
1000 g: bis zum 8. Messstrich
750 g: bis zum 6. Messstrich
125 g: bis zum 1. Messstrich
375 g: bis zum 3. Messstrich

20 Damit könnte man folgende Gewichte auswiegen: 50 g; 100 g; 150 g, 250 g; 300 g; 350 g; 400 g; 500 g; 550 g; 600 g; 650 g; 750 g; 800 g; 850 g; 900 g

21 Äpfel: $\frac{1}{2}$ kg und $\frac{1}{4}$ kg
Fleisch: 1 kg und 200 g

Mehl: $\frac{1}{4}$ kg und 50 g
Fisch: $\frac{1}{2}$ kg und $\frac{1}{4}$ kg und 50 g
Kartoffeln: $\frac{1}{2}$ kg und $\frac{1}{4}$ kg

Schokolade: auf die rechte Seite der Waage: Schokolade, $\frac{1}{2}$ kg, $\frac{1}{4}$ kg und 200 g; auf die linke Seite der Waage: 1 kg und 50 g

Zeitmaße

22
a) $\frac{1}{4}$ h b) $\frac{1}{2}$ h c) $\frac{3}{4}$ h
d) $3\frac{1}{2}$ h e) $6\frac{1}{4}$ h f) $8\frac{3}{4}$ h

23
a) $\frac{3}{4}$ h, $\frac{1}{3}$ h, $\frac{1}{10}$ h
b) $\frac{1}{4}$ Tag, $\frac{1}{8}$ Tag, $\frac{3}{4}$ Tag
c) $\frac{1}{3}$ Jahr, $\frac{1}{4}$ Jahr, $\frac{1}{12}$ Jahr

24
a) $\frac{1}{3}$ min, $\frac{5}{12}$ h
b) $\frac{1}{4}$ Tag, $1\frac{1}{4}$ Tag
c) $\frac{2}{3}$ Jahre, $1\frac{1}{4}$ Jahre

25 a) 13:30 Uhr b) 17:34 Uhr
c) 7:36 Uhr d) 3:42 Uhr

26 a) Er kommt um 17:02 Uhr an.
b) Er hätte planmäßig um 12:24 Uhr ankommen sollen.
c) Er kommt um 19:07 Uhr an.

3 Dezimalbrüche

Seite 192

Einstiegsaufgabe

→ Durch die Ziffern hinter dem Komma wird das Ergebnis genauer: Bei Petra bedeuten sie 14 cm, bei Sven 6 Zehntel Sekunden, bei Julia 7 cm, bei Erika 50 cm und bei Inge 2 Zehntel Punkte.

Seite 193

1

	1 €	10 ct	1 ct
3,14 € = 314 ct			
5,10 € = 510 ct			
0,25 € = 25 ct			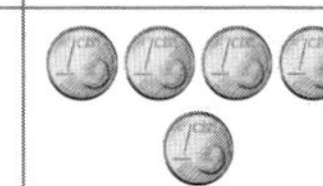
0,63 € = 63 ct		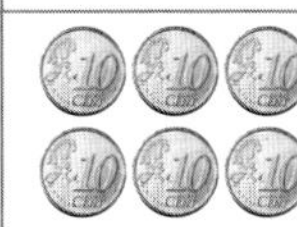	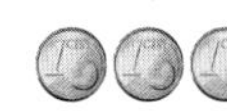
0,20 € = 20 ct			
1,06 € = 106 ct			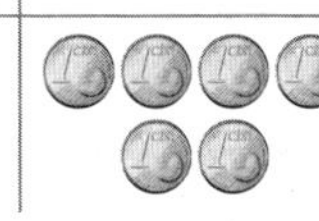

2 35,317 kg; 72,004 kg; 0,010 kg

3 a)

1 m	1 dm	1 cm	1 mm
3	7	2	0
5	6	8	2
6	0	3	5

b)

1 m	1 dm	1 cm	1 mm
7	2	8	4
10	4	5	0
4	0	0	5

c)

1 m	1 dm	1 cm	1 mm
8	0	0	4
0	5	2	7
0	0	4	1

4 a) 1,57 m = 15,7 dm = 157 cm
b) 1,03 m = 10,3 dm = 103 cm
c) 0,76 m = 7,6 dm = 76 cm

5
a) 1,24 kg, 12,4 kg, 12,04 kg, 12,004 kg, 1,24 t
b) 45,4 m, 45,04 m, 45,004 m, 45,45 m, 45,045 m

6

a) 0,5 kg
0,4 g
0,25 kg
0,6 kg

b) 0,25 km
0,0012 km
0,48 m
0,35 m

c) 0,2 l
0,09 l
0,5 l
0,18 l

7

a) $\frac{2}{5}$ m
$\frac{2}{25}$ km
$\frac{1}{200}$ m
$\frac{1}{8}$ m
$\frac{13}{20}$ dm

b) $\frac{1}{2}$ kg
$\frac{1}{4}$ kg
$\frac{1}{40}$ kg
$\frac{3}{4}$ kg
$\frac{3}{250}$ g

c) $\frac{3}{10}$ l
$\frac{1}{10}$ l
$\frac{7}{20}$ l
$\frac{1}{20}$ l
$\frac{7}{1000}$ l

8

a) 0,25 m b) 0,786 kg c) 0,07 l
d) 0,033 t e) 6,32 s f) 0,055 m

9 a) Die Straße ist 6,5 km lang.
b) Das Haus ist 12 m lang, 8 m breit und 7 m hoch. Es hat also ein Volumen von 672 m^3.
c) Das Grundstück hat eine Fläche von 652 m^2.
d) Der Lastwagen hat 4,5 t Sand geladen.
e) Im Kuchenteig sind 500 g Mehl und 150 g Zucker.
f) Peter ist 75 m in 12 s gelaufen.
g) individuelle Antworten möglich

10

a) $3\frac{1}{2}$ m
$18\frac{1}{4}$ m
$40\frac{3}{50}$ km

b) $5\frac{7}{10}$ kg
$4\frac{1}{4}$ kg
$8\frac{1}{200}$ kg

c) $17\frac{3}{10}$ l
$90\frac{3}{5}$ l
$3\frac{1}{50}$ l

Üben • Anwenden • Nachdenken

Seite 195

1 a) $\frac{1}{3}$; Rest: $\frac{2}{3}$
b) $\frac{3}{4}$; Rest: $\frac{1}{4}$
c) $\frac{1}{4}$; Rest: $\frac{3}{4}$ oder: $\frac{2}{8}$; Rest: $\frac{6}{8}$
d) $\frac{1}{4}$; Rest $\frac{3}{4}$ oder: $\frac{4}{16}$; Rest: $\frac{8}{16}$
e) $\frac{5}{12}$; Rest: $\frac{7}{12}$
f) $\frac{3}{8}$; Rest: $\frac{5}{8}$ oder: $\frac{6}{16}$; Rest $\frac{10}{16}$

2 1: $\frac{1}{4}$; 2: $\frac{1}{8}$; 3: $\frac{1}{8}$; 4: $\frac{1}{8}$; 5: $\frac{3}{8}$

3 a) $\frac{6}{10}$ m = 6 dm; $\frac{3}{5}$ dm = 6 cm
b) $\frac{1}{5}$ m^2 = 20 dm^2; $\frac{1}{8}$ dm^3 = 125 cm^3
c) $\frac{1}{5}$ l = 200 ml; $\frac{1}{5}$ kg = 200 g

4 a) $\frac{3}{4}$ h; $\frac{1}{3}$ h; $\frac{1}{10}$ h b) $\frac{1}{4}$ d; $\frac{1}{8}$ d; $\frac{1}{3}$ d; $\frac{3}{4}$ d; $\frac{1}{24}$ d
c) $\frac{1}{3}$ Jahr; $\frac{1}{4}$ Jahr; $\frac{1}{12}$ Jahr d) $\frac{1}{8}$ t; $\frac{1}{5}$ t; $\frac{1}{20}$ t
e) $\frac{1}{2}$ l; $\frac{3}{8}$ l; $\frac{2}{5}$ l

5 a) $\frac{1}{20}$ Kuchen
b) $\frac{7}{20}$ Kuchen ist schon gegessen.
c) $\frac{13}{20}$ Kuchen ist noch übrig.

6 a) 100 g Butter; 250 g Zucker; 400 g Mehl; 50 g Kakao
b) 250 g Mehl; 750 g Kirschen; 75 g Zucker; 50 g Fett

7 a) individuelle Lösungen
b) 3-mal $\frac{1}{4}$-Seite, 2-mal $\frac{1}{8}$-Seite oder
1-mal $\frac{1}{2}$-Seite, 4-mal $\frac{1}{8}$-Seite
c) Insgesamt braucht man 5 Seiten.
d) – 1 Seite
– 2-mal $\frac{1}{2}$-Seite
– 1-mal $\frac{1}{2}$-Seite und 2-mal $\frac{1}{4}$-Seiten
– 1-mal $\frac{1}{2}$-Seite und 4-mal $\frac{1}{8}$-Seiten
– 4-mal $\frac{1}{4}$-Seiten; 3-mal $\frac{1}{4}$-Seiten und 2-mal $\frac{1}{8}$-Seiten
– 2-mal $\frac{1}{4}$-Seiten und 4-mal $\frac{1}{8}$-Seiten
– 1-mal $\frac{1}{4}$-Seite und 6-mal $\frac{1}{8}$-Seiten
– 8-mal $\frac{1}{8}$-Seiten

Seite 196

8 a) 500 g = $\frac{4}{8}$ kg; 625g = $\frac{5}{8}$ kg
b) 400 m = $\frac{4}{10}$ km; 500m = $\frac{5}{10}$ km
c) 24 min = $\frac{4}{10}$ h; 30min = $\frac{5}{10}$ h
d) 4 Mon. = $\frac{4}{12}$ Jahre; 5 Mon. = $\frac{5}{12}$ Jahre

9 a) 5 m 78 cm = 5,78 m b) 5 km 78 m = 5,078 km
c) 57 m 8 dm = 57,8 m d) 57 m 8 cm = 57,08 m
e) 578 cm = 5,78 m f) 578 m = 0,578 km

10 Das rechte Gefäß ist zu drei Vierteln gefüllt, weil der obere Teil nicht gefüllt ist und $\frac{1}{4}$ des gesamten Gefäßes ausmacht.

11 a) Eine Stange ist $\frac{1}{30}$ Quader.
b) Ein Würfel ist $\frac{1}{90}$ Quader.

12

$\frac{3}{100}$ = 0,03 $\frac{6}{10}$ = 0,6 $\frac{3}{10}$ = 0,3
$\frac{66}{100}$ = 0,66 $\frac{6}{100}$ = 0,06

13

a) 4,9 b) 4,4 c) 12,5 d) 8,6
e) 0,55 f) 1,4 g) 15,45 h) 3,05
i) 1,00445 j) 0,0055

14 a) Mögliche Antworten: 0,543; 0,534; 0,435; 0,453; 0,345; 0,354
b) Mögliche Antworten: alle Zahlen aus Aufgabenteil a), außerdem: 3,405; 3,504; 3,450; 3,540; 3,045; 3,054; 4,035; 4,053; 4,305; 4,350
c) 5,034; 5,043; 5,304; 5,403; 5,340; 5,430

15 a) Das Zählrad muss 11-mal weiterrücken; man hat dann die Zahl 15,51.
b) Das Zählrad muss 110-mal weiterrücken; man hat dann auch die Zahl 15,51.

16 a) Für den mittleren Körper benötigt man acht Würfel, für den rechten Körper vier.
b) Für den mittleren Körper benötigt man 32 Würfel, für den rechten Körper neun.